湖北省社会科学基金一般项目（后期资助项目）成果

道德·价值·文化丛书

《论语》哲学注疏

周海春 / 著

科学出版社
北京

内 容 简 介

《论语》注本众多，其中有很多难题待解。例如，使用现代汉语进行译注包含的古今汉语的差异性问题；多义性带来的选择及共识性问题；文本的问题域与现代生活提出的问题的对应性问题；文本思想的整体性及层次性问题；阐释学的基本要素（如时代、作者、文本、阐释者）之间的视域融合问题；等等。解决上述问题需要把《论语》纳入“义理之学”和“哲学”传统中来进行开拓性的探究。“义理”阐释传统当以理学和心学为代表，所谓的“哲学”则要承续“中国哲学”学科传统，这一传统离不开中西哲学互证。本书自觉承续这一传统，力求使得《论语》成为中国哲学创新的思想源泉。

本书采取逐字逐句讲解和整体论述相结合的方式阐释《论语》的哲学价值，适合党政领导干部，伦理学、哲学、文化学、社会学及相关专业的师生阅读，也可供对传统文化感兴趣的读者使用。

图书在版编目（CIP）数据

《论语》哲学注疏/周海春著. —北京：科学出版社，2021.1
（道德·价值·文化丛书）
ISBN 978-7-03-067358-9

Ⅰ.①论… Ⅱ.①周… Ⅲ.①儒家 ②《论语》-研究 Ⅳ.①B222.25

中国版本图书馆 CIP 数据核字（2020）第 254691 号

丛书策划：侯俊琳 樊 飞
责任编辑：杨婵娟 陈晶晶/责任校对：韩 杨
责任印制：师艳茹/封面设计：无极书装

科学出版社 出版
北京东黄城根北街 16 号
邮政编码：100717
http://www.sciencep.com
中国科学院印刷厂 印刷
科学出版社发行 各地新华书店经销
*
2021 年 1 月第 一 版 开本：720×1000 B5
2021 年 1 月第一次印刷 印张：24
字数：484 000
定价：148.00 元
（如有印装质量问题，我社负责调换）

“道德·价值·文化丛书”

编委会

前言

在《论语》《大学》《中庸》《孟子》四个经典之中，《论语》最难解。《论语》概念多，语言表达形式多样，语言更有活力。《论语》涉及的思想层面多，触及的问题多，更难用既定的理论框架来限定。正因如此，即便是推崇“四书”的宋明理学和心学系统，也很难做到从《论语》出发来实现儒学的革新。宋明理学大家和心学大家，几乎都关注《论语》，其中朱熹和弟子讨论得最充分。依朱熹的理念，解经过程中有一个道理一以贯之才能称得上理学，但依此标准来看朱熹对《论语》的解读，理气论也很难很好地应用到对《论语》的解读之中。

朱熹重视《大学》，认为学问须以《大学》为先，然后依次是《论语》《孟子》《中庸》。朱熹主张，读《大学》以定其规模，读《论语》以立其根本，读《孟子》以观其发越，读《中庸》以求古人之微妙处。朱熹认为《大学》有等级次第，有纲目，主张用《大学》的纲目来解释《论语》《孟子》《中庸》。用《大学》作为尺度解释《论语》是有意义的，但也要看到《大学》《中庸》的理路只是《论语》的某种展开。《论语》中从“天命”到“性”“情”之间没有建立起内在的紧密关系。《论语》中围绕着修身有关的概念很多，更具有思想的丰富性和多向发展的可能。学、思、知等思想更不是格物致知可以概括的。《论语》中小人、君子等思想更丰富，不像《孟子》那样强化了圣贤意识。涉及人伦领域，《论语》中不仅直面父子、朋友关系，更有丰富的概念创造和理念表达。《论语》中处理个体和“天下”之间的关系采取的是“见”和“隐”的处理方式，这一处理方式和修、齐、治、平的处理方式虽有一致之处，但也是有很大差别的。

《论语》难解恰好是这一经典的优点。越是优秀的哲学作品，越是可以有很多的解读方式，而每一种解读方式看起来都是合理的，但又无法穷尽经典的思想本身。不同时代的人们都可以在其中汲取他们所需要的思想营养。从某种意义上说，这一点是优秀哲学作品的标志。优秀的哲学作品还有一个特点，就是高度的自洽性和自足性，具有独特的思考方式，具有特殊的语言使用方式，具有特别的问题领域。这一特征使得对其思想的批判和使用受到了文本自身的限制，从而使得后来的发展都在一定程度上背离了经典本身。这不意味着后来的发展一定是倒退的，尽管后来的体系达到了新的高度，但只要是体系性的思想都会把原有经典思想要素融入新的思想机体之中，从而在一定程度上“肢解”了所使用的经典的思想。哲学体系的演进使得不同体系之间是有共性的，但每个体系必须具有特殊性才能在哲学史中获得足够的尊重。哲学的生命力不在于重复，而在于创新和创造。在历史上，可以重复旧有的思想，只要这种思想对当下是有意义的，这种重复就可以构成一种思潮。但较为纯粹的哲学史的眼光，则不推崇重复，尽管这种重复使用了新的表达方式，也可能在细枝末节上有所创新。《论语》是一个具有高度原创性的作品，尽管其思想扎根在商周的文化沃土之中，但不是商周文化精神的重复，而是升华，是这一文化沃土结出的丰硕的果实。

《论语》具有哲学作品的品格，自然当以哲学的方式来对待。体会《论语》的哲学性，自然要与体会古代汉语的哲学魅力结合在一起，即在古代汉语中发现哲学思维。本书的目标是以《论语》为例来阐发中国哲学是形式和实质相统一的系统。“中国哲学”这个名称的问题在于哲学的实质与哲学的形式很难做到都是中国的。“中国哲学”不仅仅面临形式的系统问题要解决的困境，还面临着实质的系统问题要解决的困境。

本书解决这一问题的方式是从对古代汉语的哲学属性的探究入手。如突出“字”，或者以使用较多的“字”为哲学概念，而不是突出合成词。关注事体，而不是实体，如“雨”字包含下雨的过程，雨并不是单单指雨滴，而且是下雨这一事件或者事体。本书使用了关于这一问题的相关成果。语言和哲学系统密不可分，个别和一般的区分，本质和现象的区分是与主谓表达式关联在一起的，是和下定义、判断、推理关联在一起的。从一定意义上说，在哲学观点背后还内蕴着一个哲学底层，这一底层与语言关联在一起，与思维方式关联在一起，具有高度的民族性和文化特色。一个作品的哲学属性不仅仅在于作品表达了哲学观点，还在于这一作品本身恰好就是一种特别的系统观察世界的方式。如果说，本书对待古代汉语的方式是一种哲学形式系统的探索的话，那么其中的具体阐释则是在努力探究中国哲学的实质的系统。

《论语》呈现思想的基本形式是“语”，但“语”发生的时间和背景则在很大程度上被略去了。这也是《论语》中的“子曰”和《礼记》《孔子家语》等文本中存在的“子曰”一个很大的不同。这里所谓的“子曰”中的“子”即孔子，“子曰”即“孔子曰”或“仲尼曰”。“‘子曰’文献”即包括《论语》在内的先秦两汉等记载孔子言论的文献。这些言论的存在形态多样，有“子曰”“孔子曰”“仲尼曰”等。这里把这些言论统称为“‘子曰’文献”。除了个别学者质疑《论语》中的一些章节以外，大多数学者认同《论语》中的“子曰”是孔子所言。本书是开展“子曰”文献综合研究计划的一部分。“子曰”材料的真伪问题不确定和地位不明确，影响了对孔子思想的全面把握。另外，《论语》中的“子曰”缺乏相关背景或情景的说明，而其他文献中的“子曰”往往和《论语》有互补性。《论语》中讲“爱人”(《论语·颜渊》)。《孔丛子》中有一则资料则强调了不分国别的爱人（《孔丛子·公孙龙第十二》)。《荀子·子道》

则提到自爱、使人爱己、爱他人。《论语》中的“子曰”与其他文献中的“子曰”相比较，前者抽象，后者具体；前者往往没有说明“为什么”，后者往往说明了“为什么”；前者对情景交代得不详细，后者往往有历史场景的描述；前者和后者之间话题可能不一致，可以互相说明、互相补充。“子曰”文献间的这种关系构成了一种思想的系统性，具有一定的逻辑的或者历史的演进性，并和其他思想流派形成了有趣的思想交集。就对这些“子曰”文献的整体思想线索研究而言，现有的成果略显单薄。对“子曰”文献进行综合研究可以使《论语》提出的问题和表达的思想得到补充、完善，从而使“子曰”文献形成一个有连续问题和思想主题，有一定层次性和结构性的思想系统。

“子曰”文献有很高的哲学价值，从丰富和发展中国哲学史的角度来看，如下四点意义是非常明显的。

其一，借助“子曰”文献的整理和研究有助于说明孔子思想以及勾勒孔子后学发展孔子思想的逻辑脉络，有助于全面展现孔子的形象，这对于凝聚民族精神，提高民族道德品性，具有十分重要的意义。

其二，较为系统地把握孔子弟子的哲学思想，勾勒早期儒学的哲学全貌，勾勒早期儒家哲学思想的发展线索和脉络。从孔子和弟子的对话中，可以把握弟子关心的问题，可以了解弟子的思维方式，可以勾勒弟子的形象。“子曰”相关文献中既有孔子的言论，也有弟子的言论，这些言论共同构成了原始儒学的绚丽画卷。部分“子曰”被认为是孔子弟子所言。借助“子曰”文献的线索有助于较为准确地把握孔子弟子的哲学思想。

其三，有助于进一步明确先秦儒家和其他相关各家的关系问题，从一个宏观的思想平台上把握先秦哲学思想的发生和发展。一些“子曰”文献是存在于其他学术流派经典之中的，如《墨子》《庄子》等典籍。这些典籍中的“子曰”及其思想有其较为独特的面貌，对不同思想流派典籍中的“子曰”进行对比是研究儒家和其他思想流派关系的切入点之一。“子曰”文献的研究有助于说明“子曰”文献在其他哲学流派发展中所起的作用，对于阐发相互的关系有重要的理论意义。

其四，有助于回答秦汉尤其是先秦主流文化及其流变的相关问题，总结主流文化建设的经验。“子曰”文献较好地记载或者反映了先秦两汉主流文化遇到的挑战和危机，可以借助这一文献总结中国古代主流文化建设的经验教训。

“子曰”文献有很高的哲学价值，但一直没有被充分运用来说明孔子哲学。主要原因是真伪问题一直制约着用更多的文献综合阐发孔子哲学。对于真伪问题可以尝试从历史性、逻辑性和自足性三个层面来解决。历史性要求真伪考证紧扣孔子生平和历史事实，力求把相关文献还原到一定的历史时空背景中和孔子生平中，综合考察记载是否为孔子真实的言行。鉴别“子曰”的真伪问题，需要注意区分一些关系，比如“子曰”所在文本与“子曰”的关系。“子曰”所在文本的作者、时代性等问题不直接决定其中“子曰”的真伪，但对“子曰”的真伪有一定的影响。一般情况下，晚出文本中的“子曰”的可靠性要低于早出文献中的“子曰”，儒家文献中的“子曰”的真实性要高于道家等文献中的“子曰”。但这一点也不是绝对的，需要实际地加以考察。

逻辑性则要求挖掘文本材料的思想价值，探究文本思想的差异性和整体逻辑关系，厘清不同文献中共同的、连续性的话题并辨析答案的异同，把握文献中的“孔子”的思想逻辑。

自足性是说鉴别真伪问题要注意文献中的“子曰”的不同理论层面。一个文献中的“子曰”可能是用来论证文献作者的思想，但是也可以包含自身的自足性。比如关于“楚人亡弓，楚人得之”一段，显然公孙龙是想用孔子的话来论证自己的“白马非马”观点的，但其中的孔子的话依然保留了自身思想的自足性。“楚王仁义而未遂也。亦曰‘人亡弓，人得之而已’何必楚？”（《公孙龙子·迹府》）这段话其实还是有一定的自足性的。因为这里孔子讲的是仁义的问题，仁义应该爱人，而不单单是爱楚国人。从一般的道理来讲，自足性高的文本真实性更高一些。不过也存在一种可能性，就是伪造者具有较高的学术水平，能够以尽量符合孔子的思维和语言风格的方式进行创造。

可以从如下九个方面勾勒孔子哲学的整体图景：其一，“子曰”文献的存在形态及语言特性研究。《论语》中的“子曰”有独特的语言风格。如“子夏问孝。子曰：‘色难。有事，弟子服其劳；有酒食，先生馔，曾是以为孝乎？’”（《论语·为政》）什么是孝呢？孔子没有直接给出一个定义或者答案，而是举出了一个例子来说明，这是典型的孔子的语言风格。而在《孝经》中和《荀子》中都使用了“义”作为衡量标准，并追问了“所以”。“故当不义，则子不可不争于父，臣不可不争于君，故当不义则争之。从父之令，又焉得为孝乎！”（《孝经·谏争章》）其中有向概念化发展的演进轨迹。其二，“子曰”文献的认识论思想演进脉络研究。把“子曰”类文献中知、志、学、识、问、思、闻等范畴认定为孔子的认识论基本范畴。这部分内容以《论语》中的记载为主要参照，同时其他文献使用的范畴有变化，如“理”这一范畴的使用等。其三，“子曰”类文献的语言哲学思想演进脉络研究。“子曰”文献中有很多讨论“言”的段落，其他文献如《孔丛子》中有讨论是否要“尚辞”的问题。本书将会对这些问题进行研究。其四，“子曰”类文献中的“礼学”思想演进研究。这部分内容将会分析“子曰”文献中关于“礼”的思想，并分析和《孟子》《荀子》等书中记载的“子曰”礼思想的不同。其五，“子曰”类文献中的德性思想演进研究。主要通过研究孝、仁、义、信、忠、礼、耻等范畴来研究“子曰”类文献中的德性思想的历史和逻辑演进。其六，“子曰”类文献中的“为己”之学与君子理想研究。其他“子曰”类文献与《论语》相比不仅在君子等概念的内涵上有变化，而且还专门论述了“庸人”“士”等范畴，其中有一定的演进规律可循。其七，“子曰”类文献中的天命思想研究。把“子曰”类文献中的天命、道等看作是天命论范畴，探讨所谓超越性问题和巫术性思维与伦理学的关系，探讨礼和道的关系等。其八，“子曰”类文献中的政治思想演进研究。包括对“有道”政治的追求，对“无道”政治的针砭，对“为政”精义的追寻，对礼和刑关系的探讨，对政治人物修身的要求，对个人与政治的关系的说明，等等。其九，“子曰”类文献对儒学的表现形态变迁的影响研究。其说明“子曰”构成了儒学发展的重要动力。除此之外还有“子曰”文献对其他思想流派思想发展的影响研究。

要想阐发孔子哲学，《论语》哲学的阐发是基础。《论语》历代注疏很多，自然也有很多认识上的分歧，处理这些分歧是很困难的一件事情。哲学思想发展离不开“独断”，也离不开“怀疑”，二者交互为用，推动了哲学思想的发展。对于诸多的注疏，哲学性的阐释自然是有取有舍的，而解释思路的连贯性则会导致一定的“独断”。在每一个具体的注疏中兼顾字、词、句的分析，兼顾逻辑，兼顾历史背景，兼顾思想史的分歧，是很难做到的。对《论语》进行哲学性的阐释，强调注重视角的多样性，以及在多样性基础上形成的整体性。在注疏过程中强调了“哲学”两个字，也就意味着对传统义理阐释路径的继承，而这种继承又是被纳入中国哲学的视野中来进行的。“哲学注疏”是一项探索性的工作，还需要在学术研究过程中进一步完善。

目录

第十四章　宪问 242

绪论 《论语》是一种“哲学”

《论语》是不是哲学？谈及这一问题，人们总是会提到黑格尔。其实如果真正阅读《哲学史讲演录》就知道，黑格尔是把孔子放在“中国哲学”的题目下讲的，而且肯定了孔子的作品是哲学。黑格尔说：“它是一种道德哲学。”①黑格尔还说：“他的其他作品是哲学方面的，也是对传统典籍的注释。”②不过黑格尔谈到《论语》的时候说里面讲的是常识道德，孔子是一个实际的世间智者。他否认《论语》里面有思辨的哲学，“在他那里思辨的哲学是一点也没有的”③。黑格尔的看法虽然带有哲学的偏见，但也是中肯的，孔子讲的的确不是思辨的哲学，而是另外一种哲学。

《论语》是一种什么样的哲学呢？是否可以把《论语》讲成一种哲学呢？答案是可以的。能否讲成哲学关键就在于持有一种什么样的哲学观。不同的哲学观，会对《论语》是不是哲学有不同的看法。

在《中国哲学导论》一书中，笔者把哲学称为出生灭门入真入门，转识成智，即凡而圣的学问，即闻道的学问。从闻道的学问的角度来说，哲学就是一种响应。关于这种响应，孔子体会至深，“天下之无道也久矣，天将以夫子为木铎”(《论语·八佾》)。孔子体会到天以自己为木铎，因而有一种很深的被指派感。依据海德格尔的哲学观，哲学有一定的指派性，而哲学本身是对指派的接受，从而自行展开为响应。这种响应就是“道”的展开，哲学归属道，哲学是一种响应，响应大道的召唤。“哲学以响应方式存在，响应乃是与存在者之存在的声音相协调。”④

一、默　　述

响应的前提是静默，人们常常认为说话是表达哲学，静默不在表达哲学之列。静默被看作是禅修之道，而不是哲学训练之方。西方哲学传统重视语言，但要看到说话和不说话之间存在着辩证的关系。静默的功夫也是哲学很重要的一种功夫。

为什么说静默也是一种哲学功夫呢？说的前提是“听”。正如海德格尔所说：“人说，是因为人应合于语言。应合乃是听。”⑤人说的方式是一种应合。“说并非同时是

---

① 〔德〕黑格尔：《哲学史讲演录》（第一卷），贺麟、王太庆等译，商务印书馆，1959年，第129页。

② 〔德〕黑格尔：《哲学史讲演录》（第一卷），贺麟、王太庆等译，商务印书馆，1959年，第129～130页。

③ 〔德〕黑格尔：《哲学史讲演录》（第一卷），贺麟、王太庆等译，商务印书馆，1959年，第130页。

④ 〔德〕海德格尔：《什么是哲学？》，孙周兴译，载《海德格尔选集》（上），孙周兴选编，生活·读书·新知上海三联书店，1996年，第605页。

⑤ 〔德〕海德格尔：《语言》，孙周兴译，载《海德格尔选集》（下），孙周兴选编，生活·读书·新知上海三联书店，1996年，第1003页。

一种听，而是首先就是一种听。”[①]沉默本身也是一项哲学的工作，或者说哲学的工作需要沉默。

且不说动静是一个形而上学的问题，是一个人生境界的问题，仅就认识的角度来说，静默也是重要的。中国哲学重视虚寂。“盖万感万用皆在本体昭昭寂寂中。昭昭寂寂者无际，随感随应者如太虚中一云一雨耳。非以此应彼也，若以此应彼，则动矣。”[②]中国哲学精神追求静默，静坐和读书共同成为一种修养的功夫。静默何以是哲学的？哲学为什么需要静默？就是因为：沉默应合于那居有着、显示着的道说的无声的寂静之音。[③]寂静之音可以理解成是本体的昭昭寂寂，这种昭昭寂寂并不是无感的，而是随感随应的。这种随感随应，把世界和万物召唤出来，所以，寂静之音也可以理解成是一种召唤世界的指令。

《论语》是一种哲学，并不仅仅是因为它讲了一些话，而在于其强调静默。孔子说自己“述而不作”(《论语·述而》)。寂静本身并不是无声，而是动静统一的，“述”是对寂静之音的一种应和。“哲学就是那种特别被接受并且自行展开着的响应，对存在者之存在的劝说的响应。”[④]“述”应理解成是一种响应，而不单纯是叙述。“回答不是一个有所答复的陈述，而毋宁说是响应，这种响应应合于存在者之存在。”[⑤]哲学之所以总是具有超越的特征，哲学之所以总是有浓厚的形而上学的特点，就在于哲学家总是为大道所吸引，总是想去道说大道是什么。那个召唤哲学家的东西就是形而上学探讨的形而上的东西。“述”就包含两个层次的内容，一个是对大道呼声的回应，一个是对哲学家的响应。前者是闻道。“朝闻道，夕死可矣。”(《论语·里仁》)正是因为有后者，哲学总是表现为哲学史。哲学表现为哲学史不仅仅是说，哲学是由历史上具体的哲学形态构成的，也不仅仅是说，哲学的诸种形态之间有某种逻辑的联系，更是说哲学的工作需要历史上的哲学家及其思想有某种回应，是要在当下把历史上传承下来的东西变为活生生的现实。而要做到这一点，就必须能够深入哲学家的心灵的世界，体味哲学家心灵的问题，把握对他们心灵的召唤，以及他们的心灵对这种召唤的回应。“述”中既包括“损”，也包括“益”。“损”就是要清除那些哲学史的纯粹的历史学的陈述，而“益”则要体味哲学家的心灵。“开启我们的耳朵，净心倾听在传统中作为存在者之存在向我们劝说的东西。”[⑥]

---

① 〔德〕海德格尔：《走向语言之途》，孙周兴译，载《海德格尔选集》（下），孙周兴选编，生活·读书·新知上海三联书店，1996 年，第 1134 页。

② [明]薛侃：《薛侃集》，钱明主编，陈椰编校，上海古籍出版社，2014 年，第 35 页。

③ 〔德〕海德格尔：《走向语言之途》，孙周兴译，载《海德格尔选集》（下），孙周兴选编，生活·读书·新知上海三联书店，1996 年，第 1143 页。

④ 〔德〕海德格尔：《什么是哲学？》，孙周兴译，载《海德格尔选集》（上），孙周兴选编，生活·读书·新知上海三联书店，1996 年，第 605 页。

⑤ 〔德〕海德格尔：《什么是哲学？》，孙周兴译，载《海德格尔选集》（上），孙周兴选编，生活·读书·新知上海三联书店，1996 年，第 600 页。

⑥ 〔德〕海德格尔：《什么是哲学？》，孙周兴译，载《海德格尔选集》（上），孙周兴选编，生活·读书·新知上海三联书店，1996 年，第 600～601 页。

《论语》是一种哲学，首先就在于孔子强调“无言”，强调“默识”。孔子说自己：“默而识之，学而不厌，诲人不倦，何有于我哉？”(《论语·述而》) 知道的东西和言说的东西之间存在一定的差别，知道的可能多于言说的，或者少于言说的。说出来的，并不意味着自己知道，如道听途说之类；自己知道的不一定能够说出来。“有德者必有言，有言者不必有德。”(《论语·宪问》) 孔子的这一说法，揭示了“言”和“德”的关系。默会的知识不一定用语言表达出来，但却可以表现为行动。“在人类知识的结构中，存在着默会知识，明述知识以默会知识为基础，明述的东西和默会的东西之间存在着复杂的互动关系。”①

“述”的前提不仅仅是语言。当弟子依赖孔子说的话来理解“述”的时候，孔子则明确指出，需要直接从天地无言那里来获得“述”的灵感。“子曰：‘予欲无言。’子贡曰：‘子如不言，则小子何述焉？’子曰：‘天何言哉？四时行焉，百物生焉，天何言哉？’”(《论语·阳货》) 天地不言，可以说是天地寂寥。但这种寂寥却是一种丰富的语言，人可以从中体会出诸种意义，并表达出诸种意义。天地不言，这是本来的理，可以有诸多的哲学体系与之相应。

孔子强调默述，自然对语言提出了很高的要求。人需要说话，语言和人几乎是合一的，“不知言，无以知人也”(《论语·尧曰》)。语言如何才能“顺”呢？关键就是要适应场态性的要求。场态性的语言是时间性的，语言要发挥当下的作用，所以就特别讲究“时”。公叔文子所说的“时然后言”，就能使“人不厌其言”(《论语·宪问》)。

语言要能命中事情本身，孔子赞扬闵子骞“夫人不言，言必有中”(《论语·先进》)。中是“言”的核心要求。“言忠信”(《论语·卫灵公》) 强调语言发自内心。“君子名之必可言也，言之必可行也。”(《论语·子路》)“名”是为了达到可言，并有利于行。“子曰：‘君子欲讷于言，而敏于行。’”(《论语·里仁》)“敏于事而慎于言。”(《论语·学而》) 对待他人要听其言，观其行，“先行其言而后从之”(《论语·为政》)。“君子耻其言而过其行。”(《论语·宪问》)《论语·里仁》就说：“古者言之不出，耻躬之不逮也。”这说明孔子的思维是事件性的、场态性的。

二、天　　命

天地寂寥，人却必须要说话，说话是人的使命。天地不言，却像是发出了某种指令，发出某种召唤，召唤着人说出点什么。“人之说是命名着的召唤，亦即那种从区分之纯一性而来令物和世界到来。”②

---

① 郁振华：《人类知识的默会维度》，北京大学出版社，2012 年，第 370 页。

② 〔德〕海德格尔：《语言》，孙周兴译，载《海德格尔选集》（下），孙周兴选编，生活·读书·新知上海三联书店，1996 年，第 1001～1002 页。

天地寂寥却有语言的召唤，这种召唤就被哲人理解为一种天命。“命”是什么呢？《说文解字》认为是“令”“口”“使”“下令使执行”，用言辞表达和传达命令。《说文解字》从词源上将该字分为“令”和“口”两部分，并将其定义为“使”。“命”的一个意思就是下令、使执行，用言辞、语言表达和传达命令。“命”后来逐渐用来指称限定社会存在的某些特定情况。“告”“呼”“命名”就构成了个人的“命”——一种生存的条件。

“孔子曰：‘不知命，无以为君子也。不知礼，无以立也。不知言，无以知人也。’”（《论语·尧曰》）在孔子看来，不能使得意义传达是人生不好的情况。“子曰：‘吾十有五而志于学，三十而立，四十而不惑，五十而知天命，六十而耳顺，七十而从心所欲，不逾矩。’”（《论语·为政》）对“道”的“知”就是保持天命的赠予。“因为只要我们反思存在本身并且跟随着它的本性，它就能显现为被时间的达到所保存着的在场之天命的赠礼。在场的赠礼就是居有的本性，存在消失在本有之中。”①

“知命”就是“从由一切思之主导动机的开端而先行说出的东西中讲出了一种约束各种思的约束性，倘若各种思都服从有待于思的东西的命令的话”②。“知命”是对有待于思的东西的命令的认识，也是对约束思的约束性的体认。“知命”保证了更好地承担使命。

“命”首先是一种指令，“人之说必须首先听到了指令；作为指令，区分之寂静召唤世界和物入于其纯一性之裂隙中”③。

三、道　　路

哲学本身就是在指示一种道路，哲学家自身必须就是引路人。哲学所探讨的是与生命相关涉的、最能触动生命的东西。哲学是一条既在我们之前，又在我们之后的道路。儒家讲“为学”，道家讲“为道”，不管是“为学”，还是“为道”，都涉及人生道路。海德格尔认为“哲学”在希腊语中就是道路的意思。④可以说，“道”是哲学的核心语言。

从这一意义上说，中国古代的思想是哲学。不管儒家还是道家都讲“道”。闻道可以成哲学，也可以成宗教，可以成世俗之知识。

在唐力权看来，“道”是核心语言，是泰古语言。⑤“道”是中国语言里最具有

---

① 〔德〕海德格尔：《时间与存在》，陈小文译，载《海德格尔选集》（上），孙周兴选编，生活·读书·新知上海三联书店，1996年，第684页。

② 〔德〕海德格尔：《时间与存在》，陈小文译，载《海德格尔选集》（上），孙周兴选编，生活·读书·新知上海三联书店，1996年，第686页。

③ 〔德〕海德格尔：《语言》，孙周兴译，载《海德格尔选集》（下），孙周兴选编，生活·读书·新知上海三联书店，1996年，第1002页。

④ 〔德〕海德格尔：《什么是哲学？》，孙周兴译，载《海德格尔选集》（上），孙周兴选编，生活·读书·新知上海三联书店，1996年，第590页。

⑤ 〔美〕唐力权：《周易与怀德海之间——场有哲学序论》，辽宁大学出版社，1997年，第188页。

代表性的、含义最丰富的核心语言。“道”最早出现在《尚书》，其语境是：开出一条隧道导引河流以免河水泛滥堤岸。“道”应该由两个部分组成：首和脚。首和脚代表了人的整体。“道”就像一个完整的人一样，或者说，“道”就是人，人就是“道”。人就是走在一定道路上的人，“道”通过人的求道来显现。但“道”的真正显现是“善为道者”这样的人。“道”本来指的乃是身心合一的完整的人，这是“道”的泰古原意，这个意义上的“道”又叫做“道体”。

可以按照两个部分来分析“道”。其一是首（头），意指整个头部。其可能的意指对象可以做如下分析：①暗指“道”与人的头部有对应关系，“道”与人的关联的本质部分在头部，把握“道”也要通过头部。②方向、导向。“头”的这一成分暗含的“引领”的意思就是“给出方向”。“导”这个词原初就带有动名词性、过程性和能动性，即一个导向。③教导、言说、解释。“首”暗示人走路依赖于视觉和听觉，依赖于思考。道有言说的意思。其二是足、脚以及与脚相关的活动。因而有“经过”“道”“路”的含义。“道”就是行进于此世界、勉力前行、开创新路。“道”可以引申为方法、方式、道义和技艺。

在日常经验之中，我们走路靠脚，用眼睛看方向。人生的道路靠的是整个身体，靠的是价值追求，靠的是理性思考以指引方向。儒家之道，着眼于整个人生，人们常说儒家关注人道即此意。

人道的含义之一即人从小孩到成人的过程，如古人认为八岁前、十五岁、三十岁、四十岁、五十岁、六十岁、七十岁等是人生的关键环节，人生意义丰富的过程也就是成人的过程，是从小人到君子、圣人的过程。

而要完成对人生意义的领悟，首先就是要学习先人之道。从个人的角度来看，人出生的时候，面对的人际关系是确定的，人首先面对的是如何对待先人，所以儒家比较重视“先王之道”。先王之道首选是尧舜文武之道。“子贡曰：‘文武之道，未坠于地，在人。贤者识其大者，不贤者识其小者，莫不有文武之道焉。夫子焉不学？而亦何常师之有？’”（《论语·子张》）其次是先王之道的参照。古代历史及其人物之道是人和社会了解“道”的内涵的重要榜样。过去的历史人物是“道”的代表。“先王之道，斯为美，小大由之。”（《论语·学而》）在孔子看来，古代的某些统治者，尤其是周朝的统治者实践了一个屡试不爽的统治方法，政治家的任务在于发现这种方法。

成年人之道对幼年人有很大的参考作用，儒家很重视“父之道”。父有父之道：“三年无改于父之道，可谓孝矣。”（《论语·学而》）教人有教人之道。“子张问善人之道。子曰：‘不践迹，亦不入于室。’”（《论语·先进》）

社会之道对个人的成长也很重要，如《论语·公冶长》谈到个人需要根据“邦有道”还是“无道”来决定个人的进退取舍。当然，孔子也看到个人的道德操守对宏道的重要性。孔子似乎看到了“人之道”和“邦之道”之间的冲突矛盾关系。当一个人无法通过参政来推进“道”的时候，可以在私人领域内行道。

人要行道，当然要有一些参照，“天道”本身就是最好的参照。每个人只要起到了积极的典范作用，其实就构成了自己的“道”。体现出来的“道”，还存在于现代的人身上，只不过需要一定的自觉认识才能发现。“二三子何患于丧乎？天下之无道也久矣，天将以夫子为木铎。”（《论语·八佾》）孔子自己就是“道”的体现者。

儒家也追求天道，但是落脚点在现实的人生，并依凭人身。人是否有在宇宙中的脚、眼睛和口呢？显然《道德经》是承认人有这部分的存在的。“是以圣人后其身而身先，外其身而身存。非以其无私邪！故能成其私。”（《道德经》第 7 章）这个在宇宙中的脚和口、眼睛能够促成很多事情。“不出户，知天下；不窥牖，见天道。其出弥远，其知弥少。是以圣人不行而知，不见而明，不为而成。”（《道德经》第 47 章）这个功能具有它的优点。“善行无辙迹；善言无瑕谪；善数不用筹策，善闭无关楗而不可开；善结无绳约而不可解，是以圣人常善救人，故无弃人；常善救物，故无弃物，是谓袭明。”（《道德经》第 27 章）这个就是“无为而不无为”。行走在宇宙的“身”做的事情是无不为的，肉体的“我”有为，内在的自我却可以无不为。这就是得道者的基本特征。

《道德经》强调无身则无患，显然强调另一种身体的意义。要想启动另一部分的功能，有的时候需要限制日常经验中的手、脚、口和眼睛的功能，以及理性思考的功能。也就是“塞其兑，闭其门”（《道德经》第 56 章），不推崇“为学”。

这样，闻道就从下学上达到上学，从世俗到超越之境。生命的最终归属可以叫做大道。大道是一个与我们相关而伸向我们的东西，是与我们相关或传唤我们的东西。人和万物逗留于其中的那个与我们相关的东西，就是我们在其范围之中的东西。“大道是不显眼的东西中最不显眼的，是质朴的东西中最质朴的，是切近的东西中最切近的，是遥远的东西中最遥远的，我们终有一死的人终身栖留于其中。”①

“大道”就是开辟道路本身，不脱离开辟道路。大道之所以成其大，就是因为它是万物的归属。这种归属得以完成，依赖于万物与大道之间道路的畅通性，依赖于大道让我们通达它自身。“道路就是让我们通达的东西，而且，它让我们通向那个由于与我们相关（be-langen）而伸向我们的东西。”② 大道作为道路，让所有的存有的万物通达，这种道路就不是既定的、单一的、机械的，而是它能够让所有的现实的或者可能的道路发生。“但‘道’或许就是产生一切道路的道路。我们由之而来才能去思理性、精神、意义、逻各斯等根本上也即凭它们的本质所要道说的东西。也许在‘道路’（Weg）即道（Tao）这个词中隐藏着运思之道说的一切神秘的神秘，如果

① 〔德〕海德格尔：《走向语言之途》，孙周兴译，载《海德格尔选集》（下），孙周兴选编，生活·读书·新知上海三联书店，1996 年，第 1139 页。

② 〔德〕海德格尔：《语言的本质》，孙周兴译，载《海德格尔选集》（下），孙周兴选编，生活·读书·新知上海三联书店，1996 年，第 1100 页。

我们让这一名称回复到它的未被说出状态之中而且能够这样做的话。”①万物的创生也就是道路的开辟，大道包含了万物产生的无限的可能性，大道就成了开辟道路本身：“这种开辟道路本身可以被叫做寂静之大道（das Ereignis der Stille）吗？”②

大道开辟是通过道说来进行和完成的。“大道（Ereignis）乃作为那种道说（Sage）而运作，在此种道说中语言向我们允诺它的本质。”③道说如果没有贯穿于万物之道的每一个环节，万物之道路就无法成立，万物之道成立的一个条件是有道说的澄明；但万物之道成立的另外一个条件是道说的遮蔽，万物按照自己的自由意志开辟道路必然会违背道说，这种违背是道说的自我抑制。“无”是道说的澄明，“有”是道说的自我抑制和遮蔽。“作为为世界开辟道路的道说，语言乃是一切关系的关系。语言表现、维护、端呈和充实世界诸地带的‘相互面对’，保持和庇护世界诸地带，因为语言本身，即道说，是自行抑制的。”④

大道在生成万物中运作，大道就与成道密切关联。对于这个在道说中运作的大道，我们只能这样来命名：大道——成其本身（Es-Ereignis-eignet）。⑤大道是道说着的，大道在道说的道路上运作。在道说中运作的大道，成其本身，因而道说就是根本的成道方式。“作为显示，基于大道的道说乃是最本己的成道（Ereignen）方式。”⑥道路的本质内涵就是成道，成道与道路密不可分。“大道在需用着的归本中让道说达乎说。通向语言的道路归属于那出自大道而获得规定的道说。在这条归属于语言本质的道路中隐蔽着语言的固有特性。道路乃是成道着的（ereignend）。”⑦

在场者因为能够入于澄明而持存，因而就成为大道居有的人。大道居有的人，使人进入为大道需用的状况之中。人与大道的关系决定了人与语言的关系。“正因此，我们的道说作为回答（Antworten）始终在具有关系性质的东西中。……我们与语言的关系取决于我们作为被使用者如何归属于大道。”⑧

儒家之道立足人道，在《论语》中因为“天命”范畴的引入，儒家之道已经开始

---

① ［德］海德格尔：《语言的本质》，孙周兴译，载《海德格尔选集》（下），孙周兴选编，生活·读书·新知上海三联书店，1996年，第1101页。

② ［德］海德格尔：《语言的本质》，孙周兴译，载《海德格尔选集》（下），孙周兴选编，生活·读书·新知上海三联书店，1996年，第1118页。

③ ［德］海德格尔：《语言的本质》，孙周兴译，载《海德格尔选集》（下），孙周兴选编，生活·读书·新知上海三联书店，1996年，第1099页。

④ ［德］海德格尔：《语言的本质》，孙周兴译，载《海德格尔选集》（下），孙周兴选编，生活·读书·新知上海三联书店，1996年，第1119页。

⑤ ［德］海德格尔：《走向语言之途》，孙周兴译，载《海德格尔选集》（下），孙周兴选编，生活·读书·新知上海三联书店，1996年，第1139页。

⑥ ［德］海德格尔：《走向语言之途》，孙周兴译，载《海德格尔选集》（下），孙周兴选编，生活·读书·新知上海三联书店，1996年，第1147页。

⑦ ［德］海德格尔：《走向语言之途》，孙周兴译，载《海德格尔选集》（下），孙周兴选编，生活·读书·新知上海三联书店，1996年，第1141页。

⑧ ［德］海德格尔：《走向语言之途》，孙周兴译，载《海德格尔选集》（下），孙周兴选编，生活·读书·新知上海三联书店，1996年，第1148页。

向大道的方向挺近了。但在《论语》中这条线索是模糊的，到了《中庸》《孟子》则通过“性”这一中介把“天命”内置在人之中，从而把人生之道描绘为一种形而上学之道，勾勒出儒家的“尊德性”的“道问学”。

在“尊德性”的“道问学”中，天命之性发而为情，从而与他人、万物有了交涉，这样就形成了儒家天人、人己、内外的思维架构。

四、德　　性

《论语》说“君子怀德”(《论语·里仁》)。什么是“德”？可以说是那么扑朔迷离。《论语》中也讲过“天生德于予”这样的句子(《论语·述而》)。还有“德不孤，必有邻”(《论语·里仁》)。德的概念不仅仅适用于人，还适用于其他的生命，如“骥不称其力，称其德也”(《论语·宪问》)。“德”具有一种超凡的力量。“君子之德风，小人之德草。草上之风，必偃。”(《论语·颜渊》)“德”使得人具有一种方向性、恒常性。人的任何摇摆不定都是“无德”的表现：如“乡原”是“德之贼”(《论语·阳货》)；“道听而涂说”是“德之弃”(《论语·阳货》)；“巧言”则会“乱德”。(《论语·卫灵公》)而“德”本身会自然地在语言和行动方面有所表现，从而引导人走在德指引的道路上面：“有德者必有言，有言者不必有德。”(《论语·宪问》)“子曰：‘为政以德，譬如北辰，居其所而众星共之。’”(《论语·为政》)对于守“德”的人来说，会起到一种中心性的凝聚作用。《论语》强调了“德”的修、怀、知、好。“子曰：‘德之不修，学之不讲，闻义不能徙，不善不能改，是吾忧也。’”(《论语·述而》)“德”可以修，也需要修。需要投入百倍的精力用于“德”。“子曰：‘吾未见好德如好色者也。’”(《论语·子罕》)“德”需要智慧的保障。“子曰：‘主忠信，徙义，崇德也。’”(《论语·颜渊》)忠，是中心性的智慧力量，走在“义”的道路上则是拓展性力量。

何谓“德”？当心灵之眼能够辨别生命的方向的时候，人就拥有了美德。“德”是一个会意字。甲骨文的“德”字左半部分是一个表示道路的符号；右边是一个表示眼睛的符号，表示用眼直视前方。两形会意表示目不斜视，双脚不偏离道路直达目标。金文的“德”字在“直”(眼睛象形)下又填了一个“心”的象形图案，强调不仅要目光直视，按照大路的准则去“行”，而且必须这样去想，或者说，只有内心才能指引行的方向。“形于内谓之德之行”。(《五行》)“德”由行、眼睛、心组成，心是主体，眼睛是方向盘，是展开的门户，行是运动和展开的过程。心眼不开，就无法辨别方向。这里的辨别方向，不仅仅是指现实的道路，还包括人生的道路，以及生命相对于宇宙本体的方向。《说文解字》说：“德，升也。”生命内在具有的辨别生命方向的能力，即德。

道路依赖于德。因为道路有很多，德则选择恰当的道路。“德”乃是行走、出行的意思。商代卜辞中的“德”多用如“循”，有行走、出行的意思。有的论者强调既然是行走，就没有道德含义。问题可能并非如此，一般现代人都把某个重要的领导到某个地方去叫做“视察”，“视察”是一种美化了的表述。“德”也是对一些重要的领导人物，包括有某种影响力的人的行为的一种描述。其中当然包括一般的视察，包括军事视察活动，也可以包括军事攻击。一般的行走活动有没有道德意义呢？在古人看来是有的。因为一个有着心灵的或者品格的影响力的人，一个拥有智慧、道德和外在权势或者物质财富的人，他的行走本身就牵涉到“得”和“舍”，自然就有道德含义。人生之道表现为行走，表现为旅途，为什么要完成这样一个旅途呢？其形而上学属性在于大道开辟道路，其意义在于德化。在儒家看来，内置于生命的性，本身有一种善的动能，这一动能主宰了生命的道路，不过这一道路本身既然已经有了形体，就不是自然畅通的，需要修道，从而畅通此道路。修德使得大道开辟更为顺畅，世界存有的“成其道”的意义得以顺利实现。

“德”因为获得了生命的本质能力，因而衍生出很多的美德。甲骨文中的“德”还有这样一种意思，即“在这个仪式中，国王作为居间的占卜者帮助另一个人康复；国王的自我献出，理想地说，具有这样的结果：不仅病人好了，而且国王也没有使自己得病，并且，因为他为了别人而自愿把自己置于危险之中，他的德是值得赞美的”①。道德的行为要得之于道和德。“得”要求无为、守静、毋矜、不骄、不强、去甚、去奢、去泰、不为、不争、不怒、不武。“德”是存在的取向，眼睛和心表示“德”的展开过程，具有方向性。心上有直，意志指向了目标，预先规定了生命的方向，从而成为生命内在本有的意欲。“德”包含笔直地生长的潜在力量。种植——种德，德性如生命之种，是生命开花结果的内在规定性。德行也是在事物内在和特性的意义上使用的。

“德”是一种力量，是不诉诸强力而能使人为之所动的力量。一个人的“德”是他遵循“道”的潜在性。一个人人格中焕发“德”就具有普遍的教化作用。“德”是个体之间内在的相关性，是个体经验域里潜能或成效的中心。“德”产生了认知、道德、审美和精神的意义。

个体在塑造自我的种种角色和关系中获得的美德使他成为其他人敬仰的客体。个体从自己的活动范围中“知”之最多，那么就足以知道自己真正可以成为什么，可以去做什么。“德”的这一品质更接近于优秀。

五、古代汉语指示了哲学吗

在海德格尔看来，只有希腊语才是逻各斯。“因为‘哲学’本质上就是希腊的；

① 〔美〕倪德卫：《儒家之道：中国哲学之探讨》，〔美〕万白安编，周炽成译，江苏人民出版社，2006年，第26页。

‘希腊的’在此意味：哲学在其本质的起源中就首先占用了希腊人，而且仅仅占用了希腊人，从而才得以展开自己。”①其实也不尽然，哲学“占用”不同的民族的方式是不一样的，哲学也“占用”了古代汉语。

但是，不是熟悉古代汉语就等于知道哲学，需要用哲学的眼光体会古代汉语的哲学魅力。哲学是一种思想，语言效力于思想，思想作用于语言。思想本身是一种响应、一种回响，是对回响的澄清——条理化地澄清。对于古汉语的哲学属性，需要用心去体会。

1. 被哲学“占用”的汉字

《论语》是一种哲学，就因为它使用了很多与闻道相关的核心汉字和核心概念。如“学”字，就包含了丰富的哲学意象。毛奇龄说：“学有虚字，有实字。如学《礼》、学《诗》、学射御，此虚字也。若‘志于学’、‘可与共学’、‘念终始典于学’，则实字矣。”②实字的“学”这种用法在古代是较为普遍的，这种用法使得“学”涵盖了方法和目的。

《论语》中的“学”“时”都是可以指称一类事物的。在这类事物中都具有抽象的“觉”的意义。这就要适当地分析在不同语境中的个别意义与一般意义。《论语》中的汉字在先秦两汉古籍中有很多的复杂的意义。怎样看待这些字意呢？应该说，就单个字的独立语义来讲，字是在具体意义基础上的一个一般的共同体。这种共同体是通过具体和抽象的有机结合完成的。汉字具有具象性、个体性，其抽象性内含在字本身了。尽管每一个字可以分为象形、指事、会意、形声等，但实际上一个汉字本身就具有描绘某种“象”、指称一种对象、表达一种意义、引导一种行动或意念的功能。汉字本身就包含了一定的定义和推理。例如，祭字由示、又、肉三部分独立的象形字组成。每一部分都有独立的具体事物与之对应。三部分加起来，形成的整体结构既指称一种具体的事物，也表达一种抽象的意义。要说清“祭”字甚至需要用很多话才行。由于历史的变迁，不断赋予汉字以不同的意义和内涵，这就使得一个汉字就成了一篇文章，成了一个思想的集群。中国的语言是单音节的。中国的文字一直到现在是方块字的汉字，其来源是象形文字。这不利于用字尾的变化表达辞性。一个名词的抽象意义和具体意义在字尾中表达不出来。中国哲学的语言是沿着声音形象化的道路前进的，在形象的基础上建立抽象。字一般就是对一个具体的形象说明，其抽象的含义则相对稳定。这种情况决定了在使用的时候，个体性和整体性，个别含义之间可以互相过渡，如个体对整体的指代性。就类和个别方面来看，汉字所指称的类，可以兼指物质和心灵领域，乃至现在事物分类方式中的一切或者多个领域的对象类别。一个汉字既有价值性又有事实性，并且在价值上往往同时兼顾事

---

① 〔德〕海德格尔：《什么是哲学？》，孙周兴译，载《海德格尔选集》（上），孙周兴选编，生活·读书·新知上海三联书店，1996年，第591页。

② [清]毛奇龄：《四书改错》（下），华东师范大学出版社，2015年，第407页。

物的正反、好坏两个方面，体现出一种阴阳整体性的特征。比如“乱”字，可以解释成“治”。乱就是理乱，并进而引申出动词性的“治”，进而引申出名词性的“治”。中国古代汉字，既可以表达肯定的价值，也可以表达否定的价值，或者中性的价值。同样，事实判断很多时候就有价值判断的意义和作用。

古汉语是一种以字为主的语言。字有自己的书写符号，语言以字序和字的位置、功能组合起来，字的功能和意义依赖“字”的笔画结构。古汉语缺乏词类、语法，只要懂得字，并进行一定的组合就可以了。字词有着超越语法限制的机动性。古代汉语更接近符号逻辑。古汉语是实用的，古汉语一个字就是一个名词，短语和句子是一连串名词。汉字是一个意义库，其所指称的具体对象并不是绝对固定的，在不同时代都会获得新的引申。这样一来，研究中国哲学必须把古代文献中出现频率比较高的字当作一个词来对待，当作哲学范畴来对待。字与字在句子中的组合在某种意义上就是范畴的联结。字本身和字的组合形成了中国古代哲学家特有的推理或类推的陈述，形成了特有的命题方式。只不过这种独特性还有待于逻辑学家和语言学家更深入地去研究。本书的分析就是注重了“学”“习”“朋”“说”等所具有的范畴独立性。把其中运用比较多的字看作是一个独立的哲学范畴，把句子和文本看作是范畴的体系。这回应了中国哲学表达缺乏逻辑系统这一错误的认识。《论语》中学、知、志、见、识、闻等字具有独立的范畴意义，并且这些范畴间具有内在关联；进而这些范畴与仁、义、礼、信、忠、恕、乐等道德和美学范畴，与天命范畴，与人格论范畴，如人、民、小人、君子、圣人形成了有机的概念系统。这种考察突出的是《论语》自身范畴体系的考察优先性，借此来揭示孔子自身的带有个性特征的范畴运用方式；进一步分析这一创造性运用的时代背景及其包含的各种可能的意蕴；然后在此基础上有选择地进行创造性解释，以符合现代哲学和社会的发展要求。这种考察针对的是如下几个中国哲学研究中普遍存在的问题。

把握《论语》的思想，需要结合汉字。比如“仁”字，有很多写法。中国人的道德辞典里，有一个词，就是“五常”。什么是“五常”呢？就是仁、义、理、智、信。“常德”这个概念来自《道德经》。《道德经》中有“常德不离，复归于婴儿”之说。西汉的董仲舒把仁、义、理、智、信说成是“五常”。“五常”中的“仁”最根本，在西方“仁爱”也常常被称为元德，也就是最根本的道德，即众德之本。

“仁”字在远古有很多写法，可以概括为三大类型。第一个类型的写法是，行走的人，并且身后有个小孩的样子。我们可以把两腿并拢，两手也并拢，然后头向前探，手在身体前下垂。从侧面看是什么样子呢？用两笔画出来，就是“人”这个字了，也就是单立人。假设这个人是一个母亲，身后背着一个小孩，该怎么画出来呢？我们设定一个条件，只能用两笔或者三笔画出一个小孩。该怎么画小孩呢？画一个圆，下面画一条线，有点像气球下面飘一根线。这个就是“子”字的写法。背小孩当然需要一个包裹或者绳子样的东西，在小孩后面画出一个线条就可以了。这个字就写完了。

关于这三个主要的要素如何在空间中分布，当然可以有不同的排列组合，我们看看籀文中的不同写法，这些写法的排列组合略有差别。

在籀文的图片中有一个比较明显的变体，即在小孩子的头上写了一个王字。我们可以想象这样一个场景，即一个王，一个王的孩子。这个王教育小孩，或者他们两个治理国家，需要靠什么样的人呢？需要找什么样的人呢？显然首先是道德上靠得住的人。然后是这个人要有一定的才华和能力，不然只是有道德也不行。能达到这样标准的人就是一个值得依靠的人。给这样的人起个美化的名称，不就是贤人或者“仁人”“仁者”吗？这个变体的写法就是王和小孩旁边有个人站立着，或者这个人在走路，王和小孩跟在这个走路的人后面。这样“仁”就成了追随一个有美德的人，就是仁。

第二个类型的写法是，下面有一个心或者花的样子的图案，然后上面有一个“身”字，或者“千”字、“人”字。我们现在想象一下，一个跳舞的人在转圈，用三笔画出来，该怎么画呢？画一横表示圆圈，然后竖着带点弯画一个人，上面画一笔表示手就行了。然后在这个人下面尝试用四笔画一个“心”，这个心要像一朵开了的花。最后在中间画一个大半圆，圆中点一个点，在半圆两边各画出一个弯钩，就行了。

第三个类型的写法，就是和现在的写法非常接近的写法。把第一种写法中的小孩简化成“二”，把“人”字保留就行了。“人”字也可以用一笔写下来，就类似“尸”字，最后把二者在不同的空间中组合起来就是“仁”字。

一般说“仁”表示两个人和谐相处。这不算错，但不符合儒家文化的意味。“仁”是两个人，但不是平行的两个人，而是一个人追随一个有道德的人，就有道而正，才是仁。小孩子追随母亲，不忘本，寻根才是仁。即便是交朋友，也要学习朋友好的一面，“毋友不如己者”，这样才算是有仁德。

现代人阅读中国古代经典会遇到一个语言的难题，不借助现代译注对一些读者来说会比较困难，但现代译注有的时候不能传递出古代汉语的丰富意蕴，这就需要对古代汉语的解释学方面有一定的探究。

2. 单纯表达思想的句子

海德格尔曾经对形式的逻辑学提出了批评，因为这种逻辑学无法真正地将逻辑学和哲学关联起来。“逻辑学应该是不同的，应该成为哲学的逻辑学！”[①]海德格尔也认识到，想要对西方两千多年的传统进行改造是一种冒险的行为。自亚里士多德以来，西方哲学的主要思考逻辑是建立在“什么是什么”这一命题基础上的。随着语言分析哲学的兴起，形而上学的终结也主要是针对这一命题及其背后包含的哲学问

① 〔德〕马丁·海德格尔：《从莱布尼茨出发的逻辑学的形而上学始基》，赵卫国译，西北大学出版社，2015年，第8页。

题而来的。中国现代哲学的开展也注意到类似的问题，但是从总体上看，中国现代哲学的开展还是受到以“什么是什么”为核心的哲学逻辑系统的影响。对中国哲学的语言特质的自觉把握，最有成就的成果应该是张东荪，其《知识与文化》一书，自觉地分析了古代汉语与中国哲学思想逻辑的关联，为进一步探索中国现代哲学开展的道路提供了理论思考的前提。

“什么是什么”的语言表达式在洪堡特看来是一种富于曲折变化的语言。根据洪堡特对不同民族语言哲学的分类，中国古代汉语不属于富于曲折变化的语言体系。“不管从哪个方面看，汉语里都没有任何东西可以称为曲折形式。”①古代汉语表达思想在某种意义上说就是把字罗列在一起完成的。“汉语的语法之所以可能，完全是靠句子的短小和简单。”②至于字之间的罗列关系是否遵循一定的语法规则则另当别论。“汉语激发起并维持着针对纯思维的精神活动，避开一切仅仅属于表达和语言的东西。”③在把词联结为句子时，汉语并不利用语法。“在汉语里，所有的词都用来直接表达概念，而不指明语法关系。”④“之”在主语后有属格的意义，在动词后有宾格的意义。“之”有区分开的意义，也有联系的意义。“这类词不是语法形式的标志，而是指出一个思想片段向另一思想片段的过渡。”⑤小人之中庸——“汉语的这个句子其实就是把概念小、人、中间、坚持一个接一个排列起来，其中的语气助词‘之’表明，前两个词作为一个组合应该与后两个词相联系。”⑥把握古代汉语，除了关注主谓结构的表达形式以外，字之间的意义关联也要特别加以关注。

字的组合显现一定的过程性。“理解汉语始终必须从词的意义开始。”⑦当一个字和其他范畴结合在一起表达思想的时候，并不总是一种严格的对象化的思维模式，而是过程性的思维模式。西方语言是一种声音语言，声音语言显示了主客体关系的断裂，并且保持着一种远距离作用。而中国古代汉语体现了强烈的过程性思维。汉语的词序并不能明确地指出，句子里的每个词都具有什么样的语法形式，而只是表达了思想的组成部分。“严格地说，在汉语里词序只是指出，哪个词决定着（bestimmt）哪个词。”⑧这种决定作用包括：一个概念的范围由另一个概念的范围加以限定；一个概念指向另一个概念。“它更突出了思想。”⑨汉语对表达有意义的独立概念的词作了大胆的处理，让它们一个个孤立地存在，然后把它们串起来，同时排斥一切本身

① 〔德〕威廉·冯·洪堡特：《洪堡特语言哲学文集》，姚小平编译，湖南教育出版社，2001年，第113页。
② 〔德〕威廉·冯·洪堡特：《洪堡特语言哲学文集》，姚小平编译，湖南教育出版社，2001年，第121页。
③ 〔德〕威廉·冯·洪堡特：《洪堡特语言哲学文集》，姚小平编译，湖南教育出版社，2001年，第120页。
④ 〔德〕威廉·冯·洪堡特：《洪堡特语言哲学文集》，姚小平编译，湖南教育出版社，2001年，第132页。
⑤ 〔德〕威廉·冯·洪堡特：《洪堡特语言哲学文集》，姚小平编译，湖南教育出版社，2001年，第115页。
⑥ 〔德〕威廉·冯·洪堡特：《洪堡特语言哲学文集》，姚小平编译，湖南教育出版社，2001年，第112页。
⑦ 〔德〕威廉·冯·洪堡特：《洪堡特语言哲学文集》，姚小平编译，湖南教育出版社，2001年，第149页。
⑧ 〔德〕威廉·冯·洪堡特：《洪堡特语言哲学文集》，姚小平编译，湖南教育出版社，2001年，第116页。
⑨ 〔德〕威廉·冯·洪堡特：《洪堡特语言哲学文集》，姚小平编译，湖南教育出版社，2001年，第118页。

不具意义、只起黏附和联系作用的成分。”①字和字构成句子以描述一个事物发展的过程。如“子夏曰：‘百工居肆以成其事，君子学以致其道。’”（《论语·子张》）道是“学”的过程性展开，是一个过程的两个不同的阶段和发展程度。如“攻乎异端”中“攻”和“异端”的关系在语法上可以分析成谓语和宾语的对象性关系，也可以分析成过程性关系。在过程性的视野中，“攻”等同于“功”，“异端”是用功夫导致的一个结果。洪堡特说：“换言之，汉语的艺术性在于，它只是把概念简单地一个个排列开来，这样，概念之间的一致和对立不仅可以像在所有其他语言中那样被感觉和悟识到，而且以一种新奇的力量作用于精神，促使精神去跟踪概念，再现出概念的关系。由此便产生了一种显然不依赖于基本推理的趣好（plaisir），我们可以将之称为纯智力的趣好，因为它针对的只是概念的形式和组织。”②洪堡特还说：“我认为，这种风格取决于概念之间的直接交触，以及概念与其表达之间的崭新的关系，而概念与表达的关系则受到以下因素的约束：几乎没有任何语法标记；拥有一种基于汉语句法的组构艺术，即把词一个个排列开来，使得概念之间的相互关系从概念结构本身中凸显出来。”③洪堡特指出：古代汉语“简洁、精炼的风格以独到的方式将生命力注入叙述和描写，并使情感的发抒获得某种表现力”④。“汉语没有把词改造得适合于句子中的运用。”⑤

涉及命题、定义等情况的时候也有中国哲学自身的特点。“中国思维不是始自指称的事物而是事物由此划分的整体或集合。”⑥提问、“是什么”往往涉及个体事物在某种情境或者事件中的出场。很多提问的定义式样的回答往往是用具体的示例来回答，当然示例本身有一定的逻辑关系，这个逻辑关系是一般的，但又不是一个简单的具有一般性的回答。其中包含着从整体划分殊相、从殊相显示共相的过程，往往是回答两个对象之间的限量、归属、过程、符合、适当等的关系的。命题有时不是关心这样思考的真和假的问题，而在于主体及环境是否适当。把长句切断，阻碍了思想沿着一串更长的命题发展。“甚至句子的统一性也不是完全由词的不同位序来确定，我们往往没有把握断定一串词表达的是一个命题还是两个命题。”⑦在古代汉语中，在语词和句子的关系上词的地位更为核心。“中国人不是根据那些严格界定各种命题的语法形式来排列整理词语，而是把每个词当作孤立的对象来处理，以至接连不断地切断句子，只是在概念绝对需要的场合才把词相互联系起来。”⑧

---

① 〔德〕威廉·冯·洪堡特：《洪堡特语言哲学文集》，姚小平编译，湖南教育出版社，2001年，第118～119页。

② 〔德〕威廉·冯·洪堡特：《洪堡特语言哲学文集》，姚小平编译，湖南教育出版社，2001年，第158页。

③ 〔德〕威廉·冯·洪堡特：《洪堡特语言哲学文集》，姚小平编译，湖南教育出版社，2001年，第159页。

④ 〔德〕威廉·冯·洪堡特：《洪堡特语言哲学文集》，姚小平编译，湖南教育出版社，2001年，第162页。

⑤ 〔德〕威廉·冯·洪堡特：《洪堡特语言哲学文集》，姚小平编译，湖南教育出版社，2001年，第163页。

⑥ 〔英〕葛瑞汉：《论道者：中国古代哲学论辩》，张海晏译，中国社会科学出版社，2003年，第479页。

⑦ 〔德〕威廉·冯·洪堡特：《洪堡特语言哲学文集》，姚小平编译，湖南教育出版社，2001年，第134页。

⑧ 〔德〕威廉·冯·洪堡特：《洪堡特语言哲学文集》，姚小平编译，湖南教育出版社，2001年，第135页。

古代汉语的某些表达显示了主客体的在场性。如“见”，一般把“见”翻译成“出现”，“出现”侧重于客体的方面，任何出现都意味着看见。“见”表达了这种“出现”与“看见”的在场性。

古代汉语常常突出事件出场的优先性。《庄子·逍遥游》中许由说：“归休乎君，予无所用天下为！”一种翻译是：“你请回吧！我要天下做什么呢？”此翻译当中比较强调“我”的主体性，而不是“我”的出场性。“我”是否在“天下”中出场是中国古代汉语的一个基本的使用方式。此句当为“天下对我没有什么用”，表示“我”不愿被大家关注，不愿在“天下”中出场。

在古代汉语中，主语和宾语或者补语往往被隐含，主动和被动不分。“他们也极少标明动词是主动的还是被动的，让一个形式包括起同一动词的这两种形式。”[①]《庄子·应帝王》记载说，列子受命去追一个人，然而此人已逃，他向老师报告说：“已灭矣。”这里是说，此人已经逃走了，还是说被“我”灭了呢？显然是前者。主客体往往是可以省略的，只要符合这一动态过程，相应规定的事物都可以进入句子所规定的主客体范围之中。这就决定了中国古代哲学语言并不是以纯粹的事实性的个体世界为哲学关注的焦点，而是把事实和意义统一起来，并以意义为根本的指归。主语或物主代词主语往往不规定动词，而恰恰由动词来规定物主代词，主语表示对某类行为的占有，或者可以被归到（包括否定）某个系列之中。古代汉语并不专心去描述事实，而是关心秩序，关心建构意义世界，并把对意义世界的理解带入对事实世界的理解之中。无主语性在西方思想家那里被认为是和集体主义以及缺乏完整的个性化相关联的。

张东荪对中国古代汉语中的“什么是什么”句式进行了一定的分析。比如：“仁者人也。”“‘……者……也’这个式子不表示‘相等’。换言之，即不是正式的缀词。我们不能拿他当作英文的 is 来对待。”[②]在张东荪看来，“者”起到语音和语顿的作用。中国古代汉语中很多“是”的句式并不能与英文的 to be 相当。“为”也不等同于英文的 become。在张东荪看来，中国人的心思根本上是非亚里士多德式的。

“什么是什么”的句式本身蕴含了一种本体的追求。现象背后有本质，本体有属性。个体归属于一般，主体和客体之间有较为强烈的主客体关系。用中国传统哲学的话语来说，就是有内外之别。“是”具有强烈的行为主义的色彩，自然涉及个体和社会，个体和类的关系。行为发生的精神动因和行为的结果之间都会形成一种逻辑的区分。相反，当磨平这些区分的时候，则要强调万物一体，没有内外之别，没有知行的区分。“什么是什么”的句式背后隐藏的主要的哲学逻辑是一般和个别。而中国古代哲学对内外的区分，对知行的区分本身就包含着一种抵制的态度。陈汉生认为“在中国古代的确不存在柏拉图式的实在论（也不存在抽象的集合或类的理论），公

① 〔德〕威廉·冯·洪堡特：《洪堡特语言哲学文集》，姚小平编译，湖南教育出版社，2001 年，第 109 页。
② 张东荪：《知识与文化》，岳麓书社，2011 年，第 195 页。

孙龙并不构成一个例外”①。

张东荪看到了一般和个别的局限。“故第二点是中国哲学不是形式哲学（form philosophy）。因为中国人没有‘种’（genus）与所属的‘类’（species）之分别，其故乃是由于不把‘属性’（attributes）中的‘重要者’（essentials）标举出来。”②如何理解中国古代哲人所说的“类”呢？“至于所谓‘以类取’与‘以类与’乃根据‘辞以类行’而来。但于此所谓‘类’却决不和亚里斯（士）多德所谓 genus 相同。于此所谓以类取即等于取比，取比亦就是取譬。以其相近相似而比之。乃是触类旁通的意思，并不限于指其有所属。”③中国古代哲人讲“类”，更多的是归类，而所规之“类”和被归到某类中的事物之间并不存在一般和个别的关系，只要彼此之间有某种形式上的一致性，就可以归入某类。一个事物在这个标准下可以归入这类，在另外一个标准下可以归入另外的一类。

海德格尔认为，“主词-谓词关系的特性就是同一性之特性”④。在海德格尔看来，这种统一必须先行。中国哲学有着特殊的把握这种同一性的方式。如“道”就具有最高的统一性，因为道生一。探究中国古代思想的特殊的哲学逻辑，才能更好地论证中国思想的哲学性问题。

从逻辑上说，中国古代占据主导地位的思维逻辑是：事物本身可以从不同的角度找到与其他事物的相类关系，从而构成一种类别秩序。张东荪说：可见《易经》的哲学是完全站在“相关变化”（functional relation，即相涵关系）之上的。⑤而中国人的五行则和八卦的命意差不多。绝没有“原质”的意思在内。⑥乾、坤、巽、离、坎、兑、震、艮不过是把世界分成八个层次，形成八个界限。可以归入乾的事物与乾之间没有一般和个别的关系。所以八卦以及六十四卦都是用象征来表示变化的式样。“中国人的‘君’‘臣’‘父’‘子’‘夫’‘妻’完全是各为一个‘函数’或‘职司’，由其互相关系，以实现社会的全体。”⑦

即便是从西方哲学的逻辑来看，古代汉语的君子表达依然可以还原为西方哲学的问题。“子夏问孝。子曰：‘色难。有事，弟子服其劳；有酒食，先生馔，曾是以为孝乎？’”⑧

---

① 〔美〕陈汉生：《中国古代的语言和逻辑》，周云之、张清宇、崔清田等译，社会科学文献出版社，1998 年，前言第 3 页。

② 张东荪：《知识与文化》，岳麓书社，2011 年，第 117 页。

③ 张东荪：《知识与文化》，岳麓书社，2011 年，第 192 页。

④ 〔德〕马丁·海德格尔：《从莱布尼茨出发的逻辑学的形而上学始基》，赵卫国译，西北大学出版社，2015 年，第 143 页。

⑤ 张东荪：《知识与文化》，岳麓书社，2011 年，第 190 页。

⑥ 张东荪：《知识与文化》，岳麓书社，2011 年，第 191 页。

⑦ 张东荪：《知识与文化》，岳麓书社，2011 年，第 116 页。

⑧ 参见本书“子夏问孝章”。

3. 对话中的哲学进程

关注一种哲学不仅仅要关注其基本的观点，区分不同的哲学思想，也不仅仅看其表达的哲学观念，而更重要的是看哲学方法和使用的哲学概念体系及其差别。那么,《论语》所显现的孔子的哲学方法是什么呢？其中比较重要的是对话和譬喻两种哲学方法。

交谈是一种通俗艺术形式，最基本的交谈形式是发起交谈的人和另一个人之间存在着某种合作，另一个人参与交谈，轮流说话，让交谈继续原来的话题或变换另一个不同的话题。交谈的线性顺序是交替说话，谈话以寻找共同感兴趣的话题，并以对话可持续下去为必要的条件。对话是发生在两个或两个以上的人之间的话语活动。尽管对话潜在地要求对话者坚信没有最终的绝对真理存在，对话者在话语权利上是平等的，不能有话语霸权。在哲学领域内的对话突出了通过提问来引出哲学家的观点和立场的功能，突出了对话一方的中介性。但不能因为哲学领域这种特殊类型的对话来否定《论语》中孔子的言说方式是“对话”。《论语》中哲学思想的表现方式是“对话”，而不是“口授”和“听写”。当然，由于历史的原因，对话的很多情景性内容被略去了，对话中更突出了孔子的立场和观点，突出了弟子的聆听美德。其实聆听是一种哲思性美德，急于说话往往是没有认真听或没有听懂说话者思想的表现。

当然，这不是说《论语》的对话没有缺点。就拿《国语》和《论语》来说，二者就有一定的差异。《国语》思想表达的主体是多元的，是丰富的，不是单一的。从这一点来说,《国语》一书的编撰表现得很民主，很尊重不同主体的表达言论的权利。《论语》中虽然也记载有弟子的言论，但重点和主要内容是孔子的言论。就语言的表达方式来说，对话的特征不够明显，大多数时候不是对话，而是一个人自言自语。从语言形式上看,《论语》中有两个人或者更多人轮流发言，但是弟子往往只是提出问题，最终还是孔子给出了自己的理解和答案，其中弟子提出自己的观点并和孔子进行论争的特征不明显。正因为如此，有文章直接把《论语》定位为“训话”而不是“对话”。“《论语》中的‘孔子’本质上不是一个‘对话者’，而是一个‘训话者’。”①在笔者看来,《论语》的编纂者记载谈话，并不是为了记载“孔子”弟子的“问”，而是为了记载“孔子”代表着“真理”的言说，或者弟子的“问”最多只是为了引出“孔子”的话而已。该书是以对话的本质要求来衡量《论语》的对话的。“不仅如此，从理论上说，要在一个特定的话语群体中形成真正意义上的‘对话’，还必须具备以下几个前提，这些前提就是所有话语活动的参加者都必须坚信：(一)没有最终的绝对真理存在；(二)任何现实的个人都不可能认识和把握所谓的绝对真理；所以,(三)任何现实的个人的所谓的“话语霸权”归根结底都是不合法的；以及(四)对话者在话语权利上在本质上是平等的。以上四个前提只要有一个不能满足，真正的‘对话’

---

① 陈君华：《“训话”还是“对话”？——论〈论语〉中“孔子”的言说方式》，《江西社会科学》2002年第1期，第167页。

在最终的意义上就是不可能的。”①从形式上说，《论语》中的对话也是对话的范畴，不过是对话的一种样态。“对话”有不同样态，不能因为一种样态否定另外一种样态。也有学者通过对孔子和柏拉图、苏格拉底进行对比，来分析中西对话的不同。②苏格拉底和柏拉图等涉及的对话在不同的对话者之间保持了一种理性的论辩精神、一种怀疑和批判的精神，使得对话者的观点都得以充分地展开。另外，对话更多的是用下定义、提出概念和思想的方式展开的，其中有理性的推理。《论语》中展开的主要是孔子的思想，而且思想表达的语言形式与西方有很大的差异。

如果从“对话”的角度来分析，《国语》虽然也有“训话”，但更多是劝导、谏争，“对话”的特征更为明显。这无疑提高了《国语》的伦理道德价值。李佳分析了《论语》和《国语》对话的差异，“《论语》是集中记载一位圣贤的言论，《国语》则是汇集多人言语”③。“《论语》所记内容完全以孔子为核心”，“但在《国语》中，并没有固定的中心人物”。④在叙事加言论的模式中，《国语》叙事明显比《论语》复杂和详细。《国语》的议论色彩明显比《论语》强烈。“《论语》中的二段式结构，一般都是表明孔子对某事或者某人的态度，更像是一种评论。《国语》不然，往往是在明确提出观点、意见之后，摆事实讲道理层层论述。由于论点、论据、论证完备，故议论性、说理性的特点突出，类似于具体而微的小论说文。如果这种议论性进一步增强的话，即论说者对自己的观点非常坚定、充满信心，则篇章往往带了预言性的色彩。”⑤

《国语》更具有“对话”的特征，其伦理价值的一个重要表现就是言论的主体相当广泛，语言表达者的身份大大普及化。李佳对此有较为充分的概括，其中包括周王、王侯、君主、要臣、贤人、史官、乐官、宦官、匠师、车夫、母亲、妻妾等。“随着‘语’者身份的降低，其对话对象的身份相应反方向提高，言语基本都是往上指向的，太子进言的对象是君父，大臣进谏的对象是王侯，平民对话的对象是官员，妻子劝说的对象是夫君。‘语’者地位一般不及‘语’的对象，因此不能高高在上地发号施令或者施加训教，因此言语最大的意义便在于沟通、说服，以使居上位者能够接纳良言，并发布实施。”⑥甚至上位者在地位下降时也不得不通过讲理和论证来达到说服下位者的目的。最典型的就是晋文公向周襄王请求自己死后可以用隧礼的方式安葬，周襄王搬出先王古制和先民的话来论述加以拒绝，使得晋文公不得不放弃自己的请求，从而达到了伦理劝诫的效果。《国语》与《尚书》也不同，《尚书》更

---

① 陈君华：《“训话”还是“对话”？——论〈论语〉中“孔子”的言说方式》，《江西社会科学》2002年第1期，第167页。

② 肖峰：《柏拉图〈文艺对话集〉与孔子〈论语〉问答模式研究》，《中国社会科学院研究生院学报》2005年第2期，第51～56页。

③ 李佳：《〈国语〉研究》，中国社会科学出版社，2015年，第152页。

④ 李佳：《〈国语〉研究》，中国社会科学出版社，2015年，第152页。

⑤ 李佳：《〈国语〉研究》，中国社会科学出版社，2015年，第156页。

⑥ 李佳：《〈国语〉研究》，中国社会科学出版社，2015年，第138页。

多的是命令、训告。

《论语》有自己的“对话”风格与其是孔子及主要弟子言行的记录有关，因为是单一的儒门，主要是突出孔子的思想。

把握《论语》的对话需要了解社会情景和事件。郝大维和安乐哲认为孔子是以人类为中心的环境道德论者，关心的是特定环境中特定的人的活动，而不求助于抽象的原则。孔子的秩序是可以由人加以实现的东西，而不是某种原则的例证。孔子的哲学重点是给出特定的社会情境和事件中个体的创造性活动，如果说有原则的话，原则性意义也是潜藏在创造性活动中的。“孔子的哲学是事件的本体论，而不是实体的本体论。”①孔子哲学之所以成为事件的本体论，是受到孔子的哲学思维方法制约的。情景性定义、具体事件和行动指令显示出的抽象意义需要一定的历史记载和补充性的说明。

中国哲学重视历史，重视历史形成了中国哲学特殊的方法论。讲话的含义就是对某个人讲话。历史不是作为先定的原则在发挥作用，而是在人的行动和仪轨活动中发挥作用。

把握《论语》也需要把握问题。问题可能是孔子提出的，或者孔子弟子提出的，但回答问题的时候有可能顺便回答了别的问题。问题既包括孔子及其弟子的问题，也包括阅读者的问题。

中国古代汉语的语言系统主要是说话的活动和展现的活动，它通过语言系统表现出一个意义的动态化领域从而展现“道”的变化。因此要理解意义，需要搜罗人物、时间、地点、事件等诸多情境性因素。脱离了这种情境性，古代哲学并没有充足的概念、命题系统可以超过时空界限来达到表达和传达思想的目的。当然在哲学家的思想中，哲学情境的保留和概念解说也是有一定的生活的普遍性意义的，具有超越时空的价值。这也与中国哲学对语言的广泛的理解有关。沉默与说话都是语言，行动也是语言。生活本身就是对意义的一种论述，言说只是对这种论述的一种补充说明而已。世界只是一种榜样、一种范例或多种范例的集合体。哲学语言就是在诸范例中发现（说出）其内在的意义。

六、《论语》成为何种意义上的“哲学”

《哲学作为严格的科学》是当代德国哲学家、现象学创始人埃德蒙德·胡塞尔（Edmund Husserl，1859—1938）于1911年发表在德国哲学杂志《逻各斯》（第一期，第289～341页）上的一篇长文（也被简称作“逻各斯文”）。该文区分了世界观哲学和自然哲学，有一定的启迪意义。

① 〔美〕郝大维、〔美〕安乐哲：《孔子哲学思微》，蒋弋为、李志林译，江苏人民出版社，1996年，第7页。

在胡塞尔看来，世界观哲学致力于对他们那个时代的生活经验、教化、智慧的最高提升，注重实践。世界观哲学重视思想传统，研究的动力往往来自各种哲学。儒学和儒家伦理具有鲜明的“世界观哲学”的特征，注重教化、智慧的启迪和伦理道德的提升，注重理想人格的培育和塑造。儒学需要坚持和发展这一哲学特征。

但同时，也不能绝对化地认为不能对儒学进行学理性的研究，认为分析的方法不适合研究儒学。逻辑分析的方法对于儒学研究是可以的，是适合的，是需要的，也是应该的。儒家哲学及其伦理可以，也应该作为“严格的科学”的哲学存在，并在世界范围内发挥更大的作用。儒学为中华民族的精神追求设计了求真、求善、求美、成圣、合群这样一些总体的目标，并且为实现这些目标提出了多种具体的价值理念。作为生活信念的儒学，需要坚持儒学的世界观本性；作为学理的儒学，需要作为严格的科学的哲学存在。这就是说儒学和儒家伦理研究也追求自身成为严格的科学的哲学，具有科学本欲，力求拥有严格科学的特征。

《论语》可以作为“世界观哲学”存在。在中国，哲学不仅仅是一个理论体系，而且是促进社会、政治和文化发展的思想话语。但是可以在何种意义上作为世界观哲学存在呢？显然《论语》无法把自己哲学的主要目标定位于满足人们对封闭的、统一的、包容和理解一切的认识的需求。《论语》也无法把自己的哲学的主要目标定位于提供一种理性的原则，使得在伦理-宗教方面可以使一种受纯粹理性规范支配的生活成为可能。儒家在这一意义上的世界观哲学形态最典型的代表是朱熹的哲学。朱熹哲学中的理具有存在论、道德论和认识论的含义，理作为哲学的最高范畴，同时使得儒学具有了上述世界观哲学的特征。为了满足这一世界观哲学的需求，朱熹哲学自然也将个别科学都看作是它的基础，并力求用这种科学性保证儒学在目标和方法方面的科学性。从这一意义上说，《论语》无法作为这一意义上的世界观哲学。如果说《论语》哲学可以满足人们认识一切的需求的话，可以满足人们寻找最为可靠的行动原则的需求的话，那么这些原则也是以启发式、开放式、意义式、榜样式存在的。

《论语》可以作为提升时代经验，通过教化提升人格及其智慧的哲学存在，可以作为指导人生实践的哲学存在。“根据这个观念，每一个追求着的人都必然是在原初词义上的‘哲学家’。”①这也是《论语》可以获得强大生命力的重要原因。

作为世界观哲学的《论语》在当代像所有的世界观哲学一样，在保持自己生命力的同时，也遇到了前所未有的挑战。其一是科学的强大力量对教化、智慧、世界观以及世界观哲学这些观念的内涵产生规定性的作用。科学的精神要求《论语》的思想是有条理的，是简单的、完全清晰的，要求《论语》概念清晰和明白。而实现这一要求又往往会妨碍《论语》的深邃性要求。其二，世界观哲学局限在个体的立场，

① 〔德〕胡塞尔：《哲学作为严格的科学》，倪梁康译，商务印书馆，2010年，第65页。

出于情感、激情、世界观需要，不可能做出对这种或那种哲思的普遍有效的实践决定。其三，“世界观哲学的传授就像智慧的传授：人格性求助于人格性。因此，在传授的过程中，唯有那些通过一种特别重要的特性和特有智慧而带有使命的人，或者是更高的实践兴趣的仆人——宗教的、伦理的、法律等等兴趣的仆人，他们才能在这种哲学的风格中求助于更宽泛的公众圈。但科学是非人格的。它的合作者不需要智慧，而是需要理论才华。他所做的贡献会丰富永恒有效性的宝藏，这个宝藏必定会赐福于人类。但如我们在前面所见，这些事实在极大的程度上也适用于哲学的科学”①。从这一角度来看待《论语》哲学，它不能单纯局限在世界观哲学的一个发展路向方面，还要发展“严格的科学”的“哲学”路向。

第一，要满足哲学的“科学本欲”，即成为最高的和最严格的科学。一个方面是它可以满足最高的理论需求。这个需求大致包括两个方面：代表人类对纯粹而绝对的认识之不懈追求以及与此不可分割的对纯粹而绝对的评价与意愿的不懈追求。另一个方面是在伦理方面可以使一种受纯粹理性规范支配的生活成为可能。第二，要满足哲学的可教授性和可学习性。第三，要满足完善性和完备性的条件。完善性要求在要证明的系统秩序和理论方面达到清晰和完善。完备性要求是说科学的哲学应当是一个学说系统，而不是个人性的观念系统。要建立一个哲学的学说系统，宏大的、严肃的精神工作是条件之一，但仅仅如此还不够，还要有理性批判，这是保证哲学科学性可能的条件。要关注儒学对方法论系统的研究。

坚持用“严格的科学”的哲学的理念来看待《论语》，不是把《论语》看作一个表述“应当”的理论系统。从使用工具的角度来看，要自觉地把思辨思维当作观察《论语》哲学的仪器或工具，也要有自觉的体系意识。黑格尔认为，哲学若没有体系，就不能成为科学。没有体系的哲学理论，只能表示个人主观的特殊心情。

坚持用“严格的科学”的哲学的理念来看待《论语》，就是要巩固《论语》需要学习和研究的理念。不可以轻视《论语》的哲学性，把《论语》哲学看得太容易，以为虽未致力于《论语》哲学，也可以高谈《论语》哲学。不可以只是为某种情绪的鼓动而讨论《论语》哲学、批评《论语》哲学。在黑格尔看来，哲学的职责以研究思维为其特有的形式。事实上，人们尽管有思维能力，但是人们往往不能自觉地进行概念思维，所以还是要学习和研究哲学。

坚持用“严格的科学”的哲学的理念来看待《论语》，在学习、研究的时候需要作抽象的思维，抓住纯粹的思想。正如黑格尔所说需要剥掉思想的平常意识这个外衣。比如“这片树叶是绿的”这句话就是一个描述人的感觉的命题。对于这个命题，如何才算是进入了哲学的思考领域呢？要看到其中包含的范畴。那么这句话其中包含了什么范畴呢？显然是个体性范畴和存在范畴。而个体性范畴又是和质量范畴密

① 〔德〕胡塞尔：《哲学作为严格的科学》，倪梁康译，商务印书馆，2010年，第75页。

切相关的。“一片绿色的树叶”这是个体性，“这个树叶存在着”是存在范畴。树叶和绿色都是表示质的范畴，而“这片”是一个量的范畴。学哲学，弄懂哲学的一个初级的功夫就是要学会用概念进行思考，并且能够从感性的表述中抽象出概念及其逻辑关系来。这也是一个人是否进入哲学之门的一个重要标志。

坚持用“严格的科学”的哲学的理念来看待《论语》，需要有耐心，不急于把思想和概念用表象的方式表达出来。在黑格尔看来，一般人的困难就在于对于一个意思不能用概念去把握，不知道如何用概念去思考，往往总是竭力寻求一个熟悉的流行的观念或者表象来表达。人们往往依赖已经熟悉的流行观念。就像人们喜欢作家和演说家所说的话，因为这些话是人们已经烂熟的东西，是自身明白用不着解释的东西。《论语》的研究和学习要尽量让思考停留在概念的层面上，而不是把概念的说明急迫地转换成表象的譬喻。

坚持用“严格的科学”的哲学的理念来看待《论语》就是着眼于强调在《论语》记载的资料背后有一套预存观念。

七、读《论语》法

朱熹的《论孟精义纲领》《语孟纲领》《论语精义纲领》回答了《论语》涉及的一些宏观的问题。

王夫之在《读四书大全说》中认为《论语》的本义是无穷的，但在读的时候不能以俗情去猜度，应“去俗情之億中”。[①]这点讲得很好，以俗情的心态读《论语》，也可以读出这本书的价值，但以超拔的心态读，自然有另外一番境界。

王夫之在《读四书大全说》中还说读《论语》要和读《大学》《中庸》《孟子》不同，《论语》是圣人彻上彻下之语，所以要从中看出“下学”“上达”的同中之别、别中之同。

《论语》是弟子等每日零碎问，自然显得零散，但就像朱熹所说，大海也是水，一勺也是水。但是《论语》也是有整体逻辑的，需要仔细体会文本中的相互关系。就像朱熹所说，孔子教人，说来说去，合成一个大物事。

朱熹说，《论语》《孟子》是《大学》中的“肉菜”。读《论语》可以结合《大学》《孟子》等书来看。

朱熹说，孟子教人多言理义大体，孔子在切实下功夫处教人。孟子讲的理，是有概念体系的，孔子的概念体系更为复杂多样，所以读起来更难。

朱熹说孔子教人，有含蓄的意思在其中，所以要人自己去求。如何去求？当然前提是合乎文本的逻辑脉络，然后要切合人生实事。

---

① [清]王夫之：《读四书大全说》（上册），中华书局，1975年，第195页。

《论语》难读，朱熹也承认费思索。朱熹说《论语》须是玩味，玩味得久，自然会体会到很多意思。《论语》每一句话都有独立的意思，所以需要仔细静观，不能急，每一章力求理解得透彻，久久自然就能够贯通。

朱熹告诫，不要说《论语》中什么思想是紧要的，什么是泛说的，不能用拣择的心看《论语》。可以概括《论语》的思想，但概括永远不能代替经典章句的体会。

读《论语》不能离开文字，一定的训诂考据也是必要的，对语句的逻辑结构进行分析也是必要的，但也不能拘泥于文字，要从身心上体认，用实际经验来考察。读《论语》是一种生活，以孔子之心为己心，以己心为孔子之心，可统合来观察，看看文义会如何。

张载说，读书要成诵。诵读《论语》也是好的，不过不能不通文义。不通文义，就成了诵读的机器。

朱熹说《论语》句句自然，无非操存涵养之要。读《论语》就是要做人生操存涵养的功夫，并不是读完一了了之，需要常读常新，不断看出新思想，不断读出新境界才好。

程颢说孔子是元气，孔子无所不包。孔子思想很丰富，不是单一的某种思想，话题多元，概念范畴丰富，思想有不同层次，需要自己区分。

程颢觉得孔子是明快人，气象上来看无迹。这就要求我们以一种高远的思想境界来看孔子。在程颢心目中，孔子也有俯就处，既然俯就，思想就降格了，需要仔细辨别。

《论语》和六经的关系，自古难辨。程颐提到读好《论语》，六经可以不治。《论语》代表了孔子思想的独立创造的部分，是儒学的标本。以六经看儒，和以《论语》看儒，面貌会有很大的不同。《论语》独创的成分多，反思的成分多，超拔的成分多。其他的“子曰”就现实而谈较多。这一点在《论语》的不同篇章中也有印记。

总而言之，《论语》的思想是很丰富的，也是有自身特色的思想，正因为如此，《论语》是很难进行学理研究的。从《论语》出发建构儒学，宋儒有贡献，但终究不得力。《论语》哲学阐发之功，还在途中。

八、何谓“哲学注疏”

《论语》在中国古代有很多注疏，这些注疏总体上可以分为两大类：一类倾向于字、词、句子的解释，倾向于典章制度的解释，唐代以前的注疏多倾向于此；一类倾向于篇章逻辑义理以及当下应用的阐发，韩愈、李翱对《论语》的注疏已经有这一思想倾向，这一倾向被朱熹发展到了极致。

现当代对《论语》篇章的注疏有几个比较明显的倾向：一个是继承集注的传统，把当代人的研究思考纳入集注之中，如《论语彙校集释》《论语歧解辑录》等；一个是对《论语》注疏的辩误和争鸣，如《论语名家注读辩误》；一个是白话文转换，其中影响最大的当属《论语译注》。现代的集释和争鸣当然和白话文转换带来的问题有关。

如果要问哪个版本的《论语》比较适合现代人读，不同的人有不同的回答，有推荐杨伯峻的《论语译注》的，有回答钱穆的《论语新解》的，有钟爱李泽厚的《论语今读》的，有推崇杨朝明的《论语诠解》的，等等。当然，还会有很多其他的答案。

为了更好地把握《论语》，学者把眼光投向了《论语》历代注疏的历史性考察，因而《论语》注疏成为一种《论语》学史，进入了现代学术的视野。

在把目光投向《论语》的同时，其他“子曰”或者孔子遗说的地位也提高了，出现了综合性研究的呼声，这种呼声表现为加强“《论语》学”研究的诉求。

《论语》的外文版本也有很多，有中国人翻译成外文的，有外国人翻译成外文的。这两类翻译各有优缺点，外国人的翻译受制于对古代汉语的理解，中国人的翻译受制于对外语的理解，这一工作也有继续开展的空间。

现在已经存在众多《论语》注疏，为什么还要进行“哲学”注疏呢？主要在于如下几个方面：其一，基于古代汉语和现代汉语的差异，以及时代的差异，《论语》的现代译注或者注疏不断推陈出新；其二，注疏虽多，却没有带来共识，反倒增加了很多的分歧，甚至混乱，这就有必要在方法论方面进行新的探索；其三，《论语》的现代注译显然对宋明理学关于《论语》的阐发关注不足，对宋明理学继承不够；其四，综合孔子遗说以考察《论语》有明显的不足。

哲学注疏有什么意义呢？主要包括如下几个方面：其一，深入把握古代汉语的特征，以中国固有的思考方式和话语体系讲述哲学思想；其二，以思想逻辑的探讨为基础，整合分歧，寻求共识；其三，进一步发挥中国古代儒家经典对当代哲学创造、文化固本和世道人心的积极作用；其四，宋明理学的发展是与“四书”的阐释分不开的，其中《论语》虽然也很受重视，但宋明理学发展的基本逻辑基础是《大学》、《中庸》和《孟子》，以《论语》的阐释为基础推动儒学的创新，宋明理学有一定的贡献，但也有不足。其中关键的难题就是《论语》内涵丰富，意义多元，逻辑关系复杂多样，可以有很多理论拓展的路径。哲学注疏力图通过哲学阐释来拓展以《论语》为逻辑基础的发展儒学的理论空间。

对《论语》开展哲学注疏的基本思路是：在注疏的过程中尽可能把典章制度、语言背景和字词含义有机结合起来，把句子语法和概念范畴、逻辑关系以及讨论的问题有机结合在一起进行阐发；注重整体性的解读，尤其是篇章间的逻辑关系，篇章思想的整体性、层次性，以及连贯性、差异性和共性的把握；在注疏的过程中结合其他“子曰”进行阐释，为综合把握“子曰”奠定一定的基础；在注疏的过程中关注《论语》和《大学》、《中庸》、《孟子》之间的思想连贯性以及差异性，参照《大学》《中庸》《孟子》的思想逻辑理解《论语》，同时突出《论语》的地位；在注疏的过程中不会忽略《论语》与“五经”、《国语》等经典的关系的考察，把《论语》置于广阔的文化背景中来阐释；在注疏过程中突出宋以来的思想成果的运用，尤其是朱熹的注疏以及心学的成果，力求吸收汉宋两种注疏的优点；在解读《论语》的过程中也注意和道家等其他思想流派的关系；突出哲学性，尤其是强调对西方哲学成果的借鉴以突出《论语》的哲学性。

对《论语》开展哲学注疏使用对比的方法，包括和其他“子曰”以及《孟子》《国语》等的对比，中西对比；在注疏的过程中注重理论和实践相结合，结合修身经验以及共性的人生经验来对文本内容进行一定的经验考察。对《论语》开展哲学注疏使用从具体事例和意象中进行概念抽象的方法。

对《论语》开展哲学注疏的基本立场是把《论语》看成哲学，给出《论语》所代表的儒家哲学的定位。从行动方案在原则下的多样性而言，可以把《论语》哲学理解成是开放性的。同时因为这些行动指令是引申出来的，这样就否认了《论语》是规范的儒家、说教的儒家，而是意义的儒家。当赋予《论语》中一些篇章语言以概念分析的意义的时候，就以西方哲学的背景宣示了《论语》是意义的儒家。无疑地，这样做把《论语》概念化了，不过概念化的目的却是要说明《论语》所代表的儒家是启发式的儒家。《论语》表达思想离不开树立一种“榜样”，可以把《论语》所代表的儒家定位为“榜样儒家”。对《论语》思维进程的把握有利于对《论语》进行哲学定性。孔子是意义的儒家，是启发式的儒家，是榜样的儒家，是开放的儒家。这一结论尽管还可以进一步讨论，但这个定位的意义是很大的。

《论语》哲学注疏强调从“学”入手把握《论语》的儒学思想。儒家之宗是孔子。孔子言行事迹很多，其一言一行均为儒者之言行，为儒者言行之标本。因文献所记的孔子言行不同，孔子形象自然不同，儒者之参考标准亦随之而变。儒学之义很广，可以把仁作为儒学的标志，也可以把礼看成儒学的标志。但在这所有的标志中，“学”是前提。荀子劝学、讲学，孟子也讲学。孟子讲学是求放心，荀子讲学是学习礼。孔子讲学，兼顾二者。《中庸》中的“学”并不适用于圣人，同样荀子那里的学也不适用于圣人。但《中庸》中所说的学是自明诚的事情，学是人本来的明觉的一种表现，然后通过这种明觉回到本体的明。孟子讲的学继承了《中庸》，却把学置于可以成圣人的地位上。

《论语》哲学注疏以一定的哲学框架为解读的基础。这一哲学框架以“天下有道”通论《论语》之价值。这一哲学框架把学、习、教诲、思、知、耳顺、闻、正名、从心所欲等范畴看成是《论语》的认识论范畴。这一哲学框架关注《论语》之方法论，重视对启、教、诲之间语义上的差别的分析，重视孔子的语言哲学思想，展现孔子思想的辩证特质。这一哲学框架关注《论语》之道德论，深入挖掘耻、内省、不忧、孝、忠、恕、仁、义、礼、信、直等儒家伦理规范的意涵。这一哲学框架关注《论语》之天道论，注意绍述孔子关于命、德、道的思想。《论语》哲学注疏关注《论语》

之人论，绍述孔子关于己、我、身、吾、人、民、立、小人、君子、圣人的思想。《论语》哲学注疏关注《论语》之政治论，绍述孔子的为政意旨和为政境界。

如何从宏观上把握《论语》呢？罗哲海提出了一个习俗和后习俗的视角。《论语》中有两个支点，一个支点是君子，这与美德有关；一个支点是伦常，这与伦理有关。在《论语》中，这两个支点之间不是截然分开的，君子的追求影响了对伦常的理解，使得《论语》中的伦常并不拘泥于习俗性的伦常，而有了新的内容，并赋予了习俗性伦常以新的意义。

《论语》哲学注疏既从思辨哲学的路径论证《论语》的哲学性，也从道问学的立场强调一种响应性，用道问学的回应性来衡量《论语》的哲学性。《论语》是一种什么样的哲学呢？是否可以把《论语》讲成一种哲学呢？是可以的，关键就在于持有一种什么样的哲学观。不同的哲学观，会对《论语》是不是哲学有不同的看法。从闻道的学问的角度来说，哲学就是一种响应。《论语》哲学注疏从语言入手，重视天命的范畴，重视道的范畴和德的范畴，从而勾勒出道问学的面貌。

第一章 学 而

《论语》是总名，“学而”是第一篇别目。第一篇是“学而”显示了儒学的特征。《荀子》首篇为《劝学》,《论语》首篇为《学而》。古人已经注意到这一点，认为以学为首，是因为人必须学，或者说圣人以下的人都需要通过学习才能成为君子，成为贤人。《季氏》中有“生而知之”和“不学”之分。以“学”分人之高低上下，约略三等,《论语》显然着眼于中间部分。下文在适当的时候会进一步详述,“学”之重视，意味着师生伦常在社会中地位的提高，体现了“教”和“学”的关系在儒学中的重要地位。

一、学而时习之章

子曰：“学而时习之，不亦说乎？有朋自远方来，不亦乐乎？人不知而不愠，不亦君子乎？”

“子”：这里的“子”是指孔子，这没有异议。然而为什么称呼为“子”则有疑问。有说是丈夫或者男子的通称，有说是有德之称，有说是对老师的称呼。“子”本来是公、侯、伯、子、男五等爵之一。“春秋自僖文以后，执政之卿始称子。其后匹夫为学者所宗亦得称子，老子、孔子是也。”①称子而不成辞，所以称为“夫子”。周朝的男子在十五岁的时候将头发束起来并带上发簪，进入大学学习。“夫”字即描述这种情况。夫子有成人的意味。夫子意指可以帮助别人成人的人，用这个词来说老师最好不过了。“夫子”曾经用来指代父亲、大夫、太子、君。在孔门中,“夫子”即指代孔子，后来渐渐成为师长的通称。“子”或者“夫子”包含一定的思维背景。“子”对“父”，称呼为“子”，即把人置于一个创生的链条中，或者为天所生，即为“天子”，为某个家族中的成员，则成“孔”家后代，或者“周”之子等。“子”相对于“父”，本为低下的地位，然而也会因为有一种高贵的来源和传承而提高地位，成为尊贵的称呼。

“曰”：说，叫做，为，是，或者起到纯粹的语助的作用。“曰”比“说”好。“曰”何意？一说开口吐舌谓之“曰”；一说从乙在口上，乙象气，谓口上有气；一说从口，乙声；一说发语之端。“说”似有主动之意，有个“我”在说，而“曰”则人如传声筒，传递“天命”。“大道赋予终有一死的人以栖留之所，使终有一死的人居于其本

① 程树德：《论语集释》（上），中华书局，2013 年，第 2 页。

质之中而能够成为说话者。”①“而实际上，我们已经从（aus）语言而来，在语言中让语言本身即语言之本质向我们道说。”②

“□”：从臼，从爻，从冖，从子。孩子在屋中练习写字是学。“学”有学习、学问、学说、学派、练习、模仿、觉悟、教授等诸种含义。此处的“学”是何种意思？这里坚持以“觉”训“学”。清毛奇龄有虚实说，虚说之“学”有对象，“学”相当于一个谓语动词，如学《诗》。实说之“学”是独立的，本身成为目的和目标，成为对象。按照实说，“学”本身就应该具有较高的价值。然毛奇龄解释实说却陷入虚说的循环。他把“学”说成是道术的总名，其中包括修齐治平，包括学经。训为觉，则“学”可“志”，也值得“志”。蕅益大师坚持以“觉”训“学”。“今学即是始觉之智，念念觉于本觉，无不觉时，故名‘时习’。”③

学，多解释成学习做人的道理。学的一个含义是“效”。对此辜鸿铭觉得“不当作‘效’字解，使后之为学者只求其当然，而不求其所以然，所谓依样画葫芦者是也”④。辜鸿铭的理解当然是有感而发。因为现实生活中很多效仿的行为只是模仿表面，而不得精神和精髓。辜鸿铭还讲了一个故事来佐证。他说中国乾嘉时候，海禁开放后，有一个来到中国的洋人西服破旧了，但中国又没有会做西服的。不过一个中国裁缝说有西服的样子就可以做。的确这个成衣还做得挺像，就是背后剪去了一块，同时又补上了一块。其实“效”的全部内涵不一定就等于现代意义上的“仿效”一词表达的内涵。“效”，包含对某种积极的价值的追求和追随，这种追求总是由外入内，如果被某种事物的外表所吸引而欲罢不能，必然会求其精髓，效仿也可以达到“神似”。朱熹所说的“效”，肯定不是这个成衣这样的，而是包含了所以然和当然两个方面。虽然，这里不把“学”解释成“效”，但不完全否认“效”。人生在世就怕“效”坏不“效”好，或者自以为是和自我封闭，完全生活在自我的世界里。能够效仿有道的人，追求健康积极的价值，表示自我的心灵是开放的，是积极的，是向上的，自我是谦卑的。“学”与“绝四”具有思想的一贯性。人生的进步需要从他人那里获得好的启迪，并获得人生的警示，这是儒家特别强调的一个方面。个人的“好”离不开共同体的善。不过，辜鸿铭借此针砭世风，也是一种阅读的方法。即便解释成“效”，就像刘宗周理解的那样，也要结合“觉”来理解“效”。“学所以求觉也，觉者心之体也。心体本觉，有物焉蔽之，气质之为病也。学以复

① 〔德〕海德格尔：《走向语言之途》，孙周兴译，载《海德格尔选集》（下），孙周兴选编，生活·读书·新知上海三联书店，1996年，第1140页。

② 〔德〕海德格尔：《语言的本质》，孙周兴译，载《海德格尔选集》（下），孙周兴选编，生活·读书·新知上海三联书店，1996年，第1093页。

③ ［明］蕅益：《四书蕅益解》，江谦补注，崇文书局有限公司，2015年，第7页。

④ 辜鸿铭：《辜鸿铭讲〈论语〉》，天津社会科学院出版社，2014年，第2页。

性而已矣。”①

“而”：“‘而’者，因仍也。”②有解释成假如、如果的。

“时”：一说时代；一说当其可为时（时机，在适当的时候，在一定的时候）；一说时时；一说身中为时，年中为时，日中为时，不同年龄段学不同的东西，活到老，学到老；一说随时。甲骨文和金文的“时”都是下面一个日，上面一横，两个向外延伸得像一条道路一样的竖线，竖线上又有一条斜线。“时”，从日从之。“之”字表示人们由一处往另一处前行时的足趾，也就是出发点和道路。“时”说的是光明后一个新的道路开始了。这可以具体指称太阳在天空中的运行；或者天亮了，人开始工作或者出发；或者是人觉悟了，走向一个新的人生旅途。如果把词句中的“时”理解为时时、时代、时常、时机等还是一种外在的、公共化的时间概念。“学”作为“觉”本身就包含一种内在的时间性，也就是意义领会上的时时沟通，“觉”成为一个人人生的分界点、一个新的时间和人生道路的开端。“学”的时间性意义当然也包括在日常公共化时间概念上的勤奋、时时刻刻精进于“学”的事业上。但如果没有内在的“觉”的时间性，这种努力和精进是不可能保证的，因为缺乏一种内在的持久的动力。没有了内在的动力自然就会厌倦。孔子赞扬那种“不厌”的状态。如何保持生命的活力和内在的动力是很多哲学流派关心的主题。佛教六度之一就是精进。当生命花费在公共性的工具时间上的时候，如果觉得花在某事情上的时间是值得的，是有价值的，这个时候人就会有内在的动力去做事情，有自由感；否则会感到懈怠和不满足，自然也不会感到快乐。内在生命的时间对工具性时间的调控不意味着一定要积极从事社会事务，其中有进有退，生命都是乾乾。蕅益大师认为，于本觉无不觉时就叫做时习。刘宗周说：“学则觉矣，时时学则时时觉矣。”③蕅益大师说：“盖人人本有灵觉之性，本无物累，本无不说……无时不觉，斯无时不说矣！”④

当小篆和石鼓文把“时”字演化为左右结构，并在“之”字的下边增添了一个表示手臂的“寸”字，以表示手拿圭表测量日影，来测量时间的时候，说明中华民族的“时”的概念极大地社会化了、概念化了。《论语》中的“时”尽管也可能包含了这种公共化的时间概念，但其深刻的哲学意义要靠人的生命的深层体验来阐发。

“习”：一说诵习；一说温习；一说实习；一说联系；一说采用、应用、实践。在甲骨文中，下面是个日字，上面是羽字。一般认为，“□”是说鸟数飞。学之不已，就像鸟数飞一样。“习”和“时”下面都有“日”，“习”是“时”的延续，是对“时”的补充说明，其哲学意义是说在意义领悟的道路上走得好，走得熟练。

“不亦”：不也。也有学者认为不能都翻译成“不也”，还可译为当是、那就、当

① 吴光：《刘宗周全集》（第一册），浙江古籍出版社，2007年，第270页。
② 黄怀信：《论语彙校集释》（上册），上海古籍出版社，2008年，第16页。
③ 吴光：《刘宗周全集》（第一册），浙江古籍出版社，2007年，第270页。
④ [明]蕅益：《四书蕅益解》，江谦补注，崇文书局有限公司，2015年，第7页。

然。“玩本文三‘不亦’字，便见循循善诱之意。”①

“说”：同“悦”，喜悦。有说是内心的快乐，南怀瑾解释为会心的微笑，有得于心。黄侃分析了“悦”和“乐”的不同。他说：“悦则心多貌少，乐则心貌俱多。”②刘宗周说：“时习而说，说其所觉也。”③

在《论语》首章的这句话中，另一个重要的核心范畴是“说”或者是“悦”。赵纪彬在《论语新探》中对“说”字在《论语》中的内涵进行了详细的分析，认为“说”包括解说、理解、推理、情感等方面的含义，读者可以参考。“说”，由言和兑组成。“兑”在甲骨文和金文乃至小篆中都是写作上面一个“八”，下面一个“兄”。“兄”是已经会说话的大孩子，借为人之说。“八”是发大声，显示出来。在孔子的《论语》中，天不言，但是人言的一个前提，即人要畏天命和圣人之言。人的“说”在《论语》中也包含了一个本体前提。说是一种显示，“道说即显示”。④一个人致力于觉悟的事业，这本身就是世界和人生意义的显露和言说，具有和“人”的显性的言说同等的价值。觉悟成果的显示和意义的表彰恰恰是在同类意义领悟者那里得到实现的。“说”是心之“说”，“道”之“说”，觉悟的成果的显现反倒加深了心灵的自我安慰和满足感，“说”和“悦”的同源和混用极大地说明了这一点。“学”本身就起到一种教化的作用，这是不言之教。

“有”：一说友；一说有无之有。有朋，有的版本为“友朋”。一说同门为朋，同志为友。黄侃用有无的“有”解释友谊的“友”，是恰当的，彼此没有共同的东西就不能成“友”。

“朋”：同门，同类；一说弟子。甲骨文和战国古文中的“朋”字都是有一横或者一条椭圆形的线把两个丰字样的图画联结在一起。这说明有共同的东西把两串贝联结在一起。仿效有道者也是一种学，这就是通过好学来与有道者进入一个世界，所以说“朋”。“朋”就是两个人有一致的世界。现实的朋友不一定是朋友，孔子所说的朋友是彼此走在一条进步的人生道路上的人，尽管彼此并不相识，但也可以是朋友。

“远”：一般理解成是远方来的，意思是德的影响力影响到远方，虽然很远，但也来。《论语》不是这个意思，它这个“远”字是形容知己之难得。⑤

“乐”：李泽厚引申出乐感文化、实用理性，把“悦”和“乐”理解成是世间性的，却又是很精神性的，精神性超越了世间，但又不离开世间。这一说法需要辩证地看待。学之成觉，人本身就超越了，有同样体验的人相聚，本身就不是世间的事

① [清]陆陇其：《松阳讲义——陆陇其讲〈四书〉》，华夏出版社，2013年，第111页。

② [梁]黄侃：《论语义疏》，中华书局，2013年，第4页。

③ 吴光：《刘宗周全集》（第一册），浙江古籍出版社，2007年，第270页。

④ 〔德〕海德格尔：《走向语言之途》，孙周兴译，载《海德格尔选集》（下），孙周兴选编，生活·读书·新知上海三联书店，1996年，第1137页。

⑤ 南怀瑾：《论语别裁》（上册），复旦大学出版社，2015年，第13页。

情。世间的事情相聚在一起，更多的是因为钱财的事情，因为心理的不安，因为思想的困惑，因为缺乏安全感，等等。具有同样觉悟的人相聚也具有超越性，就像两个相同民族的人在另外一个国度相遇，彼此自然心有灵犀一点通。"'悦'仅关乎一己本人的实践，'乐'则是人世间也就是所谓'主体间性'的关系情感。"①蕅益大师说："此觉原是人所同然，故朋来而乐。"②刘宗周说："友来而乐，乐其与天下同归于觉也。"③

"人不知"：有人认为孔子教导弟子成名，"人不知"，也就是没有成名。

"愠"：一说怒；一说闷闷不乐；一说怨。"愠"是什么？这个需要结合自己的人生经验来丰富，来具体化。有的学者理解成悲观丧气、怨天尤人。"所谓'愠'，就文字解释，是放在心中的怨恨，没有发出来，在内心中有烦厌、厌恶、讨厌、怨恨之感。"④清简明亮说："夫愠，有蕴之义焉。蕴怒于心，若《书·无逸篇》所谓含怒也。"⑤

如果"愠"是怀才不遇的那种感觉，那么这个感觉没有什么不好啊！因为这个感觉拉开了自己和别人的距离。自己好像不属于这个世界，这个世界好像不是自己的家似的，自己好像高人一等，比较高雅似的。那么这个感觉让自己不断去奋斗，使自己活有一种超越的态势。但这种感觉也有局限，就是不能很好地认识目前自己的处境实际上是最好的安排，要学会欣赏自己的生活状态，从中找到应该学习的东西。另外，怀才不遇还有"遇"的渴望，即还对这个世界有渴望，有期待。清黄式三说："学在孔子，位在天命，天命既无位，则世人必不知矣，何愠之有？"⑥陆陇其用心不动来解释"不愠"有可取之处。"'不愠'，不要看做置之度外一般，不屑教诲，亦是不愠；息邪距淫，亦是不愠；居夷浮海，亦是不愠；三月无君，皇皇如也，亦是不愠；此心不动，只在道理上，便是不愠。"⑦"人不知而不愠，不隔其为天下之觉也。"⑧此觉原无人我对待，故不知不愠。

这应理解为觉悟以后再加以练习，保持觉悟和意义理解的状态，走在领会存在和人生的意义的道路上，这不也是一种世界和生存的意义的显示吗？有同样觉悟的人从远方来，这是一件快乐的事情，这完全是得道的快乐。如此看来，"学"不是"习"，"习"是觉后精进的事业。有朋自远方来，不亦乐乎？就是说通过"觉"建立了与他人一致的世界，因而是快乐的。人不知而不愠，不亦君子乎？是自己独得的一个超

---

① 李泽厚：《论语今读》，中华书局，2015年，第4页。
② [明]蕅益：《四书蕅益解》，江谦补注，崇文书局有限公司，2015年，第7页。
③ 吴光：《刘宗周全集》（第一册），浙江古籍出版社，2007年，第270～271页。
④ 南怀瑾：《论语别裁》（上册），复旦大学出版社，2015年，第10页。
⑤ [清]简明亮：《论语集注补正述疏》（上），华东师范大学出版社，2013年，第61页。
⑥ [清]黄式三：《论语后案》，凤凰出版社，2008年，第2～3页。
⑦ [清]陆陇其：《松阳讲义——陆陇其讲〈四书〉》，华夏出版社，2013年，第114页。
⑧ 吴光：《刘宗周全集》（第一册），浙江古籍出版社，2007年，第271页。

越的世界。

关于这三句的前后逻辑关系，李泽厚理解成一种递进的关系。也就是说先讲学习做人，然后进入群体生活，再讲在群体生活中不失去个人的价值和尊严。“‘学’者，学为人也。学为人而悦者，因人类即本体所在，认同本体，‘悦’也。友朋来而乐，可见此本体乃群居而非个体独存也。‘人不知，而不愠’，则虽群却不失个体之尊严、实在与价值也。此三层愈转愈深，乃‘仁’说之根本，乐感文化、实用理性之枢纽，作为《论语》首章，不亦宜乎。”①

杨朝明把首章各句的关系理解成是孔子学说被社会接受的程度，先是普遍性比较高的普遍接受，然后是特殊的人群接受，最后是没有人接受孔子的态度。“孔子说：‘如果我的学说被社会普遍接受，在社会实践中加以应用它，那不是很令人感到喜悦吗？即使不是这样，有赞同我的学说的人从远方而来，不也是很快乐吗？再退一步说，不但社会没采用，而且也没有人理解，自己也不怨愤恼怒，不也是有修养的君子吗？’”②关于这一章三个部分的关系，也就变成了孔子讲自己学说的三种社会处境。

赵又春把该章的句子理解成从理论到实践，经过实践之后个人扩大了社会影响这样一种关系。“学习了一种为人处世的正确道理，又一有机会就运用之，实践之，当是很愉快的；这样自然会道德学问不断进步，可能使你名声大振，以致远处的人都来同你结交，向你求教，那就更是一大乐事；当然，未能达到这一步也不必懊恼，那才是君子的风度。”③黄侃按照人生从幼年到成年再到为君为师的顺序理解这段话。李零也按照个人、同学、师门以外的逻辑来理解各个句子的关系。

从伦常的角度看，这段话包含三种人伦关系，其一是学习和教育关系（师生关系的本质）；其二是朋友关系；其三是人己关系。《论语》首重学习和教育关系，朋友关系和人己关系都要建立在学习和教育关系的基础上。而且这些关系的逻辑起点是“己”之“学”和自修以成就“君子”。以“觉”来贯通三者，刘宗周的理解比较到位。“故学以独觉为真，以同觉为大，以无往而不失其所觉为至。”④

此段未说“己”，而只提到“人”，可补充之。“人不知而不愠”并不仅仅是不受他人对自己认知的影响，更是对人己关系构成的自我的拒绝。“己”是一个具有反思性的自我。“我”是由他人的影响和经验构建成的自我，这个自我总是希望得到他人的认可和赞美。而“己”则要超越这个受他人影响和制约的自我，要反思这个自我，保持一定的“旁观者”的姿态。如果由他人组建起来的自我是一个“剧中人”的话，“己”就是一个“剧作者”，这个剧作者并不受剧情以及由之而引起的情感和认知的

① 李泽厚：《论语今读》，中华书局，2015年，第5～6页。
② 杨朝明：《论语诠解》，山东友谊出版社，2013年，第4页。
③ 赵又春：《论语名家注读辩误》，岳麓书社，2014年，第102页。
④ 吴光：《刘宗周全集》（第一册），浙江古籍出版社，2007年，第271页。

影响。

孔子重视学习和教育关系，重视朋友关系和人己关系，已经拉开了自己的思想和传统五伦秩序的距离。师生和朋友关系形成了一个追求人生意义的团体，并且赋予父子等伦常以教化的意义。

人生当汲汲于觉，内以安其心，外以成其身，无待而成德，无求乐、悦于外物。“乐”自中出，天理流行；及至成“说”，德化流行；及至君子，天理凝聚成德，人生价值得以最终实现。至于友朋，不过是成德的助缘，有之与无，无关紧要。

孔子说：“近而愈明者，学也。”①大学之道就是明明德。把握住“明”就把握住了“学”，无论“学”是何意，不“明”学即无意义也！“‘学’字是孔门第一义。‘时习’一章是二十篇第一义。”②何谓儒学？仁义当然很重要，伦常也很重要，但更要明“学”之一字。无学即无儒。学以明为要义。“学所以求觉也，觉者心之体也。心体本觉，有物焉蔽之，气质之为病也。学以复性而已矣。”③依刘宗周，时就是时时觉，朋友就是同归于觉。“故学以独觉为真，以同觉为大，以无往而不失其所觉为至。此君子之学也。说学不愠，即是仁体。”④

如何从宏观上把握《论语》呢？罗哲海提出了一个习俗和后习俗的视角。“当时，中国迈进所谓的‘轴心时期’，意味着超越习俗性伦理，而向后习俗思维转变。”⑤罗哲海还说“伦理和道德这两大伦理学支柱却不断相互冲突，它们之间的紧张关系便贯穿在《论语》的教学场景中”⑥。《论语》中有两个支点，一个支点是君子，这与美德有关；一个支点是伦常，这与伦理有关。在《论语》中，这两个支点之间不是截然分开的，君子的追求影响了对伦常的理解，使得《论语》中的伦常并不拘泥于习俗性的伦常，而有了新的内容，并赋予了习俗性伦常以新的意义。

学而离系，心得超绝。心如无超绝，心没有回到自身，生命就不会快乐。心明觉回复生命本身，而无一丝一毫附着外物之心，而得恒久的生命快乐。这是该章句的灵魂。⑦

二、有子曰其为人也孝弟章

有子曰：“其为人也孝弟，而好犯上者，鲜矣；不好犯上，而好作乱者，未之有也。君子务本，本立而道生。孝弟也者，其为仁之本与！”

① 郭沂：《子曰全集》，中华书局，2017年，第540页。
② 吴光：《刘宗周全集》（第一册），浙江古籍出版社，2007年，第270页。
③ 吴光：《刘宗周全集》（第一册），浙江古籍出版社，2007年，第270页。
④ 吴光：《刘宗周全集》（第一册），浙江古籍出版社，2007年，第271页。
⑤ 〔德〕罗哲海：《轴心时期的儒家伦理》，陈咏明、瞿德瑜译，大象出版社，2009年，第338页。
⑥ 〔德〕罗哲海：《轴心时期的儒家伦理》，陈咏明、瞿德瑜译，大象出版社，2009年，第61页。
⑦ 朱熹给《论语》进行了分章，如“学而时习之章”等。

上章言学，该章言孝悌，孝悌是学否？是也不是。说孝悌是学，因为孝悌的灵魂是在下者学在上者，在上者教化在下者。孝悌是上下关系中的学。说孝悌不是学，是因为学不拘泥于孝悌，孝悌只是辅助人完成尽性之功；能孝悌者，已经尽良知，自然是学。上下可以是先天法的上下，孝悌者下学上达，自然不犯价值意义上的"上"，对一切有价值的事物不怀疑，不否定，而认其为真，真切地追求。如果上下为后天法的上下，也就是自然界和人类社会地位的高下，孝悌者认可人伦中时间先后和地位高低的秩序，自然也不犯上作乱。前者可以看成是表达对后天秩序的尊重，这是尊位；后者是对人不受地位限制的人性向善潜能的尊重，是尊德，是先天法。先天法在后天法之后，后天法也孕育先天法。尊德和尊位既可以一致，也会有矛盾，但在根本上是统一的。

"有若，鲁人，字子有。"①关于"子有"，"《家语·弟子解》曰：'有若，鲁人，字子有。'则名若而字有者也。按《说文》：'若，择菜也。''有'字从又持肉，又即右手。是'若'为择取之义，'有'为持有之义，二义相近，故名若而字有；与冉求之名求字有，正复相类。字有名若而称有若者，字名连称，字居名上，犹孔子之父名纥字叔梁而称书梁纥也。字有而称有子者，犹《左传》哀公十一年称冉有为有子，《孟子·离娄篇》称匡章为章子也"②。

"仲尼弟子有若，鲁人。"③何晏的《论语集解》引用郑玄的观点，郑玄认为有若④是郑国人，不过大多数材料说是鲁人，可认定为鲁国人。

"孔子既没，弟子思慕，有若状似孔子，弟子相与共立为师，师之如夫子时也。"⑤"有若，鲁人，字子有。少孔子三十三岁。"⑥也有说小孔子三十六岁、十三岁的。据推断，有若大约生于公元前 508 年或前 518 年。"有若之丧，悼公吊焉，子游摈由左。"⑦有若死时，悼公亲自去吊丧，子游作为丧礼中的司仪，由左方上下。子游生于公元前 506 年，钱穆在《先秦诸子系年》中以子游卒年六十四（公元前 442 年）推断，鲁悼公二十五年（公元前 453 年）是确定有若卒年的一个很重要的参考时间点。至少可确定有若卒于公元前 443 年之前。"有若之寿，大抵不出七十。"⑧

有子是否是孔子弟子？蒋伯潜在《诸子通考》中认为有子可能是与孔子同时代

---

① 王肃：《孔子家语·七十二弟子解》，载李启谦、王式伦：《孔子弟子资料汇编》，山东友谊书社，1991 年，第 794 页。

② 蒋伯潜：《诸子通考》，上海古籍出版社，2013 年，第 84 页。

③ 应劭：《风俗通义·〈轶文〉二十七》，载李启谦、王式伦：《孔子弟子资料汇编》，山东友谊书社，1991 年，第 794 页。

④ 有若，字子有，世称"有子"。

⑤ 司马迁：《史记·仲尼弟子列传》，载李启谦、王式伦：《孔子弟子资料汇编》，山东友谊书社，1991 年，第 792 页。

⑥ 王肃：《孔子家语·七十二弟子解》，载李启谦、王式伦：《孔子弟子资料汇编》，山东友谊书社，1991 年，第 794 页。

⑦ 戴圣：《礼记·檀弓下》，载李启谦、王式伦：《孔子弟子资料汇编》，山东友谊书社，1991 年，第 791 页。

⑧ 高专诚：《孔子·孔子弟子》，山西人民出版社，1989 年，第 258 页。

比孔子年龄和辈分低的学者。其中的一个理由就是来自《论语》。《论语》中记载有若（有子）的言辞，不是有若和孔子的对答，从这里可以看出有若和孔子的关系。不过这只是一个线索，不足以证明有若不是孔子的弟子。根据《礼记》等记载有若的资料来看，有若为孔子弟子无疑。

在有若的生平中，记载下来的事迹有限。“微虎欲宵攻王舍，私属徒七百人三踊于幕庭，卒三百人，有若与焉。”①吴国伐鲁国的过程中，鲁国大夫微虎想要夜袭吴王的住处，就让他的私人部队（七百人）在帐幕外的庭院里，每人向上跳三次，最后挑选了七百人，有若也在里边。崔述引用了这段故事，认定这段故事是真实的，并判断这个时候的有若应该正当壮年。另外，很少有有若和孔子应对的话被记载下来，记载孔子的资料大多是孔子不在人世后和孔子弟子的问答。从这一点也可以推断，有若应该和孔子年龄差距较大。钱穆推断微虎之事时有子应该二十四岁。钱穆在《先秦诸子系年》中说，如果依有若比孔子小十三岁，微虎之事在鲁哀公八年（公元前487 年），有若当时应为五十四岁了。他认同有若小孔子四十三岁之说，推断微虎之事时有子应该二十四岁。依孔子于公元前 551 年生计算，如有若小孔子十三岁，鲁哀公八年有若当为五十一岁；如有若小孔子四十三岁，鲁哀公八年有若当为二十一岁。

对于有子是否主持孔门事务，有不同的看法。“依笔者之考察，孔子殁后，众弟子大体有两大派别，一是‘有子派’，另一是‘曾子派’，这两派争持不下，后来孔子之徒就散而为八，但仍然是以此两派弟子为核心编纂了《论语》。《论语》一书唯有子、曾子二人称子即可见此状。”②有子是否主持孔门事务和有若是否组织弟子编辑了《论语》应该分成两个问题来探讨。当然从一般的常识的角度来看，主持了孔门事务当然具有较大的可能性和现实性主持编辑了《论语》。在孔子离世之后，整理孔子的言行资料对孔门的发展意义重大，主持事务的弟子当然也会以编辑《论语》为首要的任务。钱穆在《先秦诸子系年》中持有这样的看法。《论语》首篇有三章记载了有子的话，并且有子和曾子并称“子”。钱穆依据这一点断定孔子门人实际上想要曾子和有子承接孔子的学说。

“昔者孔子没，三年之外，门人治任将归，入揖于子贡，相向而哭，皆失声，然后归。子贡反，筑室于场，独居三年，然后归。他日，子夏、子张、子游以有若似圣人，欲以所事孔子事之，强曾子。曾子曰：‘不可。江汉以濯之，秋阳以暴之，皜皜乎不可尚已。’”③杨义推断：孔子卒于鲁哀公十六年（公元前 479 年）夏四月，弟子

---

① 左丘明：《左传·哀公八年》，载李启谦、王式伦编：《孔子弟子资料汇编》，山东友谊书社，1991 年，第 786 页。

② 林安梧：《儒家道德哲学的两个向度——以〈论语〉中“曾子”与“有子”为对比的展开》，《学术研究》，2000 年第 6 期，第 63 页。

③ 孟子：《孟子·滕文公上》，载李启谦、王式伦：《孔子弟子资料汇编》，山东友谊书社，1991 年，第 788～789 页。

守丧三年也就是二十五个月后即鲁哀公十八年，大约“鲁哀公十八年（公元前 477 年），有若被推举出来主事儒门事务”①。在这个文本中可以看出，子贡是孔子丧事的牵头人，并且子贡选择了独居的路，没有再和孔子弟子聚集在一起。子夏、子张、子游等弟子依然形成孔门的群体。这个群体有一个短暂的“群龙无首”的时期，而后想要推举有若为儒门主持事务的人，但曾子表示了反对的意见。而曾子的反对意见其实对一个学术团体来说是不够理智的。曾子反对的理由是有若不及孔子。子游等人推举有若当有很多的考量，包括情感的依赖，包括儒门发展的实际需要，包括把弟子整合在一起共同开展学术研究和交流思想的需要，等等。“有若似孔子，孔子死，弟子思慕，共坐有若孔子之座。弟子知有若非孔子也，犹共坐而尊事之。”②弟子思慕孔子显然是一个理由。“有若，孔子弟子疑其体象，则谓相似。”③“有若在鲁，最似孔子。孔子死，弟子共坐有若，问以道事，有若不能对者，何也？体状似类，实性非也。”④崔述对这个文本的把握比较仔细，有若似圣人，没有说似孔子，子夏等弟子要尊有若为老师，没有说有若公然自居为师。不过有两个观点带有时代的偏见，崔述说：“游、夏此举固不得为无过，然其心尚可原。”⑤游、夏此举谈不上什么过错，恰好是深明大义之举。一个学术团体总是需要有一个主持事务的人，推举有若也是一种很现实的考量。崔述断定这件事没有成功，并且没有成功的理由是有若自己不干。“然则当日之事，盖三子欲师有若而有若不肯居，是以中辍。”⑥这个观点脱离了这个文本。在这个文本中重点强调的是曾子的反对。

举有若为师的事情是否成功？孟子的这段记载暗含没有成功的意思。杨义在《论语还原》中认为当时曾子不足以凭借自己的一句话就左右整个孔门。杨义还认为有子主事之前，已经编辑了《论语》的初稿，有子主事后极有可能又进行了新的审定。此判断当然也不是空穴来风。依据《史记》的记载，“此事不仅做成，而且还持续了一段时间，其最终的瓦解，只是由于对‘弟子’的两个难题，有子没有做出应有的答复的缘故”⑦。《弘明集》说：“且仲尼既卒，三千之徒，永言兴慕。以有若之貌，最似夫子。坐之讲堂之上，令其说法，门徒咨仰，与往日不殊。曾参勃然而言曰，子起，此非子之座。”⑧在这个记载里面，曾子反对有子的时候，有子已经主持儒门事务了。《史记》和《弘明集》的记载中有子实际上已经主持孔门事务，不过后来遇到了曾子和其他弟子的挑战。从可能性来说，也可以这样推断：有若的确在子夏、子

① 杨义：《论语还原》（上册），中华书局，2015 年，第 107 页。
② 王充：《论衡·乱龙》，载李启谦、王式伦：《孔子弟子资料汇编》，山东友谊书社，1991 年，第 793 页。
③ 王充：《论衡·乱龙》，载李启谦、王式伦：《孔子弟子资料汇编》，山东友谊书社，1991 年，第 793 页。
④ 王充：《论衡·讲瑞》，载李启谦、王式伦：《孔子弟子资料汇编》，山东友谊书社，1991 年，第 793 页。
⑤ [清]崔述：《崔东壁遗书》（上），顾颉刚编订，上海古籍出版社，2013 年，第 383 页。
⑥ [清]崔述：《崔东壁遗书》（上），顾颉刚编订，上海古籍出版社，2013 年，第 383 页。
⑦ 高专诚：《孔子·孔子弟子》，山西人民出版社，1989 年，第 264 页。
⑧ 僧佑：《弘明集·〈释三破论〉释僧顺 卷八》，载李启谦、王式伦：《孔子弟子资料汇编》，山东友谊书社，1991 年，第 795 页。

张、子游的推举下成为孔门的实际主事者，而曾子对此是有意见的，曾子提出反对意见不一定只有一次，当有子主事以后会遇到更多的挑战，这为曾子挑战成功提供了条件。曾子不愿意接受有子，有对孔子的怀念的因素，但也包含一定的“拔高”孔子形象的因素在里面。从《孟子》提供的资料来看，孔子弟子对新的主事人有过高的心理期待，这为孔门形成新的主事人和孔门的分裂留下了伏笔。

《史记》的记载是：“孔子既没，弟子思慕，有若状似孔子，弟子相与共立为师，师之如夫子时也。他日，弟子进问曰：‘昔夫子当行，使弟子持雨具，已而果雨。’弟子问曰：‘夫子何以知之？’夫子曰：‘《诗》不云乎？月离于毕，俾滂沱矣。昨暮月不宿毕乎？’他日，月宿毕，竟不雨。商瞿年长无子，其母为取室。孔子使之齐，瞿母请之。孔子曰：‘无忧，瞿年四十后富有五丈夫子’。已而果然。敢问夫子何以知此？’有若默然无以应。弟子起曰：‘有子避之，此非子之座也！’”[①]月投入毕星，有雨的征兆。毕星，即西方白虎七宿的第五宿，共有八颗星，属金牛座。弟子问《孔子家语》中是“巫马施”，《论衡·明雩》作“子路”。有的学者认为这里孔子的话不可靠。因为月投入毕星，有雨的征兆或者来自谚语，还说得过去。毕星，即西方白虎七宿的第五宿，共有八颗星，属金牛座。那么，说商瞿得五丈夫子则有点不靠谱了。这个说法“大抵是汉儒圣化孔子的所为”[②]。的确，这个文本记载的孔子的两个故事近于星历卜祝之学。崔述也认为《史记》的这段记载真实性不高，因为一句话不合就不让有若当老师了不是知道义理的人会做的事情。另外孔子是因为道大德崇而被推举为老师的，并不是因为能够知道下不下雨。在《论语》中孔子也有回答弟子“不知”的，因为一个“不知”而罢黜有子不合理。不过有子面对的情况和孔子未必相同。孔门弟子众多，弟子也是良莠不齐的，不排除有弟子对孔子有全知全能的期待，这种期待因为对孔子的信心而被隐藏起来，后来则转化成对有子的失望。崔述认为这是：“大抵七十子之门人各好自尊其师而诋諆他人，故此等语多不可信。”[③]如果这段故事是弟子故意诋毁有子而编造出来的话，也能够反映孔子以后儒门的大概情况：其一，有子的确在儒门有较高地位；其二，弟子对孔子的形象的理解有某种“神化”的倾向。

其实，孔子如果不是更能把握事物的未来趋势的话，也不会得到弟子的拥护和认可。尽管这可能不是一个老师的全部条件，但却是任何学术的或者其他方面领袖的必备条件之一。至于这种超前的认识是来自理性的判断和推理，还是来自直觉和领悟等则另当别论，或许孔子有其他理性的理由断定商瞿会得子。《论语》以外资料中的孔子经常表现出这方面的才能，不应当都理解成是后人的杜撰。弟子提出这样

---

① 司马迁：《史记·仲尼弟子列传》，载李启谦、王式伦：《孔子弟子资料汇编》，山东友谊书社，1991年，第792页。

② 高专诚：《孔子·孔子弟子》，山西人民出版社，1989年，第264页。

③ [清]崔述：《崔东壁遗书》（上），顾颉刚编订，上海古籍出版社，2013年，第383页。

的问题也反映了某种问题，即弟子对孔子有高度的信任，而对有子是缺乏这种信任的。有子不回答，也可能觉得弟子不应当问这类的问题，不应当去问孔子为什么会事先知道事情的答案，而应该专注于自身的修养。弟子以此来“罢免”有子，理由是不充分的。这则材料的真伪其实并不是绝对重要的。重要的是其中反映了孔子后学发展的某种倾向，其中一个倾向是关注孔子的“先知先觉”的一面，这类的弟子自身缺乏思想和心灵的独立性，对自己未来的道路缺乏必要的信心和信念，推举新的老师是他们需要的，并对老师有较高的期待。“《史记》记录有若不如孔子之上知天文、下测人事，当是战国中后期，即孟子以后儒门神化祖师的传闻。”①蒋伯潜说：“此皆齐东野人之语，为陋儒所艳称传说者耳。”②神化祖师的传闻背后隐含着一种阐释传统。传统可以具有较高的理性内容，这样的传统追求原始的事实性和真实性，但事实性的追求本身也是为了建构一种传统。“这种‘传统’就是对经文积累起来的理解；没有诠释，经文将只是一种物件。”③但传统之所以形成传统，里面总是包含一定的感情等非理性的内容。传统的延传可以是口头的，也可以是文字的；可以是传闻，也可以是事实；原创者可以是有姓名的，也可以是无名的，传统总是加入了后来人的内容，成为集体意识或者集体无意识的产物。在延传和继承“传统的”信仰、行为范型、制度规则的过程中，理性推理能力和非理性能力同时起作用。“‘子曰’类文献”既是理性努力的结果，也是“无意识集体过程中的非个人产物”④。

不管有子是否真的主持孔门事务，但有一个基本事实是比较清楚的。有子在孔子以后的儒门中有较高的地位和较大的话语权和影响力。有子是否有自己的学派？“有子似乎并不传学，为何如此，此又是一难题。如果他是孔门中人，那么，可能性之一，是他早逝，未来得及形成自己的一派学问；可能性之二，是其学说因近于曾子而最终与之汇合。如果他不是孔门中人物，那么，他便自有其独行之处。”⑤

从有关资料来看，有子和曾子之间存在着较大的思想分歧，而和子游关系较为密切。有子的哲学思考路径如何？回答这个问题是回答《论语》编辑过程中是否留下有若思想印记的前提。

从思维逻辑来说，从现有的资料来看，可以发现如下思想线索：其一，有若有类思维。“有若曰：‘岂惟民哉？麒麟之于走兽，凤凰之于飞鸟，太山之于丘垤，河海之于行潦，类也。圣人之于民，亦类也。出于其类，拔乎其萃，自生民以来，未有盛于孔子也。’”⑥圣人和民都是人，不过圣人是出类拔萃的人。典籍中记载有若有智慧，这种智慧是否主要体现在一种类思维不得而知。相关资料太少，无法详细考察类思

① 杨义：《论语还原》（上册），中华书局，2015 年，第 108 页。
② 蒋伯潜：《诸子通考》，上海古籍出版社，2013 年，第 83 页。
③ 〔美〕爱德华·希尔斯：《论传统》，傅铿、吕乐译，上海人民出版社，2014 年，第 17～18 页。
④ 〔美〕爱德华·希尔斯：《论传统》，傅铿、吕乐译，上海人民出版社，2014 年，第 19 页。
⑤ 高专诚：《孔子·孔子弟子》，山西人民出版社，1989 年，第 265 页。
⑥ 孟子：《孟子·公孙丑上》，载李启谦、王式伦：《孔子弟子资料汇编》，山东友谊书社，1991 年，第 788 页。

维是否构成一种稳定而系统的思维模式。《汉书》说“上下智人：有若”[1]。这一说法应该有所本，显然有若在智的方面比较擅长。有若好学，“有子恶卧而焠掌，可谓能自忍矣”[2]。《刘子》用有子的故事来劝诫要好学无倦。“有子恶卧，自焠其掌。”[3]《孔子家语》说有子“为人强识，好古道也”[4]。

其二，有子有依礼论仁的思想倾向。“在思想上有子派以‘孝悌’伦理为核心，而曾子派则以‘忠信’道德为核心。前者是以‘血缘性的自然连结’为核心所开启的亲情伦理，而后者则是以‘人格性的道德连结’为核心所开启的社会正义。当然，这两者并不是相互背离的，他们是连续为一个整体的，但却各有其着重点。我以为以有子为核心的孝悌伦理，配合上后来帝皇专制的传统，终转而成为一种闭锁性的‘心性修养’；原先以曾子为核心的忠信传统，本是与社会正义息息相关的，但在‘血缘性纵贯轴’的帝皇专制主导下，亦被异化成内倾式的‘心性修养’，因之，大家亦忽略了其‘社会正义’的向度。”[5]礼制是现有的制度和礼节规范，具有一定的历史情境，可以并入“角色伦理”或者“习俗伦理”的范畴中。从这一角度来看人的处境，显然要突出人的社会角色及角色伦理。而如果以仁为核心，则突出个人之“己”，这个“己”要从社会角色中抽离出来，而更多的要有自己的内在的道德自觉和道德自省，并不分社会角色地对待他人，把他人也看成是单一的个人或者类。依据上文的资料，有若发展出了一种类别的思维，把圣人看成是和百姓一类的，不过圣人是出类拔萃的人。处于社会历史世代更迭中的人，实际的处境是有先在的社会关系，一出生已经有了社会角色的属性和社会角色的限制，但是个体总是把自己看成是个体，并且力求自由地去面对社会角色的规定，并力求去改变自己的社会角色限制。这一历史的基本事实使得思想家或者关心个体的自由，或者关心社会角色和社会秩序。

林安梧认为有子关心亲情伦理是有一定的证据的。“有子曰：‘其为人也孝弟，而好犯上者，鲜矣；不好犯上，而好作乱者，未之有也。君子务本，本立而道生。孝弟也者，其为仁之本与！”（《论语·学而》）关于这段话的解释可以分成两个部分来处理。从文本自身的思维进程来看，本立道生，可以说孝悌立，则仁生。“务”：犹向也，慕也。“本”：一说基；一说根；一说源。“为仁”：一说为人。“为”：一说是；一说成为。当理解为“是”的时候，这句话就成了：孝悌是人的根本。当理解成“成为”的时候，这句话就成了：孝悌是成为人的根本。可以从文本阐释学的角度来阅读这段话。“孝弟也者，其为仁之本与”一句虽可翻译成孝悌是仁的根本，但从中西

---

① 班固：《汉书·古今人表》，载李启谦、王式伦：《孔子弟子资料汇编》，山东友谊书社，1991年，第794页。

② 荀子：《荀子·解蔽》，载李启谦、王式伦：《孔子弟子资料汇编》，山东友谊书社，1991年，第789页。

③ 刘昼：《刘子·崇学第五》，载李启谦、王式伦：《孔子弟子资料汇编》，山东友谊书社，1991年，第796页。

④ 王肃：《孔子家语·七十二弟子解》，载李启谦、王式伦：《孔子弟子资料汇编》，山东友谊书社，1991年，第794页。

⑤ 林安梧：《儒家道德哲学的两个向度——以〈论语〉中‘曾子’与‘有子’为对比的展开》，《学术研究》，2000年第6期，第63页。

语言差别的角度来看，这里的“也者”“为”并不完全等同于“什么是什么”的句式，换句话说这不是一个定义，“孝弟”和“仁”之间没有类别关系。古人说“孝弟即仁也。谓孝弟为仁本，终属未通”①。“孝弟也者，其为仁之本与”，从这一思维来看，即“孝弟生仁”。“本”对应“道”，连接二者的是“生”；“孝弟”对应“仁”，连接二者的是“为”。孝悌之本立，则仁道生，仁道生则作乱亡。也有人质疑孝悌是否能生仁，认为仁当在更广泛的社会领域中产生，但这不符合现代生活的基本形态。在目前的历史状况下，人的生活依然是由家庭延伸到社会，家庭依然是起点和人生意义的基本根据。

该章可以纳入家国关系的框架来理解。“上”：一说是己上者；一说君上。如“上”为君上，则此段的核心逻辑是家国关系。孝敬父母，对兄弟敬顺的人很少有冒犯君上的。家庭伦理对国家伦理具有非常重要的意义和价值。如果这样来理解，显然有子比较重视现实的人伦关系，而且存在由家庭人伦上推到政治关系的思维倾向。一说到犯上的问题，好像有子反对犯上就有集权主义倾向。其实不然。上字本来就是两个横，后来加了个向上的符号。上下是相对的，这个秩序具有一定的恒常性。关键还在于“好”字。秩序是固定的，具体到谁上、谁下则是可以变化的。下承载上，上引领下，二者缺一不可。“犯”不是一般意义上的下对上的反抗。当上失去其为上的合理性的时候，下自然要替代上。这样的替代并不是“犯”。“犯”字本来就是一只狗欺负一个弯腰的人的形象，是负面的价值欺负正面的价值和正能量。上还未失去价值的引领力量的时候，下替代上即犯。君子为什么不应“好”犯上呢？从君子为己而言，社会秩序本身就是一件次要的事情，对于君子来说，天下有道的时候可以出来做事，但也可以让位给贤人，天下无道可以出来担当责任，也可以独善其身。所以不会把心灵完全放在社会秩序上面，自然无“好”的问题。好犯上者无法接受任何的上下秩序，而心灵又不能专注于自己的君子事业，自然是不值得肯定的。

如采用文本内部互证法来理解“上”，上即道，即仁，这一意义上的“上”是一种价值，而不单单指具体的某种社会地位的人。本段结构如下：“孝弟”对应“犯上”“作乱”，连接二者的是“不好”。“孝弟”，可以理解为个人具有了孝悌的价值追求和相应的德性，也可以理解为具有孝悌的行为能力。有了这样的价值观和这样的价值能力，显然就能处理好私人领域（包括和长辈以及兄弟之间的关系）的事情。喜欢仿效别人的人，自然就会遵守某个具体场景下的“上”。至于“上”的具体内容是什么，应该说不同的场景下都有相对单一的“上”。“上”是“经”的要求，不同的具体条件下有不同的“上”。所以要权变。比如读书的场合，读书就是至上的价值。“孝弟”的价值观本来就是一种积极的价值观，自然就是“上”的价值观。如果在事实上的上位者符合“上”，也就是积极的价值观的要求，自然没有“犯”上的必要。这说

① 程树德：《论语集释》（上），中华书局，2013年，第15～16页。

明，个人拥有积极的价值观是非常重要的。个人拥有积极的价值观可以保证一个人在自己生存的领域做出符合价值要求的事情来，进而可以起到稳定社会关系的效果。在这里，显然有子降低了个人价值观要求的标准，而且降到了所谓正面价值的底线，也就是类似于人们所说的“底线伦理”的那类东西。如果人的这样一个底线伦理都没有了，这个人就不再能够给予社会以积极的价值影响，自然人与人之间的关系也就没有什么“伦理”可谈。不过，如果进行这样的理解，依然可以说有子有依礼论仁的思想倾向。孝悌和仁相比，孝悌的落实总是和具体的人伦情境相关，并更多地受到人伦情境的限制，而仁则要求突破人伦情境的限制。

从《论语》记载的情况来看，有子很强调处理好私人领域事情的重要性。“有子曰：‘信近于义，言可复也。恭近于礼，远耻辱也。因不失其亲，亦可宗也。’”（《论语·学而》）这里的“因不失其亲，亦可宗也”具有很勉强的意味，当一个人的身心修养不能在更为广大的范围内发挥作用的时候，能够在“亲”的范围内发挥积极的影响力，已经是很好的情况了。“信”的价值依然保持了和孔子思想的连续性，也就是“信”需要其他的价值尺度来调节，如“好学”，否则就是“贼”；“言必信”是“小人”。信“近于义”，说明有子是了解孔子的通见的，“信”要达到“仁”，达到“义”。“信”已经接近“义”了，但有子显然降低了要求，并侧重于“信”的积极性的价值来表述，而且这种考虑，给人一种带有功利性的内容在里面的感觉。孔子看重“言可复”的社会效果，就是“不失其亲”，对于这一点来说，只能是“亦可”，也就是勉勉强强地作为一个行动的指南。一个人要让自己的“义”为人所了解，显然需要拥有一定的吸引力，并把这种影响扩大到政治或者整个社会。有子强调一个人具备了基本“义”的某些方面，已经可以产生很大的影响。

其三，有子在坚持和变通礼制方面有一种两边都兼顾的态度。礼制随着时代的变化，在很多地方已经不能被人们所遵守了，这是一个历史发展的必然现象。其中不能符合新时代利益需要的礼制受到的冲击最大。伦理规范和变动了的社会现实的关联，其核心的内容是规范和利益关系的调整，只有一种伦理规范具有了和人们认识到的利益具有了紧密的关联关系之后伦理规范才会发挥更大的社会作用。规范表达了利益，规范才是合法合理性的规范，规范调解下的秩序才是合法的秩序；利益只有纳入规范当中，才是一种合法的利益，利益和规范获得合法性的中介和手段是观念。伦理规范和利益的关系需要不断地随着时代的变化进行调整。“有子曰：‘礼之用，和为贵。先王之道，斯为美，小大由之。有所不行，知和而和，不以礼节之，亦不可行也。’”（《论语·学而》）有子的“和”概念更多地指的是规范和现实的关系问题。有子在这里基本上把先王之“道”理解成了“礼”，应该说，这一点和《论语》所显示的孔子的“道”的观念相比，还是范围窄了一些。“先王之道”就是“礼”。“和”强调的是“礼”的应用问题，“礼”的应用应该“和”，这里强调规范要表达时代精神和时代需要，要进行必要的调整；但不是为了和而和，不是“知和而和”，要

“以礼节之”，也就是把现实的利益纳入规范当中。从这段话来看，有子强调“和”，显然希望根据变动的实践变通礼。

“孔子既祥，五日弹琴而不成声，十日而成笙歌。有子盖既祥而丝屦组缨。”①孔子在大祥后五天开始弹琴，但弹不成声调；在大祥后逾月的又一旬里欢笙，其声调就和谐了。有子大概是在祥祭一结束，就穿上有丝饰的鞋子和戴上用丝带作缨的帽子，这未免早了点。显然，有子在强调礼的变通性方面是比较大胆的，而且走得比较远。“有子与子游立，见孺子慕者，有子谓子游曰：‘予壹不知夫丧之踊也，予欲去之久矣。情在于斯，其是也夫！’子游曰：‘礼有微情者，有以故兴物者。有直情而径行者，戎狄之道也，礼道则不然。人喜则斯陶，陶斯咏，咏斯犹，犹斯舞；舞斯愠，愠斯戚，戚斯叹，叹斯辟，辟斯踊矣！品节斯，斯之谓礼。’”②有子和子游在一块儿站着，看见一个小孩子在哭哭啼啼地寻找父母。有子对子游说：“我一向不知道为什么丧礼中有顿足的规定，我早就想废除这条规定。现在看来，孝子抒发悲哀思慕的感情应该就和这孩子一样，只要是发自内心，可以想怎么哭就怎么哭，还要什么规定呢！”子游说：“礼的种种规定，有的是用来约束感情的，有的是借外在的事物以引发人们内在的感情的。如果没有统一的规定，谁想怎么着就怎么着，那是野蛮民族的做法。如果依礼而行则不然。人们遇到可喜之事就感到开心，感到开心就想唱歌。唱歌还不尽兴，就晃动身体。晃动身体还不过瘾，就跳舞。疯狂地舞过之后又产生愠怒之心，有了愠怒之心就会感到悲戚，悲戚则导致感叹。光感叹还觉得发泄得不够，于是就捶胸。捶胸还不够味，那就要顿足了。将这种种感情和行动加以区别和节制，这就叫做礼。”

“有子问于曾子曰：‘问丧于夫子乎？’曰：‘闻之矣；丧欲速贫，死欲速朽。’有子曰：‘是非君子之言也。’曾子曰：‘参也闻诸夫子也。’有子又曰：‘是非君子之言也。’曾子曰：‘参也与子游闻之。’有子曰：‘然。然则夫子有为言之也。’曾子以斯言告于于（子）游。子游曰：‘甚哉，有子之言似夫子也！昔者夫子居于宋，见桓司马自为石椁。三年而不成。夫子曰：‘若是其靡也，死不如速朽之愈也。’死之欲速朽，为桓司马言之也。南宫敬叔反，必载宝而朝。夫子曰：‘若是其货也，丧不如速贫之愈也。’丧之欲速贫，为敬叔言之也。曾子以子游之言告于有子。有子曰：‘然。吾固曰：“非夫子之言也。”’曾子曰：‘子何以知之？’有子曰：‘夫子制于中都，四寸之棺，五寸之椁，以斯知不欲速朽也。昔者夫子失鲁司寇，将之荆，盖先之以子夏，又申之以冉有，以斯知不欲速贫也。’”③这段对话有较高的学术价值，其中反映了如何对待孔子的言论的问题。曾子脱离具体的情境和日常行为来对待孔子的话。子游支持有子的看法，认为孔子“丧欲速贫，死欲速朽”之言实际上是在具体的情境下说的，有具体的针对性。有子则综合孔子的其他言行进行补充说明。这一段对

① 戴圣：《礼记·檀弓上》，载李启谦、王式伦：《孔子弟子资料汇编》，山东友谊书社，1991年，第791页。
② 戴圣：《礼记·檀弓下》，载李启谦、王式伦：《孔子弟子资料汇编》，山东友谊书社，1991年，第791页。
③ 戴圣：《礼记·檀弓上》，载李启谦、王式伦：《孔子弟子资料汇编》，山东友谊书社，1991年，第791页。

话还透露出来一些信息，即孔门弟子在对待孔子的言论上可能有过一种努力，即区分那些可以脱离具体情境，并具有较为普遍的适用性的语言和不能脱离具体情境的语言，而认定那些具有较高的适用性的语言才是孔子有代表性的话。《论语》中的“子曰”和其他文本中的“子曰”由此可以作为一个基本的分野。曾子孤立对待孔子的某些话，可能与其追求内省的思路相关，而有子和子游坚持以情境性看待孔子的某些话，但最终依然把那些具有较大适用性的话作为孔子言论的代表。曾子和有子的路向虽有差别，但依然不影响孔门的基本通见。

“曾子曰：‘晏子可谓知礼也已，恭敬之有焉。’”“有若曰：‘晏子一狐裘三十年，遣车一乘，及墓而反；国君七个，遣车七乘；大夫五个，遣车五乘，晏子焉知礼？’”“曾子曰：‘国无道，君子耻盈，礼焉。国奢，则示之以俭；国俭，则示之以礼。’”①

曾子显然以内省的思路，以恭敬的视角看待礼，而有子则从礼制的角度分析晏子是否知礼。“悼公之母死，哀公为之齐衰。有若曰：‘为妾齐衰，礼与？’”(《礼记·檀弓下》)悼公的母亲去世了，哀公为她服齐衰。有子感到奇怪，就带有讽刺的口吻问道：“为妾服齐衰，这符合礼的规定吗？”哀公说：“我这也是没有办法呀！鲁国人都把她看成是我的妻子。”显然，有子就周礼本身谈论礼的问题，并区分了礼和仁。有子尊重礼和有子被推举出来主持孔门事务应该有一定的连带关系。子夏重视礼，子夏出面推举有子，应该是有一定的思想缘由。

“载粻。有子曰：‘非礼也。’”(《礼记·杂记上》)诸侯互相赠送殓葬的衣物，可以用随行的副车和礼服。自己所乘之车和天子所赐之衣，不可用来赠给死者。遣车的多少要根据包奠的数量来决定。遣车用稀布作篷顶，四面也有东西遮挡。遣车随棺入葬时，放在外椁的四角。当时有的人家在遣车上载着谷物，有子批评说：“这不合礼制。丧事祭奠所用的供品，不过肉干、肉酱而已。”

其四，家国关系中，持有一种道德对等的观念。“有若问于孔子曰：‘国君之于百姓，如之何？孔子曰：‘皆有宗道焉，故虽国君之尊，欲百姓不废其亲，所以崇爱也。虽以族人之亲，而不敢戚君，所以谦也。”②有子关心的另外一个政治问题是君臣之家的关系问题，或者说君主或者政府的经济能力问题。“哀公问于有若曰：‘年饥，用不足，如之何？’有若对曰：‘盍彻乎？’曰：‘二，吾犹不足，如之何其彻也？’对曰：‘百姓足，君孰与不足？百姓不足，君孰与足？’”(《论语·颜渊》)鲁哀公希望通过增加税收的途径解决政府的财政和经济能力问题，有子则希望通过增加百姓的财富和提高经济能力的办法来解决。“宓子贱治单父，有若见之曰：‘子何臞也？’宓子曰：‘君不知不齐不肖，使治单父，官事急，心忧之，故臞也。’有若曰：‘昔者舜鼓五弦歌《南风》之诗而天下治。今以单父之细也，治之而忧，治天下

① 戴圣：《礼记·檀弓下》，载李启谦、王式伦：《孔子弟子资料汇编》，山东友谊书社，1991年，第791页。
② 王肃：《孔子家语·曲礼子贡问》，载李启谦、王式伦：《孔子弟子资料汇编》，山东友谊书社，1991年，第794页。

将奈何乎？故有术而御之，身坐于庙堂之上，有处女子之色，无害于治；无术而御之，身虽瘁臞，犹未有益。'"①有若所说的“术”的具体内容不得而知。如果这段所记是真实的话，有若所说的“术”应该不是韩非心目中之“术”，而应该是“仁术”，即靠正身、各尽其职和文化来实现治理。

由于关于有若思想的材料过于分散，对其相关思想的把握需要更多的佐证材料才能明晰。但有若的思想和曾子的思想有很大的分歧，这一点应该是比较明确的。有子和曾子思想的分歧并不如林安梧所说的“孝弟”对“忠信”、“血缘性的自然联结”对“人格性的道德联结”、血缘亲情对社会正义这样简单。在孔门通见中包含君子、人己关系、师生关系和五伦四个不可分割的部分。“子曰：‘学而时习之，不亦说乎？有朋自远方来，不亦乐乎？人不知而不愠，不亦君子乎？’”（《论语·学而》）从这章内容来看涉及师生、朋友、人己关系，最后落脚点是君子。同样在《学而》篇，曾子也有类似的表述。“曾子曰：‘吾日三省吾身：为人谋而不忠乎？与朋友交而不信乎？传不习乎？’”（《论语·学而》）省身对应君子，然后依次涉及人己、朋友和师生教育关系。二者的差别是表述的顺序有所不同。从《论语》的思想来看，涉及君子以及人己、师生、朋友、父子、夫妻、君臣等关系。君子属于个人人格成就的范畴，人己关系中包含着个体和类的思维模式的发展，师生、朋友关系凸显了孔子思想的创造性，而君臣等关系更多地属于对周礼的继承。对这些思想层次的不同摆放形成了孔子弟子思想的特色。有若的“类”思想和强调人己有某种思维的连贯性，可以看成是儒门慢慢形成的通见之一。不过“类”思想不一定必然和人己关系联系起来，也可以过渡到五伦关系中。如《大戴礼记·礼三本》中有“先祖者，类之本也”。有若思想的总体倾向是调和古今，调和君臣、家国、父子关系，有依据这些关系阐发人格成就所需要的德性，并且降低了德性要求的倾向。随着对德性要求的降低也会发展出某种个性解放的思想因素，从而升发出对礼制的某种突破。子游欣赏有子与有子依礼论仁有关，《论语》中记载子游关心孝和君臣关系，关心仁的问题，但是反对陷入琐事和某种算计关系中，反对私人关系伤害政治的公义。当有子思想中降低德性的要求从而走得更远的时候，子游表达反对之意也是符合子游的思想倾向的。曾子以孝闻名，人伦亲情为其所重，但最终的支点却是修身，并有重视朋友、师生关系的倾向。重视修身会出现一种严肃的态度，这种态度虽然可以发展出不同于重视人伦的个体思想倾向，以及超拔情境的思维方法，但也会导致对礼制规范的人伦的一种谨慎的态度。

若依五气心法，仁是一派纯然之木气。木气生发，喜上不喜下，上达为其本，上达无止境，是其志。孝悌之意在敬上，可敬者敬之，不可敬者，亦敬之，仁爱也。只有如此，木气生发才无阻碍，而超越是非，直达天地矣！

---

① 韩非：《韩非子·外储说左上》，载李启谦、王式伦：《孔子弟子资料汇编》，山东友谊书社，1991年，第790页。

刘宗周说：“‘孝弟’是后天最初一脉，为万行之所从出。故‘学以务本’者本此。然孝弟又有本，‘孩提之童，无不知爱其亲者，及其长也，无不知敬其兄者’是也。是为良知，是为良能，于此而反求其本，其为天命之性乎！”①从后天法说，孝悌源于自然时间法则，父母在先，子女为后，兄先弟后；从先天法说，孝悌来源于人的先天本性，来源于良知和仁爱。先天法不离后天法，后天法不离先天法。

心不离系，而陷入人我关系中，或卑或傲，总有犯上之意。心能离系，人伦为寄旅，而怀感恩敬畏之心，时刻不离谦卑，自能顺道成则。

三、巧言令色鲜矣仁章

子曰：“巧言令色，鲜矣仁。”

“巧，好。令，善也。好其言，善其色，致饰于外，务以说人，则人欲肆而本心之德亡矣。”②“巧言”：造作巧饰之言。“令色”：貌似恭敬。“鲜”：少也，不是，无。

到底是有一部分巧言令色的人少仁，还是所有的巧言令色的人都少仁？古人有两种不同的认识。一种认识是有一部分巧言令色的人是有仁德的；一种认识是所有巧言令色的人的仁德都是不全的。这里从后。

前面讲“学而时习”即“说”，已经显示了《论语》对语言的限制。说话不如不说话，沉默是最丰富的语言。沉默有肯定、否定和未决定三种状态。泰戈尔说：“上帝的静默使人的思想成熟而为语言。”③静默是体认天命的前提。“我们让道说的无声之音到来，在那里我们要求着已然向我们张开的声音，充分地去向这种声音而召唤这种声音。”④仁者在静默中涵养仁。《庄子》强调有真人才有真言。语言和人之间有一种紧密的关系。

人不得不言，语言首先要符合内心，要聆听内心，然后是符合当下的要求，有实际的功效，能够揭示事物的本来面貌。巧言并不是能言善辩，不是辩才无碍。巧言是脱离内在智慧和内心调控的语言，是脱离当下要求和能够带来实际结果的语言。用语言来吸引人，用外表取悦于人，这样的人很少是可以用“仁”来称呼的。“仁”有一种内在的吸引力和内在沟通力，仁者拥有的彼此一体感使得人与人之间不会陷于外在关系之中。所以，一个人需要靠语言和外表的修饰才能吸引人的时候，还很难称得上是有仁德的人。“仁”可以表现为不言，也可以表现为“言”，仁可以表现于“色”，也可以不表现于“色”，关键在于“言”和“色”是由仁自然所发，还是因取

---

① 吴光：《刘宗周全集》（第一册），浙江古籍出版社，2007年，第271页。

② 程树德：《论语集释》（上），中华书局，2013年，第20页。

③ ［印］泰戈尔：《飞鸟集》，载《泰戈尔诗选》，郑振铎译，外语教学与研究出版社，2010年，第153页。

④ ［德］海德格尔：《走向语言之途》，孙周兴译，载《海德格尔选集》（下），孙周兴选编，生活·读书·新知上海三联书店，1996年，第1135页。

悦于人而发。好言善色，本人之常情，然进入这一过程中，“己”就进入“我”取悦于人，或者“我”为他人所取悦的对象性关系的境遇，“己”的反思性和旁观性就被破坏。

孔子的仁是否也有不言的倾向？应该是有的。仁和语言以及外表表现的第一个层次是：仁和语言无关，仁表现为不言和无言。语言为他人而生，一旦进入语言之境，心灵难免外向，被外在环境和他人所吸引，心灵就不能更好地停留在内心深处。另外，语言是不完善的，人们对语言的反应也是多样的。这里的不言，包括心灵内部的无意见和无想法。心灵不进入情境之中，人就成为一个旁观者和超越者。第二个层次是仁表现为语言和色。这样的语言充满仁爱，外表成为仁德的“喻”。这样的语言也可以巧，也可以不巧，可以有好的外表表现，也可以没有。这里的巧言、令色应该不是属于这个层次的。第三个层次是心灵专注于取悦于人，内心的仁德常常被忽略了。

具体到生活之中，什么样的言是巧言，什么样的色是令色呢？这需要有一种生活和生命的领悟。有一丝一毫的私心，有一丝一毫的取悦于人之心，不管言是否巧，色是否令，都是巧言令色。冷脸对人也是令色。关键在于心纯，一颗无功利的心、一颗快乐充满活力的心、一颗向上不息的心、一颗包容万象的心、一颗慈悲心，随顺世事，自然而应，即非巧言令色。刘宗周解释这段话的时候说，关键不要从外面做起，此言甚有见地。

巧言令色，不应单纯从“仁”来看，也要从“学”来看。巧言令色之所以害仁，主要在于丧失了从内在向他人学习的动力。如果他人为不善，巧言令色讨好他人，则是向恶学习或者向恶低头；如果他人是善，巧言令色则可能掩盖了自己内心，内心或许并无真心学习他人的善。当内心有明觉，能够正确辨别善恶的时候，是否巧言令色就不重要了。

有的解读者认为言辞是智力的问题，容貌是天赋和肉体的问题，它们与仁不仁的道德问题没有关系。其实不然，且不说道德的发展需要建立在肉体感受性上面，单纯就言为心声这一点来说，语言也是一种具有高度伦理道德属性的人类活动。

四、曾子曰吾日三省吾身章

曾子曰：“吾日三省吾身：为人谋而不忠乎？与朋友交而不信乎？传不习乎？”

“省”：视。“身”：一说自身、自己。从文本来看，实际上是自己的行为，而且这些行为都关系到人际关系，反省的逻辑点是自己在这些关系行为中的德性表现。“谋”：一说咨难为谋。“忠”：一说爱利出中曰忠。在这里，“忠”是与“谋”联系在一起的。曾子要求一个人在为他人出谋划策的时候，有智慧，能够从自己的中心性智慧出发。在人际关系中带入智慧是作为个人品德的“忠”和伦理关系的“忠”的必然要求。“朋友”：“朋友”和“信”是互相规定的，“朋友”就是彼此能够发生“信”的人，同样建立了朋友关系以后，朋友关系的发展依然依赖于彼此“信”的关系的发展。“我们之所以需要友爱，在某种意义上是因为我们必然要一同分担脆弱和伤痛。”①“信”：一说期果言当为信，也就是言行合一。语言对预期结果的描绘，最终靠行为实现了，证明语言是恰当的，结果是可以预期的。“传”：先秦古汉语常常未明示主动和被动，未明示主语和宾语。一说专、专业；一说授之于师；一说教给别人东西。

曾子的思想和第一章相呼应，不过顺序是颠倒的，教学关系在最后，人己关系在最先，朋友关系居中。

在什么情况下替别人出谋划策才是忠呢？首要的条件是内在的智慧确认自己知道事情的走向；其二，智慧能够确认自己可以把这种认知告诉别人；其三，告诉别人的意见和建议恰好是对方内心深处所想，但自己又不能确定的。

诚信包含很多方面，其一是做人要诚实；其二是因为自己的诚实而取得他人的信任，并且信任他人；其三是守约。人是脆弱的，需要依赖别人，人对他人都有一定的诚信期待，因为这样社会才有序、安全。要证明他人是可以信赖的，需要的条件是一个人要适度地敞开自己，需要一定的透明性和公开性，这就是中国人所说的“开诚布公”。信誉是诚信良好的担保。在无法确定他人是否可以信任的时候，考察他人的信誉就是一个较为可靠的办法。信誉包含着一组稳定的表现，信誉背后总是有高概率的诚信支撑。在与陌生人打交道的过程中，信誉总是较好的诚信担保。人们在日常生活中常常可以预测出一个人是否会做出失信的事情，有的时候则不能。人也需要通过一个人的外表的信息来判断其是否诚信。直觉或者预感比有意识的评价稳定。能力和一定的专业知识也是很重要的。缺乏相应的能力，诚实也无济于事，所以诚实包含了对自己能力的理性评估和恰当的运用。验证也是需要的，不过，人不可能对他人的言行进行一一验证，还是需要个人的直觉。诚信的人不会因为他人的不诚信行为而改变自己。诚信的人对他人的不诚信行为有一定的宽容。诚信往往有一种内向的特征，如果一个人是诚实的人，骗子可能会利用这个人的诚实进行欺骗，从而使得诚信者受到伤害，这种情况往往会使诚信者发生机制性的自保行为，从而导致社会诚信程度下降。想要诚信需克服两大障碍：其一，要不断自我反省，克服自欺。一个诚信的人也可能是不诚信的。这就是自欺。一个自认为自己诚信的人可能因为看不到自己行为的真实面而实际上在做不诚信的行为。同样不道德的事情，别人做了，他们会谴责别人，而自己做了，他们就会为自己开脱，让自己免于内疚

① 〔美〕阿拉斯戴尔·麦金太尔：《依赖性的理性动物——人类为什么需要德性》，刘玮译，译林出版社，2013年，第135页。

和自责的困扰。人们有为自己的不诚实的行为找借口的倾向。其二，要克服私利的自我膨胀。人们对物质利益和资源具有较高的期待，觉得有钱就能买来服务，因而不需要太多人的帮助，也能够承受他人失信带来的后果。牌桌上的钱会使人更愿意欺骗老朋友，这并不是说他们都失去了道德。很多人不诚实很大程度上是因为利益的原因。这样一来，诚信的一个核心内容就变成了自我调控能力，即为了带来长远利益需要抑制当前的欲望。诚信首要的要件是把握内心的信，然后把内心的信用语言表达出来，并保持语言和内心的一致。紧接着就要求语言和行动一致，这要有一定的理性评估能力和对事物的敏锐洞察力，确信说出来的话是可以实现的。这样一个人就成了可以被信任的人，并获得信誉。

一日一定要三省，三是虚指，就实处说，一省是必要的。反省之深者为忏悔，反省之浅者是离系。每日不必有交友之事，不必一定有传习之事，不一定有为人谋之事，三事可以合并为两事，即与人打交道和与书本、知识、信息打交道。反省之意就是要问自己在这些情境中是否保持了真我，是否走在善的道路上，是否走在积极的人生道路上，有一点点的良知亏欠感都要通过心忏而抹平，让心灵归于宁静和平和。曾子未必有离系的想法，但从实践来说，反省要离系，即外离相，内不乱。心由向外的关注，返回关照内心，反省之意自成。依据后来宋儒的经验，反省既有检索，更要勿忘勿助长，提起良知是要害。“日日提省，毫无渗漏，方足为学问立根基。”①不止为学问立根基，也为人生立根基。省身也是学，传习和与人谋、与朋友交也是学。学有三义：省身、学习他人的好，教化和读书。

五、道千乘之国章

子曰：“道千乘之国，敬事而信，节用而爱人，使民以时。”

“道”：一说为之政教；一说治；一说大路；一说引导。引导解释为优。“千乘”：一千辆四匹马拉的兵车。

“敬事”：与官吏之“吏”有关，包括文书记录、职位以及相应的权力、利益、决策和行为等。事与物不同，事依赖于人，人重视之即为一事，不重视之就不是一事。虽然事有客观性，相对于某人而言，因重视程度和方向不同而有不同的事。此处的事，显然是政治事务，是公共事务。事需要敬才成为事，成为事后，在事中也需要敬。“敬”字本有执鞭敲打之意。事涉及众人，众人集会总是有一种庄严肃穆之感。众人之事难成，需要付出心力。事对于人而言就是一种敲打，是对人的能力和德性的考验。

“信”：一人站在他所说话的旁边。信，在现代汉语环境中有相信、信任、信心、

① 吴光：《刘宗周全集》（第一册），浙江古籍出版社，2007年，第271页。

信息、诚信等含义。“信”是对语言的另一种表达。比如日常生活中人们会说“捎口信”，其中的“信”就是语言，就是说的话，不过这个所说的话由于距离较远的原因传递给另一个人就成了“信”。如写信，其中的信的内容是语言文字。人类的语言文字本身是信息的一个部分，语言文字以外的信息也可以在广义上被称为语言。当一件事情有足够的信息量的时候，人们的信心就会增强，事情的成功率也就更高。与此同时人的语言承诺也就越容易达成，从而表现出诚信来，而诚信的人则更容易给人以信心和信赖。“信”组建了“事”。一件事情之所以称为事情其中的核心是命令，事情有命令的意味，命令着人必须去完成。如何发布语言命令和如何领会别人发布的命令左右着事情的成就与否。所以事需要敬，也需要信。

“节用”：干部要节俭从政。节俭从政包括两个方面的内容：其一是干部在官位上扮演官员角色的时候，要做到行为和心理简单，有平常心，以平常心从政，不盲目政绩，在行为和政策上不烦琐，尽量少举行会议，关心能够解决的问题，提高行政效率。尤其是在涉及民众的相关问题上，尽量减少民众的财富开支，减少民众的体力开支。其二是在不扮演官员角色的时候，也要保持平常心，过节俭的生活。这才是大简。一个干部只有养成简单、节俭的生活习惯，才能在扮演官员角色的时候，保持平常心。

“爱人”：一说人是民；一说是指士大夫以上各阶层的人；一说国都中的平民；一说一切人群。要想弄清楚“爱人”的内涵，当然可以从《论语》中的其他资料寻找线索，不过其他文献中的“子曰”也有很重要的价值。“爱人”中的“人”是一般的人还是个别人，还是兼容一般与个别，或者就不应该用一般和个别的逻辑来分析呢？《楚人遗弓》的故事是很有启发意义的。孔子评价《楚人遗弓》的故事见于多个文献，如《吕氏春秋》《说苑》《公孙龙子》《孔丛子》《孔子家语》。这里先从《吕氏春秋》中的记载开始进行讨论。“龙闻楚王张繁弱之弓，载忘归之矢，以射蛟兕于云梦之囿。反而丧其弓，左右请求之。王曰：‘止也。楚人遗弓，楚人得之，又何求乎？’仲尼闻之曰：‘楚王仁义而未遂。亦曰人得之而已矣。何必楚乎？’若是者，仲尼异楚人于所谓人也。夫是仲尼之异楚人于所谓人，而非龙之异白马于谓马，悖也。”（《孔丛子・公孙龙第十二》）公孙龙子认为这是孔子“异楚人之于所谓人”，也就相当于白马非马。不过，如果联系孔子回答樊迟的问题来看，这句话孔子的意思是：完美的仁爱是爱所有人，而不仅仅是爱楚国人。不计较是自己找到弓，还是被楚国人捡到，或者被其他哪个国家的人得到，这样对人的爱是普遍的爱，是较高层次的仁的要求。用西方伦理学分析模式来看，爱一切人是仁爱原则。仁爱是说要有爱心，希望行善避恶，是希望或准备行善避恶。但爱人总涉及爱具体的人，这就有了矛盾，需要有先后和轻重缓急之分。这就要求用功利原则来加以补充说明。当不能实现百分之百的爱的时候，应该选择最大量的善，也就是最大量的爱。

“使民”：人是一般的人，民也是人，不过是相对于君的人。爱人是无差别的，使民则是有等差的。等差的关系最讲究情境性，不同的情境有不同的等差。爱人则应是不分任何情境都要实现的价值。使民以时，只能在某时使用民，把人置于某种相对的角色关系中。

中国古人关于“人伦”的把握最基本的是“五伦”，即父子有亲，君臣有义，夫妇有别，长幼有序，朋友有信。其他关于人伦的表述基本上都可以归入“五伦”之中。如君义、臣行，父慈、子孝，兄爱、弟敬，这是“六顺”。兄爱、弟敬和长幼有序，基本上可以并入一伦。兄弟和长幼可以合并，朋友和宾客可以合并。本段涉及个人和国家的关系，涉及个人和社会职务的关系，涉及统治者和民众的关系，涉及人己关系。

孔子这里讲治国，这句话对所有人都适用。做事要敬，做事要信。做事要信，就是要根据事情本身的信息和信心来做事，信至事易成；做事要敬，做事如战场，注意力需要高度集中，对人保持敬畏和恭敬之心，并且要求人转事，而非人被事转。

六、弟子入则孝章

子曰：“弟子入则孝，出则弟，谨而信，泛爱众，而亲仁。行有余力，则以学文。”

“弟子”：学生，求学之人，为少者，后生，“命士”以上的人。一般认为和父兄相对，即人幼少为弟为子之时。“弟子”是否仅仅指代受爵命的士则是可以讨论的。不过《论语》中论“士”的时候，的确讲过“弟”。“弟子”有时间限制，大致是八岁到十三岁。这个年龄应该是具备了一定的理性能力，具备了一定的独立生活的能力。对于这个年龄段的孩子来说，需要开始学习如何对待他人，学习如何给予他人，包括德性上的和物质上的，并继续在更广阔的生活空间中学习成人的艺术。这一时间点的选择是很有意义的。

在麦金太尔看来，德性是人在活动的全部范围内学习和实践的。“我们从他人那里学习如何扮演自己的角色、发挥自己的作用，首先是作为家庭成员，随后在完成作业的过程中，再后来作为农民、木匠、老师、渔民或弦乐四重奏团。”①“出则弟”显然属于第一个阶段到第二阶段的关节点。麦金太尔很重视这一阶段。根据麦金太尔的论述，在第一个阶段，父母的培养和教育需要取得一些关键的成果。这些成果使得孩子初步具备了角色转换的能力，具备了在更大的社会范围内活动的能力。

在更大的社会范围内活动的一个挑战来自对身体及其相关需要的管理。只有具备了有效管理身体及其相关需要的能力才能很好地和他人和谐相处。要很好地履行

---

① 〔美〕阿拉斯戴尔·麦金太尔：《依赖性的理性动物——人类为什么需要德性》，刘玮译，译林出版，社 2013 年，第 73 页。

“弟”道，孩子需要能够反思自己的欲望，并进行一定的约束，以便更好地与他人相配合。“孩子需要学会如何从自己的欲望中抽身出来，如何提出在此时此刻满足特定的欲望是否最优的问题，从而超越他最初的动物状态。”①能够对身心进行约束意味着理性能力的发展，“即拥有用某种特定方式采取行动的理由，迈向人类特有的状态，即能够评价那些理由，修正或放弃它们，并用其他理由代替它们”②。人能够明确了解自己行动的理由，并通过学习改变这种理由，或者选择坚持自己的理由是成人的重要标志。这就要求人具备一定的学习能力。从狭义的角度来看，模仿别人或者通过他人获得自己行动的原则不是学习文化，但具有学习的意义，可以说是广义的“学”。“履行了好父母角色和作用的人让孩子变得可以教育，不仅可以由他们教育，而且可以由其他不同的老师来教育。”③这些成果使得孩子迈出了成为独立的理性推理者的第一步。可以教育“是让孩子作为推理者实现独立的第一步”④。这些成果之间是有因果关系的，能够从欲望中抽身是能够受教育的前提，并且必然伴随着推理能力的提高，而推理能力的提高使小孩获得了一定的独立性，并为进入更广阔的生活领域准备了前提，这同时也就产生了一种新的依赖性关系。“这时孩子就有了一种新的依赖性。”⑤在麦金太尔看来，在这阶段，孩子产生了一种新的依赖性。在之前，孩子依赖的对象主要是父母，进入第二个阶段以后，同学和老师等关系就愈发显得重要了，因为在这些关系中学习技巧，相当于“行有余力，则以学文”，除此而外，更重要的是在其中培养与人打交道的德性。这一德性首要的就是“弟”。

“出”和“入”：上文用“入”和“出”来说明“弟”，父母为入，兄弟为出。若依据乡党一文，宗族为入，乡党为出。也有说十年出就外传，居宿于外，或者说八岁而出就外舍，学小艺，履小节。束发以后开始学大艺，履大节。也有说“入”是“入父宫”，“出”是“出己宫”。“子曰：‘出则事公卿，入则事父兄，丧事不敢不勉，不为酒困，何有于我哉？’”（《论语·子罕》）在这里，“出”与政治领域相关联，“入”则与亲情领域相关联。需要注意的是这里人处理与不同领域的关系是“出”和“入”的关系，而非“内外”。“内外”容易有轻重缓急之分，有价值高下之分，容易形成“内外有别”的价值格局，而“出入”说则要求在不同的领域均奉献一己之力。“出”和“入”涉及角色的转换。“出”则涉及兄弟关系和教育关系。对于“弟”来说，一

① 〔美〕阿拉斯戴尔·麦金太尔：《依赖性的理性动物——人类为什么需要德性》，刘玮译，译林出版社，2013年，第75页。

② 〔美〕阿拉斯戴尔·麦金太尔：《依赖性的理性动物——人类为什么需要德性》，刘玮译，译林出版社，2013年，第75页。

③ 〔美〕阿拉斯戴尔·麦金太尔：《依赖性的理性动物——人类为什么需要德性》，刘玮译，译林出版社，2013年，第75页。

④ 〔美〕阿拉斯戴尔·麦金太尔：《依赖性的理性动物——人类为什么需要德性》，刘玮译，译林出版社，2013年，第75页。

⑤ 〔美〕阿拉斯戴尔·麦金太尔：《依赖性的理性动物——人类为什么需要德性》，刘玮译，译林出版社，2013年，第75页。

个重要的内涵就是角色转换的能力以及展现相应的德性能力。“识别不同种类的好并做出真正实践判断的能力。”[①]在成年早期，随着社会交往范围的扩大，家庭培养起来的道德判断会遇到较大的挑战。面对不同的人、不同的事，面对不同道德表现的人，人需要学会选择自己的道德坚持，并针对不同的情况进行调整，这样才能有德性的行动。“但是一开始小孩需要学习的是如何立即认识到每个情境的突出特征，在每个情境下认识到相关的好、危害和风险，以及在对该情境做出反应时德性有什么要求。”[②]面对不同的情境要能够进行相应的道德反应，如知道何时可以冒险，何时应当谨慎；何时将一项工作交给他人，何时要由自己承担；何时不吝惜赞美，何时保留指责；何时对自己或他人要求严格，何时可以放松；何时需要玩笑，何时应当发怒。另外需要具备一种德性保证自己能够进行合理的实践推理。“我已经指出，这种新的依赖性是对一些人的依赖，他们的任务是教育孩子和年轻的成人各种实践的要素，不仅包括获取各种技巧，而且包括认识内在于每种实践的好，通过实现这些好，我们定义了特定实践中的卓越。”[③]获得这种能力需要有人进行道德指引，并有人给予自己一定的道德共鸣上的支持，尤其是那些优秀的德性更需要外在的保护的力量和来自他人的认同和支持。每个特定的情境都有不同的好，而且还有不同的恶，在实践中需要认识到特定情境下的好，并坚持这种好，抵制恶，这就要求选择一种自己认为的好，并把这种好当成行动的前提，认为自己这样行动就是正当的，并能坚持这种正当。在麦金太尔看来，这正是某种反应性的展现，“而这种反应性正是德性的特征”[④]。具备了角色转换的能力，并且一以贯之地坚持以仁爱之心对待不同情境中的人，人的德性修养就达到了一种更高的境界，即“泛爱众，而亲仁”（《论语·学而》）。

“谨而信”：可以对应“朋友有信”，这将在另外朋友一伦中加以讨论。“弟”的另一德性要求是“谨而信”（《论语·学而》）。“要实现必要的自我认识和抵制所有可能造成自我欺骗的不利影响，必不可少的德性当然是诚实，而首先是要对我们自己的情况做到诚实，这既是对自己也是对他人的诚实。我们不仅要在自我考察中运用那种德性，而且在他人有理由向我们求助时，也要运用这种德性判断自己能否承担起相应的责任，在必要的时候要向他们承认自己的无能或失败。因此，这种德性也是我们要成为独立的实践推理者必需的德性。”[⑤]进入新的社会领域的人，“信”的要求

① 〔美〕阿拉斯戴尔·麦金太尔：《依赖性的理性动物——人类为什么需要德性》，刘玮译，译林出版社，2013年，第79页。
② 〔美〕阿拉斯戴尔·麦金太尔：《依赖性的理性动物——人类为什么需要德性》，刘玮译，译林出版社，2013年，第76页。
③ 〔美〕阿拉斯戴尔·麦金太尔：《依赖性的理性动物——人类为什么需要德性》，刘玮译，译林出版社，2013年，第75～76页。
④ 〔美〕阿拉斯戴尔·麦金太尔：《依赖性的理性动物——人类为什么需要德性》，刘玮译，译林出版社，2013年，第76页。
⑤ 〔美〕阿拉斯戴尔·麦金太尔：《依赖性的理性动物——人类为什么需要德性》，刘玮译，译林出版社，2013年，第78～79页。

更加重要了。其中有如下几个层面的关系需要“信”德来加以维系。其一是经常面临的角色转换，如面对父兄和面对他人，需要表现孝德和悌德。不同的角色的德性要求之间不总是一致的，而往往是会发生冲突的，如果没有一贯的仁德来贞定这种角色冲突，就会发生“见人说人话，见鬼说鬼话”的虚伪情况。其二，内心的意见与社会角色和社会关系的价值判断之间的矛盾和冲突要求自我很好地加以协调，并按照内心的意见来行事或者认真地接纳社会价值判断并以之来行事。否则就构成了“自欺”。

“泛爱众，而亲仁”：“己”和“人”与“己”和“群”略有差异。群有“羊”，有“君”。在众人中有人带头，把众人凝聚在一起，就构成了群。己与群不完全等同于己与众人，众人可以是由一盘散沙，即不确定的个人组成的，群则有一定的秩序性和团体性。而己与人中的人，既可以指代“群”，也可以指代“众”，也可以是抽象的“人类”。如果人己关系中的“人”指代抽象的人，则人己关系就不能与五伦相并列。

总体上看，这段是关于父子关系、兄弟关系、己群关系、师生关系的阐述。学有两个关键的要义：读书和向他人学习。因而人伦和政治生活均为学习的过程。

七、贤贤易色章

子夏曰：“贤贤易色；事父母，能竭其力；事君，能致其身；与朋友交，言而有信。虽曰未学，吾必谓之学矣。”

“贤贤易色”有很多解释方式。如解释成对妻子，重视品德，不重视容貌；能够看出他人之贤德，从而升起尊重之心，并改变自己的容貌；以好色之心好贤。其中的争议主要是抽象地理解“贤贤易色”，还是具体地理解的问题。如果具体地理解，贤，就是贤人，与父母等相对应。如果抽象地理解“贤贤易色”，“贤贤易色”的要求就会涵盖“事父母，能竭其力”，好贤之心构成了“竭其力”的条件。这段话中包含了父子关系、君臣关系、朋友关系和师生关系。父子关系、君臣关系、朋友关系不同于师生关系，但是如果实现了善的价值，也相当于师生关系。父子关系中涉及理性判断之道的时候涉及师生关系，涉及体力的付出和情感的投入的时候则不是师生关系。

随着子女的成年，父母则逐渐变成了弱者。在这个交替的过程中是最容易发生父子冲突的。子女成为一个理性独立者，父母也是一个理性独立者，彼此之间不再是强者和弱者的关系，而是两个强者的关系。这个时候会带来很多的伦理问题。

在现代社会中，一个成年人“事父母”的难题主要有三：其一是“色”，即肉体需求以及相应的功利和福利。为了实现这一福利需要更多地服务社会而不是服务父母。成年子女需要对“色”保持一定的超越态度。其二是对民族、国家和社会的回报和给予，社会提出的给予要求，需要进行回应。其三，是自己也是父母，需要承担生养子女的责任和义务。《论语》中有资料涉及第一点和第二点。

八、君子不重则不威章

子曰："君子不重则不威，学则不固。主忠信。无友不如己者。过则勿惮改。"

"重"："重"字初作"倲"。周代金文就是如此。"重"和"种"的意义是通行的，是异体字。"种"在"重"下面加了土。不重，就是没有种子，失去了根基。没有根基则不能长大，自然不威。"学"不管是模仿、读书、练习、学说还是觉悟，都是提供了一种种子和人生的广博的大地根基。要想巩固这种成果，就是要重，要威，使学习和觉悟达到厚重的地步。其中包括行动、风度威重，内心的态度严肃真诚，功利化的原则会影响学的方向和质量。

"友"："'友'在古代汉语中既与'有'同音，又被'有'一语双关地加以规定，'有'表示'手边有'。'友'就是有这样一个人在你身边，你可以尊重他，以他为自己的榜样。'友'是与某人携手共进，你能受益于他，向他学习，就像这个字的字形本来表示的，它包含的一个意思是代表人的手。"①对方超越你，这是差异性；你可以学习对方，这是趋同性的要求。

从实践角度来说，学要达到坚固的程度才好。如何才算学达到坚固的程度呢？重和威是标志。"重"和"威"是一种气宇。什么样的生命是厚重的生命呢？厚德之人的生命是厚重的。学至于明觉，也可以让生命获得厚重。厚德的人自成一种气宇，即一种威严和温煦的气宇。

从实践的角度来说，如何才叫"主忠信"呢？如果一个人忠于了他人，如果一个人专心于和他人的诚信，生命已经被他人牵引去了，如何能"主"呢？忠信是生命主体的自我挺立。心灵因为学和觉悟而有明慧，下学上达，坚定一个目标自然有"中"，心有中心性智慧曰忠。因对生命的明觉有信心，生命与天地大化相往来，而曰"信"。"信"如信息，为道信，道信在人，则人有信心并努力去实现自己的信念，诚即是天人一贯，诚即是天道，也是人道。

"主忠信"意味着明觉已经很坚固了，从重威的气宇，到坚定的信念，自然在应对善恶的时候更有能力，更坚定，更有方向性。对于向下拉的力量有一种警觉，自然"无友不如己者"；生命的明觉能够发现生命的局限，即"过"，从而实现生命的不断超越。"过"的发现依赖于明觉的发展，明觉发展一分，就会发现一分"过"；而改

---

① 〔美〕安乐哲：《自我的圆成：中西互镜下的古典儒学与道家》，彭国翔编译，河北人民出版社，2006年，第502页。

了任何一个“过”，生命的道路就展开一步，前进一步。

九、慎终追远章

曾子曰：“慎终追远，民德归厚矣。”

“终”：一说父母之丧；一说言行的结果。“远”：一说父母去世已经久远；一说祖父母以至历代祖先；一说言行的深远影响。

在曾子看来，一个人一旦想到死亡，就会在德性上有进步。“终”，将近去世和去世后的一段时间，孩子当检视身心。其中要完成的基本工作是告别，从内心中了悟逝者的生命是自己同意逝去的，孩子也应当同意和承认。哀悼表示我们记得逝者在生者生命里的意义，生者记得自己亏欠他们什么。

基本要求包括如下几项：其一，时刻保持对逝者的爱心，在爱中与逝者分离，以让自己的生命更为完满。其二，让过去的成为过去，让过去的事物安息，在生者的心中成为往事。其三，带着对逝者的祝福管理他们的遗物，并把这些遗物看成是一种祝福。其四，另外一项工作就是感恩，承认并且尊敬逝者给予生者的好，生者会继续把这些好延续下去，让这些好继续在生者这里得以延续和荣耀；生者以积极的心态工作和生活让逝者继续活在生者的心目中。

需要防止的不良倾向是：其一，逝者的离开是其自身生命演化的结果，不能否认生命是带着爱出生和死亡的。其二，不能把逝者的过世怪罪于某个人，这会破坏生者哀悼与道别的能力。其三，需要放弃对逝者的罪恶感。尽管生者可能对逝去的人生前有不良的行为，或者对死亡负有责任，但都应放弃无能为力感、无法弥补感。其四，尤其是不能有对逝去的人的怨恨感。其五，对逝者的遗产争论不休，对逝者依然有所期待，有索取的心，这尤其是需要警惕的。

追远，逝者远离了生者，越来越远。但这种遥远并不遥远，逝者活在生者的心中，并且继续在生者这里活着。

十、夫子至于是邦章

子禽问于子贡曰：“夫子至于是邦也，必闻其政，求之与，抑与之与？”子贡曰：“夫子温、良、恭、俭、让以得之。夫子之求之也，其诸异乎人之求之与？”

“求”和“得”：可以从很多角度来把握人与人之间的关系，并思考相关的伦理道德问题。其中得到的方式以及如何去追求是很关键的部分。“我们发现自己处于一个给予和接受的关系网络的特定位置，通常我们能够给予什么、给予多少在一定程度上取决于我们之前接受了什么、接受了多少。”①从康德的角度来看，《论语》也有知性能力、欲求能力和审美能力三个层次问题的划分，不过划分的时候有不同于康德思想的特点。这里就是讨论人的欲求能力问题的。

子禽：名亢，姓陈，又字子禽，少孔子四十岁。子贡（公元前520—？）也是孔子的弟子，姓端木，名赐，字子贡，卫人。性情温和，举止文雅，能言善辩。孔子周游列国到鲁国，专心教学，所以学生都是年轻人。

钱穆把此段话放在齐景公问政之后来理解。因为孔子有盛德气象，所以君主，包括齐景公自愿求教政治方面的事情。孔子在齐国做高昭子家臣，景公想要给孔子一些封地，但是遭到晏婴的阻挠。孔子并不是来抢夺权力、财富和名望的，但是由于其才能和道德，给人这种感觉，所以在推行自己的政治理想的时候，遇到了很大的阻力。甚至自己的弟子也不是很了解。

其一温。“温”是温和、平和。到一个地方，看社会风气，就可知道它的文教思想。温柔敦厚，表示有诗情，对待事物有艺术感，不完全陷在功利的层面来思考问题。一个人温和、平和就有亲和力。中国人愿意以镜子和水来比喻。温和的人，就像镜子和水，每个人都希望亲近，以便照出自己的样子。人通过镜子和水来把握自我，认识自己，美化自己。温和的人就是镜子，帮助人们认识自我，能够让人头脑清醒。温和的人自然就有一种影响力，能够从事政治活动，能够让人帮助自己。

其二良。“良”是善良的、道德的。良，本来的意思是供人享受的食品。从政就是要通过音乐、艺术、文艺、运动等培养人，让人由坏变好，平易而善良。尤其是养成帮助别人的习惯，尽可能给人提供帮助，使得社会成为一个互助的社会。

其三恭。“恭”是恭敬的，也就是严肃的。最重要的恭敬是什么呢？一个人有钱，可能会得到恭敬；一个人有权，可能会得到恭敬；一个人有学问，可能会得到恭敬。这些恭敬，恭敬的是钱，恭敬的是权，恭敬的是名。恭敬不是要从一个人的社会角色的不同去选择恭敬的对象。恭敬不仅仅恭敬身体，更重要的是恭敬心灵，恭敬人本身。一个人是穷人，一样值得恭敬。孔子的恭敬是尊重别人的意志与愿望。孔子能够聆听当政者的愿望，聆听民众的心声，所以可以了解一个国家的政治状况，可以得到政治人物的信任，从而学习自己的政治智慧。

其四俭。“俭”是节制、不浪费。节俭有很多种类，如节俭使用外在的资源和财富，比如节电、节水、节食等。而这些节制都要有内心的节制才会在没有人监督和约束的时候发挥作用。所以《道德经》说，圣人的“三宝”（不敢为天下先、慈、俭）之一就是“俭”。《道德经》所说的节俭就是少看、少听、少说、少吃，在感官的使用

① 〔美〕阿拉斯戴尔·麦金太尔：《依赖性的理性动物——人类为什么需要德性》，刘玮译，译林出版社，2013年，第81页。

方面节俭。心灵不受到“五色”的迷惑，不为“难得之货”（稀缺的、值钱的物品）迷惑。孔子也要求“非礼勿视” “非礼勿言”“非礼勿听”“非礼勿动”。

其五让。“让”是谦让。听取一切积极的建议，去掉自己不好的想法。赞美有价值的事物，谴责不好的现象和事物。

欲求能力是一个大问题，欲求能力和知性能力相对。欲求能力回答“求”和“得”的问题。在中国哲学的语境中，欲和求往往是分开的。什么才是人欲求就能得到的呢？或者说是普遍必然的具有实践性的能力呢？在西方哲学的思维下，完全的欲求能力就是自由意志，人不具备完全的欲求能力。康德区分了两种欲求能力：高级的和低级的。高级的求就能得，在康德那里这个得是空的形式，在孟子那里则是有内容的，是四端之心，是天爵。而对功名利禄的求，则是求之有道、得之有命的，是不具备普遍必然性的。求天爵可以得人爵，温良恭俭让之求，其实是不求，是高级的欲求，只是对道德律本身的符合和敬畏。孔子的求是高级欲求，一般的欲求是低级欲求。

温、良、恭、俭、让之意深矣！人修为到无寒冷之气，全是仁慈之和煦之风充满生命，是一种很高的境界。仁木生礼火，而一派纯阳之气，成温和气象，让人不感到悲观、失望，不感到人情冷漠。良则要求本性纯净，一派纯洁之象，而无一毫染污，使性本净得以实现出来。温良成，则恭自成。温良成，生命得以挺立，自然高高在上，有伟大崇高气象，让人生起恭敬之心。自己恭、他人恭。温良成内，一切世俗要求自然成低下之态势，人对其无仰望之心，自然俭、让。

十一、父在观其志章

子曰：“父在，观其志；父没，观其行；三年无改于父之道，可谓孝矣。”

“其”：一说指代父亲；一说指代儿子。

“道”：风政、国法；大小事务；行为准则；道路。

“孝”：孝延续到了父死之后。“父在”有无时间点？显然，对于幼年的子女，观其志行虽然也可以了解父母的品行，然其志行尚不是一个理性独立者的志行。此段可以看成是对已经成为理性独立者的成年人来说的。

此段，多解释为子女对父母的关系，子女需要对父母尽孝，子女在“志”和“行”方面都要走在父母的“道”上面。本段暗示了“志”和“行”之间可能存在的分离。心灵的目标方向不一定总是能够产生相应的行为。另外，短暂的热情也是经常发生的事情，能够持续坚守父道，则是很重要的。

要注意到这里讲的是父之道，“父”是一个事实，父之“道”则包含了父亲这一角色所包含的积极的价值内容，这一价值内容是丰富的，需要不断地细化和增加内容。理性的发展之一就是自己对他人的感觉和判断的认知恰好就是符合对方的感觉和判断。这样人我之间的界限就没有了，成为一体了。理解对方，领会对方的志行，贯穿在人与人的关系中。子女领会父道，就到达彼岸了，就从父子之间时间先后和地位高低的紧张关系中解脱出来了。孝一点都不违背自由的精神。就像梁漱溟说的那样，人与人的关系有障碍的是“他心”，自己的心不理解他人的心，他人的心是他心，彼此不同，彼此斗争，从而彼此束缚。一个人能够理解对方的“道”，彼此就自由了。

这“其”到底指谁呢？一种情况人们说还是指“父”。那就是说“观父之志”“观父之行”。父不在了，还能观父之行吗？显然只能观父在世的时候的行为。这样这个“观”显然就是回忆、记得。回忆或者记得父亲在世的时候的行为，并用这种行为来指导自己的人生。

“其”如果是指代儿子，就说父亲在的时候，然后看儿子的志向，看儿子追随谁，是否追寻父亲那些比较好的方面。父不在的时候呢？看儿子的行为。因为父亲不在了，没有约束力了，儿子就很容易狂荡放肆。

“三年”的说法意义重大，反映了人生的一个基本情况：在三四岁的时候，一个小孩子相对独立了。这个“三”是一个虚数。“父之道”不是说按照父亲的行为一点都不动，而是要学习父母优秀的价值。这里的父子关系是一个价值上的父子关系。这段话强调了要从父母那里去学习。《论传统》和麦金太尔一样，都强调了一个人是在家庭环境中慢慢成为一个有理性的人的。不尊重传统不意味着理性。启蒙的学说强调启蒙就要打倒传统，这才代表有个性、有理性。其实也不尽如此，理性的另一个视角是认识到传统，认识到我们是从哪里来的，这样才能够知道：生命的根源是什么。这更加理性。

十二、礼之用和为贵章

有子曰：“礼之用，和为贵。先王之道，斯为美，小大由之。有所不行，知和而和，不以礼节之，亦不可行也。”

“和”：一说和谐；一说中和；一说恰当。“大小”：一说大小事情；一说人，君子无小大。“由”：一说从；一说自。

规范和变动的实践和利益之间总是会发生一定的紧张关系。在利益变动的时候，需要保持和利益的一致性，这样才能“和”，但是如果完全忽略了规则也是不行的。有子说的“和为贵”并不是现代人经常说的和为贵。有子说的“和”指的是让自己的言行符合现代人的规范，因为符合现代人流行的规矩，自然就“和”了。礼要符合新的时代的要求，然后有所损益，这是“和”。礼用要和，礼之体则要坚守。坚守礼之体就是“先王之道，斯为美，小大由之”，就是“以礼节之”。有子的“和为贵”回答的是交往合理性的问题，是礼的合法性问题。“先王之道，斯为美，小大由之”是说先王之道是有高度的合理性的，要坚持合理性的事物。但是合理的东西也会随着时代的变化而丧失部分的合理性，从而失去合法性。“有所不行”就是规范的合法性的下降导致的，不行之礼自然失去了合法性，失去了情感的认同和支持。有子的“和为贵”是一种历史观和社会观，而非简单的人与人交往的准则。

一般情况下，以和为贵是指不要争斗了，大家还是和和气气的。这里所说的“和为贵”，不是这个意思上的“和为贵”。面对先王之道会有两种选择：一种是按照过去的规则做；另外一种是不管过去的规矩，完全按照现在的方式来做。后者即是“和”。

十三、信近于义章

有子曰：“信近于义，言可复也。恭近于礼，远耻辱也。因不失其亲，亦可宗也。”

“复”：一说验；一说反本要终；一说践言；一说反复。“因”：一说靠近；一说依；一说婚姻。“亲”：一说亲和力；一说亲近；一说亲人。“宗”：一说宗族；一说主，依靠。

刘宗周说：“有子言持身涉世之道，皆就人情所最易忽处检点来。”[①]有子的思想总体上来说比较重视人伦关系，尤其是父子、兄弟关系以及人伦亲情与国家的关系，他希望找到一个平衡点。另外他也比较注重在先王之道与现代新的需求之间找到一个平衡点。他重视这种关系，看来并不是像曾子一样立足在内心之上。他这里理解的“信”，跟孔子还是有差距的。基本上就是把信理解成说话可以实行这个层次，就是言行一致、表里如一。这个层次上的信用，或者是信誉，或者是诚信，就是说一个人如果能够履行他说的话，就是比较接近于“义”的。他理解的“恭”跟孔子也是有距离的，更多指自己外表上恭恭敬敬，对别人有所尊敬。当我们比较尊重别人的时候，别人当然不容易去侮辱我们。有子更多的还是从功效上来谈的。

十四、君子食无求饱章

子曰：“君子食无求饱，居无求安，敏于事而慎于言，就有道而正焉，可谓好学也已。”

---

① 吴光：《刘宗周全集》（第一册），浙江古籍出版社，2007年，第275页。

就有道而正的结果就是“我”得以“正”。这里强调的是“学”的模仿性、外在性、获得性，学具有被动的性质。并不是所有的人都认识谁是得道者，自然也不是所有的人都会就有道而正。就有道而正需要有一定的内在觉悟。

事是由人规定的，敬事，这个事就成为一件事；不敬事，事就不成为一件事。如果人们对事情有一种敏感，这件事就变成了一件事。当然敏感过头了也会有问题，会无事生事，没有事找事。

吃饭的智慧总是会提及少食：人要想健康，吃饭要八分饱。还有一种饮食的智慧就是感恩：食物是人们通过劳动付出创造出来的，要感谢别人给我们创造了这些食物。

“学”包不包括向他人学习呢？不论是跟父母、兄弟、朋友，还是跟众人学，其实有一个价值上的规定，就是“有道”。我们要学习那些正面的，这叫择善。不学习别人不好的方面，是改过迁善。即便是向人学习，也是需要觉悟的，只有觉悟了，才能区分出谁好谁坏，才不会让不好的方面影响自己，自己不被污染，才有坚定的力量保护正面的发展方向。

十五、贫而无谄章

子贡曰：“贫而无谄，富而无骄，何如？”子曰：“可也，未若贫而乐，富而好礼者也。”

子贡曰：“《诗》云：‘如切如磋，如琢如磨’，其斯之谓与？”子曰：“赐也，始可与言《诗》已矣！告诸往而知来者。”

“乐道”更难，人的心灵常常停留在世俗价值层面，不管是拒绝还是接纳，都在世俗价值的层面来运作。“贫而无谄”虽好，却不如“贫而无谄”超拔。“富而无骄”虽为美德，却不如“好礼”更有利于社会和他人。“在此，贫穷成为伦理实践代价或面临社会挑战的象征，因为贫可用以泛喻一切逆境和压力。……君子学养成术基于自克物欲的智仁勇磨炼过程，贫富张力场遂成为考验仁者意志的伦理情境。”①从子贡的提问中可以看出，子贡问的是：“如果一个人可以不因为社会流行的价值观念影响自己的人格和价值观念，是否就可以了呢？”在孔子看来，这样还不够，还需要有积极的价值追求。因为不受社会流行价值观念的影响还是消极的，需要有积极的价值追求的保障才可以。“乐道”和“好礼”才触及自我。

儒家对于富贵也好，名声也好，有不同的态度。孟子说要做大丈夫。大丈夫富贵不能淫，威武不能屈。富、贵、威武实际上是三个主要的社会比较流行的价值尺度。贵是等级的尺度，是说人与人之间一种等级上的差别、层次上的差别，这是贵

① 李幼蒸：《仁学解释学——孔孟伦理学结构分析》，中国人民大学出版社，2004年，第81页。

贱之别。富是一种财富的尺度，有的人有钱，有的人没有钱。社会当中还流行一个尺度，掌握武器，掌握了刑罚的手段，这些都属于威武。这是古往今来比较流行的价值尺度。马克思根据这些尺度划分出不同的时代。封建社会流行的价值尺度是贵的尺度；资本主义社会流行的价值尺度是金钱资本的尺度。作为一个君子自然就面临如何对待社会流行的价值尺度的问题。儒家并不排斥富贵，不过孟子说这是小体之养。落实到仁政中，与修身强调“恒心”不同，“恒产”的地位被提高了。宋明理学说要“存天理，灭人欲”。朱熹讲得很清楚，天理、人欲其实是个交界。这跟孟子的思想是一致的，就是先立其大者，小者不可夺，就是谁是主宰的问题，而不是要消灭谁的问题。

《庄子》里面也讲过宋荣子这个人。天下人都说他不好，他也不沮丧，天下人都赞美他，他也不会很高兴。为什么呢？他分出了荣辱的内外之境。他不会受这种社会流行的价值观左右。但是大家要知道庄子认为宋荣子还不够好。因为他还有“我”，宋荣子的做法还是一种消极的做法。有的人瞧不起别人有钱，实际上内心非常渴望有钱，内心里面是一种贫困的心态，这就是“谄”了。内心有一种富足感，很满足，才能不那么羡慕别人。乐道者的内心已经超越了对富贵的追求，已经获得了内在的满足与快乐，这个时候贫与富的影响已经没有多大了。

十六、不患人之不己知章

子曰：“不患人之不己知，患不知人也。”

“莫己知”中的“己”虽然是“知”的对象，但由于处在“知”的前面，就比较强调了“知”的明觉性，“知”对于别人知与不知“己”都会有某种认识。“莫己知”“不己知”中的“己”在现代语法体系中往往归结为宾语。“己知”既包含别人“知我”的含义，也包含我知道别人知我的含义。即便是客体性的“己”也被赋予了一定的主体性意义。进一步说，《论语》当中的“己”并不单纯是一个对象性的主体概念，而更多的是一个超越对象性关系的行为和认知的发动者和承担者性质的概念。《论语》中使用的“己”包括如下一些语言结构：不己知、己欲立、己欲达、己所不欲、莫己知、己任、不如己、求诸己、为仁由己、行己、恭己、修己、厉己、洁己、为己等。《论语》在使用这些语言结构的同时，同样包含了不同的哲学意义。就现代汉语的语法结构来说，作为主体的“己”处于主语的位置，作为对象的“己”可以处于宾语的位置。根据这一语法理解的习惯，“不己知”“莫己知”“修己”“厉己”“洁己”中的“知”“修”“厉”“洁”等是谓语，“己”是宾语。这样理解的“己”是一个对象性的概念。这个对象的主体既包括“他人”和自我。自我修“己”，他人“知”己。“己”既然不包括“自我”，“己”就不具有主体性，所以就需要探讨“己”背后的另一个“我”。“己”是能够承担、观察和反思并调控他人与自我关系所塑造的自我形象；他人不是他者，他者具有外在性和超越性，他者是一个“己”，能够旁观自我的形象，承担自我的形象，这一形象与他人有关。在关系中的自我和他人，如果具体化就变成了五伦。正因为“己”能够承担角色，并调整关系，才能赋予角色以德性的内涵，并进行自我人格的塑造。对于他者而言，自我变成了多元的个体，他者和自我的关系就像父子关系，他者产生了多个自我，而自我之间则又如兄弟之间的关系。这样一来，主体之间就由毫无关系变成了亲缘关系。

该篇儒学之大义已明，立足点是为己，目标是君子，方法是省身、学文、就有道而正。省身则包括重威、敏事、慎言，包括居食之修为，包括温、良、恭、俭、让，包括改过，包括安贫乐道。学文，该篇则突出了学诗的重要性。就有道而正则包括孝悌、交友、贤贤、治国等。崔述的《论语余说》认为学就是学仁，而仁要体现在事上，仁的对立面是粉饰，从自省到为政，为学的意思是统贯的。

为什么孔子不说“不知己”而说“不己知”呢？除了语言习惯以外，其实还暗含了一种孔子的思维模式。我们想这样一个问题：我们自己在别人心目中的形象到底是什么样的？其实有的时候，我们自己也不是很清楚。但是我们能够大概地想象，即通过别人对我们的态度，通过别人的脸色，通过别人跟我们交往时的反应，通过与别人相互的亲疏关系等进行大概的判断。有的时候，他人会有所描绘。这个时候我们会大概知道，我们自己在别人心目当中的形象。这个形象和自己了解的自我，实际上是有距离的，有的时候一致，有的时候不一致。这个时候人会陷入一种困境：我们是应该努力把“我”塑造成一个别人喜欢的形象，还是更应该按照自己的内心的“我”来塑造自己的形象呢？这两种选择各有各的局限和风险。

人实际上有一个能力，有一个“己”，有一个能够认识内心的“我”，同时还能够管理在别人心目当中的那个“己”。当别人心目中的“己”和自己内心中的“己”不一致的时候，重点当然是内心的“己”。当一个人能够把自己的内心呈现为一种对象的时候，也就具有了把别人的内心呈现为一种对象的能力，这样人就超越人己关系，而成为一体的人、作为人的本质的人、作为类本质的人。生命的觉醒的第一个阶段就是作为自己和别人内心的东西，成为能够观察、体验的对象，如此才能真正发生彼此的同情和感应，才有感同身受，才有万物同一体。只有如此，才意味着人具有了反省和反观的能力。

《论语》整个第一篇合起来，我们会发现它讨论的关系无非就是师生、教育、学习关系，朋友关系，父子关系，兄弟关系，君臣关系，人己关系，最终落脚点在人己关系上。而人己关系最终的落脚点是成为君子。这构成了儒家思想的一个整体的脉络和途径。人己关系和五伦关系是互补的。现代社会人们强调人与人之间陌生人的关系。陌生人的关系考虑的是个体和个性，是个性的人之间的一种交往关系，这个关系当然能讲出人的个性自由和平等。五伦的关系能讲出等级秩序，讲出位格角色。

到底哪个才是人的实情？显然要兼顾两面。如果我们想到对方这个人是人伦链条上的人，实际上我们能够最大限度地减少对对方的伤害。因为我们伤害的不是对方一个人，而是对方连带的很多人。人己的观念和五伦的观念都是需要的，单纯地说人就是一个个体这种西方的观念并不能够解决人类社会当中的诸多问题。

第二章　为　　政

该篇多谈为政，但直接谈论为政的只有“为政以德章”“哀公问何为则民服章”“季康子问使民敬忠以劝章”“或谓子奚不为政章”等章，其他则谈论孝，另外就是君子自修相关的学、思等方面的问题。这也是符合《论语》的一贯思路的。因为为政即孝，而孝之前提是学和思，以及具备相应的慈、信等美德。为学即正身，身正足以正人，正人即为政之意，为学之后是为政，前后一贯。解读《论语》涉及思维方法问题，比如孔子的政治观念不同于现代的政治观念，为政也是讨论政治的，不过却不是现代意义上的政治，而是“正”的问题，至于教化等不过是“正”的一种方法。南怀瑾反对把“为政”理解为孔子的政治哲学或者政治思想，并认为孔子很少提到完整观念的政治，这一说法并不科学。仅就《论语》来说，孔子勾勒出较为系统的政治思想。南怀瑾是用现代特定的“政治”概念来说孔子的，从而否定孔子有政治思想。“孔子只讲‘为政’，不谈政治；‘政治’如国父所说的：‘管理众人的事。’孔子所提的‘为政’是教化，教化是中国文化的名词，不能看成是教育。教是教育，化是感化，但过去又不叫作感化，而叫作风化。为政的意义包括了教化。”①这样的处理方式绕了概念的弯子，容易导致误解，以为孔子不讲政治。

一、为政以德章

子曰：“为政以德，譬如北辰，居其所而众星共之。”

《四书改错》强调北辰就是北极，不是虚位。这是一个比喻，该如何把握这个比喻呢？这需要理性思维，抓到比喻背后的逻辑关系。本句比喻中的逻辑关系是什么呢？孔子用北辰和众星的关系来说明君和臣民的关系。这两种关系都是“一”和“多”的关系。北辰和众星的关系中，孔子是否有限制呢？是否仅仅是用北辰引起的一种情感呢？不是的，孔子强调北辰“居其所”和“众星共之”的关系，也就是“居”和“共”的关系。那么孔子提出的问题也就明确了，这个问题就是君主如何能“居其所”，而民众、群臣“共之”呢？这就靠“德”。比喻是具体的，却因为内部逻辑关系而具有普遍性，从而可以应用到不同的特殊事物的同一种逻辑关系下面的不同事物上面。在这里，“为政”（君民）对应北辰和众星；“为政”加上“德”等于北辰和众星间的“居其所”和“共”的关系。

这段话里面蕴含了一个动静关系，北辰不动，众星运动，静止可以导致运动，

① 南怀瑾：《论语别裁》（上册），复旦大学出版社，2015年，第60页。

这是中国哲人追求的境界。越静止才能越运动，而静止本身并没有运动。宇宙的本体即是如此，如如不动是本体，如来如去是大用。“德”有凝聚力的内涵，有吸引力的内涵。政治本来是尘世的事情，与本体无缘，但是如果政治本身有德或者追求德，则如本体一般。政治本来就是要求大家服从和追随，如何才能让大家追随呢？靠德。

为学要求人不知而不愠，已经有不动的意思了，到了为政以德，不动修养有了成就，就凝然不动了，这个时候已经成德，足以化育天下，而成政。《尚书》中的《洪范》就讲政治要追求皇极（大中），要正，要平。“德”给政治提供了一个“极”，使其有了正的标尺，有了价值方向。政治的终极精神无非是“正”，要走“正道”。

二、《诗》三百章

子曰：“《诗》三百，一言以蔽之，曰：‘思无邪’。”

“蔽”：一说当也；一说断也；一说概括。“邪”：一说虚假；一说不正；一说无邪即诚。

思想有何意义？思想是否能够通达超越的本体？“这样一种思想绝不能把自己弄成一种学说，它完全避开公共意见的偶然性。”①有写作经验的人都知道，发自内心的思考让人感到超越世俗，让人感到轻盈和快乐，而为了功利的目的勉强学习和思考则让人感到疲倦，缺乏动力。前者是存在的敞开，后者是存在的沉沦，前者为正，后者为邪。正如海德格尔所说：思本身密切地关联到存在的来临，关联到作为来临的存在。

凝然不动而成德，成德可成教化，自然自己不能偏斜，自己如果偏斜了，他人也跟着偏斜，言行要正，先要心正，思想方法和思想观念要正。

《诗》如何才能“真”和“正”呢？这是一件非常复杂的事情。一般情况下我们会认为，思想要能反映客观事物的面貌，我们会认为这个思想是真实的，是真理。另外我们还会认为思想能够反映内心，那么这个思想就比较真实，是真诚地表达的思想。思想还有一种关系就是和本体的关系。按照道家的学说，为道本身就需要排除为学，甚至要排除思想。按照佛教五蕴的学说，思想属于想蕴，是当然要超越的一个境界。按照这样的说法，思想本身构成了通达本体的一个障碍，人要超越思想观念。思想能不能通达本体的世界呢？周敦颐的《太极图说》里面有一种解决的办法，即把诚看作是寂然不动的，因为寂然不动，所以能够实现感而遂通。恰恰是因为无思，所以才能够思通。就是说寂然不动反倒会产生一种思想。静反倒会产生思想，这样一来，思想本身也是反映静的一种方式。海德格尔心目中有一种比较纯的思想，这种思想并不等同于一种公共的意见，或者是一种学术的学说，它是通达存

---

① 〔德〕海德格尔：《哲学论稿（从本有而来）》，孙周兴译，商务印书馆，2014年，第9～10页。

在的。海德格尔在《哲学论稿》这本书中明确讲道：存在能够敞开为一种思想，但是这种思想并不等同于公众的意见。“为政”的价值取向是“正”，而要实现“正”，先讲“德”，接着就讲“思”。“思”如果偏斜了，其他就都跟着偏了。

三、道之以政章

子曰：“道之以政，齐之以刑，民免而无耻；道之以德，齐之以礼，有耻且格。”

该段不必分出轻重缓急，可以平等地来看。为政有两个路径：德礼的路径和政刑的路径。这两个路径都是为了实现“正”，不过二者各有自己的进路。

这里的“政”显然有征伐的含义。靠惩罚和刑罚、制度来管理，人变成了制度体系中的角色，人依据角色履行相关的权利和义务。作为有个性的个人的自我就抽身出去了，形成一种制度理性和组织代理人的情形。只要履行好制度规定的一切就算有道德了。“齐”意味着“找齐”。靠刑罚来找齐和平衡的缺点是找齐后彼此之间就没有关系了。一手交钱，一手交货，交易完成后彼此就没有关系了。不管是金钱的找齐、制度规则的找齐，还是奖惩的找齐，最后都是人心的冷漠，只能是一种权利优于善的思路。犯法就惩罚，人们会勉强遵守，而且会想尽一切办法避免惩罚，钻法律的漏洞。惩罚的有效性无非是被管理者担心利益会受到损害，无非是担心荣誉会受到损害。惩罚只有在人有名利心的时候才会奏效；只有在领导者和相关的组织存在紧密的利益和荣誉关联的时候才会奏效。如果已经离心离德了，惩罚并不能保证制度有效执行。“政”和“刑”导入了单向的、强制性的、自我逃避的关系。

“德”和“礼”导入了双向的、自我的、软性的关系。前者很容易使得自我和自我的社会关系之间发生对立，从而“无耻”；后者容易使得自我和自我的社会关系形成一体的互换的关系，从而“有耻”。耻和光荣感的发生有两个基本的条件，其一是个人和他人、社会的一体感，他人的荣耀会激发自己心灵的光荣感，同样他人的耻辱会让自己也感到耻辱；其二是内心完美的自我判断和现实个别表现对完美自我的贬低。在德礼的模式下，人力求按照完美的自我的要求表现自我，自我的个别表现被完美的自我所“格”。在德礼的模式下，他人的善能够激起自己的向善之心，他人的恶让自己感到耻辱，从而实现他人对自己的行为的“格”，同时自己也能够通过改过迁善从而“格”其他人。

自在的生命无自刑，也当免于外在的刑罚。如何能无自刑？唯有修德。修德生智慧，智慧能察刑罚所在，从而产生内在的戒法和自律，即有格。生命自我的戒法限制了自己的言行，而有所止而生耻。这是生命自身的理，也是自身的礼法。由此生命得以整肃而达到整齐。

四、吾十有五而志于学章

子曰："吾十有五而志于学，三十而立，四十而不惑，五十而知天命，六十而耳顺，七十而从心所欲、不逾矩。"

看来，"学"是一个追求的目标，如若是仿效和教育，这是一个过程，不能成为目标。

"立"本身就具有形而上学的意义，不需要另外用别的范畴来讨论形而上学或者存在论。"存在"的一个意义就是"直立""站立起来"。如果从大化流行的角度理解存在，从场有哲学的立场理解存在，存在就是从"无"中站立（有）起来。海德格尔也认为，希腊人理解的存在就是下落、上去、希望等。"在这层意思中就有一种从正直的直立的偏向。但是这个正直的直立，它直向上而成此立，出现而立，常住而立，希腊人就把它领会为存在。"①出现而立就成为存在者，但在这个存在者那里，存在作为自有、常住者留于其中。从存在的角度来看，存在者的出现是存在自身自由地扩展成为的一种边界，是存在的自行抑制的住留。"据此则出现而立，意指：自获其界，设界。"②就像在大地上出现了一棵树，树木是大地上出现的一个直立的存在者。但它和大地保持着密切的关系，大地的营养弥漫于树木之中，常住于树木之中，并决定了树木成长的必然的限度，这个最高界限就是完成。这是存在的成形，成形就是存在把自身放入且充满边界，出现而立。这是一个自立并自身亮相的过程。自然"是指卓然自立这回事，是指停留在自身中展开自身这回事。在这样起的作用中，静与动就从原始的统一中又闭又开又隐又显了"③。在希腊人的思想中，"存在"的意思是说双重意义上的常住：①作为出现着的自立（physis）；②作为这样的自立却"常住"，这就是说停留、逗留（ousia）。据此想来，不存在就是：从这样出现的常住中走出来。④从所立之常住中走出而偏离它。在儒学当中，"立"是"人"的立。

"惑"：什么叫不惑呢？惑就像无明。在没有光明、看不清的情况下，就不知道向哪个方向走，因为看不清，所以有矛盾的选择。无惑就是拥有光明，从而人生有了方向感。

"知天命"：命包含命令、命运和使命的含义。天的命令构成儒者的使命感。"知命"是对有待于思的东西的命令的认识，也是对约束思的约束性的体认。"知命"保

---

① 〔德〕海德格尔：《形而上学导论》，熊伟译，载《海德格尔选集》（上），孙周兴选编，生活·读书·新知上海三联书店，1996年，第498页。

② 〔德〕海德格尔：《形而上学导论》，熊伟译，载《海德格尔选集》（上），孙周兴选编，生活·读书·新知上海三联书店，1996年，第498页。

③ 〔德〕海德格尔：《形而上学导论》，熊伟译，载《海德格尔选集》（上），孙周兴选编，生活·读书·新知上海三联书店，1996年，第500页。

④ 〔德〕海德格尔：《形而上学导论》，熊伟译，载《海德格尔选集》（上），孙周兴选编，生活·读书·新知上海三联书店，1996年，第502页。

证了更好地承担使命。

“耳顺”是什么意思呢？关于“耳顺”的认识论意义大致有如下几种解读方式。

其一，理解为从感性上升到理性。“耳顺，闻其言而知其微旨也。”①“耳顺”就是对作为感官的“口”说出的话进行理性的分析和把握，了解语言背后的理性内涵。“他这样说意味着他能够领会语言和音乐沟通交流中的‘志’。”②“‘耳顺’是对种种沟通模式——言、礼和乐的把握。”③

其二，理解为在理性原则的指导下，对感性认识的统一的把握。“耳顺，言心识在闻前也。”④也有强调理性认识对矛盾的感性认识的统一性把握。“所谓善与人同，乐取于人以为善也。顺者，不违也。……学者自是其学，闻他人之言多违于耳。圣人之道一以贯之，故耳顺也。”⑤

其三，强调“耳顺”是超越感性和理性认识的“玄悟”。“耳顺者，废听之理也。朗然自玄悟，不服役而后得，所谓‘不识不知，顺帝之则’也。”⑥“声入心通，无所违逆，知之之至，不思而得也。”⑦“觉六根皆如来藏谓之‘耳顺’。”⑧“返闻闻自性，初须入流亡所，名之为‘逆’。逆极而顺，故名‘耳顺’，即闻所闻尽，分得耳门圆照三昧也。”⑨

总体上来看，在《论语》中，“耳顺”的内涵更倾向于第三种。这一点可以借助对《论语》中的“听”“闻”用法的分析得出。《论语》中在使用“听”“闻”的时候，“听”更多的是感性的范畴，而“闻”，凡是孔子使用的“闻”，更多的是“玄悟”类的认识论范畴。

如果从经典和现实人生的交涉的角度来看，该如何理解“耳顺”呢？首先必须确立一个解释的前提，也就是每一个译注者、每一个读者的理解与经典的内涵之间可能会有差异，人生境界不同，对此的理解也会不同。关于“耳顺”，在现代译注或者心得之类的解读中，大都理解为好话坏话随便人家去说，什么话都听得进去，但自己毫不动心，不生气，能够站在发言者的立场去想问题。也有的强调：一听别人言语，便可分辨真假，判明是非。也有的解读者说：60 岁了，肯定阅历比较多，对毁誉都看开了，“耳顺”就是爱怎么样就怎么样。在读《论语》的时候，肯定会把读者或者解读者的人生经验带入经典之中，从而出现“我注六经”的情况，但任何阅读者都需要知道界限，并保持一定的对经典的尊重。相反，读经典如果只是变成自

① 程树德：《论语集释》（上），中华书局，2013 年，第 87 页。
② 〔美〕郝大维、〔美〕安乐哲：《通过孔子而思》，何金俐译，北京大学出版社，2005 年，第 368 页。
③ 〔美〕郝大维、〔美〕安乐哲：《通过孔子而思》，何金俐译，北京大学出版社，2005 年，第 368 页。
④ 程树德：《论语集释》（上），中华书局，2013 年，第 87 页。
⑤ 程树德：《论语集释》（上），中华书局，2013 年，第 88 页。
⑥ 程树德：《论语集释》（上），中华书局，2013 年，第 87 页。
⑦ 程树德：《论语集释》（上），中华书局，2013 年，第 88 页。
⑧ [明]澫益：《灵峰宗论》，曹越主编，北京图书馆出版社，2005 年，第 691 页。
⑨ [明]澫益：《灵峰宗论》，曹越主编，北京图书馆出版社，2005 年，第 691 页。

说自话，在读经典的过程中，自己的思想和心灵没有改变，就失去了阅读或者解读的意义。就像个别的心得其实无须借助《论语》来讲，直接表达自己的思想就可以了。上述一类的译注不算错，但是属于感性和理性的层次，不应以个人的理解代替经典以及古代的注疏。这样会遮蔽经典更丰富的内涵。

杨朝明的《论语诠解》照顾了古代注疏，力求用经典来校准个人的理解，是值得参考的。“耳顺：有人认为是指听人说话能辨明是非，未必。古人解为声入心通，无所违逆，知之之至，不思而得，所闻皆道也。义近。其实，更准确的意思可能是：闻听事情之然，即知事情之所以然。正像《论语·里仁》篇所记孔子之言：‘人之过也，各于其党。观过，斯知仁矣。’在这样的境界中，孔子可以由结果推知原因，可以判断事情的发展趋向，他已清楚，人形形色色，错误形形色色，什么样的错误就由什么样的人来犯。仔细观察这个人所犯的错误，就可以知道他是什么样子的人，什么样的人说出什么样的话。既然如此，不论什么样的言语，都不足以令人大惊小怪了。”①这一解读的优点就是引入了古代注疏，并把注疏和现实经验结合起来。辜鸿铭译注为理解所听到的任何事情。这一译注也有一定的参考价值，因为理解所听到的任何事情，显然需要有一定的玄悟作前提。

“心”：“汉字的‘心’字是模仿主动脉（心脏）的象形文字，与英文中的‘heart’及其所具有的情感含义直接相关。我们翻译成‘emotions’或‘feelings’的汉字‘情’是‘心’的字型（形）与‘青’的发音的复合这一事实，证实了这种理解。”②情，是什么样的情感呢？这种情不是低级欲求能力与善。中国文化中的“心”既有思考又有感受意义。“在古代中国人的世界观中，认知意义的‘心’（mind）和情感意义的‘心’（heart）是不可分离的。”③在中国古人那里的“心”表明，在中国人的心目中没有脱离情感的理性思考，任何粗糙的情感都不乏认知的内容。

“欲”：真正的高级欲求能力表现为理性不服务于爱好，具有爱好的独立性。真正的高级欲求能力具有摆脱感性束缚而独立的倾向。这不意味着高级欲求能力就无关乎爱好。高级欲求能力包含对实存的消极愉悦，我们只能赋予最高存在者那种自足类似的自我满足，即一无所求，智性满足，对自己人格的满足。但这些方面不基于任何特殊的情感。善也不直接以情感为原因。至善要成为纯粹实践理性的全部客体，纯粹实践理性必须把至善必然地表象为可能的，而这里面包含一系列的环节。所以颜回会体会颜回之乐。

“逾矩”：逻辑上相当于康德的道德律。实践理性自身拥有本源的先天原则。道德律就是欲求能力的准则。道德律就是纯粹实践理性的自律。

---

① 杨朝明：《论语诠解》，山东友谊出版社，2013 年，第 21 页。

② 〔美〕郝大维、〔美〕安乐哲：《先贤的民主——杜威、孔子与中国民主之希望》，何刚强译，江苏人民出版社，2004 年，第 174 页。

③ 〔美〕郝大维、〔美〕安乐哲：《先贤的民主——杜威、孔子与中国民主之希望》，何刚强译，江苏人民出版社，2004 年，第 174 页。

为什么要把孔子的自传编到《为政》里面呢？南怀瑾曾经尝试回答过这一问题。他认为世界上有两样东西不能实验，即政治和军事。既然如此，当然要懂得人的性情，懂得事物发展的历史，这就要求学习经验。“《为政》这一篇，就是暗示一般从政者，本身的修养以及做人做事的艰难，并不简单，要效法他这个精神，在工作上去体会、了解它，才把这一段编到《为政》中来。”[①]南怀瑾的这个讲法挺好，不过略微有点“朦胧”。如果具体点说，其实为政是很难的。不管是为政者还是涉及的天下人，都要“学”，并让人“立”起来，既有自由，也有规矩。到了“不惑”，“思”就“正”了，而内心自我的规矩和律法确立了德“极”。后文所列的章句，从不同层面回答了“正”的问题。

五、孟懿子问孝章

孟懿子问孝。子曰：“无违。”

樊迟御，子告之曰：“孟孙问孝于我，我对曰‘无违’。”樊迟曰：“何谓也？”子曰：“生，事之以礼；死，葬之以礼，祭之以礼。”

不违什么？有说是礼，有说是理，有说是本分。如果不违的是礼，则包含着一种处理父子关系的反思性关系，儿子不能苟且尊亲，而是要尊礼。从这段话来看，“孝”和“无违”联系在一起。“孝”涵盖了人的一生，起点是“生”，终点则延续到“死”及“死”以后。从这一文本来看，可以把父子伦常分成以下几个大的阶段来谈，即幼年时期、成年时期、老年时期和生命结束以后的时期。

从一生的整个过程来看，比如说三岁以前的小孩子，甚至五六岁的小孩子，或十岁八岁的，事实上他不具备孝敬父母的能力，或者是说他心灵上可以孝敬父母，但是他却不具备客观的条件。那么在这个意义上我们就会发现，这个孝没办法涵盖幼儿。孝本身不单纯是指子女孝敬父母，还包括父母如何去教育、教化子女，包括父母抚养子女。从先天法来看，存在父母本身如何去对待小孩的问题，因为这个问题就相当于如何对待天地造化的问题。父母照顾小孩子是尊重天地造化，尊重生命创造的链条。三岁之前的小孩需要父母全心全意地投入和照顾，这里面有一种许诺，就是说会无条件地照顾。这种无条件地照顾之心，显然是生成和显示孝的那种心。把这个心用到父母身上的时候就是孝敬父母。

《论语余说》把这段话的背景揭示出来了。崔述认为因为孟懿子喜欢礼，孔子希望樊迟把这个意思转告给懿子。孟懿子的父亲喜欢礼，这里不过是要体亲之心、成亲之志而已，非有其他。崔述还认为在孔子当司寇的时候孔子和孟懿子同朝见面机会最多，应该是这个时候发生了该章的对话。

① 南怀瑾：《论语别裁》（上册），复旦大学出版社，2015年，第77页。

从现代人的角度来说，古礼早已经被破坏了，当然不同的民族、不同的地区还有自己的习俗礼仪，尤其是在父母过世的时候还有一定的规矩。是否守着这样的规矩就算“孝”了呢？显然是不够的。从应用的角度来说，需要进一步阐发才行。需要注意的是，孔子是对孟懿子讲的，孟懿子是成年人。一个成年人该如何对待活着的父母呢？显然最基本的是父母在尊位的这个秩序。尤其是当父母年老体衰的时候，他们依然是父母，不是“老小孩”，成年人不可以以父母一样的心灵姿态把父母置于孩子的位置上。

六、孟武伯问孝章

孟武伯问孝。子曰：“父母唯其疾之忧。”

这里通过偏向肯定“子”的地位来解释，父母也存在孝子女的问题。这里的“孝”是教育，包括父母对子女肉体的照顾。在幼年时期的亲子关系中，子女具有弱势的地位，父母已经具有独立的人格和一定的独立的经济和文化能力，子女和父母之间具有一定的依赖关系。这个时候的重点是父母对小孩子身体的照顾和精神的支持。能否有这一视野关系到一种文化对伦常思考的完备性。“对童年的忽视伴随着对老年以及对人生任何阶段中残疾和依赖性经验的忽视。”①

初生的孩子是脆弱的，需要父母全身心地付出。父母与子女的这种关系，与其自身孝敬父母的关系相类似，也可以说是“孝”。照顾小孩是父母德性的一次重要的历练。父母需要适度地放下自我，全身心地关心孩子，给小孩提供安全感和正确的反应性的认识。“要为孩子提供正确的安全感和正确的反应性认识，母亲、父亲和其他家庭成员必须拥有哪些德性呢？父母和孩子之间的关系与其他师生关系有所不同，这种不同表现在三个方面。首先，如果父母，尤其是母亲，要为孩子提供他们所需要的安全感和认识，就需要将这个孩子作为他们持续关心和承诺的对象，因为这是他们的孩子，他们对他负有独特的责任。其次，他们最初的承诺在很多方面必须是无条件的。父母，尤其是母亲的态度，必须用这种誓言的形式表达出来：‘无论世事如何变化，我都会在你身边。’第三，尽管那是他们的孩子这一事实使这个孩子成为他们的责任，但最重要的是孩子的需要，而非与孩子的关系中他们的需要。这种关系的全部三个方面都反对按照孩子的品性和天资区别对待他们。”②

“疾”：疾病，或者泛指不良的品格或者行为。一种看法是孝子不罔为非，只有疾病让父母担心；子女非常担忧父母的疾病；父母爱子，无所不至，唯恐孩子

① 〔美〕阿拉斯戴尔·麦金太尔：《依赖性的理性动物——人类为什么需要德性》，刘玮译，译林出版社，2013年，第67页。

② 〔美〕阿拉斯戴尔·麦金太尔：《依赖性的理性动物——人类为什么需要德性》，刘玮译，译林出版社，2013年，第74～75页。

有疾病。

可以把“唯其疾之忧”看成是一个显示意义的情境。这一情境是在面对疾病、残疾等特殊情况时表现出来的关心和无条件地想奉献，表现出一定的英雄气概。不管是父母还是孩子，处在这一情境下，都需要有人挺身而出，尤其那些具备一定的独立的生活能力、能够付出的理性独立者，更是如此。“父母的关心怎样才是好的在某种程度上是通过孩子遭受严重残疾的可能性来定义的。”①当孩子处在弱小的情况下时，其情境与此情境高度地相似，因而也需要父母表现出相应的对待弱者的德性。

七、子游问孝章

子游问孝。子曰：“今之孝者，是谓能养。至于犬马皆能有养；不敬，何以别乎？”

一方面，“能养”从认识论来看，就是“能教”，从道德内容和意义来看，就是把子女培养成人格完善的人，此之谓敬；另一个方面，子女尊敬父母人格高尚的一面，努力学习父母的高尚的人格，这也是敬。

一般情况下人们只是讲两种关系，把前面的那个“能养”，理解成只是一种肉体上照顾的关系；后面那个“敬”，强调一种心灵上的尊敬、敬重，是一种心灵的关系。这里面并不是要贬低犬马。从《论语》的其他篇章来看，孔子曾经认为对一个好的马不应该称力而应该称德。养犬马也不能是有吃的就行了，单纯给吃的，犬马未必高兴，也需要一定的精神上的交流。

像养犬马一样对待父母，有一个秩序的问题，即父母的地位被放置在低等的位置，而没有被放在高等的位置上。

八、子夏问孝章

子夏问孝。子曰：“色难。有事，弟子服其劳；有酒食，先生馔，曾是以为孝乎？”

与把《论语》读成道德教条或者行动指令句子的集合不同，这里始终努力去发现孔子语言背后的思维进程。比如对以上这句话，可以读出丰富的哲学内容。从“弟子”和“先生”的场景中读出“孝”是上下级关系的范畴。可以从“酒食”中读出功

---

① 〔美〕阿拉斯戴尔·麦金太尔：《依赖性的理性动物——人类为什么需要德性》，刘玮译，译林出版社，2013年，第75页。

利性；可以从“有事，弟子服其劳；有酒食，先生馔”中读出“异化劳动”关系；可以从“曾是以为孝乎”中读出作者否定了“孝”是“异化劳动”的关系。最终可以得出“孝”应该是一种上下级间的人性关系。这显然是合理引申，是孔子应当说出而没有说出的“哲学”。这一解读显然带来了更为丰富的哲学话题，那就是假如“孝”是一种人性的关系的话，那么到底孔子允不允许学生劳动、老师享受酒食呢？比如，现实生活中偶尔会发生的学生请老师吃饭一类的现象，是否算是“孝”呢？把《论语》读成哲学会不会让我们在行动选择上更加无所适从，从而降低了《论语》的道德指南功能？显然不能停留在仅仅从思维上进行考察，而是要列出若干种可能的行动方案，供读者去选择：两者都不看重物质关系，尽量超越物质关系，维持在精神层面上；在物质关系方面二者共同劳动、共同享有；老师劳动，弟子享受；学生劳动，老师享受。如果双方没有彼此利用的关系，而是从彼此人格健康的角度来考虑问题，以上行动方式都是可以接受的。

这种读法，直接决定了以《论语》为代表的儒家哲学的定位。因为，从行动方案在原则下的多样性而言，可以把《论语》哲学理解成是开放性的。同时因为这些行动指令是引申出来的，所以可以否认《论语》是规范的儒家、说教的儒家，而是意义的儒家。

赋予《论语》中这段话以“上下级”“功利性”“异化劳动”“人性”这些概念，可以说体现了西方哲学的思想方法。这样做是把《论语》概念化了，不过概念化的目的却是要说明《论语》所代表的儒家是启发式的儒家。孔子在这段论孝的话中所否定的是一种“事态”，也就是否定了一种“事件”，否定了一种“榜样”，可以将《论语》所代表的儒家定位为榜样的儒家。

关注对《论语》思维进程的把握有利于对《论语》进行哲学定性。孔子是意义的儒家，是启发式的儒家，是榜样的儒家，是开放的儒家。这一结论尽管还可以进一步讨论，但这个定位的意义是很大的。

九、吾与回言章

子曰：“吾与回言终日，不违，如愚。退而省其私，亦足以发。回也不愚。”

“颜回者，鲁人也，字子渊。少孔子三十岁。……回年二十九，发尽白，蚤死。”(《史记·仲尼弟子列传》)“在所有的门徒中，他似乎最接近于既能对‘潜在的统一性’有着直觉的把握，又能达到‘仁’的境地的人。”①

对于弟子而言，由于彼此关系紧密、交往频繁，自然促进弟子的觉悟以启、发、

① 〔美〕本杰明·史华兹：《古代中国的思想世界》，程钢译，江苏人民出版社，2004年，第129页。

诱为主。如果弟子依然不能具有认知自己的智慧和觉性的能力，启、发、诱自然就变成了“诲”和“教”。当弟子的智慧自觉达到一定程度，或者在某些个别的情况下，弟子甚至可以启发和诱导老师的智慧。在孔子和颜回谈话的过程中，颜回始终是呆呆的样子，老师说什么，他听什么，好像没什么智慧的样子。等到剩下他一个人的时候，颜回就表现出智慧来了。启发的前提是被启发者心灵的自觉，是心灵对觉悟的追求，当这个追求发展到一定程度的时候，启发者的启发就发挥作用了。

十、视其所以章

子曰：“视其所以，观其所由，察其所安，人焉瘦哉？人焉瘦哉？”

“瘦”：搜，隐藏。“以”：用；为；动机；当前的言行。“由”：经历；由来；行。“安”：归宿、目的、习；所喜欢的人和事。

孔子人学有三重奏：所由、所以、所安。所由：时间链条，即过去对当下和未来的规定。所以：表面言行的内在规定。所安：当下的表面表现。

人与人之间，生命以及生命之间是遮蔽的吗？是遮蔽的，也是澄明的。澄明的理由可以是道，可以是人的良知，也可以是人的内心的诚明、觉悟。对于良知和道来说，人就没有什么秘密了。因为一切的秘密都在阳光之下。所由、所以、所安就是由、以、安的最后根据，这个根据是道，这个根据是良知。

十一、温故而知新章

子曰：“温故而知新，可以为师矣。”

“温”：一说寻；一说温习。“故”：一说旧知识、旧所闻；一说道。“新”：新知识；新体会；新情况。“师”：一说老师；一说官吏。

“故”和“新”可以在三维时空框架内来理解，即常规所说的：复习旧知识，学习新知识，有新发明，能应对新的情况。

也可以不在三维时空框架内来理解：“知”不单纯是一般理解的现在、过去和未来时间概念中的认识论概念，恰恰相反，“知”自己展开为时间性。“知”比时间框架更有优先性。“知”是未来的提前到，并且是过去的现在保持时，“知”就透视了过去和未来，并在当下跨越了空间的遮蔽。“温故而知新。”（《论语·为政》）这样，在“知”之中，古和今的对立消失了。好古，是寻求古今一贯之道。

“温故”：沉浸在人之所由来的本有和道中，并因此获得心灵的温暖和安稳。知新即对未来生命归宿的澄明、透视。因此人能安于此世，能明了人之所以，能确切把握所由。"'温故'者既若探吾心之故物，而'知新'者亦若抽吾心之新绪，亦何必判内外而二之乎？"①温故知新就成了"观心"。

十二、君子不器章

子曰："君子不器。"

"器"只是一种工具，君子不把自己降到工具性的器具的地位上。相应地，君子也就不把自己的人生限定在工具价值的获取方面。君子不把自己降到器具的意义上，而是要成为一个具有内在生命意义的自由的人。同时，《论语》中的"君子"也不是给别人树立一个工具性的典范。工具性的典范并不能给人提供内在的价值和意义。君子是致力于人性的完美境地的人，其存在不为任何特殊性的和个别性的、片面的功利实用性目的服务。君子是与任何看起来比较世俗的实用目的保持距离的人。君子的价值和尊严并不仅仅在于君子对什么东西或者事物有用。孔子也不是把自己的弟子塑造成工具性的匠人。执御者并不是造御者，这说明，孔子努力成就的仁者和圣人是一种"监护人"，而不是"匠人"。"匠人""乃是环绕着匠我、材料我和工具我所成的一组核心观念而发展的"②。

《论语》讲器的地方很少，道和器之分是《易传》里面讲的。不能说对这种器的追求不对，但在中国文化当中会觉得对这种器的追求不是人成长的全部。在《庄子》里面有大瓠之种的比喻，对于大葫芦，有两种处理的办法。一种办法是把这个大葫芦放到江海之中；另外一种办法是觉得葫芦太大了以致没有用处，然后把它打碎了做成一种工具。庄子的这种讲法，实际上是指人面对自己生命的两种态度。一种态度就是用尽生命的体力和智力，让自己成为一个有用的器，但是其结果是对生命本身有伤害的。按照马克思的说法，人是一个自由的存在物，人可以成为不同的生命。人有一种自由的尺度，超越了物种的尺度，器会限制生命的多种可能性。用海德格尔的说法就是能在，生命有很大的潜能成就不同的事物，君子去追求这种生命的潜能。

十三、子贡问君子章

子贡问君子。子曰："先行其言而后从之。"

此段多解释为：君子先行后言，"其"指代君子。亦可以理解为学习君子要先学

---

① 吴光：《刘宗周全集》（第一册），浙江古籍出版社，2007年，第282页。

② 〔美〕唐力权：《周易与怀德海之间——场有哲学序论》，辽宁大学出版社，1997年，第103页。

习君子所说的话，并行其话，其次才是学习君子的行为。

子贡多言，故有此说，针砭子贡之病。

十四、君子周而不比章

子曰："君子周而不比，小人比而不周。"

"周"：一说周密；一说合群；一说普遍；一说同舟共济。"比"：一说偏党；一说封闭；一说拉拉扯扯。

小人在人际交往方面"比"，和别人相比较，有隔阂，是两个特殊的、对立的人，然后彼此结合在一起。从抽象的意义上来说，"周"很难。人为个体所限，最现实的是"比"，从身边最近的人来比较确定自己的言行，理解自身的人生价值；从自身来看待外界。比有差等，有内外之别，同俗。周合一、仁爱、同道。

"周"和"比"实际上是范围不同。人在社会生活中，自己怎么做往往有一个比较的尺度，往往以小圈子中身边比较熟悉的人为一种生命的尺度来看待自己生命的价值。每个人都这样来处理，但是这样处理人与人的方式也有局限性。庄子在《逍遥游》里面讲过学鸠的问题，大概也是讲这两个尺度的问题。那么这种小的比较尺度有什么局限呢？就像是一只刚学会飞的小鸟，生命的尺度就是那个房梁。但是，如果这个房梁损坏了，生命的依靠就没了。所以《逍遥游》强调一个人要有一个大的生命尺度，这个大的生命尺度就是道。儒家把这个大的尺度叫做天下，所以君子实际上是有天下情怀的。君子考虑生命的尺度更大，至于这个大到什么程度，大到超不超过生死，大到有没有达到本体，需要结合《论语》其他文本去限定。

十五、学而不思则罔章

子曰："学而不思则罔，思而不学则殆。"

"罔"：一说困难；一说欺骗；一说无知；一说诬罔；一说网，约束。殆：一说懈怠；一说疑惑；一说缺乏信心。

很多解读多把二者看成是经验和理性的关系，经验性的学习获得的感性杂多，需要思考来综合成知识，通过判断和概念来整理感性的杂多，就使得学的东西有条理。不思则没有条理化，就像渔网一样乱。仅仅"思"就会没有根基，建筑一个思想的空中楼阁，自然时时刻刻都有坍塌的危险。要巩固"学"，拓展"学"，必须把此"学"的成绩条理化，拓展出一个更大的思想空间。如果说，"时"和"习"强调的是"学"的时间性的话，那么"思"就是精神生活时间性的进一步延展及空间的条理化拓展和思想的迁化。

学和思在《中庸》《孟子》《荀子》中有内外之别。《中庸》《孟子》的学思是内在的，博学为大觉悟，审问为探寻思想的源头，慎思、明辨是探寻之清晰化。学之灵感需要逻辑化；逻辑化需要灵感的支持。感性的学把人限定在尘世，思念则将人的心灵拉向遥远。

不管是读书、仿效别人，还是觉悟，都是要有一点材料，有一点种子。思本身包含一种条理，如果没有学的种子，思考等于没有什么内容，没有什么源泉。一个没有源泉的思考是没有意义的，思考当然是一种懈怠。心灵里面的一些意见、想法，需要一种思来使其条理化、清晰化，只有清晰了以后才能够笃行。如果内心的意见都没有确定，自然在行动上就不能够做到有力量，不能够做到果断。那如何达成确定的意见呢？显然要通过学思的过程。

十六、攻乎异端章

子曰："攻乎异端，斯害也已。"

如何解释"攻乎异端，斯害也已"这句话？代表性的观点有如下几种。

（1）价值观和道德论的解释。这种解释把"异端"名词化，然后把不同的内容归属到"异端"名下。据程树德《论语集释》，大约有如下内容被归结到"异端"名下：他技奇巧、小技、杨墨、佛老、不同归者、异端邪说、六经正典以外的杂书、非圣人之道、他人之恶、异己者等。①

在这一解释路向下面也有两种解释倾向：一种是把"已"解释为"停止"，把"攻"解释成"攻击"。"攻乎异端，斯害也已"就是说攻击不好的东西，那么"异端"的害处也就停止了。另一种是把"已"理解为语气词，把"攻"理解成"治"，即专治的意思，也就是说：致力于异端是有害处的。

（2）方法论解释。"异端"就是"两端"，具体就是指"过与不及""轻重"。"端"为"头"，"异端"就是"两头"，凡事有两头，谓之异端。攻，或解释为"权衡"，就是要权衡两端的轻重，取其"中"；或解释为"摩"，就是让异端相摩，自相抵消。"攻乎异端"就是用"中"和用"一"。赵纪彬在《论语新探》中也以"两"解释"异"，忽略了二者的差异。他说："所谓'异端'与'两端'只是字面不同，实质上皆指事物的内部矛盾，逻辑的自论相违，而所谓'攻乎异端'与'叩其两端'，亦同样是孔丘哲学思想的关键所在。"②

"异端"不同于"两端"，"异端"涉及"两端"，没有"异"构不成"两"，但不

---

① 程树德：《论语集释》（上），中华书局，2013年，第121～128页。

② 赵纪彬：《论语新探》（中），人民出版社，1976年，第236页。

能说“异端”就是“两端”。“攻乎异端”不是“攻乎两端”。“攻乎异端”从方法论上讲就是自己先把自己置于一个端绪上了，置于对立面的一个方面；自然也就会把另一个事物或方面置于端绪的位置，突显了两个事物的差别性（异），从而导致“两”。“异”与“同”相对，“异”强调差，异端绪不同。“异”是相对的，以一个来衡量另一个就是“异”。尊重“差异”是否就不能讲“一”了呢？不是的。由于“异”是相对的，是以一个衡量另一个导致的结果，根本上是以共同性为基础的，因此要求“中”和“一”。以一端消灭另一端反而是“同”；孔子主张“和而不同”，实际上是尊重差异性的事物存在合理性。

“攻乎异端”中“攻”和“异端”的关系在语法上不能简单地等同于谓语和宾语的关系。“攻”是用功夫，“异端”是这种功夫导致的一个结果，是过程和结果的关系。孔子持有的是“事件性”“过程性”的思维方式，他更关心的是人的思想和行为产生的结果。如果一种思想和行为产生了“异端”的结果，在孔子看来，这是非常有害的。杨润根的《发现论语》虽然在“异端”的解释上依然陷入“邪说”这一窠臼，但对“攻”的解释却有利于说明这层含义。他说：“事实上，‘攻’由‘工’和‘攵’构成，因此它的本意显然是指一种经过深思熟虑的（‘攵’）因而不会轻易放弃的有价值的工作（‘工’），这种工作包括两个方面：铲除恶而获取善，对于恶，‘攻’的意思是打击、铲除、捣毁、消灭；对于善，‘攻’的意思是获取、培植、护养、光大、实现。”①

古人已经发现“攻”有消除和努力实现两个对立的意思。杨润根后半部分的解释基本延续了古人的说法。本书更欣赏其前半部分。“攻”是投入精力，实现某种结果，如果其结果是使得自己处于和别人对立的局面，这是孔子所不愿意看到的。对人的价值而言，“异”意味着片面，意味着某种道德的缺陷。

十七、由诲女知之乎章

子曰：“由，诲女知之乎？知之为知之，不知为不知，是知也。”

“知”是知的能力，也就是一种认识能力，“知”有“知之”和“不知”两种表现形式。“若源始地从生存论上加以把捉的话，领会等于说：有所筹划地向此在向来为其故而生存的一种能在存在。领会以这种方式开展本己的能在：此在有所领会地向来就这样那样地知道它于何处共它自己存在。这个‘知’却不是已然揭示了某件事实，而是处身于某种生存可能性中。与此相应，‘不知’也不存在于领会的某种缺断，

① 杨润根：《发现论语》，华夏出版社，2003 年，第 39～40 页。

而必须被当作能在的被筹划状态的残缺样式。”[①]同样地，“直”的存在样法可以有不同，其中不直可能也是“直”的一种存在样法。孔子通过不同的情境显示出“直”有一个价值等级体系。

子路不能领会那个成为“知”和“不知”的智慧性的基础的那个“知”。这说明，涉及 “诲”的时候，教师更加费力气了。因为面对的对象对于深层次的智慧可能一无所知。但孔子并不因此而失去了启迪人智慧的决心，反而更加勤奋，“诲人不倦”(《论语·述而》)。只要有人求学，不管是抱着怎样的目的而来，只要还有一定的诚心就进行教诲。

《荀子·子道》中是从“言之要”来说的，并不是说是“知”。知道就说知道，不知道就说不知道，是语言之要。今人多用《荀子》中的说法来理解该章，虽然两段话都以孔子的名义说出，但是显然两段话之间是有距离的。

十八、子张学干禄章

子张学干禄。子曰：“多闻阙疑，慎言其余，则寡尤；多见阙殆，慎行其余，则寡悔。言寡尤，行寡悔，禄在其中矣。”

“干”：求。“阙”：一说空；一说祛除。“尤”：错误。

良知不作声，人则沉浸在多闻和多见之中，良知呼唤人从多见和多闻中抽身回来。这种抽身往往是以过错和悔恨的形式发生的，表现为疑惑和倦怠。多见和多闻如果能够排除违背本真的生命需求的部分，则无悔恨，行动就更合乎本真的生命。

此章问什么？中国人讲福禄寿。禄字本身是记录，记录涉及奖惩，工作了多少要有记录，然后根据这个记录决定给予多少利益。禄就代表了功利。人生中所有的好处都可以说是禄。当然这个禄不单纯指的是人来记录，有可能指的是天地本身会记录。求禄就是一个涉及天地人的问题。

孔子的答案可以做一种形式化的处理。把多闻中那些有疑问的排除掉，得到的就是确实闻见的知识，这样禄就在其中了。多见中把倦怠的去掉就有禄了。悔恨常常被人解释成一种良知的经验。海德格尔把良知看作是一种领会。那么做事的时候，良知是不作声的，人就沉浸在多闻和多见之中；过了一个阶段之后，良知就作声了，然后就呼唤人，以一种有罪责的形式呼唤。避免做事以后总会后悔的情况要求按照内心的良知去做，这样就避免了太多的错误，人生就进入一种自由的境界，当然禄就在其中了。

① 〔德〕海德格尔：《存在与时间》，陈嘉映、王庆节译，生活·读书·新知三联书店，1999年，第383页。

十九、哀公问何为则民服章

哀公问曰："何为则民服？" 孔子对曰："举直错诸枉，则民服；举枉错诸直，则民不服。"

怎样才能让老百姓服从和信服自己呢？其一是肯定的方面压倒否定的方面。鲁哀公（公元前494—前468年在位），姓姬，名蒋。哀是谥号，定公之子，继定公而即位，在位二十七年。一次，哀公问孔子：怎样使老百姓服从呢？要注意这个"服"字，含义可说是服从，也可以说绝对服了，不敢反抗。作为鲁国的国君，鲁哀公问这样一个问题不是很奇怪吗？因为已经是一个国家的国君了，在形式上大家都会服从，这是没有什么问题的。尽管有一些大家族掌控政权，但还没有闹到废除君主的程度。所以，哀公问的不是表面的服从。鲁哀公问的问题可能是：怎样才能使得自己的行为、意愿和决策和老百姓的肉体、心灵的需要吻合，老百姓自觉自愿地服从，从而国家或者官员就像老百姓的衣服一样，被老百姓内在地需要呢？政治在什么意义上才能成为老百姓需要的，成为他们生活中最为本质的组成部分呢？这可就是一个大问题了。怎样使得那些权臣需要鲁哀公呢？怎样使得民众需要鲁哀公呢？

什么是直呢？当我们评价一棵树木是不是好材料的时候，要评价它是否"直"。人肉体有站直的说法，道德上也有。"直"的道德含义就是正直、公正、正义。从人生来说，人生正常的需要，即人都要求进步，要求成长，都要求有财富、有名望、过得好，希望自己高贵。这是生命自直的过程。但是这些东西有的时候又使得身心被扭曲，因此，身心的"直"就很重要了。我们常说"直接"，那就是说，不通过什么中间环节，不用曲折的方式，达到目标。

《说文解字》说："错，金涂也。"金属因为存放时间久了，自然会生锈，从而掩盖了、混淆了金属和锈。"错"可以引申为混淆、放置、废置、无用、过错。

"举"：选举，推举，提拔，用举手的方式表示同意、赞成、支持、信任、服从、重视。表示某一个对象可以成为大家共同赞成和支持的目标、典范。

"举直错诸枉"，就是使得一切正确的、美好的、善良的、积极的、肯定的、有价值的方面显现出来，突破错误的、灰暗的、否定的、丑恶的混淆、压制，或者掩盖。好的东西要安置在坏的东西之上。"举枉错诸直"则与此相反。

"直"是一个很普遍化的字，是一个虚指的字。如果从用人的角度来考虑，孔子的意思是说，把正直的人提拔出来，放在邪曲的人之上，百姓就服从了；若是把邪曲的人提拔上来，放在正直的人之上，百姓就不会服从。这里的正直的人，可以是人的品性比较直。这种含义，孔子最不可能赞成。正直的人，抽象地讲，就是体现正面价值的人，体现人生的正常追求的人。如果从一般的价值取向上来看，就是要保证正义压倒邪恶，肯定的力量战胜邪恶的力量，肯定的念头压倒否定的念头。

领导用人往往喜欢用那些能够巧取逢迎的人，喜欢用听话的人，喜欢用平庸的人，喜欢用花言巧语的人，喜欢用善于交际的人，喜欢用那些不择手段为单位谋利益的人。有一天，武则天问武三思：朝中谁是忠臣？武三思说：跟我好的都是忠臣。武则天说：你这是什么话？武三思说：我不认识的，怎么知道他好不好？不能说武三思绝对错了。的确，用人存在风险，用自己熟悉的人，是一种降低风险的办法，但也可能偏听。从决策的角度来考虑，“举直错诸枉”就是要保证决策科学、正确，总是高人一筹，有远见。

二十、季康子问使民敬忠以劝章

季康子问：“使民敬、忠以劝，如之何？”子曰：“临之以庄，则敬；孝慈，则忠；举善而教不能，则劝。”

这段可以理解成是政治领域的学习和教化关系。中国古人常常把政和教联系在一起，政即教，教即政，二者同样是一种先觉觉后觉的关系。所以中国古人理想的政治模式是圣王政治。圣王是一个觉悟者，是一个道德完善的人，他借助政治的力量更广泛地让其他人觉悟和向善。这就是齐家、治国、平天下的任务。

先觉觉后觉，要求为政者是先觉。随着历史的发展，政治人物离圣王的标准越来越远。先觉觉后觉也就有了不同层次的渐进的要求。最理想的状态是为政者为先觉，民求觉悟，二者之间有学习和仿效的关系。这就是“孝慈则忠”。慈是仁慈，是慈悲，是慈心。孝是慈心引起的仿效。忠是发自内心的追随。

二十一、或谓子奚不为政章

或谓孔子曰：“子奚不为政？”子曰：“《书》云：‘孝乎惟孝，友于兄弟，施于有政。’是亦为政，奚其为为政？”

正身有独立的价值，但对正身本身也是有要求的，正身不是从政的工具。而恰恰相反，正身可以兼容从政，而正人和从政却不能涵盖正身。从政治的角度来看，正身者如果本身未从政，但是却因为自身修身而产生了一种领导力，这种领导力是不是一种需要提防的领导力呢？孔子似乎对这种领导力采取一种欣赏的态度。没有王之名，而有王之影响力，这一意义上的正身可以称为素王。

人的生活不是孤立的，正身的人会对家人、朋友、同事有影响力，这种影响力也可以叫做从政。但这是无位之政，符合素王的含义。

关于这一段话的内涵，历史上有不同的理解。关于这段话的历史背景，大致认为是发生在鲁定公的时候。也有说“盖在哀公十一年后也”①。其认为孔子是针对季氏专权的，想要用教育的社会功能服务于鲁国国君，对季氏形成舆论的压力。认为这句话是发生在鲁定公的时候的说法较为普遍。这段话发生在孔子三十六七岁。鲁昭公二十六年，孔子当年三十六岁。大约这一年，孔子返回鲁国。如说“定公初年，孔子不仕”。②基于这一背景的理解，历史上存在的一种看法是：对“孝乎惟孝，友于兄弟”的价值和地位做出了“托词”的理解。认为定公是由于放逐了自己的君主和兄弟而立的，以当这样的君主的臣子为耻辱，所以说出了这样的托词。“则孝友为借词，而父兄只为口实矣。”③之所以要这样理解，是因为担心士大夫利用孔子的这段话回避参与现实政治生活。“托词”的理解限制了从“孝乎惟孝，友于兄弟”中体会孔子对政治内涵的理解。

有一种理解是：从这段话的历史背景切入，以孔子维护人伦的价值为宏观的出发点，以齐家和治国的关系为基本的阐释逻辑。一种解释是认为孔子说这段话是有批评、讽刺定公的意思的。孔子讥讽定公的价值评价标准就是违背了具有家庭伦理内涵的“大伦”。“春秋定无正月者，昭非正终，定非正始也。”④季孙意如废除昭公之子而立定公，定公违背了“友于兄弟”的原则，也违背了“孝”于“昭公”的原则，同时也违背了讨伐不孝的原则。“受国于季孙意如而不知讨贼，则为政之本失矣。”⑤整体上概括起来就是：“今也贪得国而忘大伦，赏私劳而废公义，何以为政？”⑥

“惟孝”：让人跟从学习，从而提高自己的人生境界。“老”和“子”关系中的“教”“学”就是“孝”。“孝”即“教”，首先是父辈对子辈的教，其次是子辈对父辈的“教”。“孝”即学，效法、仿效、学习。“孝”是“学”的概念补充和拓展。具有教化、仿效、遵从意义的“孝”都能够反映政治的一般属性。

朋友关系要求自己高尚和优秀，自己高于他人，但自己又可以给别人教益，给他人提供意义的源泉，或者提供利益的帮助，帮助他人人格的成长。自己高于他人是差异性；与他人分享是共同性和统一性。“友”要求是优秀的，自己帮助别人优秀，自己优秀对他人起到矫正的作用。“何必居位乃为为政乎。”⑦

非有政之政其实质是伦理行为。李幼蒸认为：“孔子伦理学是前政治学的或对政治学主题‘加括号’的（有关周礼制度的政治自然主义），《论语》文本代表了纯伦理学层次的思维，涉及伦理学各个静态的‘理论性’层面。”⑧在李幼蒸看来，《论语》

① 程树德：《论语集释》（上），中华书局，2013年，第142页。
② 程树德：《论语集释》（上），中华书局，2013年，第144页。
③ 程树德：《论语集释》（上），中华书局，2013年，第145页。
④ 程树德：《论语集释》（上），中华书局，2013年，第145页。
⑤ 程树德：《论语集释》（上），中华书局，2013年，第145页。
⑥ 程树德：《论语集释》（上），中华书局，2013年，第146页。
⑦ 程树德：《论语集释》（上），中华书局，2013年，第145页。
⑧ 李幼蒸：《仁学解释学——孔孟伦理学结构分析》，中国人民大学出版社，2004年，第213页。

中的政治话题是“虚”的，“实”的是伦理学话题，政治话题是为了说明伦理思想。但总体上来看，“孔学的原初身份属于政治伦理学类型，但因其欠缺相关的政治学技术性部分，从而难以在现实历史中产生独立的政治影响力”①。李幼蒸的“结论是孔学或仁学的身份不是政治学导向的，而是伦理学导向的”②。

二十二、人而无信章

子曰：“人而无信，不知其可也。大车无輗，小车无軏，其何以行之哉？”

“輗”：大车车杠前端与车衡相衔接的部分。“軏”：小车车杠前端与车衡相衔接的部分。“信”：信息，信心，信仰，信念；心和言、言和行一致；人和人之间守契约，有信誉，有信用。

“信之在人，亦交接相持之关键，故以輗軏喻信。”③ 这个交接不仅仅是外在的“交接”，而是包含着内在的交接，并且后者更为根本。“信”起到一种衔接的作用，从而使得车可以被牛马等牵动力牵着走，从而具有方向和价值导向。“信”给出了人的价值方向，给出了某种引导，把人和人的根本的创造力和方向力联结、沟通起来，实现了某种生命意义的领会，因而“信”对于人而言成为必要的条件。这全是生命内在的“信”：“人之所以为人全在信，若无真心实意，面目虽存，精神已断，不必论到行之隔碍处方见不可。就当下无此实心，便如车之无輗軏，已失其所以行之之具矣。”④

二十三、子张问十世可知章

子张问：“十世可知也？”子曰：“殷因于夏礼，所损益可知也；周因于殷礼，所损益，可知也；其或继周者，虽百世可知也。”

这段话重点看最后一句话。《论语意原》认为十世为问其事，百世言其理。子张问得不够得体。该章肯定周文化是损益夏殷文化之大成。就中国历史来看，周文化是中国文化的大成是没有问题的，《国语·周语》很生动地揭示了周文化的内涵。后来的一切成绩都是建立在以前的历史基础上的，包括先前历史的缺陷本身也是后来成就的基础。历史不过是世代更替，前面是既定的舞台，后代人以有个性的个人姿态力求改变既定的历史。对于过去的历史需要客观地承认，以包容的心态承认，肯

① 李幼蒸：《仁学解释学——孔孟伦理学结构分析》，中国人民大学出版社，2004 年，第 43 页。
② 李幼蒸：《仁学解释学——孔孟伦理学结构分析》，中国人民大学出版社，2004 年，第 43 页。
③ 程树德：《论语集释》（上），中华书局，2013 年，第 147 页。
④ 程树德：《论语集释》（上），中华书局，2013 年，第 148 页。

定其成就和贡献，承认其缺陷和不足，在此基础上开辟新的历史道路。

二十四、非其鬼而祭之章

子曰："非其鬼而祭之，谄也。见义不为，无勇也。"

"鬼"：归，人死。"其鬼"：指自己的祖先。祭有限定，限定在自己祖考的范围内。范围的限定是为了保证祭出于真心、爱心和怀念之心。"谄"：献媚实为趋利避害，是利害的心，而且是一个肤浅的利害的心，不懂得真正的利害的心，是一个惑心。

"见"：是看见，还是显现？如果为看见，"义"为一对象，什么样的事情算合乎"义"呢？同样一件事，有的人可能不觉得这是一件行义的事情，自然不为。所以见还依赖显现，即内心义感的显现。《孟子》解释为"羞恶之心"，内心升起一个义心，就会看到一件事合乎义，自然勇为。这个义心显然与为身体利益的盘算不同，与有所顾忌不同，与趋利避害的心不同，所以有义利之别。

第三章　八　　佾

该篇多言礼的问题。着眼点不同，前一篇重点说明何为为政，该篇则是针砭现实背离为政之道。该篇论礼为主，涉及天子和诸侯、人和神、人的内心和礼、人与人的关系等方面。

一、孔子谓季氏章

孔子谓季氏："八佾舞于庭，是可忍也，孰不可忍也？"

季氏即季家，鲁国有三家权臣：孟孙、仲孙、季孙。国君都拿他们没办法，整个政权都操在他们手上。这件事情大约发生在昭公二十五年（公元前517年），也就是孔子三十五岁那一年。季平子得罪了鲁昭公，或者是昭公实在忍受不下去了。鲁昭公率领军队攻击季平子。三家共同击败了昭公，昭公逃到齐国。孔子以后也来到齐国，闻韶乐，齐景公问政于孔子。崔述说孔子大约在昭公二十五年就去齐国了。孔子之所以不可忍，并不是因为僭越，而是因为预知季氏要驱逐昭公。

佾，是舞蹈的队列。一行是一佾，每佾八个人。"八佾舞"系古代帝王祭祀天地、祖先及朝贺等大典所用的乐舞，"八佾舞"被儒家奉为最高典范，认为它的音乐"中正和平"，歌词"典雅纯正"，历代帝王取得政权后，都循列制礼作乐，歌颂本朝功德。诸侯用六佾，大夫用四佾。季平子是大夫却用了八佾，显然是违礼的行为。这里面当然可以认为孔子是为了维护天子、诸侯、大夫之间的等级制度，但也不仅仅如此。因为不同的"礼"有着更为深刻的内涵，并且要和人的品行、心情相应才好。如果不相应可能会给人带来不好的结果。

《论语意原》把"是可忍"看成是说季家，"不忍之心灭矣。疾之也"。如果按照《孟子》道德思路，这个应该是"羞恶之心"。"不忍之心"主要是针对行善而言的。

二、三家者以《雍》彻章

三家者以《雍》彻。子曰："'相维辟公，天子穆穆'，奚取于三家之堂？"

《雍》:《周颂》篇名。传说是周武王祭毕文王撤掉祭品时歌唱的乐诗，属于天子之乐。“彻”：撤。“相”：助。“辟公”：诸侯。

天子和诸侯的关系是有尊卑的关系。三家权臣不但眼里没有顶头上司的鲁君，连中央的周天子，也不放在眼里，即不但在家里开舞会，摆出八佾之舞，还在家里宴客完了撤席时，奏起天子所用的国乐来。“彻”就是撤宴撤席，“雍”就是天子所用的国乐。孔子引用古代的诗说：在中央政府天子奏“雍”这支国乐的时候，天子站在中央，辟公（即当时的诸侯）站在两边拥护着天子，然后天子从中间走过。因为天子本身代表国家的精神，所以态度也非常庄严，绝不会左右乱看。而现在这三家权臣，拿了中央天子用的这种庄严的国乐到家里开舞会，真不知道他们用意何在。三家权臣毫无敬畏之心，把本来很严肃、认真的事情当作儿戏。《四书改错》说这是正常的，三家都是宗室，祭祖都是《雍》彻。

三、人而不仁如礼何章

子曰：“人而不仁，如礼何？人而不仁，如乐何？”

不守规矩起于不爱，爱则意味着心灵的乐章。从实践角度来说，如果在这里我们把“礼”理解为那些正规的规矩的话，“乐”就是现在人们所说的那些业余休闲活动了。业余休闲的时候，人相对放松，自己完整的人性品质也就表现出来了，这样更容易全面地把握一个人。另外，在“乐”的活动，比如体育运动、旅游等活动中，人与人之间有较多的沟通交流的机会，有利于促进人际和谐，所以说“乐”能够帮助实现“和”。但在“乐”的活动中，人也容易放肆，这就需要“礼”来节制。有的译注把“仁”译注成高尚的品德，把“礼”译注成技艺。涉及 “仁”“礼”一类较重要的概念时，进行译注要慎重。

四、林放问礼之本章

林放问礼之本。子曰：“大哉问！礼，与其奢也，宁俭；丧，与其易也，宁戚。”

“易”：花样；周备；铺张。易，朱熹解释为治，也就是办丧礼办得纯熟。人办丧礼办得太熟，容易失去诚意。朱熹认为孔子从奢和丧的角度来回答礼是对的，因为一个是吉祥的事情，一个是凶的事情，一个是吉礼，一个是凶礼，礼不过是吉凶二者而已。

“易”，有的译注为引起别人的注意，有的译注为仪文周到。易，即容易，容易是相对的，太熟悉、太熟练了，就会觉得容易。熟练自然周到细致，一个“易”字包含很多的内涵。“俭”为什么重要呢？原因就在于礼如果使用太多的物质手段就会导致情感的物化，导致一种物质感情化、感情物质化的现象。

五、夷狄之有君章

子曰：“夷狄之有君，不如诸夏之亡也。”

朱熹说，有君但是如果不能尽君臣之道，上下僭乱，就像没有一样。如果从《荀子》反对禅让的思维方式来看，荀子更重礼，而不是实际的政治体系。如果一个组织系统形成了理性的、正义的文化系统，那么，即便是没有领导，也可以保证顺利运转。而相反，如果没有一个较好的文化系统，那么即便是有领导也无法有效地领导。无为而治是文化建设的功效。其中包括，文化造就了成熟的下属，下属在完成任务的时候获得了极大的内在激励和工作满意感，因而在某种意义上就不需要领导了。良好的、有效运转的组织规则、法规、准则、工作设计等都会替代领导者的直接作用。当然，要造就这些，领导需要有智慧地对组织文化进行引导，使大家习惯于从文化的角度理解管理和领导。

夷狄，就是文化落后的边疆地区，凡没有文化或者文化不发达的，都称为夷狄。中夏、中原是有文化的。孔子说那些落后地区的人，也有君主、酋长。但光有形态，没有文化，不如夏朝、殷商，虽然国家亡了，但历史上的精神，永垂万古，因为它有文化。

孔子没有说，能够无为而治的文化是什么文化，但基本上应该是理性的，每个人都能够关心精神完善的文化。领导本身是一个文化活动。一个人是按照自己的文化素质和对文化习惯的学习、领悟来进行行动的。文化的东西内在于人的行为之中，并不会觉得有何强迫。人们对于其接受的文化是自然而然地奉行。

六、季氏旅于泰山章

季氏旅于泰山。子谓冉有曰：“女弗能救与？”对曰：“不能。”子曰：“呜呼！曾谓泰山不如林放乎？”

罪冉有还是罪季氏？冉求，字子有，孔子弟子，比孔子小 29 岁。只有天子、诸侯才有资格祭祀境内名山。冉有是孔子的学生，这时在季家为相，等于总管。古代上泰山去祭告天地，这叫“封禅”，只有国家的领袖才能去。而季家去泰山祈祷神的保佑，说明有政治野心。“天子祭天地，诸侯祭其国之山川，只缘是他属我，故我祭得他。若不属我，则气便不与之相感，如何祭得他。”[①]朱熹此说很有趣！“初，昭王有疾。卜曰：‘河为祟。’王弗祭。大夫请祭诸郊。王曰：‘三代命祀，祭不越望。江、汉、雎、章，楚之望也。祸福之至，不是过也。不谷虽不德，河非所获罪也。’遂弗祭。”（《左传·哀公六年》）“大道”就是“常”。这里的“常”就是历史的规矩，“三代命祀，祭不越望”，也就是不超过自己的国界。显然，此处孔子强调的政治之“大道”包含着对历史传统的肯定，大道是蕴含在历史传统里面的，要从历史传统里面发现政治的大道。在上述材料中，楚国最高统治者认为自己的“德”与“不德”只是与“江、汉、雎、章”这些“楚之望”存在“祸福”关联。从后来中国文化形成的思想传统来看，个人的德行的影响范围应该是没有明显界限的。但为什么孔子肯定了楚昭王的看法呢？显然，孔子这里触及了行使权力的范围的问题，统治者只能管理自己国家内部的事情，不能去干涉或者管理国家主权以外的事情。当越过一定的界限以后，人相应的政治属性就丧失了，也就不存在相应的权力和责任。权力和责任不是绝对的，只是在主权所辖的地理范围内才有效，除此而外，人就失去了相关的政治属性。

“救”字多被译注成阻止或者劝阻。“救”的含义要远远多于劝阻。劝阻只能说明不希望某件事情发生，而“救”则说明某种行为的危险性和危害性。

七、君子无所争章

子曰：“君子无所争，必也射乎！揖让而升，下而饮，其争也君子。”

孔子从射当中发现了什么样的“仁之道”呢？

其一，正诸己：优秀的追求。就是要处理好“正诸己”和“发”“中”的关系。“正诸己”用西方的正义理论来看，就是追求优秀性的善。箭射出去，正中目标才会得到优胜的评价。所以“发”和“中”就是优胜。优胜伴随着奖赏，即公开的荣耀、权力、财富、地位、声誉的奖赏。为了达到优胜，需要相关的品质。比如一个人赚钱多，需要相关的赚钱的品质。“让我们把这些身体的、精神的和品格的品质叫做有效性的品质；而把那些给这些品质提供其目标和正当性证明的善物叫做有效性的善物。”[②]孔子所说的“正诸己”是为了获得达到优胜的品质，还是追求自我的完善，也就是不考虑优胜的优秀品质呢？显然，孔子更倾向优秀性的善。优秀性的正义观也会进一步考虑优秀的功绩与应得的关系。每一个人的实践之善（优秀），都会使得人拥有一些优胜必要的品质，尽管二者有区别，且有时候会互相对立，而优胜必要

① [宋]朱熹《朱子全书（修订本）》（14），朱杰人、严佐之、刘永翔主编，安徽教育出版社、上海古籍出版社，2010年，第889页。

② 〔美〕麦金太尔：《谁之正义？何种合理性？》，万俊人等译，当代中国出版社，1996年，第47页。

的品质会让人获得功绩，进而获得优秀的外部奖励的善（应得）。优秀性的正义承认自我完善的追求不同于能够得到相应的外部奖赏，如善考试和努力学习之间的区别。优秀性的正义，以优秀为出发点考虑问题，并努力追求自身的优秀。

其二，不怨胜己者。射箭是一种竞争性活动。追求优秀性正义的人对待竞争中的优胜者的态度是“不怨”。一个优秀的人的正义就在于拥有一种判断的公平性，能够很好地去判断自己和他人的优秀。因为可以很好地判断自己和他人的优秀，所以不怨。尊重别人所具有的能够获得有效性的善的品质，以及尊重竞争的规则。

这种正义观具有一定的宽容性。比如优秀的差异性，即有人会唱歌，有人会跳舞，这就要求以不同的尺度和方式来判断。正义就在于对一个人是不是优秀的判断要和其本人优秀的方面相当，以优秀的方面为尺度进行衡量。这样就会宽容自己，虽然“不中”，也不会影响自己对优秀性的善的追求。

其三，“其争也君子”。追求优秀性善的人在处理人际关系时候，总原则是不争。在必然要争的时候，是君子之争。君子之争的正义思想包含了两个方面的内容：第一，尊重规则。优胜的正义要求规则公平，保证优秀者会成为优胜者。第二，“揖让而升，下而饮”。在竞争关系之先，或者之后，保持人性的关系。竞争关系中的人是一定条件下的人，是一定的社会角色的人。作为一定条件下的个人的交往不同于“作为个人”的个人的交往。在进入竞争关系之前，保持“揖让”，在竞争关系结束后则彼此“饮”，还原为人性的交往层面。

其四，“循声而发”与“求中以辞爵也”之差异。贤者，有乐，有审美的心态，结果也会中地；不肖之人，为了目的而去射箭，“求中”为了获得某种奖赏或者避免某种处罚，也就是为了优胜，以便获得相应的奖赏或者避免某种处罚。“祈，求也；求中以辞爵也。酒者，所以养老也，所以养病也；求中以辞爵者，辞养也。”（《礼记·射义》）

如果我们把《工作与时日》与《礼记·射义》的相关思想作一种形象化的演绎，赫西俄德和孔子，两个人对于射箭会怎么说呢？赫西俄德会说，你要和对手竞争，嫉妒是好的，这样才有动力；竞争当然是求胜利，当然是胜人，从而获得有效性的善。孔子会说，自己要先练习好，变得优秀，如果一定要竞争，自然会获得胜利；不要想着战胜别人，即便不胜利，也不要嫉妒别人。孔子的方法，当然从西方哲学思维来看，是有问题的，如果不想着胜别人，会有持续的动力促使我们获得优秀，并战胜别人吗？这个动力又来自何处呢？显然，这个问题的追问，真切地触及了中国文化理念的一个核心和要害处。显然，在孔子心目中，一个优秀者是可以做到的，孔子并不希望在竞争中，以获胜或者战胜别人的心态来获得胜利。

其五，西方公正观所理解的正义秩序往往是理性色彩的，而中国正义观中的社会秩序往往是美学色彩的。以往流行的看法是西方强调正义规则，中国只是停留在个人的人格正直和人际公道层面。这种看法有一定的合理性。贾谊在《新书·道术》

中提出："兼覆无私谓之公，方直不阿谓之正。"公正和正义，个人的人格正直和人际公道与公共社会的制度安排和正义原则是不同的。"正义问题古今中外都无例外，只是于今于斯为甚罢了。"①这不意味着中国公正观没有规则和制度层面的思考。中国更多的是"美学秩序"，而西方是"理性秩序"。"儒学的主导成分告诉我们，在一个社会-政治秩序的范围内确认的几乎全部的实际权利和义务，都是由法律之外的制度与实践维持的，而且都是由社会的压力而得到强化的。"②在这里，郝大维、安乐哲过于强调法律尺度和惯仪尺度形成的权利、责任、义务等问题的差异性。法律尺度和惯仪尺度形成的权利、责任、义务实际上是"百步"和"五十步"的问题，本质上是一类的。礼仪具有配置权利和义务的功能。"'礼仪'在中国人的环境里起着促进'权利'的作用。"③礼仪所界定的角色能够标示出个人在共同体内的权利与义务，并规范相关的人的言行。"权利是从社会派生而来的规矩（proprieties），而不是个人的拥有品。这些规矩主要表述为社会福利的享受权，而不是个人的政治权利。"④礼仪系统本身就起到了维护公平正义的作用。

八、巧笑倩兮章

子夏问曰："'巧笑倩兮，美目盼兮，素以为绚兮。'何谓也？"子曰："绘事后素。"曰："礼后乎？"子曰："起予者商也！始可与言《诗》已矣。"

《四书改错》说"绘事后素"，讲的是制作礼服时先布青、赤、黑、黄四色，然后加白色。巧笑是乐，美目是美，素是真，绚是善。"巧笑""美目"必加"素"才成"绚"。"素"，白色。真是善的核心要素。解释这一章关键在于确定"素"和"绚"与"巧笑""美目"之间的对应关系。一种对应方式是："素"对应"巧笑""美目"，认为这是贤人的美质。美质待礼以成德，就像素待绘以成绚。这样一来，"素"就被理解为是在先的，而"礼"是在后的。这里提出另一种对应方式："绘事"对应"巧笑""美目"，"素""礼"对应"绚"。依据《四书改错》的说法，"绘事"是一个过程，"素"是这一过程的最后一个步骤。"素"完成后，才做成礼服。如果说人生是多彩的，其中不能离开"白"色。

---

① 万俊人、梁晓杰：《正义二十讲》，天津人民出版社，2008年，第2页。

② 〔美〕郝大维、〔美〕安乐哲：《先贤的民主——杜威、孔子与中国民主之希望》，何刚强译，江苏人民出版社，2004年，第144～145页。

③ 〔美〕郝大维、〔美〕安乐哲：《先贤的民主——杜威、孔子与中国民主之希望》，何刚强译，江苏人民出版社，2004年，第140页。

④ 〔美〕郝大维、〔美〕安乐哲：《先贤的民主——杜威、孔子与中国民主之希望》，何刚强译，江苏人民出版社，2004年，第136页。

九、夏礼吾能言之章

子曰："夏礼，吾能言之，杞不足征也；殷礼，吾能言之，宋不足征也。文献不足故也，足则吾能征之矣。"

从两个层次来研究历史：一个是现实的遗留的传统；一个是文献。在二者之中，孔子更重视文献。从当下推出历史和未来是现象学的方法，也是实证论的方法。研究历史和未来就是研究当下。

十、禘自既灌而往者章

子曰："禘，自既灌而往者，吾不欲观之矣。"

"禘"：祖神，祖先配天。"既灌"：用香料配酒洒在地上，请神。朱熹的话很有意义。朱熹解释后面的章节的意思时说："这里尽其诚敬，祖宗之气便在这里，只是一个根苗来。如树已枯朽，边傍新根，即接续这正气来。"①

但为什么孔子不想看了呢？因为这是一个大祭之礼，只有天子才能举行，后特许周公旦可以举行。后来鲁国沿用这一祭礼。"灌"：用幼小的男女代替受祭者，第一次献酒给这些小男女，让他们闻到香气。这样的祭祀活动除了僭越以外，本身已经很不文明了。

十一、或问禘之说章

或问禘之说。子曰："不知也。知其说者之于天下也，其如示诸斯乎！"指其掌。

用佛学观念来解说，"禘"涉及子孙和祖先之间的因果关系，"业"和"果"的关系。"禘"之意义就在于用祈祷的方式崇善抑恶，"禘""说"了什么，这些解释都是一种理性的解释，而真正理解"禘之说"则需要每个个体独立地领会。"禘之说"就是"道说"。"凭任何陈述都不能捕捉道说。"②在海德格尔看来，捕捉道说要求沉默。"此以指其掌为言禘之易知也，此外若无别说，则易知之意定矣。"③了解"禘之说"

① [宋]朱熹：《朱子全书（修订本）》（14），朱杰人、严佐之、刘永翔主编，安徽教育出版社、上海古籍出版社，2010年，第897页。

② 〔德〕海德格尔：《走向语言之途》，孙周兴译，载《海德格尔选集》（下），孙周兴选编，生活·读书·新知上海三联书店，1996年，第1147页。

③ 程树德：《论语集释》（上），中华书局，2013年，第202页。

就是了解“道说”，了解“道说”，自然就能掌握天下万事万物的本质。“知其说者之于天下也，其如示诸斯乎！”（《论语·八佾》）“道说”和“天下”之间的关系是“无蔽”的关系，“如示诸斯乎”（《论语·八佾》）。人可以像支配自己的手掌一样借助“道说”来进行管理天下的实践活动。

“禘”之“说”，就是“禘”显示的意义，说出来的东西。“问禘之说”，什么叫做“问”呢？“任何发问都是一种寻求。任何寻求都有从它所寻求的东西方面而来的事先引导。”①提问源于领会。明确提问“道”的意义，力求获得“道”的概念，都是从对“道”的某种领会中生发出来的。当我们在问“道”是什么的时候，我们已经栖身在对“道”的某种领会中了。“问”只是说明我们还不能从概念上确定这个“道”意味着什么。这就需要对问题所问的东西加以分析和探索。“道”这个概念本身包含了领会这一概念的诸种方式。对“道”的说明需要一种本已的概念方式。在海德格尔看来，“审视、领会与形成概念、选择、通达，这些活动都是发问的构成部分，所以它们本身就是某种特定的存在者的存在样式，也就是我们这些发问者本身向来所是的那种存在者的存在样式”②。“道”的反问者的发问活动同“道”这个发问对象之间具有本质的相关性。“禘”有值得肯定的一面，也有不值得肯定的一面，因此孔子说“不知”。

十二、祭如在章

祭如在，祭神如神在。子曰：“吾不与祭，如不祭。”

祖先在哪？从遗传的角度来看，祖先就在后代这里。一个人的性格有来自祖先的成分，有属于自己的部分，有来自社会文化的成分。一个人都有三重人格。承认和敬畏祖先就是自我和解，尤其是对于那些缺乏归属感的人来说，更要把祖先放在心中，让祖先在自己这里得到承认，得到传承。“‘究竟为什么在者在而无反倒不在？’显然这是所有问题中的首要问题。”③或许在中国哲学的语境中，这个问题应该换成“究竟为什么在者在而又不在，在者是既有又无的在？”或者说“为什么在者是同心同德的存在又是同床异梦的存在”。这个问题其实就是“为什么在者既是体性的存在，又是用性的存在”，“为什么在者是人我天人合一的存在，又是天人、人我异隔的存在”。在中国哲学语境中，无不是不在，无是在者的在的一种方式。“无”不是问题的边界。他们死了，但是他们还活着，他们活着，但是他们已然死了。死如果是无，活着则是有，无并未不在，现在活着的在者即是无的在。不能把单个的在者看成是个

① 〔德〕海德格尔：《存在与时间》，陈嘉映、王庆节合译，生活·读书·新知三联书店，2006年，第6页。
② 〔德〕海德格尔：《存在与时间》，陈嘉映、王庆节合译，生活·读书·新知三联书店，2006年，第9页。
③ 〔德〕海德格尔：《形而上学导论》，王庆节译，商务印书馆，2015年，第3页。

别的在，没有个别在者，自然也不存在所谓的由个别的在者组成的整体。追问整体性问题不过是问个体的在者何以能是整体性的在。

在“在”这个世界中，说“这棵树是存在着的”，变得毫无意义了。这棵树是存在着的，不过是“我”看见这棵树而已，这棵“树”和“我”并不在一起，树并不在“我”的世界中。“这棵树是存在着的”的“在”的意味对“我”依然是混沌不清的。或许，这棵树的确“在着”，就像《庄子》中的匠石一样，当他谈论树木的时候，二者之间既“在”着，又不在着。但在匠石的世界中，二者不在，只有当他进入梦中，二者“在”的世界才浮现出来，他聆听了神树的自我解释。思想者需要去蔽，让“在”在思想的在者这里显露。“这个在，这个出现，让从隐蔽状态中露出来。当在者作为这样一个在者在起来时，这个在者就把自身摆入并处于去蔽状态中。”[①]只有像匠石一样“出有入无”，才能进入“在”的世界，并依据“在”的真理去进行“在者”之思，并实现精神的自我救赎。思想者的任务是：“在作品中把在者之无蔽状态从而也把在本身之无蔽状态争取出来，这样对在者之无蔽状态的争取本身就已经只有作为经常的抗争才出现；而此抗争永远同时就是抗隐蔽、掩盖、抗表象之争。”[②]

对隐蔽的抗争开辟了道，思想者成为道的使用者，这是思者的使命。道即路，正如海德格尔所说，有三条路：一条是在之路，这是引入无蔽境界的路；一条是表象之路，表象之路是经验上可以经验的路，为有的世界；还有一条就是不在之路。“因此真正有知的人不是盲目追随一个真理的那个人，而只是经常知道所有三条道路，即在之路、不在之路与表象之路的那个人。优越的知，而每一知都优越，只被赋予这个人，此人在在之路上经历过狂飙，此人对第二条引向无之深渊的路亦不陌生，亦知情，然而此人承担了第三条道路，表象之路，作为经常需要。”[③]

承担此三条道路的人是哲学家。此哲学家的品质即《庄子》中的连叔的品质。在《庄子·逍遥游》藐姑射山之神人的故事中，肩吾则是拘泥于世俗经验中的人。所以肩吾不能理解接舆的话，认为接舆的话“大而无当”“往而不返”“不近人情”。以论证经验和理性世界为主要取向的哲学，难以和科学划清界限，缺乏必要的超越视野和对现实生活的反思。接舆的处境类似于一个宗教人物，具有超绝的出世的倾向。接舆，隐喻已接近道的人。接舆的话显然有一定的“大话”特征。接舆，接引的车子，显然是入道的工具和桥梁。接舆的话是接引入道的桥梁。连叔则能兼具接舆和肩吾的智能。接舆可以说是在之路，肩吾可以说是表象之路，连叔则能化有为无，化无为有。

---

① 〔德〕海德格尔：《形而上学导论》，王庆节译，商务印书馆，2015年，第105页。
② 〔德〕海德格尔：《形而上学导论》，王庆节译，商务印书馆，2015年，第195页。
③ 〔德〕海德格尔：《形而上学导论》，王庆节译，商务印书馆，2015年，第116页。

十三、与其媚于奥章

王孙贾问曰："'与其媚于奥，宁媚于灶'，何谓也？"子曰："不然，获罪于天，无所祷也。"

王孙贾是卫灵公时候的人，此章应该发生在卫灵公的时候。朱熹以理解释天，崔述则认为天就是上帝。有病了才祈祷，怀有强烈的功利性目的。在这种状况下，有"你"、"我"及相对应的"神祇"。这种祈祷是一时一地的。而孔子的祈祷则是无我的，是没有具体对象的，是无功利目的的，是时时的，是感恩的关系。

"奥"和"灶"本身又是说的什么呢？"灶"，灶神，或是用来烹饪食品的装置，指代厨房、做饭的设备、厨房的主管等与其相关的一切，司厨。"奥"，房屋的西南角，一般认为那里有神，所以供奉，一说是古代的家神；也有说是用粮仓指代粮食的管理者、生产者，司库。

在这里，"奥"对应什么呢？"灶"对应什么呢？在王孙贾这里，可能指卫灵公，"灶"指代宠姬南子、弥子瑕、王孙贾等人。至于二者具体指代什么，可能并不重要，重要的是知道二者的逻辑关系。"灶"要加工粮食。"灶"对人很重要，"民以食为天"，灶神供在厨房里表示对提供给自己直接利益的人和物的尊重。人和"灶"的关系是直接的、表面的、感性功利的关系，一种通过加工（包括分配）拥有权利和利益的关系。取悦于"灶"就是要把自己的人生奠基于感性的、直接的利益之上，尽量投机获得这一利益。粮食从哪里来呢？显然来源于奥。人和"奥"的关系是人和人的感性物质利益的生产者、提供者的关系。王孙贾比喻中的"奥"和"灶"大致相当于"县官"和"现管"的关系。而二者都是人类社会生活中的事情，但在孔子的心目中，人类的利益都是"灶"。人与"灶"的关系中具有偶然性，因为具有偶然性，人保持了一定的能动性和自由，可以"祷"。在孔子的心目中，人和"天"的关系才是人和"奥"的关系。这是人和人的一切利益的创造者、管理者的关系。在这种关系中，人与人的一切需要的物质和精神的食粮的创造者的关系是必然的关系，因而也是缺乏主动性的关系。人与天的关系就是这样一种关系，人要敬畏天命，否则就有"罪"。在此分析的基础上我们就大致可以了解孔子行为的动机和目的了，也就大致可以把握如何行动才是符合孔子心愿的。

十四、周监于二代章

子曰："周监于二代，郁郁乎文哉！吾从周。"

周文化值得学习的地方有三：一个是天命的观念，人通过自己的美德，承载或者获得天命；一个是德福平衡的观念，人通过修德，从而拥有幸福；一个是分封制，以礼仪道德维系社会和谐运转。

十五、入于太庙章

子入太庙，每事问。或曰："孰谓鄹人之子知礼乎？入太庙，每事问。"子闻之曰："是礼也。"

求礼之心本身就是一种心灵的礼仪活动，就是一种心灵的姿态。因而相对于外在的礼仪活动而言，内心的"敬"就显得很重要了。鄹是孔子出生的地方，即邹。鄹人之子即指孔子。这一段话是什么时候说的呢？人们有不同的理解。一种理解是正当孔子做鲁国司寇的时候，参与了代表国家、代表王室的宗庙大典。钱穆认为此事发生在鲁昭公二十年（公元前 522 年）以前，也就是孔子三十岁以前。孔子当时已经在鲁国做了官，所以能够进入太庙，参与祭祀活动。当时孔子已经以知礼闻名，所以有人看到孔子在太庙中问这问那感到名不符实，或者感到厌烦。崔述认为孔子二十八岁因为贫穷所以出来做官。助祭的官位高于乘田、委吏，所以称为"鄹人之子"。知道礼，不是仅仅知道一些形式的问题，而是智慧的求索。问礼本身就是礼乐的一个不可缺少的组成部分。

十六、射不主皮章

子曰："射不主皮，为力不同科，古之道也。"

"射礼"：和志；和容；主皮；和颂；兴武。射礼不主中。优秀性的善突出了提高个人的追求，并不突出以同一个尺度衡量不同能力的人。权利意味着尺度，不同的科目有不同的尺度。在这个不同的尺度内竞争的人能力相近。不主皮，意味着不以优胜为尺度。不同科强调以主体自身的能力为标尺。二者合起来就是优秀性的善。

十七、子贡欲去告朔之饩羊章

子贡欲去告朔之饩羊。子曰："赐也，尔爱其羊，我爱其礼。"

"告朔"：每年秋冬之交，天子把第二年历书颁给诸侯，诸侯藏于祖庙，每逢初一，杀一只羊，祭于祖庙，叫做告朔。古代的时候，一个非常重要的祭典是告朔。每个月的初一为朔，十五为望，月暗为晦。"朔望"就是休息的时候。每个月的初一，主政者要代表国家，向天地祖宗禀告所作所为，当然大众也会知道，所以会起到对大众发表政见的一定效果，这就是所谓的“告朔”。告朔时一定要杀羊。到春秋战国时代，这种礼仪的精神，也慢慢跟着衰落变化了。孔子对子贡说，为了经济上的节省而不用羊也好，但是这个礼是不能去掉的。固然不用象征性的东西，只要内心诚恳就可以，但现在的人，真正诚恳的心意发不起来了，就必须要一件象征性的东西才能维系得住，子贡爱护羊是对的，但是如果这个礼的精神没有了，受到伤害的就不只是这只羊了，将会有很多的生灵会受到错误的政治决策的伤害。孔子坚持的是，政见一定要公开出来，接受监督，发表政见者要认真，言行一致。“告朔”是一个形式，除了具有约束的作用以外，本身也有实际意义。要发表政见，就要有所调查，要符合民众的利益，符合自然和社会规律；话说出去了，自己就需要努力去实现它，就起到一种监督的作用。如果去掉这些，就意味着当权者希望独断专行，不敢使自己的政策让别人知道，不希望别人来监督，这自然会很糟糕。

十八、事君尽礼章

子曰：“事君尽礼，人以为谄也。”

在人们把以“礼”的方式对待君主当作是讨好君主的时候，孔子依然可以坚持按照自己的理解去从事自己的教学和政治活动。对主管、对领导尽礼，处处尽忠合礼，旁边的人会认为是拍马屁。如果自己毅力不坚定，只好改变了。但是一个内心有见解、有智慧的人，是不会因为社会风气的影响而改变自己的政治态度的。那些只是由于社会常识经验的影响才信仰某种政治价值的人，往往会受到风气的影响。就像“礼”所浓缩的那些精神价值、政治制度和体制价值，那些具体的规章制度，在孔子的时代似乎出现了一种风气。虽然人们表面上遵从，但在内心更推崇破坏这些价值体系的人。这些人是“墙头草”，没有认真体会其中的内涵和价值，只是看哪一面风强，就倒向哪一方。孔子是对“礼”有着深入体会的人，知道哪些需要变革，哪些需要坚持，所以可以诚心诚意对待“礼”。

十九、君使臣以礼章

定公问：“君使臣，臣事君，如之何？”孔子对曰：“君使臣以礼，臣事君以忠。”

崔述认为这一章和定公问章大约发生在孔子为鲁司寇的时候。君为君是因为制度框架取得的地位，所以君使臣也只有依据制度框架，否则君就不是君，就没有支配臣子的权力。臣之所以为臣也是因为礼仪制度架构，否则臣子也不必对君主尽忠。

二十、《关雎》乐而不淫章

子曰："《关雎》，乐而不淫，哀而不伤。"

《韩诗外传》讲了一个故事，说孔子南游适楚，至于阿谷之隧，遇到一个在河边洗衣服的女人。阿谷之隧有人说在山东定陶仿山。子贡用了几种手段想求到这个女人。第一个是道德的手段，即想要利用人的助人之心来求。人有帮助需要的人和弱者的美德，这样人很容易就被求到了。女子也算被求到了，但是也没有求到。女子助人很讲究规矩。爱心要遵守一个既定的规矩，否则容易被人利用，也会是有问题的。女子很聪明，先是拒绝子贡，说这个事情根本是他自己就可以做到的，不需要她的帮助。自求实现自己的愿望，而不是求人。然后倒着弄水，接着倒掉。告诉子贡，违背人的意愿求别人的帮助，是没有结果的，一定会被拒绝。第二个是文化的手段，利用请教调琴来搭话。一个说"和畅我心"，一个说"僻陋而无心"。一个有心，一个无心，有心怎么能求得了无心呢？无心为朴实无华，自然五音不知，安能调琴。第三个是物质的手段，也没有求到。无求无欲，自然无哀无伤。

二十一、哀公问社于宰我章

哀公问社于宰我。宰我对曰："夏后氏以松，殷人以柏，周人以栗，曰使民战栗。"子闻之曰："成事不说，遂事不谏，既往不咎。"

哀公问宰予：社稷坛与历史文化演变有什么关系呢？宰予告诉他夏朝社稷坛上栽的是松树，殷朝栽的是柏树，周朝栽的是栗树。宰予回到孔子这里，报告见哀公的问答，孔子听了以后说：已经既成事实，再说也没有用，过去了何必追究呢？要把心灵完全集中在眼前能够解决的事情上面，而不是谈论那些不能解决的事情。

二十二、管仲之器小哉章

子曰："管仲之器小哉！"或曰："管仲俭乎？"曰："管氏有三归，官事不摄，焉得俭？”“然则管仲知礼乎？”曰：“邦君树塞门，管氏亦树塞门；邦君为两君之好，有反坫。管氏亦有反坫。管氏而知礼，孰不知礼？”

“塞门”：在大门口筑的一道短墙，以别内外，相当于屏风、照壁等。“反坫”：反爵之坫，在两楹之间。袁枚发现了《论语》讲管仲的不一致之处。这里否定了管仲。这里应当为鲁弟子所记。该篇的确与鲁国关系较大，并且多讲礼。鲁人不推崇管仲，认为小孩都不觉得五霸是什么光荣的事情。从一般伦理学来看，从仁爱原则来看，管仲不是一个仁者。作为一个大臣，管仲挥霍成性，沉溺于奢侈之中，甚至傲慢到在他的门前建一照壁，这是诸侯国的统治者才能享受的仪式特权。“作为个人，管仲的道德状况颇有缺陷。”①子路的观点就是从一般伦理学的角度来看待政治人物管仲的。管仲明显有政治功利的盘算在里面，在是非善恶之间，用功利的原则来进行取舍，而没有坚持自己的道德信念。孔子肯定管仲的“仁”也是从功利原则来思考的，桓公不用兵车之力九合诸侯取得的“善”的量显然高于牺牲个人道德操守这一“恶”的量。桓公不用兵车之力九合诸侯显然是在功利领域中较大程度地实现了仁爱原则。“对于依照普通人际关系的琐细道德标准来判断伟大政治家的做法，他颇不以为然。”“这里，我们又面临着两者之间的如下紧张：一种是个人道德观念，它以动机、意图的纯洁性为基础；另一种是关怀，它关怀的是良好的社会政治‘后果’，这种‘后果’要通过有杰出才能但很难说有什么德性的政治家才能取得。当然，孔子并非黑格尔，他的学说总体上似乎是给世界带来和平与和谐的社会目标只能通过由‘仁’人组成的政府来实现。但在这里，他似乎猛烈地朝‘国家理性’（raison d'état）倾斜。”②管仲支持公子纠，但在公子纠被杀以后，他又支持桓公。从一般伦理学来看他不是一个仁者。但是从政治伦理学的角度来看，从功利原则来看，他给民众带来了好处。孔子是很清楚现实政治中的买卖和交换关系的，说自己也是会把自己当做商品出售。孔子的话既嘲讽了这种关系，同时也包含了对政治中存在的交易关系这一客观现实的认识和尊重。

二十三、子语鲁大师乐章

子语鲁大师乐。曰：“乐其可知也：始作，翕如也；从之，纯如也，皦如也，绎如也，以成。”

“翕”：合。“从”：放。“纯”：和。“皦”：明。“绎”：相续不绝。“乐”中包含如下几个层面的“理”：五声六律，多种元素的协同；多种元素的声音发扬出来；各种元素的声音彼此相济；相济而有条理，彼此不相侵夺，有秩序；最后声音连绵相续。

① 〔美〕本杰明·史华兹：《古代中国的思想世界》，程钢译，江苏人民出版社，2004年，第108页。
② 〔美〕本杰明·史华兹：《古代中国的思想世界》，程钢译，江苏人民出版社，2004年，第109页。

世界之“理”也是如此，多元和合，各个表现自己的生命，相生相济，绵延不绝。

二十四、仪封人请见章

仪封人请见。曰：“君子之至于斯也，吾未尝不得见也。”从者见之。出曰：“二三子何患于丧乎？天下之无道也久矣，天将以夫子为木铎。”

孔子对道的宣示，当然可以理解为包括价值观的厘清。这样看来，《论语》的确具有一般性伦理价值辨析的特性，《论语》偏向于强调对道的价值系统的认知。“木铎”：木舌金铃。据说在夏商周时期，就曾经有称为遒人的政府官员，摇动木铎，巡行于各地，既以宣达政令，又进行必要的采风。这些与新闻发布和采集十分相似。

二十五、子谓《韶》尽美矣章

子谓《韶》：“尽美矣，又尽善也。”谓《武》：“尽美矣，未尽善也。”

《韶》：舜乐。外在音乐是内在音乐的体现，内在音乐是“无声之乐”。(《礼记·孔子闲居》)巴门尼德则说：“要用你的心灵牢牢注视那遥远的东西，一如近在目前。因为它不会把存在者从存在者的联系中割裂，以致分崩瓦解，或者聚集会合。”①巴门尼德以后的哲学也重视“声”或“光”，重视听和看，但最终没有依此建立哲学体系，而是迅速走向抽象化的道路。

二十六、居上不宽章

子曰：“居上不宽，为礼不敬，临丧不哀，吾何以观之哉？”

鲁定公问：一个统治者，该怎样去指挥下属？相对地，下属对于统治者，又应该用什么方法理事及自处？孔子说，一个统治者要求部下尽忠，首先自己体谅部下，有敬畏的心，有慈悲的心。

居上面对的人多，责任大，自然以宽为本。上下为礼仪的秩序所规定，不敬于礼，则居上合法性不足。

---

① 北京大学哲学系外国哲学史教研室编译：《西方哲学原著选读》（上卷），商务印书馆，1981年，第31页。

第四章　里　　仁

该篇论仁为至善，需要持续专注于仁。《古论语》为“里仁第六”。

一、里仁为美章

子曰：“里仁为美，择不处仁，焉得知？”

“里，居也。”[①]“宅，择也。”[②]朱熹认为这一章也没有什么奥义，不过就是讲择居而已，古人居必择乡。朱熹的解读自有他的思维方法。“今人说文字，眼前浅近底，他自要说深；在外底，他要说向里；本是说他事，又要引从身上来；本是说身上事，又要引从心里来，皆不可。”[③]

如果如朱熹所言，这句话就很难实现了。如果天下没有仁爱之乡，人又将居住何处？况且，择乡又谈何容易。即便为择居，人为什么去追逐居所，尤其是适意的居所？居所能担保一种栖居发生吗？“但是：居所本身就能担保一种栖居（wohnen）的发生吗？”[④]择居又何尝不是人的存在的本质呢！“栖居乃是终有一死的人在大地上存在的方式。”[⑤]居所不是栖居，居所不过是逗留，这个逗留需要经过努力才能成为栖居。“栖居，即带来和平，意味着：始终处于自由之中，这种自由把一切保护在其本质之中。栖居的基本特征就是这种保护。它贯通栖居的整个范围。一当我们考虑到，人的存在基于栖居，并且是作为终有一死者逗留在大地上，这时，栖居的整个范围便向我们显示出来。”[⑥]居所不意味着栖居，就是因为居所还没有带来和平！且不说我们终日为有房无房而烦恼，且不说我们需要花费太多的精力和时间去装修和打扫房间。可是当这一切都不是问题了的时候，栖居真的发生了吗？和平在家庭发生了吗？地产之纷扰，让人看到了民族栖居之艰难、爱情婚姻之困惑，让人对栖居产生怀疑。人在居所中自由吗？我们是处在自由之境吗？当自由在居所中发生了

---

① 程树德：《论语集释》，中华书局，2013年，第262页。

② 程树德：《论语集释》，中华书局，2013年，第262页。

③ [宋]朱熹：《朱子全书（修订本）》（14），朱杰人、严佐之、刘永翔主编，安徽教育出版社、上海古籍出版社，2010年，第929页。

④ 〔德〕海德格尔：《筑·居·思》，孙周兴译，载《海德格尔选集》（下），孙周兴选编，生活·读书·新知上海三联书店，1996年，第1189页。

⑤ 〔德〕海德格尔：《筑·居·思》，孙周兴译，载《海德格尔选集》（下），孙周兴选编，生活·读书·新知上海三联书店，1996年，第1191页。

⑥ 〔德〕海德格尔：《筑·居·思》，孙周兴译，载《海德格尔选集》（下），孙周兴选编，生活·读书·新知上海三联书店，1996年，第1192页。

的时候，居所才是栖居。居所是密不透风的吗？它给了我们保护，不过这个保护又是那样的“有漏”！我们需要让“保护”发生！在居所中发生保护，让栖居的整个范围延伸在居所中，那是一件多么伟大的工程啊！天地之筑造，这何尝不是现代的女娲补天啊！此人忙碌于居所，蒙蔽了栖居，忘记了居所的栖居的意义。人何尝不是伟大的天地筑造师呢？当人从有形的居所中觉悟的时候，方能认识自己居所的栖居的意义，人一生的价值由此得到天地的评估。

此处的“择”或许就是“宅”，择仁地而居固然重要，然仁地不常有，故处仁最重要。自己处仁，则为“美”，为“知”。自己处仁，则为“里”仁。“言所居之里尚以仁地为美，况择身所处而不处仁道，安得智乎？”[①]“夫仁，天之尊爵也，人之安宅也，莫之御而不仁，是不智也。”(《孟子·公孙丑上》)孟子把“仁”看成是人的家园——“宅”，而这个“宅”显然不是尘世的家园，而是“天之尊爵”，是通向“天”的。通过人的“恻隐之心”就可以上达于天，所以“仁”是人的通向“天”的“安宅”。宅而处仁，这不是智慧，还有什么是智慧呢？

二、不仁者不可以久处约章

子曰：“不仁者不可以久处约，不可以长处乐。仁者安仁，知者利仁。”

“约”：一种解释是贫困。“利”：贪；利天下。“约”：可以抽象解释，也可以具体解释，具体解释包括贫困，抽象解释则为自律和自制。仁者久处约，即仁者有自制的美德，所以处于贫困的境遇而安仁处乐。智慧则表现为以仁为利益，获得仁的利益，这种利益就是恒常的乐，是心灵自身的自制而获得的拥有自我和掌握生命的感觉。

朱熹解释说“利仁”是知道“仁”好，但是还有私意，“知者”知道这个私意不好，要克掉。“安仁”和“利仁”的差别是：安仁的人不知道有仁，利仁的人知道仁好，见仁为一物。仁者不待思而为，利仁者知道有是非，求是。“知”就是以“仁”为“是”。安仁的人心中没有远近内外精粗之别，性未动，存至理，情合天理。利仁已经有人欲和人心了。

按照朱熹的理解，利仁和是非有关，显然上一章择仁地而居，就是有是非的思路，但这样一来，上一章的地位就居于第二了，即有是非的仁的地位。当从“以仁为利”的含义上来理解“利仁”时，仁、知就是一体的。智慧也就是知道仁是最大的善，是最大的利益所在。

---

① 程树德：《论语集释》，中华书局，2013年，第263～264页。

“久处约”“长处乐”须无是非才能做到。因为无是非，因为安于仁之安宅，所以可以“长处乐”，而“久处约”。

三、唯仁者能好人能恶人章

子曰：“唯仁者能好人，能恶人。”

好人为善，恶人为恶。仁者是至善，只有至善的仁人才能恰当地表现自己的情感，才能有正确的是非判断。仁者之爱不分善恶，但又能恰当地分善恶。在孔子看来，要想真正地对好人好、对坏人坏，前提是仁。不仁，就很难真正地做到对好人好、对坏人坏。“臭味相投”“近朱者赤，近墨者黑”。一个不仁的人，看那个不仁的所谓的坏人就比较好；而对于那个较好的仁人可能反倒有一点看不惯，觉得这个仁人有什么问题。这样一来，好人和所谓的坏人正好颠倒了。一个人要坦然面对不同的评价，有负面的评价才正常，好人给正面的评价，不好的人给负面的评价，这是正常的。

朱熹认为好善恶恶是天下人共同的情感。如果有私心，这个好恶之情就不正了。“公”是心里面公，“正”是好恶当理。

这段或许要结合《道德经》来看，天下人说的善有的时候是恶，知道什么是真善真恶，需要一种智慧，超越流俗的意见，如此才能真的有爱心，爱善人，也爱恶人，爱真正的善人。仁者需要从没有是非到有是非，从仁爱的原则过渡到公正的原则。

四、苟志于仁章

子曰：“苟志于仁矣，无恶也。”

王阳明强调是非都要依着良知的真是真非。“苟”：一说诚；一说假设，如果。无恶即至善。超越善恶的恻隐之心有什么意义呢？其意义不胜枚举。在孔子看来，对善恶是非双方都爱，才能有恒常的快乐。如果在对立的双方中只是爱一个，而恨另一个，自然就会受到对立双方情绪的影响，很难有持久的快乐。

在中国古代哲学语境中，意志是两个字，意是意，志是志。“意者，心之所发也，有思量运用之义。”①从哲学上说“立志”，其包含了意欲和意志，一个是欲求，一个是欲求自然趋向的方向。从康德的意志概念更能显示“立志”的哲学意境。“知性也有一种与欲求能力的关系，欲求能力由此而叫做意志，而就纯粹知性（它在这

① 陈淳：《北溪字义》，中华书局，1983年，第17页。

样的情况下叫做理性）仅仅通过一个法则的表象就是实践的而言，则叫做纯粹意志。”①自由意志本身就包含着一种自由的因果性的观念。纯粹的、就自身而言实践的理性是直接立法的。意志自己立法，从修养方面来说就是志向的坚定，就是人的自立。

王阳明说，立志如播下种子，到时候自然结果。人生是一个循环的系统，仁是果实，果实同时也是种子。志是种子，也是果实。“志于仁”不是以仁为对象去追求，而是仁自身以自己为目标。如果把“志于仁”理解为对一种对象的追求，“志”就被理解为一种低级欲求能力的事情。如果追求对象是善的，追求的心不是纯善的，尤其是外求，志向也是无法立起来的。对于这一点，朱熹的应对策略是不够彻底的。朱熹认为，追求的心念不纯洁是过错，不是恶。恶是从内到外，过错是偶然的。朱子用亲切做功夫，用无间断来解释无恶。问题就在于这里，不能亲切做功夫，不能持续做功夫，正好说明志没有立。立志本身就是本体功夫，不是另外做功夫，勉强去立志。“凡是把欲求能力的一个客体（质料）预设为意志的规定根据的实践原则，全都是经验性的，不能充当任何实践法则。”②仁如果只是一个低级欲求的客体，求仁就无法拥有知行合一的力量，自然无法做到“无恶”。

五、富与贵章

> 子曰：“富与贵，是人之所欲也；不以其道得之，不处也。贫与贱，是人之所恶也；不以其道得之，不去也。君子去仁，恶乎成名？君子无终食之间违仁，造次必于是，颠沛必于是。”

“造次”：仓促匆忙。“终”：求。朱熹认为前段讲功夫，中段讲主宰，后段讲操存。要存养仁心，存的心在这里，道理便在这里。朱熹认为众人和圣人都是这个心。关键的问题是众人和圣人的这个心都爱富贵，都不愿意贫贱。得富贵、去贫贱的道在哪里呢？按照孟子的说法，这个道在于付出和所得的关系，在于人伦合乎恻隐和羞恶之心的准则，也在于天爵带来人爵的机制。

追求仁需要坚定，需要贯穿一切时间和一切情境，并且不随着个人境遇的不同而有所改变。坚持一种价值会遇到很多的困难。一种是在日常的情境之下，能够保持仁的境界而不偏离；一种是在遇到窘境的情况下，能够坚持仁境不动摇；一种是不会因为富贵贫贱而改变追求的方向。这里的“名”不应理解成名声，名声是外在的，求仁虽然也可能获得好名声，但仁的追求不是为了名，“仁”即是“名”。“仁”所成之“名”不同于世俗的“名”，仁名让人获得心灵的满足感、崇高感和光荣感，

---

① 康德：《康德著作全集》（第5卷），李秋零主编，中国人民大学出版社，2013年，第59页。
② 康德：《康德著作全集》（第5卷），李秋零主编，中国人民大学出版社，2013年，第21～22页。

是一恒定的“名”。人不必忧虑“无名”，“名”本身利害相随，无“名”需要检讨“仁”自身的成就如何。有“仁”自有光辉，而有“名”。

低级欲求能力起源于感官，高级欲求能力起源于知性；低级欲求能力欲求一个具体的对象，高级欲求能力不欲求具体的对象；高级欲求能力自己是原因，自己规定自己的表象，而低级欲求能力以对客体的表象为实践的原因和起点。对外在事物的追求所形成的志向是一种低级的欲求能力，是属于一般实践理性的范畴。1513 年，王阳明在《与黄宗贤书》中说：“大抵近世学者无有必为圣人之志，胸中有物，未得清脱耳。”[①]“胸中有物”就会妨碍圣人之志的确立。立志的要害是胸中清脱无物，而不是立个追求某种物事的志。“不违仁”需要有一定服从道德律的精神，需要“止”，利害不动于心，安于道德律的自由。

六、我未见好仁者章

子曰：“我未见好仁者，恶不仁者。好仁者，无以尚之；恶不仁者，其为仁矣，不使不仁者加乎其身。有能一日用其力于仁矣乎？我未见力不足者。盖有之矣，我未之见也。”

“尚”：上，超过，胜过。朱熹认为“好仁者”和“恶不仁者”是两种资质的人，前者是天资纯粹的人，后者是天资耿介的人。前者宽宏静重，后者刚毅特立。前者仁与礼上多一些，后者义与智上多一些。

“用力于仁”这个“力”本身就是“仁”的力，是本体自身的功夫，不管是“好”还是“恶”都是自己力量范围内的事情。

七、人之过也章

子曰：“人之过也，各于其党。观过，斯知仁矣。”

“党”：一说类；一说环境。盲目陷入“党”之中，陷入流俗之中，人就为流俗意见所左右，而成为“常人”。仁有自己的个体原则，需要深入自己的内心，深入自己的个体的心灵深处。

朱熹认为这里的仁是指慈爱。朱熹认为君子的过错厚，小人的过错薄，其实这把“党”理解成“类”了。从个人和社会规矩的关系来看更好，人都是受到文化环境影响的，仁者认识到这个层面，能从文化中抽身出来，看出人往往成了某种习俗和文化的玩偶，从而升起了慈爱之心。

---

① 束景南、查明昊：《王阳明全集补编》，上海古籍出版社，2016 年，第 367 页。

八、朝闻道章

子曰："朝闻道，夕死可矣。"

闻道和安仁有关系。"道"的概念"近乎一种予人救赎的理想境界"①。"知"的整体性来源 "闻"。"闻"是彻底的整体性的认识能力本身。"知"则是介于整体性和个别性之间的一个特殊性的概念。"知"过渡到了"闻"，其对应的成就是圣人。"人们不必假设，其他九个部分是通过某种演绎推理的形式化过程而重建起来的，他完全有可能仅仅依靠直觉性的通见，就能够确知整体中的各个部分。"②本杰明·史华兹还说："然而，他总是不断地提到存在着某种认知方式，人们可称为整体的直觉性的理解能力，这是一种概要性的直观能力，其视野涵括了整个的道……在超人的圣贤那里，这种知识似乎既是直觉的又是先天的。在现存《尚书》中包含了某些晚于孔子的文本，其中我们被告知：神圣的圣贤——君王尧、舜、禹借助于他们的概要性通见（synoptic vision），有能力使得规范性的人类秩序呈现于世界之中。"③郝大维、安乐哲也认为孔子强调用一种超出人的纯粹智能的整体化方式来描述"知"。

朱熹认为道只是眼前分明的道理。朱熹认为这里不过是孔子强调闻道很重要罢了，不是说人闻道一定要死。

这里的"道"字，常常被译注为"真理"或者"知识"，要思考何种真理和知识比生命的价值还大。这里的"道"规定了生命的价值。只有在生命本质就是实现道的价值的前提下，珍爱生命或者死亡才都是为了实现道的价值，这个时候才有对生命的超越感。

九、士志于道章

子曰："士志于道，而耻恶衣恶食者，未足与议也。"

志于道者常常陷入挣扎，虽然一心求道，但是心灵依然被世俗利益所吸引，恶衣恶食能够引起心灵的耻辱感，心依然不能摆脱世俗利益的影响。朱熹认为这里说的是那种志向不坚定的人，受到外物的诱惑就变迁了。

---

① 〔德〕罗哲海：《轴心时期的儒家伦理》，陈咏明、瞿德瑜译，大象出版社，2009年，第101页。

② 〔美〕本杰明·史华兹：《古代中国的思想世界》，程钢译，江苏人民出版社，2004年，第88页。

③ 〔美〕本杰明·史华兹：《古代中国的思想世界》，程钢译，江苏人民出版社，2004年，第87～88页。

十、君子之于天下章

子曰："君子之于天下也，无适也，无莫也，义之与比。"

"适者，厚也，亲也。莫者，薄也，漠然也。比者，密也，和也。"①君子对天下不亲、不疏的前提是什么呢？是关心"义"的问题，是因为另有超越的追求。道的超越追求超越了"入世"和"出世"的二元对立。如果说追求"道"是"出世"的话，那么"入世"和"出世"都是"入世"。在追求"有道"的心态下，君子可以为行道而"入世"，也可以为维护道的纯洁而"出世"。在涉及和世界的关系这一问题的时候，孔子常常给予有两种可能性的答案。朱熹认为，"适"是有所必，"莫"是无所主。朱熹认为义是合宜，处世合宜即可。

十一、君子怀德章

子曰："君子怀德，小人怀土；君子怀刑，小人怀惠。"

"怀"：怀念，安于，心里想着。朱熹认为，这里的君子不是成德的人，成德的人不怀刑。朱熹理解的刑就是刑罚。

德是价值和意义的世界，土是现实的世界。君子的家园是价值的世界，小人的家园是现实的世界。人的家园问题，一直是一个哲学的话题。土当然是人的家园，不过这个家园肯定不是永恒的家园。这是由生命的生生灭灭的规律所决定的。这决定了哲学需要另求一恒定的家园，在儒家表述为"德"。不过德和土不是截然对立的，德是意义和价值的世界，当"土"体现德的时候，土也就成了德土。

德和土有区分，就有对立。小人把家园看成是"土"，自然以求"土"的利益和恩惠为人生的目标和意义。而君子以德为家园，自然在"土"的世界感受到一种"刑"。"惠"是惠也是"刑"，土的世界的利益有两面性，即惠和刑这两面。付出才有所得，所得伴随着剥夺，这是因果法则支配的世界。正因为如此，君子对于土的世界的惠持有谨慎的态度。生命之于"土"本身即"刑"的关系，即牢笼中的自由自在。认知自由，还是认知刑罚，涉及能否超越的问题。知刑才能畏，不知刑者不畏。有畏者求有德，以免于刑。"怀"字奥义可谓深矣！断尘念，断尘缘，结圣缘，结德缘，是内在超越必经之路。

---

① 程树德：《论语集释》，中华书局，2013年，第287页。

十二、放于利而行章

子曰："放于利而行，多怨。"

"放"：追求；追逐；依据；遵循；放纵。"放"的意蕴比依据或者追求更多，因利益而自我放逐叫做"放"。只是关心自己的利益，不能体恤他人，自然多怨。内心要利，而外表表现出不要利益的样子，自然会怨恨。利益具有排他性，利有惠和刑两面，怨是刑的一个表现。

十三、能以礼让为国章

子曰："能以礼让为国乎？何有！不能以礼让为国，如礼何？"

何有，言不难也。朱熹认为让是礼的实处。因为实所以感人，如果不让，单纯有一些礼节，也是不能感动人的。为国如果不能从让上着实，那么礼就成了虚文，礼也就没有什么意义了。礼让要求有颗恭敬谦逊的心，而不是争斗的心。

从"如礼何"来看，"礼"的价值更多地体现在国的层面上。公共生活、群体生活都涉及利益，涉及利益的分配，礼让是分配利益的原则，从而也是为国的原则。

"礼让为国"就是让给更好的东西，用好东西取代不好的东西。其一，如果是用人，如果是政治职务更迭的制度，那就是谦让就位，功成不居和禅让制、民主制之类，也就是用贤人、远小人之类。"礼让"不一定是不管如何都把政治职务让给别人，而是如果有能人，有道德更高尚的人，有能够给人民带来更大利益的人的时候，就要把自己的位置让给别人。如果相反则不让。"当仁不让"就是说，如果自己"仁"，别人不如自己"仁"，当然不能"让"。孔子主张"让"不是无原则的"让"。"让"不是说把财富、名誉、官位等统统让给坏人去管理，让坏人有更多的机会干更多的坏事。"让"是把财富、名誉、官位让给那些根本就不想自己拥有这些好处的人，让给那些想用这些东西给人民带来利益的人。尧让位于舜，舜让位于禹，就是让给一个个新的道德高尚的人。其二，如果抽象地讲礼让，就是要那些"好的方面"永远在"坏的方面"之上，让"坏的方面"给"好的方面"让道。

十四、不患无位章

子曰："不患无位，患所以立。不患莫己知，求为可知也。"

朱熹认为，这句话就相当于不怕没官做，就怕有官不会做。朱熹认为，"求为可知”是做一些让人可知的事实，不是做些事然后期待别人知晓。不过是依道理平实做事，不是什么事都不管。

位是事实的世界，立是意义的世界；莫己知是人与人的关系世界，可知是自己的力量的世界。意义的世界是现实世界的根本，是“所以”的领域。“立”的寓意深远。人有家庭，有位算是“立”了，这是“福”的领域，所以“立”的是能力，是德性，是德行，是功德的领域。知己在人，为可知在己，人能够控制和管理的领域是自己，而不是他人。

十五、子曰参乎章

子曰：“参乎！吾道一以贯之。”曾子曰：“唯。”子出，门人问曰：“何谓也？”曾子曰：“夫子之道，忠恕而已矣。”

该章孔子并未直接表示“一贯之道”是什么。曾子定位为“忠恕”。对于“一贯之道”对《论语》哲学的意义，罗哲海认为其意义就是给出了一个新的一贯的思想倾向。“孔子是第一个寻求可以‘一’以贯之的人，这构成其主要的哲学成就。”①“至少就倾向而言，这可以看做是一种前哲学时期与注入哲学思维后的两种伦理观之间的差异。”②一贯之道的运用使得原本受到社会制约的概念得到伦理学上的升华，并且扩大了道德责任对人本身的影响范围。“忠恕”强调了人己关系的重要性，人与人之间的关系被纳入一种平行的类关系中，而不是人伦角色关系中。自我的成就和他人的成就成为这种关系的理论支点和落脚点。

朱熹认为孔子只是告诉曾子一贯之道是因为其他人承当未得。颜回能闻一知十，曾子较愚钝，喜欢一件一件事情去探究，所以孔子提醒他。曾子解释忠恕为一贯之道，这只是曾子的看法，不一定合乎孔子的想法。至于朱熹，自然是讲他的理一分殊的道理，把一理解为一心，贯理解为万事，忠恕就是体一用殊。忠恕是就行为上说，能实现人我、天人贯通，也算一贯了。

十六、君子喻于义章

子曰：“君子喻于义，小人喻于利。”

朱熹认为，君子只是看天理如何，只知道当做不当做，小人则计较利害。何谓“喻于义”呢？一般人们翻译为君子追求义，小人追求利益。这样的翻译应该说不算

---

① 〔德〕罗哲海：《轴心时期的儒家伦理》，陈咏明、瞿德瑜译，大象出版社，2009年，第45页。
② 〔德〕罗哲海：《轴心时期的儒家伦理》，陈咏明、瞿德瑜译，大象出版社，2009年，第45页。

错，但对于“喻”的深层次意义揭示得不够充分。“君子所性，仁义礼智根于心。其生色也，睟然见于面、盎于背。施于四体，四体不言而喻。”（《孟子·尽心章句上》）从孟子所使用的“喻”的含义来看，“四体不言而喻”就是说“四体”充满了仁义礼智，成了仁义礼智的“比喻”“譬喻”“化身”。君子是“义”的化身，小人是“利”的化身。“君子”和“义”二者互相规定。这样一来，要想了解“义”概念的内涵就要从君子典范上面去寻找。

这里所讲不单纯是当做不当做还是计较利害的问题，也不是心追求义还是追求利的问题。心有假象，追求利的人也可能表现出义的气象。一个人是什么样的不是自己想象的，虽然与心有关，但要观察生命的整体表现。从实践上说，是君子还是小人要看一个人引起了他人什么样的感觉，刺激了他人利心的是小人，刺激了他人义心的是君子。“喻”的意思是自然之化，专在于对他人的“染”上、“化”上分析方得。“化”的是什么，就是什么样的人格。因有“喻”，人的境界不可欺，不可隐瞒。

十七、见贤思齐章

子曰：“见贤思齐焉，见不贤而内自省也。”

从对象说，“贤”之“喻”本身即可以引起“思齐”，这是贤之德化；然“不贤”也有不贤之“喻”，这是不贤之恶化。因此，一个“己”需要一个警醒：我们的恶会因不贤之人而诱出，这是修养的良机和检验；我们的善也会被贤人诱出，然需要个人保护、维系，即需要一个学而时习之的过程。

人如果没有良知的明觉，就无法分出贤与不贤，自然就无法思齐与内省。良知明觉先分出是非来，还要立定圣人之志，才能从头到尾，齐贤至圣。

十八、事父母几谏章

子曰：“事父母，几谏。见志不从，又敬不违，劳而不怨。”

罗哲海解释说：“以这种方式，角色伦理与道德两方面的诉求都得以涵盖，正是儒家试图使两种规范系统尽可能相容的典型努力。”①“事父母”是角色伦理，“几谏”是道德方面的诉求。这里是说不违父母的价值判断吗？不是的。是说在不违己志的情况下，行动上可以表现得更好些。曾子问孔子，“孝”是不是就等于“从父之令”，

① 〔德〕罗哲海：《轴心时期的儒家伦理》，陈咏明、瞿德瑜译，大象出版社，2009年，第76页。

缺乏自己的独立意志和价值的准则呢？志、敬、劳三者可以分开。

朱熹说几谏是微谏，只是渐渐细密谏，不是凌暴；只是见微而谏；只是下气、怡色、柔声以谏；不是不谏，也不是触其怒；只是不停地谏，依然要让父母欢心。

要深刻理解“几”。“几”：有无之间者，先天后天之间者，无形有形之间者。几谏有几个层次。第一个层次是先天法的谏，其实就是无谏，就是德化，谏在先天，靠的是内心的志向，靠的是内心一念善的期待。这是谏而无谏，从内化，直到父母自觉向善。

第二个层次是掌握时机，让谏争本身看起来没有痕迹。

第三个层次是不改变后天的秩序。敬老、劳是尊重后天秩序。从先天法来说，谁对谁是父，谁贤谁是父；从后天法来说，谁生谁谁是父。先天法不能否定和冲销后天法。儿女不能将自己置于道德评判者的位置上，因为这样就意味着伦常的颠倒，意味着自己凌驾于父母之上。谏争的时候子女要保持在子女的位置上，保持在亲子关系的秩序中，子女是接受者，而不是给予者。谏争需要警醒，不能在道德感上凌驾于父母之上，不能因为先天法而破坏后天秩序。

十九、父 母 在 章

子曰：“父母在，不远游，游必有方。”

古代，道在家；现代，道在山林。道在哪里，人在哪里。游之方为道，牛羊逐水草而居，人逐道而居。为什么不能远？

朱熹说远了父母会思念，子女无法温清定省。方，方所，要让父母知道方所。能不远当然最好，如不得不远，关键不在身的远近，而在心的远近。和父母心灵心心相印，连接在一起，就是爱亲，就是尊亲，即是同心同德。心的切近克服了身远的局限。

二十、三年无改于父之道章

子曰：“三年无改于父之道，可谓孝矣。”

“孝”即坚守父之道，坚守的前提是学习，是觉悟。父母之道即天地之道，其道难寻。如何为父？子如何知道父之道？这个由己及人的功夫至难，这一关破了，人己关系也就透了。知道对方的道，才是尊重对方。

二十一、父母之年章

子曰："父母之年，不可不知也。一则以喜，一则以惧。"

活得长本身就是一种榜样，活下来有活下来的根据，喜悦的是这个根据，而不是活下来本身。这个根据是一种"不死性"，因为赢得了"不死性"，所以活了下来。不过，依据金岳霖的看法，生灭是一种"老是现实的可能"，"能"无生灭，"可能"有生灭，所以当"惧"。

朱熹说喜的是高寿，惧的是来日无多。喜惧不应当看得太实，从实上看，无惧才好，让这个喜一直持续下去。但喜悦不应当建立在幻想基础上，应当建立在认识生命有生灭的事实基础之上。

二十二、古者言之不出章

子曰："古者言之不出，耻躬之不逮也。"

"逮"：及。"躬"：身。在朱熹看来，轻易说出去的话，很容易把行为不当回事。从言到行，自己进入与他人的关系中，言行之间有时空的距离，需要人努力去达成一致。言如契约，无不真之言。语言分有无，没有行为的语言是无，行为把语言变成有。从无到有需要人行为的努力。有无未完成，就像天地未完成，是一个亏欠，需要去补足。

二十三、以约失之章

子曰："以约失之者鲜矣！"

"约"：多解释为自律。朱熹认为"约"是个实字，凡事须要检束，凡事要自收敛。德性和德行的关键就在于戒。这种戒不单纯是对外在戒条的遵守，这是有相戒。重要的是无相戒，也就是自我焕发出的对自身偏离的倾向的自我约束和矫正。这种矫正的能力就表现为一种智慧。戒和慧是不分的。戒的时候有慧，慧的时候一定有戒的前提。

二十四、君子欲讷于言章

子曰："君子欲讷于言而敏于行。"

"讷"：迟钝，谨慎。从译注的角度来说，"讷"比谨慎更传神。孤，犹偏也。言留在内，或者保持与内在的语言、心灵的呼声的沟通，保持与道言的沟通。这种沟通可以表现为语言，也可以不表现为语言。朱熹认同如下解释：因为语言难出口，所以称为“讷”；行为是困难的，所以应该“敏”。“敏”就是说要力行而不惰。

二十五、德不孤章

子曰：“德不孤，必有邻。”

朱熹认为德不孤不过是说同声相应，同气相求。从现实世界来说，有德的人未必不孤。但有德的人却不会孤，因为他们可以享受天地境界，有着天地的生活，而不仅仅是社会的生活。

不孤，说明没有界限，超越了限制。德的世界相比于现实世界是敞开的，但是这种敞开，不意味着不孤立，在现实世界，德可以是孤立的。只有同样进入德的世界的人才彼此互相敞开，这即是同心同德。

二十六、事君数章

子游曰：“事君数，斯辱矣；朋友数，斯疏矣。”

朱熹认为在人与人交往的时候，谄媚也是“数”。“以谏而数者，却是意善而事未善耳，故圣人特言之以警学者。”①

马克思说，数字计算是小孩最初学会的理性活动。对于下级而言，上级的权力和掌握的利益无疑是比下级要多些，要大些。如果下级主动把自己和上级的关系纳入算计关系中，吃亏的只能是下级。下级要主动把关系扭转到全面的人性关系上来，这样自己的人格才能有保障。因为，如果下级把自己和上级的关系变成了纯粹的利益交换关系，那么上级就可以凭借自己的权力和利益，无休止地使用下级，让下级违背人性的界限为自己服务。结果必然是下级受到侮辱。

一个下属如果对上司要求过多，办事烦琐，就会让上司感到很不自在。一个下属、一个群众如果对上司、领导算计很多，自己也会失去很多。同样，朋友之间的关系也是如此。

人们常常把领导模式分为两种，一种是交易型领导模式，一种是魅力型领导模式。交易型领导对利益进行较多的算计，魅力型领导则注重人格的影响力。孔子更倾向于魅力型领导模式。

① [宋]朱熹：《朱子全书（修订本）》（15），朱杰人、严佐之、刘永翔主编，安徽教育出版社、上海古籍出版社，2010年，第1012页。

第五章 公 冶 长

公冶长，鲁国人，一说齐人；名长，一说名芝；字子长，一说字子张；孔子弟子。关于该篇为什么被排在《里仁》篇之后，一种解释是：在没有明君的时代，贤人容易获罪，在这种情况下，更应该坚定地追求仁德。另一种解释是：《里仁》谈要选择风俗好的地方来居住，该篇则顺着谈论君子的仁知刚直的品性。还有一种解释认为：前篇泛论德，该篇则记具体的人物，论具体人物之德。朱熹认为这篇是论古今人物贤否得失的。总的来看，该篇主要论孔子的弟子。该篇是谁记载的？有人怀疑来源于子贡之徒。孔子有一种超越流俗的观察弟子的方法和角度。该篇的论题多涉及在道不行的情况下，君子如何处世的问题。

一、子谓公冶长章

子谓公冶长："可妻也，虽在缧绁之中，非其罪也！"以其子妻之。

"缧"：一说大索；一说黑索。"绁"：挛也，系也。"妻"：有妇与夫齐之意。可妻，朱熹认为是公冶长有可取之处。朱熹认为不应从不避嫌的角度来理解孔子，而应从合道理处来理解。合道理就做。

关于该章的主旨，有的观点认为是孔子要斥衰世枉滥用刑，可见当时刑法之枉乱。此意该章中有，外在的"罪"来源于社会的法制和规范，"罪"的概念指向外在的强制规范。

这里区分了外在的"罪"和自我的"罪"。自我的"罪"才是很可怕的事情。在这里包含了两种关系，一种"罪"的关系是社会给予的关系，是以社会标准衡量一个人；另一种是自我犯了某种过错，这种过错孔子没有明确说明是自我和规范的关系还是自我和自我的关系，或许两者都有。的确，《论语》中的"罪"概念很难与西方的内在的污点、原罪、本真的罪责存在等含义相吻合，但不排除"罪"中的相关的内容被"内自讼"等发展了。孔子使用的"罪"概念已经表露了孔子对和自我具有普遍必然性的关系的事物的重视，但如果我们想从"罪"的使用中完全发现孔子系统的价值追求，还有一定的困难。

还有一种说法着眼于君子，君子常常遭受不公的刑罚，这时候君子要坚持自己的价值判断和追求。对待贤人也不能被社会表面的现象所遮蔽，需要直面贤人君子，发现人的"无罪"的一面。

关于"可妻"与"缧绁"之间是否有因果关系，有不同的看法，一种看法是没有，一种看法是有。这里选取有连带关系的看法。该章虽然可以看出孔子“罪”的观念，但直接的话题则是婚姻问题。孔子的婚姻观强调不以世俗观念为标准缔结婚姻，而要看个人的美德。关于“非其罪”对应的“是其义”孔子并没有明示，对公冶长品德的认可，以及情感和个性的因素等都可以涵盖其中。婚姻的原则可以分为货币化的原则和人性化原则，这两个原则往往存在着博弈的关系。财富、地位、名声等可以归入货币化原则下面，情感、气质、品德、面貌等可以归入人性化原则下面。当二者冲突的时候，人们往往选择其中的某个方面，孔子显然选择了后者。“公冶长识鸟语”传说最迟在晋代已经产生。“公冶长贫而闲居，无以给食，其雀飞鸣其舍，呼之曰：‘公冶长，公冶长，南山有个虎驮羊，尔食肉，我食肠，当亟取之勿彷徨。’子长如其言，往取食之。及亡羊者迹之，得其角，乃以为偷，讼之鲁君。鲁君不信鸟语，逮系之狱。孔子素知之，为之白于鲁君，亦不解也。于是叹曰：‘虽在缧绁之中，非其罪也！’未几，子长在狱舍，雀复飞鸣其上，呼之曰：‘公冶长，公冶长，齐人出师侵我疆，沂水上，峄山旁，当亟御之勿彷徨。' 子长介狱吏，白之鲁君，鲁君亦勿信也。姑如其言，往迹之，则齐师果将及矣。急发兵应敌，遂获大胜，因释冶长。”[①] 邦无道，则分不清人好人坏，定罪尺度颠倒混乱。朱熹说人只是应当在诚意正心上做功夫，当行则行。

二、子谓南容章

子谓南容：“邦有道不废，邦无道免于刑戮。”以其兄之子妻之。

“南容”：孔子弟子，居南宫，又名适，字子容，谥敬叔，孟懿子之兄。《四书改错》质疑了这一说法。“废”：一说舍置；一说罢免。朱熹说孔子之女年长，先嫁；兄之女少，后嫁。

虽然个人随着邦之道的有无而有进退取舍，但个人心灵之所向却不是邦。个人不把自己完全作为邦中之人，自己依然是一个有个性的个人。在超越“现世”的基本前提下，则可以有“入世”和“出世”两种选择，而不管“入世”还是“出世”，都是为了让世界“有道”，“有道”还是“无道”才是真正应该关心的问题。

如何免于刑戮？心不在流俗，则不会因流俗而激动。一个人过于关注名利，一旦被边缘化了，或者社会的道对他而言是不合适的，是“无道”的，就容易变成“清高”而又有一定偏执的人。这样的人因为自己的价值和社会流行价值相互冲突，也容易遭到刑戮。心不在流俗，又能和社会相配合，以德化人，是很高的人生境界。

残缺是人的生命的本来状态，完美是很难的。南容处世无伤，超越了与社会的

① 转引自陈金文：《“公冶长识鸟语”传说浅论》，《齐鲁学刊》，2002 年第 4 期，第 67 页。

纠缠牵扯，处世不废，同时又能免于刑戮，能够达到这一境界是很困难的。如在“不废”和“免于刑戮”中二选一，优先选择“免于刑戮”。如因追求“不废”，而身处“刑戮”中不为也。刑戮不单单指犯罪，人生的一切伤害都可以说是“刑戮”。邦无道，“刑戮”流行。

三、子谓子贱章

子谓子贱：“君子哉若人！鲁无君子者，斯焉取斯？”

“子贱”：鲁国人，弟子宓不齐。说子贱模仿或者受到君子的影响而成为君子。这是“他力”，他力说虽好，然第一个君子是如何诞生的？靠自力还是上天的恩赐？在《论语》中似乎这两种观念都有，其中有性净的思想倾向，人可靠自力成就，同时天生德予人，有天恩赐和命定的观念。朱熹认为即便是有圣人在，也须要博取于人，方能成德。这里的君子是大概说，不是实说。

在无道的世界，也不是没有君子。一个向善的人依然能够发现他人值得学习的地方，依然可以发现君子。

四、子贡问曰赐也何如章

子贡问曰：“赐也何如？”子曰：“女器也。”曰：“何器也？”曰：“瑚琏也。”

邦无道，器就盛行。器的价值就是有用的价值，人们只是从有用的角度对待人。子贡有很多才华，自然是很受宠的。子贡是“器”，不过不是一般的“器”，而是特殊的“器”。“瑚琏”是庆祝丰收使用的礼器。子贡如“瑚琏”，器以载道。

朱熹说子贡是器之贵者。子贡是气质禀赋偏了，天生就没有得道的气质，还是欠功夫呢？在朱熹看来，两个方面都有。气质偏了，做功夫也会在这个偏的功夫上做。能够超越气质做功夫是很困难的，所以做功夫就是要在偏处去领会。

五、或曰雍也章

或曰：“雍也仁而不佞。”子曰：“焉用佞？御人以口给，屡憎于人。不知其仁，焉用佞？”

“御”：当，犹应答也。“给”：辨也，口舌捷利。佞人在应答别人的时候，只是口舌捷利，缺乏善心。佞会遮蔽仁，并导致人与人之间的关系进入“憎”的轨道。在朱熹看来，仁有深浅、疏密的不同。从细密处说，只要有一处未尽，也可以说是未仁。孔子既然说仲弓可以南面，自然有道理。仁有从慈爱处说的，有从性上说的。佞是无实际的话，也不一定是谄媚，只是口快的人，说话大惊小怪，惊恐的人自然不喜欢他。

六、子使漆雕开仕章

子使漆雕开仕。对曰："吾斯之未能信。"子说。

"信"和充分完善的自我有关，和对自己使命的理解有关，和对事物和自己生命的内在关联关系的理解有关，信可以表露为一种信心，但不局限于信心。就如此例子所显现的那样，一个老师让你去当官，是直接听老师的话算"信"，还是完全自我主张算"信"呢？从此境遇来看，"信"显然不是指盲目地相信，包括自己敬爱的老师。"信"涉及主体对自我的判断，涉及对自我和所要从事的事情之间的关联性的判断。漆雕开未能对"仕"有"信"的关系，"仕"和漆雕开就只有一种外在的关系，没有内在的敞开的关系，"未能信"也可以表示对对象的不了解，没有真实的把握。《论语笔解》中韩愈认为漆雕开善于了解社会风气，也就是"时变"。

朱熹认为漆雕开是不肯做小的。"斯"有所指，不是专门指正心诚意，即此理。朱熹认为要真见得这道理是我的，不是向人假借来的才称得上信。知得深，便信得笃。孔子喜欢漆雕开笃志。"斯之未能信"无信息来到心中，因而无信心。因为没有信心，所以不能正心诚意。因为无信心，自然志向不能立，也就不能格物穷理。朱熹认为漆雕开已经知道八九分了。信要真知如此，没有一点疑问。这个理既是心的理，也是事情的理。如果是一理未透，即是未信。漆雕开未信不只是行为上有勉强，在心中也有小的窒碍。曾点见得快，能见事情的本体，但是在用上面未必全。因为见得高，许多事情未必愿意做，所以曾点的末流就成庄老了。曾子便是着实步步做功夫。曾点开阔，漆雕开深稳；曾点规模大，漆雕开缜密；曾点见解高，漆雕开做事能落实。

七、道不行章

子曰："道不行，乘桴浮于海，从我者其由与！"子路闻之喜，子曰："由也好勇过我，无所取材。"

"材"：一说裁，仲裁；一说桴，材料；一说哉。朱熹说这是孔子的假设之言。孔子和子路浮于海的理由和情况是不同的。子路是因为好勇没有人用才浮于海，孔子则心即在海。这是材料性和仁性的不同。材料性的人生，依据才能被人使用而进退，仁性则随道性的开合而进退。

八、孟武伯问子路仁乎章

孟武伯问："子路仁乎？"子曰："不知也。"又问，子曰："由也，千乘之国，可使治其赋也。不知其仁也。"

"求也何如？"子曰："求也，千室之邑、百乘之家，可使为之宰也，不知其仁也。"

"赤也何如？"子曰："赤也，束带立于朝，可使与宾客言也，不知其仁也。"

"由"的政治境界是"治乱"境界：在统治和管理对象方面，子路眼中完全没有人出现，有的只是国家整体遇到的一些物质层面的问题，主要是外部环境的问题、内部饥荒的问题。

"求"的"物质满足"境界：把着眼点放到物质丰富和人民基本物质生活需要方面是非常现实的。邑，即古代老百姓聚居的地方。家，也是指这种采邑。古代一县的县长叫做宰，大夫家的总管也叫做"宰"。

"赤"的"意识形态"境界：公西华关心的三件事是政治生活中最核心的三件事，即意识形态、精神生活；外交和国际关系；大政方针、宪法、政策的制定。这些都是政治上层建筑和思想上层建筑方面的内容。思想上层建筑是政治制度、政治体制，是政府、议会、公安司法等的本质内容。抓住了这个本质内容就抓住了政治的命脉。

子路有才，但是不好学，不仁是从学上说的。朱熹用体用观点来看，油中如果夹杂其他东西就不叫做油了。仁是全体，如果缺了一个脚就不全了。子路是居敬穷理的功夫不到。

九、子谓子贡章

子谓子贡曰："女与回也孰愈？"对曰："赐也何敢望回？回也闻一以知十，赐也闻一以知二。"子曰："弗如也，吾与女弗如也。"

闻一知十靠的是推理？如果是这样，孔子也肯定人的推理能力。闻本身就是一，是圆融，因为是圆融，本身就是十。十为圆满，而二为有限，为有限的世界。

朱熹说子贡做事没有落到实处，但是却极能晓得，所以孔子爱和子贡说话。颜回是明睿所照，一下子就得着全体了。子贡是暗度相像，推测而知，需要拿一物来比相似处，只能闻一知二。先秦以金声和玉振譬喻，圣人金声而玉振之，朱熹认为颜回也只得到金声，没有得到玉振之。

十、宰予昼寝章

宰予昼寝，子曰："朽木不可雕也，粪土之墙不可圬也，于予与何诛？"子曰："始吾于人也，听其言而信其行；今吾于人也，听其言而观其行。于予与改是。"

"诛"，责。"予"，宰予。对人是抱有信心，相信人性善好，还是没有信心，认识到人性恶好？信心是建立在理想和超越的基础上的，现实则要看到人的不足的一面。看人要看言行。曾国藩会察人，他察人的方法就是谈话，看一个人说话的条理，通过与其谈话看出个人的追求、个人的气质、个人的心理，从而知道一个人在什么层次。言行是外表的，这里的重点不是昼寝，而是朽木和粪土。人是有生命力的，有活力的，有思想的，有追求的。这是人为人的根本，也是人进步的根本。人如果没有了生机，就成了朽木，就成了粪土之墙，从而失去了自我更新的依据，同时也失去了教化的可能。

有的解读者认为，孔子是不是太小题大做了？不就是白天睡个觉，就被说成是朽木。孔子当然不会只是因为这一件事就有此定位，应当是有很多表现，白天睡觉不过是一个诱因。

十一、吾未见刚者章

子曰："吾未见刚者。"或对曰："申枨。"子曰："枨也欲，焉得刚？"

"申枨"：一说孔子弟子申续。无欲则刚，有求则有漏，不能成金刚。"欲"有计较胜负的意思。外面有倔强之貌，内心还计较胜负，还在欲的范围。刚外可退然自守，内不屈服于欲望，这是真刚。

十二、子贡曰我不欲人之加诸我章

子贡曰："我不欲人之加诸我也，吾亦欲无加诸人。"子曰："赐也，非尔所及也。"

高级欲求是必然性的欲求，而低级欲求有对象和资料。对于低级欲求人不可控。

在一些特别的情况下，包括“我”无加诸人也无法实现。

“己所不欲，勿施于人”，该如何理解？显然不是把自己不愿意的方面推到他人的感受上面。当然这样做也是可以的。但是这样做的前提是自己的不愿意的感受和他人的不愿意的感受一致，否则这个过程就无法完成了。朱熹说无是自然而然，本体明净了，就会发出不忍人之心，不用勉强就是仁了。

十三、子贡曰夫子之文章章

子贡曰：“夫子之文章，可得而闻也；夫子之言性与天道，不可得而闻也。”

“文章”：约略指整理古代典籍，当然其中有性和天道的问题。性靠悟的，天道靠知的，没有听说过，不代表不求，不代表没有。朱熹说天道就是阴阳五行，人得到天道就是仁义礼智。从威仪、文辞处去学，学到熟透了，性和天道也就得到了。朱熹认为子贡是后来听孔子说才闻天道的，曾经在文章上用功，一听孔子说就悟透了。《四书改错》反对用理来解释天。韩愈认为，性和天道是一个，如果解释成两个，自然不可得而闻；解释成一个，性中就有天道，自然是可以闻的。

十四、子路有闻章

子路有闻，未之能行，唯恐有闻。

子路急于行，不急于闻。但是子路没有处理好闻见和行为的关系，子路已经陷在语言中了，陷在他人的思想和理念中了，陷在名声中了。开端已经错了，然后又重行，悲剧的人生是其必然的结局。人对闻见要有一个旁观，有一个反思，有一个良知明觉。行的主体是良知，而不是闻见。不知道明觉本性，盲目去行，求知行合一，很容易价值上失去方向。

十五、子贡问曰孔文子章

子贡问曰：“孔文子何以谓之‘文’也？”子曰：“敏而好学，不耻下问，是以谓之‘文’也。”

读书是否算文？技术是否算文？节制欲望，自我修饰算文？好学才算文。人好学才能得到改变，自然是文。

朱熹说这是问孔文子这个谥号的含义。古人谥号就是要选取一个好处用号表示出来，孔文子自然是文上好。一般用一个谥号，两个就不合乎礼了。另外如果没有好处，就用“幽”一类。依据朱熹的意思，这里不是贬低孔文子的意思。孔文子之文和周文王之文层次不同。有经天纬地之文，有文辞之文，有伦理之文，有处世之文，有好学之文。

十六、子谓子产章

子谓子产：“有君子之道四焉：其行己也恭，其事上也敬，其养民也惠，其使民也义。”

孔子称赞子产有四个方面比较好，其中一个是自己能够管理好自己、尊重自己、爱护自己，有自信，追求自我的健康成长；一个是在侍奉上级的时候，能够尊敬对方；一个是能够给老百姓带来好处；一个是能够尊重老百姓的观点和意愿。以上四个方面可以概括为德性和伦理两个层次。第一个层次是自己的德性，这是核心。自己要自重，要培养自己的道德，第二个层次是对上和对下的关系。朱熹说，惠有宽的意思，义有刚的意思，子产为政宽猛相济。义有教民之义的意思。还是从子产自修的成就上来理解好些。“恭”说明正确处理了个人修养和从政的关系，未在从政中贬低自我的人格，反而因自我的人格受到尊敬。这是对先天法的强调。敬则是对后天法尊重，尊重上下尊卑秩序。惠是后天法，义是先天法。义要求君子以正确的道理规范民众，展现出来的是人格修养的价值；惠则是在领导和被领导秩序中领导应该具备的美德。

十七、晏平仲善与人交章

子曰：“晏平仲善与人交，久而敬之。”

“晏平仲”：齐国大夫，名婴。久交容易让人发现人生的缺陷，从而失去尊严感，能升起敬意说明自身有内涵。有人容易一下子就很吸引人，有的人开始见面时不是那么令人欢喜，但交往久了发现有魅力。这一方面要看交往的对象自身的境界，境界高的人才能识别别人的好。久交，君子自然有机会提升他人，从而让不喜欢自己的人喜欢，不尊敬自己的人变得尊敬。但这与世风不合。世风是那些近交而为人喜欢的人更容易获得尊敬。

十八、臧文仲居蔡章

子曰：“臧文仲居蔡，山节藻棁，何如其知也？”

“臧文仲”：鲁大夫臧孙辰。“居”：藏。“蔡”：大龟。天子大龟一尺二，诸侯一尺，大夫八寸，士人六寸。“棁”：梁上的短柱。“山节”：刻成山形的斗拱。“藻棁”：画有藻文的梁上短柱。

十九、子张问令尹子文章

子张问曰：“令尹子文三仕为令尹，无喜色，三已之无愠色，旧令尹之政必以告新令尹，何如？”子曰：“忠矣。”曰：“仁矣乎？”曰：“未知，焉得仁？”

“旧令尹之政，必以告新令尹。”（《论语·公冶长》）说明令尹子文遵守了其社会角色，也就是官位角色的“公德要求”，“忠”可以理解为一个人遵守其社会角色要求的“公德”，这个“公德”的内容就是如果你处在相反的角色的时候，你对目前所处的角色会有什么样的道德期待呢？这个道德期待就是你所要履行的“公德”。这样理解的“公德”保证了主体的自我领悟性，自我可以通过自我的智慧和必要的类推能力把握自己所要履行的公德。

“令尹子文三仕为令尹，无喜色，三已之无愠色。”（《论语·公冶长》）在这个句子中揭示的哲学问题和哲学逻辑是“个体”对超越社会角色的“自我”的认知，在“个体-社会角色”的关系中，令尹子文表现出来的是社会角色、社会地位得失对其“喜”“愠”没有影响，这说明“忠”还表现为“个体”对自我道德价值地位的肯定和认知，而不仅仅是对社会角色要求的道德品质的认知和践履。令尹子文的“忠”德表现的第一个方面的内容显示，“忠”这个德性要求社会地位的变化不影响个人完善自我的道德价值追求。此“忠”还没有达到仁知的“忠”，孔子追求的是仁知的“忠”。

“崔子弑齐君，陈文子有马十乘，弃而违之。至于他邦，则曰：‘犹吾大夫崔子也。’违之。之一邦，则又曰：‘犹吾大夫崔子也。’违之。何如？”子曰：“清矣。”曰：“仁矣乎？”曰：“未知，焉得仁？”

“崔子”：崔杼，齐国的大夫，曾杀死齐庄公。要看到恶中包含的善，要看到遭恶者自身的问题，要看到历史发展的趋势，要积极地以爱心感化人。齐国是鲁国的邻邦，当时有一大臣崔杼叛乱，杀掉了齐国君王庄公。陈文子也是齐国的大夫，和崔子是同事，地位相当，他有十部马车，一共四十匹马。他对崔子的叛变看不下去，把自己的偌大财产都丢掉不要，逃离了齐国。到别的国家一看，这个国家的大臣和齐国的崔子一样。因此又周游列国，到处走，又到了另外一个国家，则又是同样的感叹。子张问孔子：老师，像陈文子这个人，你看，怎么样？孔子说，是个清高的人。子张问：陈文够不够得上“仁”的程度？孔子就说，他缺乏智慧，怎么可能达到“仁”

的修养？“水至清则无鱼，人太清则无福。”清高不是不好，但清高不是最好，因为清高的人往往比较自私，只顾自己，这里看不惯，那里看不惯，就是没有反思是否自己有问题，自己有些方面需要改一改。要避免用否定的观点看世界，喜欢批评，谈得头头是道，不过却往往干不了事情。

二十、季文子三思而后行章

季文子三思而后行。子闻之，曰：“再，斯可矣。”

“思”同样要求直觉性的果断，不需要复杂性的思维，思维的复杂性会影响行动的有效性。“思”与“行”之间并没有根本的区别，自然不必无限地扩大两者之间的距离。一思最好，二思已经杂了，三思则有人欲在其中。“三思”是无思，待事情接近完成再加人工。

二十一、宁武子邦有道则知章

子曰：宁武子邦有道则知，邦无道则愚。其知可及也，其愚不可及也。

“宁武子”：卫国大夫，名俞。依据朱熹的说法，这里的愚并不是装傻。当君失道的时候，武子周旋其间，尽心竭力，不避险难，能保身又能济其君。

二十二、子 在 陈 章

子在陈，曰：“归与！归与！吾党之小子狂简，斐然成章，不知所以裁之。”

“陈”：武王封舜的后代为陈。“狂简”：一说志大才疏；一说志大才大。焦循解释为狂狷。“裁”：一说主语是孔子；一说主语是弟子。黄侃认为这不过是一个托词，出于礼节。清代沈涛认为这是说冉求的，是说孔子在陈，鲁召冉求，孔子认为冉求狂简。此段关键还在于如何理解“成章”，如果是文章就是裁文章，如果是自身的文采，就是变化气质。人的使命很多，有不同的层面，教化弟子何尝不是人生一大乐事！

二十三、伯夷叔齐章

子曰：“伯夷、叔齐不念旧恶，怨是用希。”

“伯夷、叔齐”：孤竹君的两个儿子。道德需要一个“忘”字，忘掉旧恶，忘掉一切负面的印象和经验，让心灵从怨中解放出来，自然也不容易招来怨恨。“用希”就是不念，念旧恶就是怨。在现代语境中，需要确定是伯夷、叔齐自己不怨，还是别人对伯夷、叔齐不怨。自己不怨是一种人生境界，别人对自己不怨，是更高的境界。也有人认为此章是劝诫冉求，不要过于追求名利，那样会遭怨，要向伯夷、叔齐学习。

二十四、孰谓微生高直章

子曰：“孰谓微生高直？或乞醯焉，乞诸其邻而与之。”

“醯”：醋。社会大众的道德认知往往是有问题的，这种认知拘泥于事情的表面。“微生高”可以说好事做过了头。要用自己的物品做善事，不可用别人的物品做善事；不可过多介入别人的事。

朱熹说“微生高”屈曲、推诿和心曲。易得之物如此，大事又会怎么样呢？微生高有掠美的嫌疑，用心有了好名和乡愿的意思。不过，也可能仅仅是愿意帮助人。人有时也有帮助人的病，要帮助人，忘记了彼此的分界，就成了介入他人的事情。他人求“我”，“我”自然有义务，不过这个义务不是当然的义务，因为这个义务只是对方提出的，自己有权利拒绝。人谈恩，也会有错，恩不必出自自己；人拒怨，也不全对，恩由己出，怨归谁呢？朱熹提出的这一问题，值得思考。

二十五、巧言令色足恭章

子曰：“巧言、令色、足恭，左丘明耻之，丘亦耻之。匿怨而友其人，左丘明耻之，丘亦耻之。”

孔子反乡愿、反伪善。外表的善需要内在的善的支持。外表与人友善，外表恭敬，外表有好颜色，并不意味着善。如果内在是怨恨，则是一个道德的陷阱。在这种情况下，需要一种道德警醒，对这种情况产生一种耻辱感。道德有很多假象，外表有美德，实则匿怨。左丘明，按照康有为的意思就是左丘，失明的人。在孔子后九十五年还在世，所以这段话是刘歆伪古文《论语》写入的。因为按照这段话的意思，左丘明应该在孔子之前或与孔子是同辈人。

“足”：是画蛇添足之足，是过；本当如此，还觉得不够，就是足。因为这样就失去本心了，有了谄媚的意思。言、色、行不及也不可以，因为这样会失去人与人沟通的媒介，言、色、行就是一个自然，就是一个恰当。

二十六、颜渊季路侍章

颜渊、季路侍。子曰："盍各言尔志？"子路曰："愿车马、衣轻裘，与朋友共，敝之而无憾。"颜渊曰："愿无伐善，无施劳。"子路曰："愿闻子之志。"子曰："老者安之，朋友信之，少者怀之。"

"伐"：一说夸；一说自称；一说讨伐。"施"：一说夸耀；一说加与别人。从这句话来看，颜渊的志向偏向于自我解脱，"无施劳"，即没有施与之劳，显然重在自我人格修养，"无伐善"，即说明颜渊不会用善去讨伐他人。子路希望把自己的物质性的财富与人共享；孔子要让老者、少者相安。"安"：是一个很高的境界，寂静，自由。"怀"：保护、护佑。"信"：同心同德。

朱熹对此章讨论得很充分。子路之善只是物质的施与，没有道德的德化力。如果没有物质财富，如何行善呢？子路的功夫是个粗浅的功夫，向外了。颜回只是在心上领会，就性分上领会。颜回在人己之间可以推己及人，善已经获得了公共性。子路和颜回都无我，不过子路从意气上做功夫，就事上做功夫，颜回就义理上做功夫。子路求仁，颜回不违仁，孔子安仁，这都是将自己和物对应起来说。

朱熹解释无伐善就是不矜其能，无施劳就是不矜其功。自以为善、施，可能让别人不舒服；反过来也一样。能够让别人不伐己，是更为困难的功夫。需要体会无为的意思，善化无迹。真善无伐，真施无劳。

二十七、已矣乎章

子曰："已矣乎！吾未见能见其过而内自讼者也。"

《孔子——即凡而圣》认为相关的"内自省""内自讼"在孔子的思想中占有不是很重要的地位。有没有内自讼代表着一种思想关心心灵的深度，以及自我反思和反省能力的发展。过，有不同的参考角度，即天人的角度、人与人的角度、人和自我的角度。天人角度涉及人是否有原罪的问题。

这里的关键还是要在"见"字上琢磨。对于自己的过错，当然可以参照社会规则来发现，也可以参考他人的道德行为来发现，但是最终还是要靠自己心灵的自我关照，也就是自我发现。自我发现的最高境界是"见"自己的过错，对于过错的根源有一种良知的觉照，从而使得过错变得清清楚楚。

身心关系犹如倒影和阴影，外在的一切，体认在心灵中犹如指向自己。心灵自己显示自己，自己审判自己。内自讼是时时刻刻发生的，不存在无人可以达到的问题。但是为什么还说“未见”呢？这一内自讼因为良知明觉被遮蔽而不可自我清醒地认知。

朱熹说，罪己是需要的，但是也不应该长留在心中成为悔恨的心情。如果心中还有悔恨，说明没有完全改过，改过以后这个心态就没有了。但是这样又提出了一个新的问题：过去的事情，现在改过，有用吗？朱熹认为没有用了。其实不然，过去的过错，都会留下当下的印记，当下的改错之心，就是弥补过去的过错，过去的过错是可以挽救的。

二十八、十室之邑章

子曰：“十室之邑，必有忠信如丘者焉，不如丘之好学也。”

好学高于忠信。这里的忠信为一般意义上的忠信，高层次的忠信包含了“学”，是“学”的展开。“十室之邑”，即现在所说的社会生活。孔子的忠信和别人的忠信有一样的地方，即都是社会的产物，这样的忠信是习俗性的，是习惯性的，是惯例的道德。

风俗习惯在什么意义上是伦理学的对象呢？就是因为风俗习惯涉及伦理来源问题和伦理道德的形成问题，所以可以成为伦理学一个重要的内容。亚里士多德就是持有这样的看法。“德性分为两类：一类是理智的，一类是伦理的。”“理智德性大多由教导而生成、培养起来的，所以需要经验和时间。伦理德性则是由风俗习惯沿袭而来，因此把‘习惯’（ethos）一词的拼写方法略加改动，就有了‘伦理’（ethike）这个名称。由此可见，对于我们，没有一种伦理德性是自然生成的。因为，没有一种自然存在的东西能够改变习性。”①“凡是自然如此的东西，都不能用习惯改变它。所以，我们的德性既非出于本性而生成，也非反乎本性而生成，而是自然地接受了它们，通过习惯而达到完满。”②

亚里士多德给出的理由是两点：其一，潜能和现实的区分。“并且，我们自然地接受了这份赠礼，先以潜能的形式把它随身携带，然后以现实活动的方式把它展示出来。”③“立法者们通过习惯造成善良的公民。”④

其二，行为和行为者的区分。“正是因为在犯难冒险之中，由于习惯于恐惧或者习惯于坚强，有的人变成勇敢的，有的人变成怯懦的。”⑤“总的说来，品质是来自相同的现实活动。所以，一定要十分重视现实活动的性质，品质正是以现实活动

---

① 〔古希腊〕亚里士多德：《尼各马科伦理学》，苗力田译，中国人民大学出版社，2003年，第25页。
② 〔古希腊〕亚里士多德：《尼各马科伦理学》，苗力田译，中国人民大学出版社，2003年，第25页。
③ 〔古希腊〕亚里士多德：《尼各马科伦理学》，苗力田译，中国人民大学出版社，2003年，第25～26页。
④ 〔古希腊〕亚里士多德：《尼各马科伦理学》，苗力田译，中国人民大学出版社，2003年，第26页。
⑤ 〔古希腊〕亚里士多德：《尼各马科伦理学》，苗力田译，中国人民大学出版社，2003年，第26页。

而区别。从小就养成这样或那样的习惯不是件小事情，相反，非常重要，比一切都重要。”①

美国的汤姆·L. 彼彻姆在他的《哲学的伦理学》中指出：人们所说的“道德的”和“不道德的”的第一种含义是“道德上正确的”和“道德上错误的”。第二种含义是道德领域之内还是之外。“道德是一种带有一套可习得的规则的社会惯例。”②

风俗习惯在什么意义上可以说是道德的或者伦理的呢？风俗习惯的道德性具有相对性。既定社会中的习俗，并非全部都被当作是道德，疏忽或者违背也不会遭到道德谴责；在一个地方被认为是道德的习惯，在另外一个地方往往被认为是不道德的；但另外，很多习惯和习俗又是所有民族几乎共同赞同的习惯，从而成了普遍的习惯，这就需要尊重习俗。所以需要区分风俗习惯和法律等的区别。

很多相对主义的道德观以及相关的讨论往往与把道德看作是社会惯例有关。在相对主义道德观那里，道德标准只是社会习惯或社会风俗的反映，道德行为是在一个具体文化习俗中被认可的行为。

相对主义可以分为规范相对主义和文化相对主义。文化相对主义“这个观点在一般理论基础上进一步推演后成了下述的原理：一切道德标准仅仅是社会习惯或社会风俗的反映，也就是说，道德的行为是在一个具体文化中被习惯所认可的行为”③。相对主义者主张，一个人的价值观或一种社会文化的价值观，并不或无须支配别人的行为。“规范相对主义的见解有时可以简略地表述如下：‘任何事情是正确的或错误的，仅当某个人或某个群体真诚地相信其为正确的或错误的。’”④

其一，考虑其背后的道德辩护方式。因为伦理学更为关心的是人们在“他们思想中认为什么是合适的、正当的行为，什么是出于道义必须履行的行为”⑤。伦理学如果也关心风俗习惯的话，也是从后者的角度来关心的。即使在谈到“习惯性道德”的时候，它也绝非仅指习惯本身——那种有规则地反复出现的行为次序，而是还指行为者起码是含蓄地持有的观点，即他们认为自己反复做的行为在某些方面是正当的；它决非仅仅指人们实际完成的行为，而是必定还指应该做的行为。⑥伦理学应该包括对风俗习惯传统进行反思的那些思想和学说，尤其是着眼于思考习惯行为背后的道德辩护方式的学说。如中国近现代以来持续进行国民性反思。从这个意义上说，就可以算作是一种伦理思考。当然，这里的“反思”也包括一种学说努力去维护某

① 〔古希腊〕亚里士多德：《尼各马科伦理学》，苗力田译，中国人民大学出版社，2003 年，第 26～27 页。

② 〔美〕汤姆·L. 彼彻姆：《哲学的伦理学》，雷克勤、郭夏娟、李兰芬等译，中国社会科学出版社，1990 年，第 11 页。

③ 〔美〕汤姆·L. 彼彻姆：《哲学的伦理学》，雷克勤、郭夏娟、李兰芬等译，中国社会科学出版社，1990 年，第 52 页。

④ 〔美〕汤姆·L. 彼彻姆：《哲学的伦理学》，雷克勤、郭夏娟、李兰芬等译，中国社会科学出版社，1990 年，第 62 页。

⑤ 〔美〕艾伦·格沃斯等：《伦理学要义》，戴杨毅等译，中国社会科学出版社，1991 年，第 2 页。

⑥ 〔美〕艾伦·格沃斯等：《伦理学要义》，戴杨毅等译，中国社会科学出版社，1991 年，第 3 页。

种习惯和传统，为其进行道德上的辩护。

其二，考虑社会重要性程度。但这种理解的难题是难以区分道德规则和其他规则，因为所有的规则都教导我们应当做什么和必须做什么，并且要求我们关心他人的利益。约翰·哈特兰–斯温认为：“许多此类惯例，特别是法律和礼仪，只有根据它们的社会重要性程度，才能与道德相区别；而它们在性质上或者实质内容上并无区别。”①孔子在这里强调了自己追求的道德生活，即要超越惯例性道德。

① 〔美〕汤姆·L. 彼彻姆：《哲学的伦理学》，雷克勤、郭夏娟、李兰芬等译，中国社会科学出版社，1990年，第12页。

第六章　雍　　也

该篇似乎多论及弟子。关于该篇和上一篇的关系以及该篇的主旨，南怀瑾说："《公冶长》代表修德之体；《雍也》代表进业之用。"①《雍也》一篇虽然篇名没有点出主题，但是一开头就提到"南面"问题，这一篇总体上是讲政治问题的。

一、雍也可使南面章

子曰："雍也可使南面。"

"雍"：冉雍，以德行著称，曾经做过季氏宰，他气量宽宏，沉默厚重。"南面"：有说是天子、诸侯、卿大夫的官位；从政；从政的才华。后说比较符合孔子一贯的思维方式。"南面"：不过是说冉雍有从政的才华，是一种虚说。

这段话从语义上来说，争议不大，这里对面临的一些解释学的问题进行讨论。其一，考虑不考虑冉雍这个人的出身背景、人生经历和性格特征，得到的意思会有很大的不同。南怀瑾通过引入冉雍的出身情况来解读。冉雍，字仲弓，比孔子年轻二十九岁。按照李零的说法，他是政事之材，也是道德先生。对解读这段话比较关键的背景信息是：他出身于贫贱家庭。南怀瑾由此认为，这样的出身下意识中难免会有自卑感，孔子的这段话就包含有鼓励的意思在里面。这一解读引入了个人的奋斗、才德和出身的关系这样一种逻辑关系。这里需要讨论的一个问题是：有没有必要引入这种背景因素？应该是有必要的，因为单纯从句子上看这一段论说，的确缺乏太多的思想内涵，引入背景因素，其思想内涵就更丰富了。但这一引入会默认孔子心目中有个人出身和个人奋斗，换句话说有个人和人伦关系这种逻辑区分，如果没有，这一引用就是不合理的。

其二，一些关键词语的解释也会影响到句子要表达的意思。比如该如何理解"南面"？这里面也有很多解释学的问题可以讨论。南怀瑾强调，"南面"在古文中往往就是称帝称王的代名词。他为此还讲了中国古代文化的一个传统，就是正南向的房子只有官府的衙门或者神庙才有。李零还通过引入西汉式盘来论证。阜阳双古堆出土的西汉式盘，其中的九宫盘，天盘为"君"在北面，"相"在东面，"将"在西面，"百姓"在南面。中国古代传统需要避免一种解释陷阱，即这种传统是后来形成的，是不是孔子当时的传统呢？在缺乏必备的知识和证据的时候，阅读者需要知道其中的分别。另外，就是虚说和实说的问题，辜鸿铭直接把南面译注成了"国君"，这是

① 南怀瑾：《论语别裁》（上册），复旦大学出版社，2015年，第252页。

实说。还有一个问题就是程度的问题，译注成“帝王”，还是一般的长官的呢？南怀瑾通过将“闲置帝王才”作为标题来解读，自然是持有帝王说，而杨伯峻译注为“一部门或一地方的长官”，比较巧妙地回避了“帝王”问题。

其三，价值取向问题。为什么“南面”定位很重要呢？这涉及孔子的价值取向。如果是实说且采纳帝王说，就等于孔子公开宣扬普通人也能做帝王。这就有了革命的意味。顾立雅就觉得孔子在这里宣布了一项重要的革命性的政治原则，也就是非世袭的原则。

其四，心态问题。如何对待这句话，读者的心态也起到很关键的作用，尤其是要借古人的话表达自己的想法也会影响很大。心态不同、自己想要说的话不同，会赋予文本不同的面貌。如果读者已经预先认定孔子是一个追求政治地位的人，那么读这段话就会觉得这是一个很好的证据，证明了孔子有帝王意识。如果读者是顾立雅这样的心态，就会觉得孔子有一定的民主或者革命的意识，因为普通人也可以当帝王。

可以采纳哪些看法呢？总体上看，虚说较好，虚说肯定了个人和人伦秩序的逻辑区分，避免了把“南面”定位为帝王和一般官员的困难，从而也就不存在帝王心态的问题了。南怀瑾提到公冶长是犯法的人，冉雍是出身不好的人。“所以这两篇书，第一个提到的人，都是在困苦艰难中，由孔子的培养，学问德业才能有所成。”[①]从这一基点上来理解孔子在这里的论说是可行的。

二、仲弓问子桑伯子章

> 仲弓问子桑伯子，子曰：“可也简。”仲弓曰：“居敬而行简，以临其民，不亦可乎？居简而行简，无乃大简乎？”子曰：“雍之言然。”

“子桑伯子”：一说秦大夫；一说鲁人；一说是庄周说的子桑户；一说是孔子弟子，叫桑伯子，即秦穆公时候的子桑；一说子是孔子；一说是子桑和伯子；一说是供养长幼老少。《说苑》说子桑伯子“不衣冠而处”，孔子说他“质美而无文”。

“可”：可以；可以但是未尽。“简”：无礼文；宽略，不细；简单，不烦；率直。“居”：一说居家；一说居上位。“大”：一说为“太”；一说大。

一般理解这段话是否定居简而行简，肯定居敬而行简；一种理解是肯定居简而行简更好。这里仲弓肯定了行简。临民的时候要行简，也就是要简易。朱熹说居敬是自处以敬，行简是所行得要，内外都贯通。

居敬和居简是该句争议的关键。居应该无实意，不过是形容简和敬的。把握这段话要注意几个层次，一个层次是主体及其状态；一个层次是行；一个层次是临民。

① 南怀瑾：《论语别裁》（上册），复旦大学出版社，2015年，第254页。

其中可能包含地位差异，即主体和行为的区分，包含个人德性造成的落差。以此来把握临民需要居敬行简。敬包括自己外表的礼仪和内心的高贵。不临民仅就自己和自己的行为而言，简即可。

读《论语》，面临的一个难题是语言环境，也就是所讨论的事情或者当时的语言情境是什么样的，这是一个问题。另外一个问题是读者把《论语》中的话拉到一个怎样的语言环境中来理解。

三、哀公问弟子孰为好学章

> 哀公问："弟子孰为好学？"孔子对曰："有颜回者好学，不迁怒，不贰过，不幸短命死矣。今也则亡，未闻好学者也。"

此"好学"不同于读书的好学，好学表现为一种德性方面的事情。"好学"是成圣成贤的事情，不是读书的事情。是否"贰过"只是表示自己进步的程度。如果总是"贰过"，可能表示自己原地踏步，或者退步。每个人生的阶段都有这一阶段的过，超越了过去的过，即是人生的一个新的台阶。不"迁怒"代表对自我进步的专注，以及自我责任的担当。人生进步不进步是自己的事情，问题要自己处理。君子之道是"独一"的道路。唯圣人能寂然不动，故无过。不迁怒如镜悬水止，不贰过如冰消冻释。

四、子华使于齐章

> 子华使于齐，冉子为其母请粟。子曰："与之釜。"请益，曰："与之庾。"冉子与之粟五秉。子曰："赤之适齐也，乘肥马，衣轻裘。吾闻之也，君子周急不继富。"

"釜"：六斗四升。"庾"：二斗四升。"秉"：十八斗。"赤"：公西华。"冉子"：冉雍。伦理的指向应该是弱者，是需要帮助的人，这是"周急"的意蕴。"继富"：人之道，损不足补有余；天之道，损有余补不足。这是一种对平等公正的话语表达方式。平等有不同的视野，一个视野是从表面上看财产的多少，力求平均，进行损益。这是比较表面的方面。然后是考虑付出和贡献，从贡献和所得的角度来看。多得可能贡献大，少得可能贡献小。而且这个贡献还有前定和经验两个层面。还有一个视野就是需要的角度，有急迫需要者先得是公正和平等的。

这里的周急是照顾弱者的伦理原则。子华家贫，孔子照顾他是仁爱的原则，也是美德的要求；冉子提出了要求，孔子答应了，这是一种权利和义务关系；子华照顾自己的母亲，这是当然的义务原则，自己乘肥马、衣轻裘而不顾母亲是不对的；子华为国而有所得，也是一种公正的原则。冉子不听老师的话，并且多给子华东西，超出了周急的原则，有两个错误。

五、原思为之宰章

原思为之宰，与之粟九百，辞。子曰："毋，以与尔邻里乡党乎!"

"原思"：孔子的弟子原宪，字子思。五家为邻，二十五家为里，一万二千五百家为乡。原思在任孔子家总管的时候，孔子给他小米九百斗（斛）。

《论语余说》说这里的"辞"并不是推辞所有的俸禄，而只是多余的俸禄。孔子说：不必推辞，这是你劳动应该得到的报酬，多余的报酬可以照顾邻里。这里其实包含了两个理论原则：其一是所得和付出对等的公正原则，即原思所得与其付出对等；其二是仁慈、慷慨和慈善的原则，即多余的所得应该施舍给他人。

孔子之前无家臣，这时候才有。这个时候应该是孔子已经当上司寇了。原思也有自高的倾向，因其平日节俭，自然觉得九百太多了。

六、子谓仲弓章

子谓仲弓曰："犁牛之子骍且角，虽欲勿用，山川其舍诸？"

"犁牛"：勤奋，平民，朴实。"骍"：长着红色好看的角的耕牛。付出与所得的过程有的时候表现在代际关系上。农民是这个世界上付出很多的一个职业。很多人才都是由这个职业孕育而出的。山川会欣赏犁牛之子。山川是自然界，是山川之神，是天，是贤明的领导者。

七、子曰回也章

子曰："回也，其心三月不违仁，其余则日月至焉而已矣。"

颜回心停留在仁境。三月为虚数。朱熹说心是镜子，仁是镜子的明。心就是仁。三月不违仁，不是功夫所及，如果说是功夫也是本体功夫。日月至是人为的功夫，是有为法，并不可靠。

八、季康子问仲由章

季康子问："仲由可使从政也与？"子曰："由也果，于从政乎何有？"曰："赐也可使从政也与？"曰："赐也达，于从政乎何有？"曰："求也可使从政也与？"曰："求也艺，于从政乎何有？"

"何有"：有余力；不行。"果"：果敢；结果。"达"：视野开阔；名气大。"艺"：有才华和美学特质。这些品质和从政有关系，又没有关系。

季康子问孔子：仲由这个人，可以让他治理政事吗？孔子说：仲由果敢决断，让他治理政事有什么困难呢？又问：端木赐，可以使用他治理政事吗？孔子说，端木赐通情达理，让他治理政事有什么困难呢？又问：冉求可以使用他治理政事吗？孔子说：冉求多才多艺，让他治理政事有什么困难呢？

一般认为，成功的领导者除了诚实正直以外，还具备三个特征：智力、自我激励和成就驱动。用孔子的话来说，就是最好的政治家，应该是兼具"果、达、艺"。

其一，"果"的优缺点。子路有军事统帅之才，个性果敢，对事情决断得太快，而且下了决心以后，绝不动摇。决断、果敢，可决胜于千里之外。从政需要政绩，需要结果。在功利主义的时代，不能拿出明显的政绩结果的干部往往是不被社会所承认的。而且只是看到结果的干部不一定是一个最好的干部。行动固然重要，指导行动的思考更为重要。另外，中国文化强调过刚易折，太关注结果，往往就不能考虑问题的全面，不能考虑问题的长久，从而往往会使得国家面临更大的困局。"果"是自我激励和成就驱动。成功的领导者是以结果为导向的。当实现了一个目标后，他们会主动寻找第二个目标。他们基本上不依赖下属的激励就能实现目标。这对于一个领导者来说，也是很必要的。但是果也有果的缺点。这就是这些"果"，有可能越来越远离群众的需要，并拖垮群众的财力和物力。在群众没有得到实际好处的情况下，"果"就成了干部头上模糊的光环，而不能为群众真正认可。

其二，"达"，过于想得开，也不好。这样子从政就犯了过于松的毛病。对于政绩不追求，对于利益不敏感，往往会带来一定的损失。太通达，把事情看得太清楚，功名富贵全不在眼下。聪明通达的人，不一定对每件事盯得那么牢。往往不能给下属一个比较明确的行政指令。以满不在乎的心态从政，也不太妥当。成熟与宽宏大度也是领导必备的一个条件。成功的领导者往往在情感上表现成熟并有较为广泛的兴趣爱好。

其三，"艺"，有一定的审美修养，有一定的特殊的才华，但是从政还需要厚重的道德。冉求是才子、文学家。诗、词、歌、赋、琴、棋、书、画，样样精通，从政也不是最好的。成功的领导者常常比下属表现出较高的智力，但仅仅依赖较高的智力，未必就能成为一个好领导。

九、季氏使闵子骞为费宰章

季氏使闵子骞为费宰，闵子骞曰："善为我辞焉。如有复我者，则吾必在汶上矣。"

"汶"：大汶河，鲁国北部，齐国境内。闵子骞：比孔子小十五岁，年纪比别的同学大一点。

季家请他去当"费"这个地方的"宰"。闵子骞听到了，就告诉传话的人说："您好好替我推辞他，我是不会做的。而且，如果有第二个人再来对我说这件事，那时候我已经过了齐、鲁两国交界的汶水了。"

十、伯牛有疾章

伯牛有疾，子问之，自牖执其手，曰："亡之，命矣夫！斯人也而有斯疾也！斯人也而有斯疾也！"

"亡"：一说死亡；一说没办法。"斯人"：一说这么好的人。疾病凸显了生命的意义，也凸显了道德的意义。疾病和人的关系是一种自然的关系，这种关系很容易导致人死亡，"命"具有指代这种自然关系的含义。但在该句中，"命"强化了人承担疾病所具有的道德价值意义。只有伯牛这样的人才有这样的疾患啊？他得到疾患的意义可能和一般人不同，有病反倒是一种道德的承担。孔子通过感叹句子强化了"命"的道德价值意义。

十一、贤哉回也章

子曰："贤哉，回也！一箪食，一瓢饮，在陋巷，人不堪其忧，回也不改其乐。贤哉，回也！"

"一箪食，一瓢饮，在陋巷"：是一不好的环境，也是一个有压力的环境。生在此环境的人多忧，在此环境的感染下不忧很难。需要持续地保有自己的仁境才能停留在乐中。

这段话经常被译注者对应现代人的生活。这就涉及如何对应才合理的问题。一种对应是关注颜回的贫穷，强调安贫乐道。但这种对应也容易给不思进取留下口实。另一种对应方式是关注颜回的乐，这样这段话对富人也有意义。因为颜回快乐并不是因为贫穷，而是因为心灵向内关注自己的内心，不为外部环境所左右。这样的对应，适应面更广，对富裕的人也适应，因为富裕也不一定就幸福快乐，关键就是生活的态度，关键在于心态。

以上两种对应能否穷尽这段话的意义呢？不能！颜回不改其乐，因为他专心于仁德，并且有所成就，达到了“中庸”的境界，可以很长时间保持在那种心态中。必须有仁的追求，并且有成就才能“无忧”。现代人如果要以这段话为人生的指针，还需要修仁，常怀仁爱之心，常怀恻隐之心，有无我利他的菩提心，而且要求这种仁爱之心达到稳固的程度，才能有所得。如果单纯讲一讲，自我安慰一下，全然没有求仁得仁的追求，却成了一种发怨气，是无法得到颜回式的快乐的。

金克木写过一个小文章，题目是《荒诞颜回传》，其中说：“《论语》是一部现代派或后现代派或未来派的小说。”①该文提出一系列问题，比如：什么叫“一箪食”？颜回一个人还是一家？吃一顿还是一天？有菜吗？在陋巷是因为出不起高价房租吗？受不了的那些人是谁？“不改”说明以前也挺快乐。为什么会变化？颜回是一个单身汉吗？颜回靠什么生活？孔子是个部长级别的官怎么不救济颜回呢？经过这么一问，还真有点小说的意思。《论语》里面很多论述情节都是不清楚的。不过，这里的“一箪食”等不过是一个虚说，不必计较到底是多少。不过，金克木的追问倒是提出了一个问题，即如果是单身汉自己快乐就可以了，但是如果有家庭和社会责任，只是自己不改其乐还不够，必要的时候为了他人的快乐，还需要放下自己的苦乐，从而后天下之乐而乐！

十二、冉求曰非不说子之道章

冉求曰：“非不说子之道，力不足也。”子曰：“力不足者，中道而废。今女画。”

仁道为必然性的道，和人的欲求能力之间具有普遍必然性的关联，所以不存在力不足的问题。力不足是自己画地为牢，从而限制了自己的能力。如何用力，勿忘无助，在虚实处用功。

十三、子谓子夏章

子谓子夏曰：“女为君子儒，无为小人儒。”

需要了解君子和小人的相关说法，包括靠自己还是靠他人，人际视野大还是小，

① 金克木：《荒诞颜回传》，载《六十个孔子》：三人编，湖南文艺出版社，2006年，第43页。

情感开阔还是局促，自我意识太强还是较弱，亲近道还是亲近功名利禄，等等。

顾立雅觉得这里的君子儒不同于《儒行》以及《礼记》的一些篇章描绘成的样子。《礼记》描绘的孔子具有汉代儒家君子气象，会按照贵族气派的准则来行事。而且孔子变成了一个讲迷信的老人、一个牢骚满腹的人、一个以自我为中心的人。

十四、子游为武城宰章

子游为武城宰。子曰："女得人焉尔乎？"曰："有澹台灭明者，行不由径，非公事，未尝至于偃之室也。"

子游为孔子弟子，少孔子四十五岁，姓言名偃。他出去做官，在武城这个地方为"宰"。回来看老师时，孔子问他：在地方上得到人才没有？子游说："有个澹台灭明。"其号子羽，比孔子少三十九岁，相貌很难看。此人"行不由径"，走路绝不走小路，不是为了公事，从来不到子游的房里来。行政人员面临着角色冲突，即个人角色、朋友角色和官员角色，需要衡量两种角色的关系。

尽管《论语》所讲的公私分际大致相当于治道方面的，不过从政者能够恪守公私分明的道德品行也就在实际上保护了政道和治道的区分，从而保证了政道的独立性，同时以合理的治道保护政道。世俗的观念认为当官一定是"行由径"，也就是走小路，不按照正常的人与人之间的关系来对待与上下级的关系，不按照正常职务上的关系来处理上下级的关系，而是专门搞所谓的"私人"关系、"裙带"关系。孔子指出，这不是真正的做官之道。真正的做官之道是"行不由径"，即走正常的人该走的路，走正常的为政之路。

十五、孟子反不伐章

子曰："孟之反不伐，奔而殿。将入门，策其马，曰：'非敢后也，马不进也。'"

有功而不骄矜、不宣扬叫不伐。古代"伐"与"矜"这两个字常常会连在一起用。"矜"是自以为高明；"伐"则为有功、有才，而自我夸耀。在鲁哀公十一年（公元前 484 年）时，鲁国有难，作战的时候，鲁国的大夫孟之反为统帅之一。孔子学生冉有也参加战役，为统帅。孔子说：孟子反有功而不自我夸耀。他在一次战役中打了败仗，撤退时他叫前方败下来的人先撤退，自己走在最后。由前方撤退，快要进到自己的城门时，他才赶紧用鞭子，抽在马屁股上，超到队伍的前面去。然后告诉大家说："不是我胆子大，敢在你们背后挡住敌人，这匹马实在是跑不动，真要命啊!”有的读者觉得孟子反太做作了，孔子怎么还称赞他呢？孟子反殿后是真正有危险的，做作的人不会拿自己宝贵的生命开玩笑。一般情况下，每一次战争下来，争功争得很厉害，战友往往因此变成仇人、冤家。孟子反宁可自己付出很多，而把荣誉和好处让给别人。

十六、不有祝鮀之佞章

子曰：“不有祝鮀之佞，而有宋朝之美，难乎免于今之世矣。”

“祝鮀”：卫国大夫，字子鱼。“宋朝”：宋国的公子朝。“佞”：口才。

语言文字对事实的修饰流行于当代，包括学问和政治生活。追星和时尚不仅仅在当代存在，在古代也存在。“祝鮀之佞”和“宋朝之美”已经不是语言本身和美本身，而是商品化的语言和美，是货币尺度和等级尺度化的美。货币价值尺度的流行伤害了人性价值尺度，压缩了人性价值尺度的存在空间。人们追求口才、美貌，按照这样的价值观来评价人，是对人的一种伤害。担心别人不理解，是“求名”。功利性的竞争，缺乏内在自我的参与。

假使一个人不能像祝鮀那样能言善辩、口才好，虽然长得像宋公子朝那么帅，可是在这个社会上，还是吃不开、行不通的。一般人们喜欢外表的东西，比如口才好，长得好看，等等。这都是广义的“好色”。

十七、谁能出不由户章

子曰：“谁能出不由户？何莫由斯道也？”

《道德经》曾经用“众秒之门”来说“道”。用“户”和“门”说“道”，说明有门内和门外。人经常进出门内和门外，人也就经常进出道内和道外。但不管如何都离不开这个门。

十八、质胜文则野章

子曰：“质胜文则野，文胜质则史。文质彬彬，然后君子。”

“史”：一说史官；一说饰。君子有文，有质。“质”是什么样的呢？其实是无质，即本来的洁净。本来洁净的“质”不会“野”。野也在恶质之内。有文的质就是善质。文要来自本净的文才好，这样的文即质。离开本净的文，则会成为伪善而不实。

十九、人之生也直章

子曰："人之生也直，罔之生也幸而免。"

人之生和罔之生非相对关系，都是谈论"人之生"，"人"有的解释成"仁"，亦可。罔是虚妄，是缠绕，是枷锁和羁绊。"直"：中国人自己的自由概念。"生"即性。人的本性是自由的，是成长为君子、圣人。直的东西会突破界限和限制，可以说"直"是普遍的、无限的。罔是不自由的环境，人陷入枷锁中，枷锁中的人生是虚妄的人生。这样的人生是"幸"的人生。"幸"字在甲骨文中是人的双手被绑起来。"免"：有拖拉之意，得过且过，暂时回避问题。

二十、知之者不如好之者章

子曰："知之者不如好之者，好之者不如乐之者。"

"知之"对应的是知性能力的问题；"好之"对应的是欲求能力的问题；"乐之"对应的是审美能力的问题。三者结合起来就是"真""善""美"的问题。结合"兴于《诗》，立于礼，成于乐"来看，真善美的顺序也是真、善、美（《论语·泰伯》）。不过结合"立""不惑""耳顺"，从"心所欲"境界来看，可以认为是真、美、善。因为"耳顺"显然可以理解为与"乐"相关。另外可以确定的是"乐"高于"知"，"乐"可以抑制"知"，而知性能力的抑制恰好是获得"乐"的条件。"子在齐闻《韶》，三月不知肉味，曰：'不图为乐之至于斯也。'"（《论语·述而》）当然，"知者"也会获得"乐"。孔子也追求恒定的乐，这是方法和境界相统一的，是世俗和超越相统一的。

二十一、中人以上章

子曰："中人以上，可以语上也；中人以下，不可以语上也。"

语言为人而生，为场而生。语言是为他者的，是对他者的呼唤的回应。学问、思想为人而生，有什么样的人，就有什么样的思想。思想的平庸来自人的平庸。

二十二、樊迟问知章

樊迟问知，子曰："务民之义，敬鬼神而远之，可谓知矣。"问仁，曰："仁者先难而后获，可谓仁矣。"

“好”对“仁”，“知”和“好”的关系，即“知”和“仁”的关系。“人”之“义”即“直”，自直。自直自然自己是主体，而不会崇拜其他生命，所以“敬鬼神而远之”。人生的自直即“民”的根本大义。民之为民，即是因为不能自觉自己生命的价值，不能自直，所以才会从其他偶像中寻找生命的价值。直的人生和罔的人生从这里出现了分野。

仁是建立在欲求能力基础上的。求的过程如何？“仁”无确定性，自然不好“求”，所以看来“难”，况且在功名利禄的世界求“仁”，何尝不是一种苦“难”，但求仁的花朵是开在生命之中的，果实也会是生命沉甸甸的收获。

二十三、知者乐水章

子曰：“知者乐水，仁者乐山。知者动，仁者静。知者乐，仁者寿。”

水有很多道德寓意，如公平、勇敢等。《荀子·宥坐》讲子贡问孔子为什么喜欢看东流之水，孔子说水像德，因为水无为就帮助了众生；水向下流像义；流不尽像道；有障碍会克服像勇；平，像法；满到一定程度就停止了，像正；能照人影子，像察；可以洗净东西，像善化；向东，像志。显然这种说法和该章不完全一致，该章讲水，是从乐、动、知三个层面来理解的。

“山”：高大。知与乐，知与受的关联保证了知好比流动的水，是创造的、活动的、连续的。仁者保有知，所以成为价值的持有者，像高山一样巍然耸立、天长地久，从而仁者也就是人群中的高山和具有优越性的规范的化身，成为一种持久的标准和仿效的楷模。智者不会停滞不前，总是时代的先锋，不断地适应和改造环境。仁与智的合一是动与静的合一。

二十四、齐一变至于鲁章

子曰：“齐一变，至于鲁；鲁一变，至于道。”

有道、无道，更多地表现为“邦”的问题，即整个规范性的社会政治秩序。在孔子看来，鲁作为一个“邦”是最为接近“道”的。孔子说：齐国的政治和教育需要向好的方向变化才能达到鲁国的样子；鲁国的政治和教育需要向好的方面变化，才能符合道。在孔子看来，政治文化最高的价值标准是“道”。在不同的政治文化背景下，人应该有不同的言行选择。在中国哲学的核心理念中，创生的问题就是引导到某条道路上的问题。创生就是“给出路”。这就构成了“道”要表达的创生性含义。

二十五、觚不觚章

子曰："觚不觚，觚哉！觚哉！"

"觚"：酒器，是和应酬的礼节等密切相关的，是礼仪制度的体现，"觚不觚"可以视为对礼制的破坏，或不知礼。上圆下方，象征天地，具有安稳之象。两个觚可以理解成外在的名和内在的意义的关系。人如觚，有其责任，其内在的"美酒"则相同。人要求人生之"美酒"，少饮即醉，醉于道。万物之别如觚，形状不同、所居之位不同、责任不同，但这种不同都来自"酒"。

二十六、井有仁焉章

宰我问曰："仁者，虽告之曰'井有仁焉'，其从之也？"子曰："何为其然也？君子可逝也，不可陷也；可欺也，不可罔也。"

仁者已经得仁，其智慧已经真实地洞察仁，不会被假仁所欺骗，不会被假仁的诱饵所诱惑。仁者有洞察世界本来面目的智慧，从这一意义上说，仁者不能被欺骗，不能被羁绊。但是现实世界的仁者，也可能会被"陷"和"罔"。这种"陷"和"罔"就是"逝"和"欺"。

二十七、君子博学于文章

子曰："君子博学于文，约之以礼，亦可以弗畔矣夫。"

"畔"：叛逆；离经叛道。人要寻找自己内在的"文"，寻找这个内在"文"，才可以说"博学"。生命的博学，需要让知识内在于生命，刻在生命之中，并随时可以发挥作用。这样才不背离人的价值和使命。

二十八、子见南子章

子见南子，子路不说。夫子矢之曰："予所否者，天厌之！天厌之！"

"矢"：发誓；陈述。《史记・孔子世家》对此有详细描述，南子要见孔子，孔子没办法就去见了。关于"否"字，有说是"否定"，天否定南子，孔子也否定南子；有的说是"不"，孔子说自己如果见南子不是为了行道，天会厌弃。一种说法是否极泰来，孔子说自己处在不顺的状态，但从天道来说，不会长久这样。也有说这是孔子说自己处在这样不顺的状况不会很久了，因为机会来了，有人要用自己，天都不喜欢自己还处在不顺的状态。还有一种理解是说天厌弃南子，孔子不一定厌弃南子。《论衡·问孔》中说，子路不高兴是因为孔子淫乱，孔子辩解自己行为并不鄙陋。朱熹替孔子辩护说孔子见南子是合乎礼的，并不像子路理解的那样是受辱。但也有观点质疑朱熹，古人并无见寡小君之礼。也有观点替南子辩护，认为南子会用人，想用孔子，孔子当然觉得还是有一定的机会的，就去了。王安石搬出了权变的理论替孔子辩护。崔述认为本章在篇末，和待坐章、色举章等一样可能是后人续入的。另外这里用是“夫子”，也是值得关注的。

“子见南子”一直是一个谜，对此有不同的解读。林语堂演绎出一个情景，即孔子见了南子之后，开始怀疑自己的信仰了，在信周公还是信南子之间发生了动摇。在林语堂演绎的情节中，孔子认为南子有南子的礼乐，这个礼乐就是：“男女无别，一切解放，自然……”①最后孔子宣称要先救自己。1929 年，山东省立第二师范学校学生上演林语堂的《子见南子》引起了很大的风波。林语堂当然先把孔子设定为一个很保守的人，然后描绘了一个保守的人的人格是如何崩塌的。如果孔子本身并无对女子的偏见，而且其道德感并不是来自一种既定的流俗的观点，而是有自己独立的智慧判断，自然孔子心目中的南子不同于子路心目中的南子。子路从流俗出发定位南子，孔子则坚持自己的智慧洞察。子路善护师，不希望老师的名望受到损害，其心可嘉。孔子说天厌，已经否定了人厌的合理性。子路出于个人好恶，而此好恶又受到公众意见的影响。孔子坚持自己的知性的把握，力求剥开迷雾，并坚信自己的判断与天的判断一致，为天命的体现者。孔子是在天命意识下来看待和南子的关系的，与子路陷入流俗的视野不同。

二十九、中庸之为德章

子曰：“中庸之为德也，其至矣乎！民鲜久矣。”

“子曰：‘回之为人也，择乎中庸，得一善，则拳拳服膺而弗失之矣。’”(《中庸》)中庸就是能够持续地命中目标，即仁境。因为命中目标，所以不偏向两边。“中”被解释为不偏、无过无不及、折中、调和、正等；“庸”被解释成不易、平常、用、持续地用、劳役、民众等含义。该如何理解“中庸”呢？以往的很多解释，都不是从涉及“中庸”的句子出发的，而是从其他相关的句子出发来解释“中庸”。这从解释学的角度看是不被允许的。因为就解释的优先性来说，需要优先关注直接论述或者使

① 林语堂：《子见南子》，载《六十个孔子》：三人编，湖南文艺出版社，2006 年，第 42 页。

用“中庸”的句子，否则就犯了概念或者语言乱用、指鹿为马的错误。当然用这样的方法来研究《论语》的“中庸”思想，会遇到很大的困难。因为《论语》关于“中庸”只是记载了一句话。而要解释清楚“中庸”，显然是受对“德”的理解制约的。应该说方法论意义是“中庸”的一个次要的意义、一个引申的意义。“中庸”最核心的意义是具有认识论价值，要结合“知”“学”来解读。“中庸”的核心意义是持续地停留在“知”“学”等智慧状态之中；次要的意义是根据智慧的要求可以在对立和矛盾的情景中，找到恰当的方法解决问题。“中庸”是一种智慧，是明道的智慧。

三十、子贡曰如有博施于民而能济众何如章

子贡曰：“如有博施于民而能济众，何如？可谓仁乎？”子曰：“何事于仁，必也圣乎！尧、舜其犹病诸！夫仁者，己欲立而立人，己欲达而达人。能近取譬，可谓仁之方也已。”

子贡问孔子，如果一个人能够服务所有的人，而没有界限，能够给所有的人以服务、施舍和救济，那么这样的人是怎样一个人呢？是不是达到“仁”了呢？孔子回答说，这是圣人了。圣人才能救济所有的人，这种救济和施舍是不受时间和空间限制的，也不受自己的财富、肉体、官位的限制。一个人可以无权、无财，甚至没有多少知识，如六祖惠能，但是可以“博施于民而能济众”，可以称为圣人。因为圣人给予的救济是精神的救济、心灵深处的救济和帮助，使得人可以获得自立、自强的力量，使人可以有智慧地选择自己的人生道路。如果每个人都追求精神的完善，自己的完善就是别人的完善。

孔子接着说，尧、舜有权力，有财富，有官位，有名声，有知识，他们可以给人以财富、官位、名声，并且因为自己是国王，甚至可以给很多人以帮助。但是要想给所有的人以自发的帮助，尤其是心灵深处的帮助，对于他们来说，也是很难做到的。但是他们认识到了这一点，而力求努力去实现这一点，可以说是“仁”。因为要实现圣人的目标总是要有些可以把握的框架和方法。那么，这个框架、线索和准则就是自己立的时候，就一定会带来别人的立，自己达的时候，就一定会带来别人的达。我们只能从这个角度来说明这个境界了。比如，尧、舜自己有权力，有财富，有官位，有名声，有知识，他们也希望通过自己的努力使得别人也拥有这些。尽管一个国家只能有一个王，但是心灵的王是无限的，心灵的主权（“权力”）是无限的，心灵的“财富”是无限的，心灵的“官位”是无限的，心灵的“名声”也是无限的，是彼此不相冲突的。现实的财富一个人有，别人可能就没有；一个人有名声，另一人就可能失去获得名声的机会；一个人有知识，另一人可能就失去受到良好的教育的机

会。尧、舜不和别人追求这些东西，但是他们得到了，别人就得不到了，所以对他们来说，他们也是很困惑、很苦恼的。但他们努力让人追求心灵的财富，这个财富是自己的，每个人得到了以后，别人无法剥夺，并且不互相冲突，是无限的。他们做得很好。

自己和别人最根本要“立”和要“达”的目标就是成人，成为一个君子和圣人，成为顶天立地的人。但这个只是仁之方，是取譬。程颢和程颐也说这个不是仁，而是为仁。内在的、无形的立，为圣人之事，此精神与道家不相隔阂。

第七章　述　　而

该篇的核心似乎是论孔子本人。从篇名来看，该篇核心在陈述，即探讨人的思想的来源。该篇多警戒之语，需要用智慧认识人生的价值陷阱。

一、述而不作章

子曰："述而不作，信而好古，窃比于我老彭。"

"作"：为人为之功。"述"：以聆听和学习为主；述可以是陈述古人。述古人之事容易，述古人之心难。这一段能够表现出孔子的谦卑，即对后天秩序的尊重。圣贤非一，古已有之。后圣需要有末位圣人的观念。末位圣人自然是陈述先圣之功，而非造作。思想源于聆听，然后才是陈述。陈述即创作。"只是因为人归属于寂静之音，终有一死的人才能够以自己的方式作发声之说。"①

人常多疑，不信古人。信当在先，不信当在信后。相信古人，自己就接近古人，古人就活在今人身上。信其言为积极向上的，信其行为健康的，自己就努力变成了积极健康的。由相信而洞见历史的真相，则是内信。内信是一种澄明之境，让相信中的假象剥离掉。古人之心即今人之心，其理同，其心同，从而实现了古今的"穿越"。信什么人，自己就成为什么人。

内信是述的前提和基础。人是思想的陈述者，而不是创作者。被陈述的思想可以说是恒定的，人成为思想的陈述者，一定程度上超越时空。"老彭"：一说是老聃和彭祖；一说是殷贤大夫老彭。康有为认为这里的"窃"，应为"莫"，是刘歆伪古文篡改的。刘歆篡改孔子圣统，尤其是要篡改孔子改制说。因为按照这段话，孔子也信古的话，就谈不上改制了。

二、默而识之章

子曰："默而识之，学而不厌，诲人不倦，何有于我哉？"

人是在聆听和说话链条上舞动的思考者。默识和学是输入，诲人是输出。静默的意义很大。静本为道家所主张。孔子未谈静，却提到默。周敦颐《太极图说》强调

① 〔德〕海德格尔：《海德格尔文集：在通向语言的途中》，孙周兴、王庆节主编，孙周兴译，商务印书馆，2015年，第24页。

圣人通过主静来立人极。自周敦颐把静纳入儒家的思考范围后，静、寂、敬就成为儒家功夫论的重要内容。

静和静默略有差别。海德格尔说："庇护入宁静之中就是静默。"①静默让人进入宁静。静默对人来说意义重大。在静默中，宇宙进入个体的人，使人得到自足和满足。在静默中人才更能体会生命的意义和本质。

在静默中才能聆听心灵深处发出的对生命意义的呼唤，并跟随这种呼唤获得思想和行动的方案，获得一种"前识"。说首先就是一种听。诉说和行动妨碍对内心声音的聆听，从而也就不能有本真的诉说和陈述。

在静默中，人获得了生命价值的觉悟，这种觉悟让人明白生命的意义，从而对生命升起无穷的信心，升起无尽的大肯定心，没有一丝一毫对自我生命价值的否定。对自我生命价值的否定源于对其价值没有充分的认知，从而不知道该如何认识自己的生命。

就一般性来说，生命的价值就是成为先觉者，先觉者的使命是觉后觉，即教诲人。在诲人中生命不断提升，成为符合天道的生命。天道乾乾不息，诲人也无倦怠的时候。

"何有"：一说是没有，一说是不难。"我"为孔子自谦。在静默中，人忘记和超越了自我，融入宇宙洪流之中。这样的生命超越了自我，"何有于我"中的"我"当结合"毋我"来看。

三、德之不修章

子曰："德之不修，学之不讲，闻义不能徙，不善不能改，是吾忧也。"

孔子关心四件事：修德、讲学、徙义、迁善。德、学、义、善是道之输入和输出链条上的事情，道之输入为德，道之扩展为修，道之自觉为学，道之坚守为义，背道为不善。此解释参考了《中庸》之义。

四、子之燕居章

子之燕居，申申如也，夭夭如也。

"燕居"：退朝。心和色愉，生命舒展而轻盈。在人群中，氛围不同，如枷锁，人被困在某种氛围中，形成一种生命离开自我的状态。燕居才回到相对本我的状态。

---

① 〔德〕海德格尔：《海德格尔文集：在通向语言的途中》，孙周兴、王庆节主编，孙周兴译，商务印书馆，2015年，第22页。

在燕居的时候，能舒适而中和，颜色和悦，这是一种很高的功夫。人常常一闲下来，就不能守身心，于人群中则局促。平时守得身心，在人群中也自然有礼。

五、甚矣吾衰章

子曰："甚矣吾衰也！久矣吾不复梦见周公！"

康有为认为这段话是刘歆写的，因为孔子推崇尧舜禹文王，不怎么讲周公。"衰"：懈怠，退步，年老。朱熹认为孔子年轻时想要推行周公之道，到了年老时没有想要推行周公之道的心了。李泽厚《论语今读》认为有"志衰不梦"和"志在身衰"两解。周公为往圣，梦周公即得周公指导和周公安慰，与往圣息息相通，和超越的世界紧密相连。不梦周公，则意味着这一链条的断裂。如庄周梦蝶一样，这是孔子悟道之体验。自我之觉醒和悟之真假，可以参考《庄子》，觉醒之梦栩栩然、自喻适志、忘尘情，又能和光同尘。

六、志 于 道 章

子曰："志于道，据于德，依于仁，游于艺。"

《道德经》为道德仁义礼的排序。这一章是道德仁艺的顺序。道为志之源，德为生之据，仁为人之依，艺为人之游。知道生命的方向和道路是最高的真理。如何才能知道生命的方向和道路？需要从自己内在的辨别方向的德性能力出发。这个能力辨别出真正的人道，然后走在这条道路上就是仁。自由的人才以游戏之心对待世界，"游于艺"是很高的人生境界。

七、自行束修章

子曰："自行束修以上，吾未尝无诲焉。"

"束修"：一说十条干肉，童子之挚用此；一说十五或十三能够自己束带修饰。师生关系发生的时间点是十三岁左右。什么的样的人可以教导？师生因缘需要具足，礼就是具足的一种表现。学生要真心求学，这是有情，在此基础上老师才能教导。诲人是予人，成人即成己，老师诲人最担心的是无人可教。

八、不愤不启章

子曰："不愤不启，不悱不发。举一隅不以三隅反，则不复也。"

“愤”：心求通而未得之意。“悱”：口欲言而未能之貌。朱熹《论语集注》：“启，谓开其意，发，谓达其辞。”“复”：一说重复教化或复答；一说增加新内容。启发的前提是被启发者心灵的自觉，是心灵对觉悟的追求，当这个追求发展到一定的程度的时候，启发者的启发就发挥作用了。

九、子食于有丧者之侧章

子食于有丧者之侧，未尝饱也。子于是日哭，则不歌。

有丧事，日常人，则见大吃大喝者，见凑热闹者；也有见歌者，皆不合礼的要求。丧者不能食，生者如何食得下。哭也可以是心哭，心乐也可，但是歌则有悖性情之正。慈心爱人，方见出道德。

十、子谓颜渊章

子谓颜渊曰：“用之则行，舍之则藏，惟我与尔有是夫！”

子路曰：“子行三军，则谁与？”子曰：“暴虎冯河，死而无悔者，吾不与也。必也临事而惧，好谋而成者也。”

真正地放下，要求用则行，舍则藏。生命跟随大道的节律，无一丝一毫的黏滞。这是大道的时间节点的要求。如此，则表示自由，表示无我。孔子和颜回活在天地境界，子路则活在政治境界之中。二者生命的节奏的确不同。子路之勇，如暴虎冯河，子路所追求的价值不是最高的价值，如果为了这样的价值丧失生命，无法得到自然规律自动发生的补偿。

十一、富而可求章

子曰：“富而可求也，虽执鞭之士，吾亦为之。如不可求，从吾所好。”

前者为低级欲求，即一般实践理性；后者为高级欲求，即纯粹实践理性。求富，只要是自我付出而得到的，二者之间符合付出和所得的平衡的原则，就是正义的，人就是自由的。相反，超出付出的所得为不正义的所得，其对生命的伤害需要一种智慧来洞见。

生命中如果不能得到财富，也是自有其道理，需要体会生命的其他价值、其他使命。听从生命自我的价值指引，需要听从自己的内心，感受自己的快乐、自己的才华，即自我的那个在自我控制范围内的“好”。

十二、子之所慎章

子之所慎：齐、战、疾。

孔子平常非常小心注意的事，即齐、战、疾三件事情。齐斋同义，清心寡欲谓之斋，古人在举行国家大典或祭天地祖宗的时候，便要斋戒。斋是内心的修养，就是心灵的净化。孔子不是不懂军事，只是平常不轻谈战争。孔子希望通过伦理道德的教育，通过人性的教育来免除战争。

十三、子在齐闻《韶》章

子在齐闻《韶》，三月不知肉味。曰："不图为乐之至于斯也！"

这里的"闻"有感性的意义，但"闻"还是有一些反思的意味在内的。"闻"字，一个门，内部有耳。这说明，闻有感性的耳的功能，同时又有内部的领会和反思，从耳中听到的语言深入内心，领会语言背后深层的意味。

总体上看，《论语》中的"乐"有如下几个层次：第一层次是郑声一类的不美不善的音乐以及相应的快乐。第二个层次是尽美但未尽善之乐。

乐（lè）和乐（yuè）是什么关系？如果按照主客体思维来理解，乐（yuè）是外在的音乐，乐（lè）是内心的快乐。如果"乐"可以指代这两个方面，那就意味着内心的快乐一定是有内心的音乐或内心的韵律；反过来，一旦拥有内心的音乐，就一定有内心的快乐。而外在的音乐在何种程度上会引起内心的快乐，要取决于外在的音乐和内心的快乐之间感应的程度和感应的水平。这样的"乐"就不是钟鼓音乐的概念可以涵盖的了。"乐云乐云！钟鼓云乎哉？"（《论语·阳货》）中国古代哲学中的"乐"是心理上和物理上相统一的。可以用道的音乐来说明。"从歌剧完整的音型中，从和声、旋律、节奏和其他音型中，以及从前奏曲到终曲中，她的开放性（不用指按的）音符方才展示出其意义。此外，在作品的故事情节、情感和象征符号内部，这个关于宽恕的音符也得到了定位。整个作品是一个活生生的脉络，这个脉络使这个个别的乐章得到了升华。""所以，当一个人遵循'道'与另一个人生活在一种特定的关系之中，由于属于一个范围更广的人际亦即公共关系模式的有机组成部分，这种关系必然有其自身的生命和更为充分的意义，在这种情况下，这个人的神圣尊严感也就随之产生了。如果所有的这些关系确实真正地合乎于礼，那么，在一个由许多人组成的社群之中，这些人与人之间的关系就创造出有关完整的人类生活的丰富而和谐的乐曲。”①

十四、冉有曰夫子为卫君乎章

冉有曰：“夫子为卫君乎？”子贡曰：“诺。吾将问之。”入，曰：“伯夷、叔齐何人也？”曰：“古之贤人也。”曰：“怨乎？”曰：“求仁而得仁，又何怨？”出，曰：“夫子不为也。”

这是一个对话，在这个对话中孔子表达了怎样的哲学思想呢？无疑需要大致了解对话发生的情境、对话所涉及的历史事件。其一，情境和事件。就情境而言，这个对话发生在卫君（卫灵公的孙子定公辄）和其父（灵公的儿子蒯聩）争国的情境之下。就事件而言，蒯聩因为得罪南子，出奔宋，后来晋国赵鞅率军队接纳蒯聩于卫国的邑——戚。灵公死后，立了蒯聩的儿子为卫君，卫石曼姑率领军队包围戚。

其二，典故和传统。父亲把王位传给老三叔齐，老三叔齐让给老大伯夷，伯夷不受，两人出逃，把王位留给了老二中子。

其三，问题。对话中冉有提出的问题是：孔子帮不帮卫君；子贡对冉有问题的回答是不帮助。孔子面对的直接的问题是：伯夷、叔齐是什么样的人？是不是有“怨”？孔子的答案是：“古之贤人也”；“求仁而得仁，又何怨！”只是直接回答了子贡提出的问题。

其四，事件评论中的原则和主张。叔齐和卫君均是得父命或父王命，只不过一个是争一个是让；伯夷和蒯聩均是没有得到父命或父王命，只不过一个是拒绝让，一个是主动去争的问题。朱熹认为应该重视人伦，人伦的价值大于国家。既然卫君应该以亲情为重，就应该让国。子贡从孔子评论中得出的结论是孔子主张不帮忙卫君，潜在认为卫君该让。但在这里，卫君争可以理解为为国事；叔齐让为亲私。也可以得到辩护。

在西方人看来，中国古代人缺乏超脱于行为结果的自主理性能力，这在古代汉语中是缺乏假设性的句子。“中文里只有‘如果X，则Y’（If X，then Y）的肯定条件句，却缺乏‘X虽为假，但如X为真，则Y为真’（If X were，then Y would be）的这种带有揣测意味的条件句。”②

十五、饭 疏 食 章

子曰：“饭疏食、饮水，曲肱而枕之，乐亦在其中矣。不义而富且贵，

① 〔美〕赫伯特·芬格莱特：《孔子——即凡而圣》，彭国翔、张华译，江苏人民出版社，2002年，第112页。
② 〔德〕罗哲海：《轴心时期的儒家伦理》，陈咏明、瞿德瑜译，大象出版社，2009年，第21页。

于我如浮云。”

衣食住行，富贵如浮云，多少都不重要。怀着热爱生活的心去经营生活，贫苦有贫苦的味道，贫苦有贫苦的整洁生活，有贫苦的趣味。

富贵不论义与不义，其都是浮云，都是生命的暂时状态。关键是生命要准备自己的路，也就是义路。孟子把人生之路说成是义路，可以说是很深刻的了。

十六、加我数年章

子曰：“加我数年，五十以学《易》，可以无大过矣。”

孔子与《易》是一个谜团。顾立雅觉得这章是后加进来的，《孔子家语》说孔子用《易经》问卦，说明《孔子家语》是在强烈的道家影响下写成的。他还认为《孔子家语》反映了作为贵族的食客的儒生的价值取向。康有为认为这里的“易”是“亦”，是刘歆伪古文《论语》所篡改的。

十七、子所雅言章

子所雅言：《诗》、《书》、执礼，皆雅言也。

“雅言”：标准语，正言，常言。雅言，一种理解认为是弟子所共闻之言，与不可得闻相对；另一种理解认为与世俗之言相对。程颢认为，需要默识性与天道，自然有雅俗之言的分别。孔子整理六经，即拣择其中的雅素部分。

十八、叶公问孔子于子路章

叶公问孔子于子路，子路不对。子曰：“女奚不曰：其为人也，发愤忘食，乐以忘忧，不知老之将至云尔。”

崔述认为该章所记发生在叶公在蔡之时，不是孔子去叶之时。叶公：楚国贵族，姓沈名诸梁，字子高，封于叶，即今河南叶县。

发愤很重要，能发愤之人同天。然发愤不是强行，不是疲惫情况下的盲动。衡量的标准是是否“乐”，是否“忘”。其中要“忘”世俗的功利，要遮蔽（不知）三维的时间。这种前提下的发愤才重要。

十九、我非生而知之者章

子曰："我非生而知之者，好古，敏以求之者也。"

生而知之以下是多闻、多见，是敏求，是学知。"敏"字是关键。敏求要求体认、心通、认同等。孔子不是生而知之，也不是多闻而知，其介于二者之间，为学知，为敏求。敏求是心同此心，心同此理。

二十、子不语怪力乱神章

子不语怪，力，乱，神。

对于这句话，可以有不同的理解。如有人认为是说，孔子不谈论怪、力、乱、神，"语"是谓语；一种认为是说孔子不说话，原因是担心说话用力气会扰乱心神。不管如何理解，都能反映孔子对"语"的特定的哲学理念。抽象的讨论往往会把对象片面化、功利化，从而失去与对象之间发生整体性的、人性的经验感悟的机会。

二十一、三人行必有我师章

子曰："三人行，必有我师焉。择其善者而从之，其不善者而改之。"

不只三人中有善，一人中也有善有恶，人需要看好的方面，学习好的方面，以积极的心态待人。所有的人都可以成为自己的老师，关键就是要从他人那里看善的方面，看自己要学习的方面。三是虚数，三人有师，即所有人都为师。关键是"择"，择什么就有什么，自己就是什么，择不同，造就与他人不同的方面。自己择善也是度人，也是成人之道。

二十二、天生德于予章

子曰："天生德于予，桓魋其如予何？"

桓魋，又称向魋，东周春秋时期宋国（今河南商丘）人。任宋国主管军事行政的官——司马，掌控宋国兵权。他是宋桓公的后代，深受宋景公宠爱，他的弟弟司马牛是孔子的弟子。明显地，"德"的范畴处在"天"和"予"之间。德是内在于人内部的，是生死的根据。

二十三、二三子以我为隐乎章

子曰："二三子以我为隐乎？吾无隐乎尔。吾无行而不与二三子者，是丘也。"

"与"：在一起；引导；示、教。从行为的自然教导到思想的表达，均无隐。然弟子依然感觉隐，是弟子无法达到孔子的境界、无法理解孔子语言和行为的实相。彼此无隐，即是敞开的境界。对于老师而言，弟子在诚明和澄明之境内显现；对于弟子而言，老师在遮蔽之境内显现。弟子看老师有隐，老师看弟子无隐。当彼此心心相感，当彼此都进入澄明之境的时候，就无隐了。

二十四、子以四教章

子以四教：文、行、忠、信。

文、行、忠、信是建立在智慧基础上的道德要求。但孔子之觉悟是广泛的、深刻的，孔子之师也是广泛的。孔子教导弟子也要以此为榜样。形而上和形而下之间在根本上是有机贯通的。

二十五、圣人吾不得而见之章

子曰："圣人，吾不得而见之矣；得见君子者，斯可矣。"

子曰："善人，吾不得而见之矣；得见有恒者，斯可矣。亡而为有，虚而为盈，约而为泰，难乎有恒矣。"

《论语》中君子的地位已经很高。根据《论语》的情况，当今之人约略在小人层次，努力向君子已经很难了，至于达成君子，则少之又少。

是否有善人之名并不重要，关键就是有、盈、泰。有什么孔子没有讲，或许不必问有什么，"有"本身就足够了。一个内心空虚的人，很难说是什么善人、君子。内在的尊严和满足是德性和德行的保证。有盈才能与人，有泰才能化人，不必有心求化人，人自恒，人自修本身就是善人之道。

二十六、子钓而不纲章

子钓而不纲，弋不射宿。

“宿”：宿鸟。这里体现了对自然生命的爱护精神。圣人的仁德不伤害生命。不会取超过自己付出对应的所得部分，不会用阴暗的手段获得想要的东西。生命与生命之间需要彼此付出，自然有伤害，但要基于生命自身的规律，基于生命的自愿和同意的原则。

二十七、盖有不知而作之者章

子曰：“盖有不知而作之者，我无是也。多闻，择其善者而从之，多见而识之，知之次也。”

孔子分生知、学知、困知三类。孔子否认了自己是生知，其实就是述知。对于多见和多闻，需要“择”，如何“择”？要有内在的智慧。

二十八、与其进也章

互乡难与言，童子见，门人惑。子曰：“与其进也，不与其退也。唯何甚？人洁己以进，与其洁也，不保其往也。”

“互乡”：乡名。“保”：信任；保持；究。进退是个大概，让人进则为善，让人退则为恶。进退有外力和内力。关键是内力，亲近贤人本身就是内力的结果，是自我清洁的力量觉醒的结果。“洁己”是自己清洁自己，是人运用自我的肯定的方面对自己的否定的方面的自我限定。这种限定的结果就是自我的不断超越。

二十九、仁远乎哉章

子曰：“仁远乎哉？我欲仁，斯仁至矣！”

“欲”就是对“仁”的欲，“仁”就成为欲求能力的道德动机。康德认为欲求能力是存在者通过其表象而成为该表象的对象的现实性之原因的能力。欲求能力包括形式和质料两个部分。质料是一个被欲求、有现实性的对象。欲求能力包含的这两个部分使得欲求能力有低级和高级之分。低级欲求能力总是欲求一个对象，高级欲求能力则以服从道德律为满足。康德重视欲求能力符合纯粹形式的法则。这里的“仁”不属于质料的规定，但也不是纯粹形式的法则，“仁”与“爱”有关。

三十、陈司败问昭公知礼乎章

陈司败问："昭公知礼乎？"孔子曰："知礼。"

孔子退，揖巫马期而进之，曰："吾闻君子不党，君子亦党乎？君取于吴为同姓，谓之吴孟子。君而知礼，孰不知礼？"巫马期以告。子曰："丘也幸，苟有过，人必知之。"

"司败"：一说官名；一说人名。"巫马期"：一说巫马是官名；一说是孔子弟子，名施。陈司败心目中的"党"很表面化，孔子认为昭公知礼，陈司败认为是"党"。孔子说知礼，是从大处着眼的，以积极的心态来看人。陈司败是从细节来看的。从这一意义上来说，孔子也算有过。朱熹认为昭公娶同姓是不得已，情有可原。"知礼"和"守礼"是不同层次的事情。"礼"的要求根据不同情况实行，"礼"也是不同的。

三十一、子与人歌而善章

子与人歌而善，必使反之，而后和之。

孔子善与人同。这一句描写孔子听到别人歌唱得好，他会要求对方再唱一次。他学会了，就照着别人的歌，依据那首歌的曲调，另外再作一首。朱熹觉得从这里能够看得出圣人气度从容，内心很诚恳，无我，能够承认弘扬别人的善，自己又谦逊好学。其间全是单纯的心，无一丝一毫的功利算计、人我计较，全是生活的真谛在其中。

三十二、文莫吾犹人也章

子曰："文，莫吾犹人也。躬行君子，则吾未之有得。"

"莫"：一说无；一说定；一说谋划；一说文幕、文漫。文章是表面物事，执着在文章上，并不一定能把握事实。文章不等于人生，不能指点人生全部的道路。人生的道路需要自己亲身实证。该篇记载孔子多现自谦之貌。自谦符合"述"的要求。述者自然是谦卑的人，对于文化的成就有自我的警醒。

三十三、若圣与仁章

子曰："若圣与仁，则吾岂敢？抑为之不厌，诲人不倦，则可谓云尔已矣！"公西华曰："正唯弟子不能学也。"

圣，本来就没有终点，"为之不厌"已经说明了问题，不是体会到圣和仁的滋味，无论如何也不可能不厌。对"圣"和"仁"的担当和体认使得人具有了教化的功能，不管倦与不倦，诲人是持续的。

三十四、子疾病章

子疾病，子路请祷。子曰："有诸？"子路对曰："有之。《诔》曰：'祷尔于上下神只。'"子曰："丘之祷久矣。"

病了才祈祷，怀有强烈的功利性的目的。在这种状况下，有"你""我"及相对应的"神祇"。这种祈祷是一时一地的。而孔子的祈祷则是无我的，是没有具体对象的，是无功利目的的，是时时的，是感恩的。

三十五、奢则不孙章

子曰："奢则不孙，俭则固。与其不孙也，宁固。"

"孙"：顺；谦逊。"固"：一说陋。奢的原因有很多，害处有很多。其中一个方面是傲慢、不谦卑、不知天高地厚。追求内在的高贵的人未必要求通过外在的高贵或者对应物来表现。朱熹认为奢侈与骄傲是关联在一起的，奢侈会发展成僭上。奢侈违背了中道。俭虽然不是中道，但比奢好。

三十六、君子坦荡荡章

子曰："君子坦荡荡，小人长戚戚。"

因为看不透，才会长戚戚。戚戚也可以是喜悦，不过喜悦和悲伤都不定性，不稳定，都随着结果而变化。坦荡荡从有入无，能够看透得失之来由、得失之因果，所以能坦荡荡。

三十七、子温而厉章

子温而厉，威而不猛，恭而安。

从这段话来看，德性不能用单一的概念来描述，需要不同的概念相互配合。不必从字面上求“温”的含义。我们要力求在与人交往时让他人感觉“温”，在你和他人打交道的过程中，如果别人感觉到“温”，那么你就具备“温”的德性了。这种感觉不是“冷”，不是疏远，不是悲观，不是烦躁。这种“温”，因为至温而生“厉”，可以化解乖戾之气。威和恭也是如此。

第八章　泰　伯

该篇的核心似乎是记载孔子对历史及历史人物的看法。其中核心的思想是退隐，以及如何与世俗相处。

一、泰伯其可谓至德章

子曰："泰伯，其可谓至德也已矣！三以天下让，民无得而称焉。"

"泰伯"：周太王长子。三让：太王生病了，泰伯去吴越采药，太王死后，还没有返回，由季历为丧主，季历请他回去，他不回去，而后断发文身隐藏起来。也有说断发文身的是仲雍，吴人是仲雍的后代。

"无得"：没有合适的语言；没有明显的事迹。泰伯的行为超越了世俗价值理解的范围，世俗价值虽然赞叹，却无法理解；世俗价值虽然欣赏，却不能实行。泰伯心怀亲情，心怀天下，能够客观看待自己，客观看待谁对天下有利。隐藏起来修身，也是对自己负责。亲情、天下、自我三部曲构成了儒家的面貌。

关于这一章，朱熹进行了一些深入的讨论。在朱熹看来，就"理一"来说，文王、伯夷、叔齐道理是一样的，但是也有分理的不同。从"理一"来说，心之所安是共同的理，从不同来说，文王等坚持行一不义、杀一不辜而得天下则不为，汤、武坚持的是吊民伐罪的道理。朱熹认为，文王和泰伯都有至德，武王有些暴，文王也是做事，有思量，有经营，不过做得雍容和缓，而泰伯则是不做的。泰伯保全了道心，文王和武王此心不全。

泰伯让天下是出于什么样的心态呢？在朱熹看来，应该不是知道文王将来会得到天下，不是知道太王想要传天下给季历，而是因为太王有剪商之志，泰伯知道自己做不了这个事情。泰伯、虞仲、伯夷、叔齐都是不欲去图商。泰伯的功劳是隐微的，周还未得势，但是周得势离不开泰伯。周文化之辉煌与泰伯之让有关系。对于隐者之功劳，庄子有直接的描绘，孔子讲得隐晦。

二、恭而无礼章

子曰："恭而无礼则劳，慎而无礼则葸，勇而无礼则乱，直而无礼则绞。君子笃于亲，则民兴于仁；故旧不遗，则民不偷。"

恭、慎、勇、直是德性，礼是规范，该章蕴含着个人在社会关系中如何处理二者的关系的准则。是坚持自己的道德操守，还是力求符合社会规范？尤其是二者有冲突的时候，如何选择呢？

“恭”，即因为自己处在高位，自然和下位的人、事、物之间构成了一定的“势”的关系。“恭”肯定比较“劳”。如何把这种“劳”的程度降到最低？“礼”本来就因人心之隔而生，为解决人们的利益冲突而生。“礼”具有更多的“尘世”的意义。按照“礼”来行“恭”则最大限度保护了“恭”，并使得“劳”处在一个进退取舍有节的境地。

“慎”则是一种不进入某种场域的状态，这种疏远的状态容易引起人们的误解，这个时候按照“礼”的要求进入场域之中则是自保和避免人们误解之道。“葸”：一说胆怯；一说畏惧；一说猥琐。单纯从字形来看，葸有人心思过多，从而带来一种较为复杂的情绪的意思。在礼的尺度上进退自如，自然有助于让人的心灵保持单纯。

“勇”是一种积极进入某种场域的状态，这种积极进入的状态要按照礼来规范，则不会扰乱现实的秩序，同时保持自我心情和状态的稳定。

“直”就是直接面向目标而不会婉转，这样面对现实的时候容易陷入困境，需要按照礼来实现目标。“绞”：一说闹纠纷；一说纠缠不清；一说确；一说急；一说骄。

按照这一精神，进入礼肯定是有先后顺序的，着眼于眼前的事情，从亲开始，从故旧开始，实现理想。君子除了要自修以外，也要帮助他人。不偷，在朱熹看来是厚的意思。仁者自然笃于亲，以一片仁心笃于亲，则民众仁风兴。故旧和新人之间是有继承关系和纠缠关系的，承认故旧就是承认自己，承认故旧就是接受当下。承认故旧的不好的东西，就是宽容当下自己不喜欢的事情。接纳现实，按照当下的本来面貌接纳现实的全部，自然无人为的拣择取舍，所以叫做“不偷”。

三、曾子有疾召门弟子章

曾子有疾，召门弟子曰：“启予足！启予手！《诗》云：‘战战兢兢，如临深渊，如履薄冰。’而今而后，吾知免夫！小子！”

“启”：一说看；一说开；一说动动，一说摆正。从今天的语言环境来看，一说露出手和脚，一说看看手和脚还是好的，一说看看手脚证明人还是活着的。中国古代的汉字是一个意义库，不是单一意义的。启就是聚焦在手足上面。手和足代表了人在这个世界上所做的事情。

人生在世，就是“如临深渊，如履薄冰”，尤其是对身体的挑战更是如此。如何不能“战战兢兢”呢？完整地保护好自己的身体已经非常不容易了，当死亡来临的时候，就再也不必担心了。肉体不在了，相应的忧愁和烦恼也就不见了。

关于“战战兢兢，如临深渊，如履薄冰”，朱熹有很多的讨论。在朱熹看来，不仅平时做事的时候要如此，心也要如此，念虑更要如此。如果这个心不检点，就有失了。“战战兢兢，如临深渊，如履薄冰”就相当于《中庸》说的戒慎恐惧，就相当于“人心惟危”，知道这个道理，守着这个道理，然后行将去，那么就执中了。这个也就是存心之法，就是敬畏之法。

但是如何才算真正的“战战兢兢，如临深渊，如履薄冰”呢？那种比较谨慎的人算不算？显然只有深悟天命的人才能真正地做到“战战兢兢，如临深渊，如履薄冰”。因为深深地了悟事情的前因后果，从而对自己的心灵和行为的结果有高度的理性的预见，自然在最初就保持高度的戒慎恐惧了。只是谨小慎微还是不够的，因为这样“依旧有过高伤巧之病，切须放令平实”①。

死亡是否真的可免于“战战兢兢，如临深渊，如履薄冰”？如何才能免于“战战兢兢，如临深渊，如履薄冰”，从而让生命走在本体的道路上？是否有生命的寂灭之道，还是生命永远都要“战战兢兢，如临深渊，如履薄冰”？在曾子看来，生命是有无须戒慎恐惧的时候，是有安息的时刻的。

四、曾子有疾孟敬子问之章

> 曾子有疾，孟敬子问之。曾子言曰：“鸟之将死，其鸣也哀；人之将死，其言也善。君子所贵乎道者三：动容貌，斯远暴慢矣；正颜色，斯近信矣；出辞气，斯远鄙倍矣。笾豆之事，则有司存。”

“笾”：高脚圆口的碗状竹器，祭祀的时候盛果实。“豆”：木制的，盛汁。该章和前几章精神一致，都是要处理君子和社会的关系。这里强调君子要在容貌、颜色和语言上有所要求，从而避免伤害。因为每一件事都有“司”，都有原因，有结果，有责任，有义务。

朱熹认为笾豆之事也是道，但是非所贵。其实还是连贯起来理解好。人应当把自己当成笾豆，把视听言动当成笾豆之事，自己就是“有司”。生命就是一个奉献的过程，这种奉献的过程看起来是平淡无奇的，但也是对一个崇高的生命的献祭。曾子之为曾子，何尝不是以一种献祭的心态生活？

在朱熹看来，“斯”字是自然如此。平时就涵养到了通透的境界，就会自然远离暴慢，自然近信，自然远鄙倍。这是效验，而非用功地步。动容貌是做人好，正颜色是颜色实。动、正、出是说平时也要整齐，不是临时的事情。平时修养如何，在处理

---

① 朱熹：《朱子全书（修订本）》（15），朱杰人、严佐之、刘永翔主编，安徽教育出版社、上海古籍出版社，2010年，第1275页。

事件上就看出来了，事最能检验人。动、正、出是涵养的功夫。暴是粗厉，慢是放肆。容貌要一派和蔼气象方好。颜色中要透露着诚信为好。鄙是凡浅，倍是悖理。说话贵在揭示事物的本来面貌，贵在有洞见，否则就难以把握事物。

五、曾子曰以能问于不能章

曾子曰："以能问于不能，以多问于寡；有若无，实若虚，犯而不校，昔者吾友尝从事于斯矣。"

"校"：一说报；一说计较；一说冒犯；一说进取。"友"：一说颜渊；一说孔门诸贤。中国文化中包含一种搁置的精神，即把"能"和"多"搁置，把"有""实"搁置，以"无""虚"对待他人，对待世界，尤其是以上对下的时候更应如此。当以虚无待人的时候，可以最大限度避免冲突，避免"犯"，即便发生了"犯"也不会"校"。这种精神多见于道家，不过儒家也有类似的思维取向存在。如《大学》中的"正心"，就要求"心不在焉"，要求视之不见，要求听之不闻。

要从无我上来把握。有无、实虚范畴后为荀子等应用，这是中国哲学重要的范畴。曾子这里不是直接谈论本体的问题，而是谈论人生的本体。人到虚无处方见人生真谛，这个真谛是有，是实。人生也要做减法，减到不能，减到寡。不校是不与人比较强弱胜负，是专注自修。如果出于公心，面对犯的时候也是可以"校"的。

六、曾子曰可以托六尺之孤章

曾子曰："可以托六尺之孤，可以寄百里之命，临大节而不可夺也，君子人与？君子人也。"

朱熹说曾子像孟子，不是一种温柔敦厚的气象，而是有猛厉之气。"六尺之孤"：十五岁以下的少君。"寄"：为君居守。"百里"：诸侯。"命"：一说生灵；一说政权和命运；一说政令。君子虽以退隐为主，但在该担当的时候还是会担当的。"托六尺之孤，可以寄百里之命"，常常被解释成要有才华，"临大节"被解释成要有德。托六尺之孤，即辅佐幼主；寄百里之命，即辅佐国政。

君子的成就不仅仅是自修，当自问是否可以托六尺之孤，是否可以寄百里之命，是否临大节而不可夺。对待自己的生命，对待他人就如托孤。生命是脆弱的，是无助的，君子能够帮助自己，就如托孤一般，然后能够帮助别人，给人指引出一条人生路，也如托孤一般。人之大节就是守护生命的本体和本真，不为外物价值损害生命的价值，不为肉体的价值损害心灵的价值。

七、曾子曰士不可以不弘毅章

曾子曰："士不可以不弘毅，任重而道远。仁以为己任，不亦重乎？死而后已，不亦远乎？"

"弘毅"：一说大；一说宽广；一说有担当；一说强。"仁"是"人"对他人生命的担当，对自我生命的担当。正如康德所说，人与道德律处于普遍必然的联结之中，但这一点是从人格和本性具有的性状开始的，不受此生的限制。可以通过经常持久地对之凝神思索，使其来到眼前，从而使人与人的实存联结起来。

朱熹说"弘"是无所不容，是事事都合天理。弘毅要从本体看到大用。知道生命的使命是行仁的，生命的本体超越生死，本体自是"弘"的。"弘毅"就是人体会到生命的本体意味。立脚在"弘"上就能"毅"，守立脚处，就有本体功夫，在此基础上自然对世俗的事务能包容，能宽容，能够坚持本体的生命而不动摇。

八、兴于《诗》章

子曰："兴于《诗》，立于礼，成于乐。"

依海德格尔，能诗者是大道中被用者，歌唱和运思同源，皆系诗之近邻，出自命运的暗示。当这种暗示被自我抑制、被遮蔽的时候，诗则不"兴"。兴有如运思之诗。兴于诗即成于乐，这是个人成就君子的事情，而立于礼是处理好与世俗的关系的问题。

二程说前两个是自然有着力处，后面这个自然见无所用力。朱熹说这不是功夫次第，而是得效次第。生命是一曲美妙的乐章。这个乐章需要开始演奏，要先兴，然后按照一定的曲调韵律来演奏，最后结果就是乐章。诗与礼的顺序不可以颠倒，即先诗后礼。如果先礼则人死板，无生机，就像是只有机械的节奏而无生命的情感流动。只有诗而无礼，爱的流动即无序，失序无乐。人为世俗所染，最怕失去了诗意。没诗意意味着失心，意味着生命的价值没有彰显，意味着善端未发。问题不在于读诗，而在于兴，生命若兴了，诗与不诗均可；不在于礼，而在于立，心中一毫不善都洗涤干净了，就立了。

九、民可使由之章

子曰："民可使由之，不可使知之。"

“由”：一说从；一说用；一说不干预；一说导；一说行。“知”：一说为什么；一说教育；一说阻止、挫败；一说道理；一说管理。古汉语兼容多义，要从多义中整体把握，但不是骑墙式的把握。其实就是顺应民意，而不可过于强加民意。包括教育、大道理、管理、阻碍等要建立在“民由”的基础上。尽管“民由”可能只是公众的意见，只是流俗，只是行为而缺乏理性，只是短利，只是躁动，但依然要让“民由”。民本身即蒙昧之意，直接指出人生道路是最好的。

朱熹认为，不可使知之是不起机巧之心。这个解释从逻辑关系上也是通的。民保持单纯的心态，走在生命正确的道路上，过本真的生活是很重要的。由，即自由，有路走。知有知识的意思，也有管理的意思。民众的关键还是生命有出路、生活有着落。施政的立足点是民，是给民众指出自己的道路，是帮助民众智慧地选择自己的道路。

人们常常根据这句话指责孔子主张搞愚民政策。其实并不是这样的。这里的“民”是指智慧还不够开的人。因为智慧不开，自然需要有智慧的人帮助指出可靠的道路，供这些人行走。以民为本是有不同层次的，要有不同的要求。最低的一个层次是在没有办法使得这些人获得较好的教育的情况下，提供一条可靠的道路，指明具体的、清晰的方向。

康有为认为这是愚民之术，是老子之法，孔子不喜欢这个方法。康有为还认为这段话是刘歆篡改的。

十、好勇疾贫章

子曰：“好勇疾贫，乱也。人而不仁，疾之已甚，乱也。”

此章一说是治道；一说是成君子之道。现代人可以说普遍好勇疾贫。贫穷的确是社会的一种病症。管理者当然要好勇疾贫，如子路的治国理想一般，要实现国家之勇、国家之富。现代人治理国家，多追求此理想。这当然是治，乱本有治的意思，但治中包含乱源。当代社会风气好勇，流行建立标准化的尺度，并赋予其较多的利益关联，以求可衡量的勇和富。从人的生存角度看也要好勇，也要疾贫。不过要有爱心，要考虑到他人，才不会乱。己贫，他人也可能贫，不可为己不贫，让别人贫，否则则乱。

十一、如有周公之才之美章

子曰：“如有周公之才之美，使骄且吝，其余不足观也已。”

“骄”：矜夸。“吝”：鄙啬。有才无德，才就会伤人。去“我”才是核心，骄吝者有才，更会伤人伤己。“骄”和“吝”是有联系的，人之所以会“吝”，即吝财、吝富，就是因为独美，然后可以骄夸人。朱熹认为吝是骄的根本，骄是吝的枝叶。骄是吝之所发，吝是骄之所藏。吝是侠其所有，骄是夸其所无。骄于外，吝于中。“骄是气盈，吝是气歉。”①人有才，看起来是“有”，但这个“有”不一定表示生命的内在满足和内在的丰富性。骄、吝的人，即便有才，有美，但依旧表示生命缺乏内涵，缺乏底蕴。之所以会骄吝，就是因为内在不充实。不过，在这样的生命现实下，也要看到骄吝的积极的一面。骄吝守着自己仅有的那一点生命的底蕴和价值，以博取世俗的利益。这样的生命其实已经遇到危机了，但还有一线希望。骄吝的人需要一种警觉，就是要充实自己的美德，充实自己的内心，做到气充德润。

十二、三年学章

子曰：“三年学，不至于谷，不易得也。”

“谷”：一说善；一说禄；一说厌。有求禄之学，有非求禄之学。从今日环境来看，二者需相得益彰。学有个目标规范我们，有个成就的标尺，人生有了个方向，也会避免懈怠，从而实现了人生的价值和意义。这个“谷”可以是俸禄，可以是善，当然以善为优。

该章难解，朱熹觉得把“至”改为“志”更顺畅些。意思就是专心于学业，而无暇顾及利禄，这样的人是很难得的。这样来说，就是需要有个无所为而为学的心，有个为学问而学的心，而不是以一个求利益的心去为学。

谷，可以从谷物引申其意义，也可以从深谷来领会。学的要害，一个是要能开辟出人生的道路来，学如果没有成道，就无法指引人生的方向。道总是要通向某个地方，通向幽谷，学就登门入室了，这代表着一种成就。没有入室，学就不算有成就，就不算有所得。

十三、笃信好学章

子曰：“笃信好学，守死善道。危邦不入，乱邦不居。天下有道则见，无道则隐。邦有道，贫且贱焉，耻也。邦无道，富且贵焉，耻也。”

立足点是笃信好学，守死善道。保护道，也需要保护自己的生命，所以危邦不

① [宋]朱熹：《朱子全书（修订本）》（15），朱杰人、严佐之、刘永翔主编，安徽教育出版社、上海古籍出版社，2010年，第1307页。

入，乱邦不居。富贵贫贱依凭于道。朱熹认为，笃信和好学互为前提，笃信才能好学，好学才能笃信。守死和善道也是互为前提的。守死生于笃信，善道由于好学。守死就是专注，就是抓住不放，就像一直走在人道或者天道上，不会偏离，不会因为周边的风景而分心，不会因为利益的引诱而变节。守死善道是一个静、定和止的事情。守死善道要有信心，有真实的信。守护真实的信念和信心，就像抓住救命稻草一般。信就是道，学即学此道。

孔子不是一般性地反对富贵，也不是主张贫贱。邦有道，则应追求富贵；邦无道，则应安于贫贱。“耻”和“辱”既有意动用法，又有使动用法，而以意动用法为主。作为意动用法，耻辱的意思是“以之为耻辱”，其宾语一般由动词性词组充当，表示事情或者人；作为使动用法，意思是“使之蒙受耻辱”，宾语一般由名词充当，指人或者事物。

斯宾诺莎在《伦理学》中是这样论述耻辱和害羞问题的：我们将称这种为外在原因的观念所伴随着的快乐为“荣”，与此正相反的痛苦，我们将称为“辱”。读者须知，荣辱即指快乐和痛苦的发生在一个人相信他是被称赞或是被责备的情形而言，我们将称这种为外在原因的观念伴随着的快乐为满足，与此正相反的痛苦为“懊悔”。又既然也许一个人想象着他引起别人的快乐乃是想象的，并且既然凡人总是努力想象一切他认为足以引起他快乐的东西，也许很容易使得那感觉“荣”的人变成骄傲，误以为当他触犯他人的时候，便是取悦他人的时候。①

斯宾诺莎在《伦理学》中又说：“荣誉并不违反理性，且可起于理性。……所谓虚荣只是借大家的意见所养成的一种自满。只要大家的意见取消了，则这种自满也就随之消散。这就是说一个人所能爱好的最高善也随之消散。因此，凡是从大众的意见中去求荣誉的人，必须日夜焦心殚虑，不息地努力。活动、图谋以保持他的荣誉。因为人们是变化无常的，如果一个人不设法将他的荣誉保持住，则他的声名转瞬就会消逝。甚至因为人人都想求得大众的赞许，则这人很容易毁坏那人的声名。既然人们所争逐的都自以为是最高的善，因此各人皆发生一种极大的欲望，相互努力压制对方，谁最后崛起而为胜利者，才看见他所以获得荣誉，并不在于自己受用，而在于毁损他人。所以这种荣誉或满足，其实都是虚幻的，非真正的满足，只可说是虚荣。……羞耻也正如怜悯一样，虽不是一种德性，但就其表示一个人因具有羞耻之情，而会产生过高尚生活的愿望而言，亦可说是善的，犹如就痛苦足以表示受伤部分还没有麻木而言，则痛苦也可说是善的。因此一个人对于他的行为感觉羞耻，虽在他是一种痛苦，但比起那毫无过高尚生活的愿望的无耻之人，究竟是圆满多了。”②

亚里士多德说：“说知羞是某种德性并不恰当，看起来与其说它是一种品质还

① 〔荷兰〕斯宾诺莎：《伦理学》，贺麟译，商务印书馆，1997年，第123页。

② 〔荷兰〕斯宾诺莎：《伦理学》，贺麟译，商务印书馆，1997年，第214～215页。

不如说它是一种感受。至少可以把它定义为对某种不名誉事物的惧怕，其结果类似于对某种可怕事物的惧怕。那些感到羞耻的人脸就变红，那些恐惧死亡的人脸就发白。两者都表现为某种身体的变化。这就表明它更多是种感受而不是种品质。”“并非一切年龄的人都适于羞臊，而只适于青年人。我们认为青年人应该知羞，……或者说，人有这样一个特点，如果他做了某种可耻之事就会感到羞耻，以此为理由，就可以自认为是个好人，这是荒唐的。因为知羞是对自愿者而言，一个好人决不会自愿地做卑劣之事。知羞须在一定前提下才可以成为一件好事，如若做了某件事情，于是觉得羞耻。德性则不是这样。如若无耻，做了可耻的事仍然不知羞耻，是卑劣的。但这并不证明，做了可耻的事情而知道羞耻就是个有德性的人。”①

十四、不在其位章

子曰：“不在其位，不谋其政。”

在这一论述当中，“位”对应“其政”说明，“政”是被“位”规定的。不同的“位”有不同的“政”。要想谋好“政”，就先要弄清楚“位”，而不能把不同“位”的“政”混淆。在什么“位”，谋什么“政”，无“位”即不当有相应的“政”，这明确了每个“位”相应的责任和义务。朱熹认为，这里从下到上都不应出位而谋政。士人不可侵大夫之职，天子不可过于天道。不只是上下，前后左右彼此之间都应名有分守，不可逾越。这里表达的思想和“正名”的思想是一贯的，“位”对应相应的“名”，要正自己“位”的“名”，而不是去正其他位置的“名”。

十五、师挚之始章

子曰：“师挚之始，《关雎》之乱，洋洋乎，盈耳哉！”

“师挚”：鲁国乐官。定公的时候，孔子自卫返鲁。哀公的时候，师挚到齐国去了。“始”：上任。“乱”：乐曲的最后一章。该章也有争议，一种说法是从师挚的时候，鲁国的乐就开始坏了，没有中正的内涵。

孔子返回鲁国，乐才正了。一种说法是师挚使得乐正了，变得很美。不管如何理解，有一点是明确的，即一个国家和民族的乐是人的生命境界的表现，也是人情

---

① 〔古希腊〕亚里士多德：《尼各马科伦理学》，苗力田译，中国人民大学出版社，2003 年，第 90～91 页。

世故的晴雨表，反映天道的规律。治国当然要有礼乐。

十六、狂而不直章

子曰："狂而不直，侗而不愿，悾悾而不信，吾不知之矣。"

"侗"：一说未成器之人；一说无知貌；一说幼稚；一说好合。"愿"：一说谨守故常；一说圆通；一说朴实善良；一说心甘情愿。"悾悾"：一说无能；一说敞开心扉；一说心中无物，无知之貌；一说呆板愚蠢。关键就是直、愿、信，失去了这些价值的人或者人际关系就失去了内在的价值。直要求伸张生命的价值，愿要求顺从本心，信要求内心真实。

"悾"：空，没有什么特长，无能的人，人生比较空洞，是拙一类的人。空洞如果是虚明，反倒是智慧，如果只有空洞而无虚明，就没有生命的内涵。所以对于悾悾的人而言，重点在信。信的美德正好填补空虚处，而成为实在的生命。朱熹说，有什么德有什么病，有什么病有什么德。进一步说，德可以补救病，有什么病就需要有什么德来补救。德是有相对性的，德的意义就在于救德性上的病。悾悾的人需要虚己纳人，需要信任人，接受好的价值。

朱熹说"侗"是愚的模样，缺乏分别，不懂事物的界限。所以对于"侗"的人来说，首要的任务是从自己的心愿出发，同时了解和尊重他人的心愿。

狂的人好高大，当然会比较进取。关键是向往的那个"高"是什么，如果是圣贤，当然应该自直，才能成圣贤。否则自高大，而不能以他人的高大来矫正自己，就陷入人生的一个病相了。

十七、学如不及章

子曰："学如不及，犹恐失之。"

一说像来不及一样去学，还恐怕失去了；一说用功学习，还觉得不够。如释学为觉，觉了永远不存在失去的问题，恐失之，是觉之不足。恐惧不是一个积极的心态，越是恐惧发生某种事，反倒越容易发生。恐惧也是一个生命遇到一定的问题的表征，恐惧失去什么恰好说明人生缺乏自我的满足，缺乏智慧和觉悟带来的满足，也就是意味着"不及"。用力于"学"，恐自然消失。生命是一个张力，越是不及，越是担心失去，越是有所得，越是不担心失去。觉悟人道之所在，自然走在人道上，也就无有恐怖，没有颠倒妄想。朱熹说对待学要像抓贼一样，需要提起气力精神，千方百计去抓，这样还不一定能抓到。如果只是安坐在那里看着贼，不管他，自然是没有办法抓到贼的。从知行合一的精神来看，学到了“及”，知行就合一了，就完美了。学如未能知行合一，就有偏离之患，就有脱离至善的忧虑。

十八、巍巍乎章

子曰：“巍巍乎！舜、禹之有天下也而不与焉。”

“不与”：一说孔子生不逢时；一说是舜、禹忘记自己有天下；一说不争；一说无为而治；一说不求和不给予。不与，朱熹说是不相干的意思。有天下就像没有天下一样，富贵不入其心，一心为天，一心在天，从而保持至高的人格。

十九、大哉尧之为君章

子曰：“大哉尧之为君也！巍巍乎！唯天为大，唯尧则之。荡荡乎，民无能名焉。巍巍乎！其有成功也，焕乎！其有文章！”

尧则天，说明个人要对更大的天负责，特殊性要服从一般性。国家、政治要服从自然，要对宇宙和自然负责，对大众负责。“此亦是赞其让开散开、物各付物的精神。”①“此即所谓‘顺成’。政治的最高原则是就个体而‘顺成’。”②“说让开散开，是从治者主观方面说，表示仁者的精神；说‘就个体而顺成’，是此精神所必然含着的政治上的如实如理的个性主义之极致。”③孔子说，伟大的尧，作为君主如天一样崇高伟大。只有天最高最大，只有尧能够学习天。他的恩惠真是广博呀！老百姓真的不知道怎样称赞他。他的功绩实在是太崇高了。尧的伟大就在于效法天。以天为法则，就在于对天负责，心里面有天。他的伟大是无法以言辞形容的。

尊重自然，保护生命，保护环境，除了要对人负责，也要对动物和植物负责，对生存环境的改善负责，而不是仅仅执着于一个狭隘的“人类中心主义”的立场。政治应努力“泽被群生”，努力实现四时和顺，万物各得其性。

二十、舜有臣五人章

舜有臣五人而天下治。武王曰：“予有乱臣十人。”孔子曰：“才难，不其然乎？唐、虞之际，于斯为盛。有妇人焉，九人而已。三分天下有其二，

① 牟宗三：《政道与治道》，广西师范大学出版社，2006 年，第 103 页。
② 牟宗三：《政道与治道》，广西师范大学出版社，2006 年，第 103 页。
③ 牟宗三：《政道与治道》，广西师范大学出版社，2006 年，第 103 页。

以服事殷。周之德，其可谓至德也已矣。”

妇人：邑姜。《四书改错》说“妇人”应该是殷人。大禹主持的夏朝政府只任命了五位分管政府各项政务的官员便实现了他的政府所要实现的国家繁荣、人民幸福的目的。武王说：“我有好的大臣总共十个人。”孔子说：人才是难得的，事实上不是这样吗？武王达到的繁荣程度甚至超过了尧虞舜时代。其实只不过有九个贤人，其中还有一位妇女。至德包括两个方面的内容：一个是天下人心悦诚服；一个是在获得较大的支持的时候，仍然安于臣道。

二十一、禹吾无间然章

子曰：“禹，吾无间然矣。菲饮食，而致孝乎鬼神，恶衣服，而致美乎黻冕，卑宫室，而尽力乎沟洫。禹，吾无间然矣。”

“黻冕”：祭祀时穿的礼服和礼帽。禹的“正身”体现在敢于牺牲自己。孔子说，大禹是无可挑剔的。自己的生活，非常清苦，但却把祭品办得很丰盛；穿得很朴素，却把祭服做得很华美；住得很破，却把财富和精力都用在了兴修水利上面。关于禹，孔子对他没有什么要批评的。孔子赞扬大禹就是因为大禹凡是涉及别人利益的事情，就全心全意地付出，而涉及自己利益的事情，则尽量减少支出。朱熹说，禹把朝廷宗庙之事当成最为重要的，薄于奉己。圣王首先是奉天的，然后是奉宗庙社稷的，最后才考虑自己。

第九章　子　　罕

该篇编撰似乎有个重点，就是如何精进不止，以及相应的功夫和阶段、层次。

一、子罕言利章

子罕言利与命与仁

孔子对回答什么是“仁”保持谨慎的态度。孔子比较少谈论利、命和仁。注者往往讨论孔子罕言的是利，还是命与仁。孔子明明言过“命”与“仁”，为什么又说“罕言”呢？一种理解说，是因为“利”“命”“仁”道理太深刻。“命”与“仁”的道理确实很难用语言表达出来，但还不止于此。

朱熹认为罕言不是不言，但又不能多言。因为怕人轻看了仁而不切己去做，怕人去专门求利，怕人废人事。朱熹的观点也是有道理的。但根本的是圣人重在行，而不在言。依据孔子的思维模式，圣人、君子本身是显示道理的最好的素材，圣人、君子的言行本身就是最好的表达。自然，对于孔子来说，孔子自己表述“利”“命”“仁”是“利”“命”“仁”的表现方式，不表述“利”“命”“仁”也是对“利”“命”“仁”的显现。“仁”“命”在人身上显现出来，可以叫做“喻”，也就是比喻或者譬喻。“仁”和“命”的内涵不需要通过概念的方式来了解，而是要通过君子、圣人来了解。君子、圣人是“仁”和“命”的化身，而小人是“利”的化身。可以把此处的“与”理解为“喻”。如果把“利”和“命”、“仁”分开，就是说，孔子罕言“利”，因为利益是小人追求的目标，从而小人成了“利”的代表；孔子自身则是“命”“仁”的化身。对“圣人”和“圣人之言”的尊重和对“命”的尊重就是同等重要的了。当一个人进入语言活动的时候，很容易陷入主客体思维，并离开自己深层的内心，从而脱离了“仁”。停留在“仁”的状态的人本身就是对“仁”的最好的说明，所以不需要过多的语言来对“仁”进行说明。相反，那些离开了“仁”的轨道的人，会表现出语言上的伪饰性。

“罕”：少。如果是“少”就有可能偶尔言之。也有说是说透了。“与”：有说是“和”的意思，有说是“举”的意思。后一个“与”有一种解释说是“举”。孔子罕言“利”、“命”和“仁”，原因不同。谈利者如能做到心中无利，当然可以谈。但是这是很高的人生境界，人们谈论什么往往就是心中有什么。心中有利，才会谈论利益。这就是孟子说的怀利。怀利的人在孔子看来是小人，还不到君子的层次，自然要少言利。命与仁则不同，命与仁需要默识，需要行动，不是语言表达能够说清楚的。

也有把“利”解释成元亨利贞之“利”的，这时“利”就变成了生命的内在利益，变成了需要弘扬和肯定的价值。“罕”也有说是“轩”的意思。罕言有如下启示：第一是无我。因为无我所以不会放言高论。高论利、命、仁的时候心中很难避免有所执着，有求名之心。第二是罕言为自言，自言要寡，人问当说，所以由于弟子所问不同，孔子不同程度地谈及利、命和仁。第三是不言为上。自身行仁，自身即是天命，不言而言。

二、吾何执执御乎章

达巷党人曰：“大哉孔子！博学而无所成名。”子闻之，谓门弟子曰：“吾何执？执御乎？执射乎？吾执御矣。”

“达巷”：党名，五百家为党。一种说法是：这个党人即项橐，秦人，七岁时孔子视他为师，十岁即亡。孔子曾说自己从老聃助葬于巷党。无所成名即民无能名，超越了世俗价值判断的范围。因为不是在某一技能方面成名，孔子的成就与尧舜相同。也有说无所成名是替孔子可惜，可惜孔子没有做官。

觉而无名，觉高于“名”，“觉”是御。孔子自比“执御”是说他以人生意义的领悟来统领具体的、知识性的、工具手段性的技能。“学”的体用关系使得孔子的“学”具有不同的方法论和认识论功能，一个就是从多样的练习活动中获得觉悟；一个就是以觉悟来统领不同的活动。

“射”对应的是学习具体的知识和技能；“御”对应的是自己智慧的成长。学习具体的知识和技能以提高学习效率，应用知识和技能，并且获得社会认可。知识越多，技能越多，越有机会成名。

孔子追求开启智慧，智慧开启后，和世俗的价值认知会有很大的距离，并带有一定的反思性，不一定会成名。智慧是统摄知识技能的，也可能会转换为知识和技能的成就。

执御也有解释说是说六艺之卑。如果是这样的意思，这段话则有贬低六艺的色彩。射御是仆人，执御或许是一个双关语，一方面强调不执御，一方面强调学也要守约务近，从日常生活做起，但又不可执着于日常琐事。

三、麻冕礼也章

子曰：“麻冕，礼也；今也纯，俭。吾从众。拜下，礼也；今拜乎上，泰也；虽违众，吾从下。”

“上”：上堂。“下”：下堂。对待礼，有损，有益，过去丧冠是用麻制作的黑色帽子，现在用棉布或丝代替。“纯”：丝。对待传统的礼仪，今人有今人的取舍，由繁到简是值得肯定的；但是只是求舒服，就不值得肯定了。

该章有两处值得玩味：一个是礼的历史变迁，即礼和利益的关系；一个是从众和违众。从众和违众涉及今古关系，有从今的，也有从古的；也涉及理论和实践的关系，有从理论的，有从当下实践的。

四、子绝四章

子绝四：毋意，毋必，毋固，毋我。

“意”：一说任意；一说私意；一说心有所计较；一说测度；一说自以为是；一说意气用事。“必”：一说必欲其然；一说计较回报；一说决断；一说绝对肯定，或绝对否定。“固”：一说执滞；一说故步自封；一说固执。“我”：一说唯我独是；一说私意；一说自以为是。心学把人所有的心理活动都看成是意。必，一定如此就是必。一定如此是一种固执，合起来就是有我执。固，有禁绝而不为的意思。

朱熹说，意是私意之发，顺理就不意。“‘意’是‘我’之发端，‘我’是‘意’之成就。”① “意”是为恶的先锋，“我”是为恶的成就。“意”是丝毫，“我”则成为山岭。“意”里面包含了一个有为的意思。先有个私意，然后就有个期待必然如此的意思，这个意想实现自身，有知行合一的动力，所以说“必”在事先，在中间。“固”则是在事成之后固执不化，不愿意认不是，固守自己做得对。这一切只是为了守护自己的那个对“我”的执着。四个是相因的，“四者始于我，而终于我”②。

五、子畏于匡章

子畏于匡，曰：“文王既没，文不在兹乎？天之将丧斯文也，后死者不得与于斯文也；天之未丧斯文也，匡人其如予何？”

“畏”：一说畏惧；一说围；一说危。孔子自认为是斯文的代表，斯文之有无由天决定，有受命的意思在里面。匡人误认孔子为阳虎并不能使孔子丧，因为决定权在天。《四书改错》说匡是郑地。定公六年（公元前 504 年），鲁国侵犯郑国，取匡。

---

① [宋]朱熹：《朱子全书（修订本）》（15），朱杰人、严佐之、刘永翔主编，安徽教育出版社、上海古籍出版社，2010 年，第 1326～1327 页。

② [宋]朱熹：《朱子全书（修订本）》（15），朱杰人、严佐之、刘永翔主编，安徽教育出版社、上海古籍出版社，2010 年，第 1328 页。

颜克是阳虎的仆人，他说自己当初就是从这个豁口进来的，结果匡人围住孔子师徒。朱熹说，斯文不是道，道不存在丧失的问题，斯文是先王的礼文。朱熹认为孔子平时比较谦虚，在这里是被逼急了，就说出来了。斯文在个人那里被表达出来，后代人能否有斯文的前提，也是看拥有斯文的人的个人命运。斯文有其天命，表达斯文的人更有天命，成就与不成就，自有因由。

六、太宰问于子贡章

太宰问于子贡曰："夫子圣者与？何其多能也？"子贡曰："固天纵之将圣，又多能也。"

子闻之，曰："太宰知我乎？吾少也贱，故多能鄙事。君子多乎哉？不多也。"

好环境容易让人多能，恶劣环境也能让人多能，关键还在于自身的学习和努力。君子也应多能。成圣是天，成圣和多能之间有张力，成圣可以表现为多能，但不必然多能。

七、吾不试故艺章

牢曰："子云：'吾不试，故艺。'"

"牢"：一说子牢；一说琴张。"试"：用；格式化的语言；做官。做官被世界接纳，有的时候容易陷入功利性的人生路径，失去美学和无功利性的考虑，才华等都受到了一定的限制。

八、吾有知乎哉章

子曰："吾有知乎哉？无知也。有鄙夫问于我，空空如也。我叩其两端而竭焉。"

两端非异端。扣两端需要一定的无我精神，需要一定的智慧，对两端都了解。人们常常拘泥于自己这一端，超越自己这一端才能做到两端。这需要反思，需要在场内又不在场内，两端是超越，一端是沉迷于相对性的情境之中。

"叩其两端"作为一种积极的方法论是和认识论联系在一起的。"知"是在自我超越的基础上对一切矛盾着的对立面的克服。孔子主张"知者不惑"，意在表明，人应该重点修己，挖掘内心隐藏的黑暗面，内心明敞了，自然就是知，爱恨也就有了一定的方向。“惑”就是过于从自我出发，陷入二元对立的状况之中。“惑”就是无明，“知”就是澄明和无蔽。“惑”不一定表现为缺乏明确的概念分析能力，而恰恰相反，概念分析能力也可能会带来更大的心灵的“惑”。换句话说“惑”也有“知”和“不知”的表现。从自我出发就会陷入自我的狭隘性中，其结果是危害自身。不是爱别人就好，不是恨别人就一定不好，而是从自我出发去爱和恨不好。没有“知”的保障，仁者爱人就没有确定的价值方向。知确实具有专心致志的倾向，是一种明白无误的确定性和必然性。“知”是能够“叩其两端”方法论的认识论基础。

九、凤鸟不至章

子曰：“凤鸟不至，河不出图，吾已矣夫！”

事物本身具有一种意义，我们需要体会其中包含的意义。西方国家求表象背后的概念和理念，中国求其显示的意义，尤其是对人的意义。凤鸟、河图表示存在对人的敞开，是特异与文化的象征。一般认为这一章是说孔子感叹周朝衰落了，没有明王，自己得不到重用。也有观点认为“凤鸟”“河图”是祥瑞，祥瑞不显现，表示没有天命或道不行。顾颉刚怀疑这一章是刘歆写入的，是有疑问的。

十、子见齐衰者章

子见齐衰者、冕衣裳者与瞽者，见之，虽少，必作，过之必趋。

斩衰，丧服不缝边；齐衰，丧服缝边。现实的人要体现一定的意义，敬重现实的人是敬重所体现的意义，个人是次要的。对待残疾人的态度显示了人的德性，尤其是在何种程度上能够奉献，何种程度上能够慈悲，何种程度上平等，何种程度上超越功利性的商品意识来对待人。

十一、颜渊喟然叹章

颜渊喟然叹曰：“仰之弥高，钻之弥坚，瞻之在前，忽焉在后。夫子循循然善诱人，博我以文，约我以礼，欲罢不能。既竭吾才，如有所立卓尔。虽欲从之，未由也已。”

“诱”：一说进；一说诱导。“卓尔”：一说绝望之辞；一说高远貌；一说立貌；一说卓然有见的模样。是否能给人以高大感是人的成就的一个外在指标。“坚”：如金刚，成就坚硬的金刚身。“瞻之在前，忽焉在后”：圣人是富于变化的，并不简单地被归入某种现实的人的类型，其潜能得以释放。圣人能够启发他人自救的力量，当自我的潜能觉醒以后，人就会焕发出一定的文采，并产生规矩意识。当这种自我清净的本能能够持续发挥作用的时候，人就尽了自己的才性，获得了真正意义上的“存在”。

十二、子疾病章

子疾病，子路使门人为臣。病间，曰：“久矣哉，由之行诈也！无臣而为有臣。吾谁欺？欺天乎！且予与其死于臣之手也，无宁死于二三子之手乎！且予纵不得大葬，予死于道路乎？”

一说该段为孔子将要返回鲁国，在返鲁旅途中生病；一说孔子寝疾，子路和颜、闵、游、夏辈看护汤药。“久矣哉”：一说孔子病久；一说子路错久。

何谓生病？疾病会导致死亡，但疾病不必然是死亡。它剥夺了肉体的力量，它让精神陷入困顿，它拉开了我们和世界的距离，让我们随时准备进入虚空之旅。

孔子确信自己还没有到死亡的时刻。天不可欺，此句或许为感叹语，无实际意义，或许有实际意义。如果在孔子那里有实际意义，那么孔子就是认为天不可欺，即天具有一种观察性和至上性，人的一切都会被天所记录、所明察，人亦当以时时刻刻被观察的对象来行事，这样才能培养起美德，把身心敞开在天地之中。金岳霖说生死是可能，是一种永远现实的可能，面对永远现实的可能自然需要一种豁达的心态来对待生死。子路拘泥于人道，改师徒关系为主人和家臣的关系，以素王待孔子，失去了师生纯真的共同侍奉理想的本质。

十三、子贡曰有美玉章

子贡曰：“有美玉于斯，韫椟而藏诸，求善贾而沽诸？”子曰：“沽之哉，沽之哉！我待贾者也！”

“韫椟”：藏诸柜子中。这句话大约发生在孔子离开鲁国，初到卫国的时候，孔子并没有得到卫灵公的接见，和徒弟们一起过着弹弹琴，谈论学术和政治的悠闲生活。子贡是卫国人，大约是孔子到卫国后收的新徒弟。这一年，子贡大约二十四岁。子贡小孔子三十一岁，小颜渊一岁。

世间的人往往都是以商品的态度来对待人的。货币原则是人性面临的一个大挑战，精进于圣人之道的人，从最纯洁的意义上说会藏好自己人性的美玉，不让商业原则和交换原则伤害。但如果有人认识人性美玉的价值，圣人不惜代价，会提供自己的帮助。“贾者”往往不会发现人性的价值，只会发现商品的价值。

圣人从政，就是自愿地把自己的价值让别人作为商品的价值来衡量。不管是好商人，还是坏的商人。如果有好的商人来购买，自然圣人是高兴的。圣人从政本身就是一种牺牲，是为了服务人的，是把本该藏起来的无价的美玉，拿出来让人评估、定价、交易。美玉在不同的交易中，在定价中实现了自己的价值。尽管这些价值都不是美玉本身的价值。

如果人性就是美玉，如果道德是美玉，知识能力是美玉，人就不应该故意隐藏这些东西。尽管没有人能够不以商品的价值来看待人性的价值。美玉藏在自己精心准备的匣子中，太有心了，匣子又是一个框子。真正有人性的美玉，是无法有意图地藏在一个框子中的。有心去藏起来和卖给别人，本质没有什么根本的不同。那还不如卖掉算了，把美玉藏于天下，藏于宇宙，才是大藏。

“待贾者”当然不是随随便便，而是给别人一个机会，学习自己的崇高的理想，领会积极的价值。

十四、子欲居九夷章

子欲居九夷。或曰：“陋，如之何！”子曰：“君子居之，何陋之有！”

“九夷”：先秦时对居于今山东东部、淮河中下游的部族的泛称。君子可以化居所为栖居，居所相对于栖居就是陋室。当栖居发生的时候，简陋的房屋也成了栖居之所，而没有发生栖居的时候，再好的居所也是陋室，其中没有保护，没有安宁，没有温暖，没有停留，没有歇息，没有对尘世骚扰的阻隔。栖居的意义就是可以依靠，就是远离尘世的骚扰，就是亲情，就是心灵的安宁。君子可以化所接触之物，而有灵动之意，可以化腐朽为神奇。君子之室，清净而有光亮；小人之室，污浊而无光。可以从所居之室窥见个人修养的成就和个人人生的问题，居所与人的人格成就息息相关。

十五、吾自卫反鲁章

子曰：“吾自卫反鲁，然后乐正，《雅》、《颂》各得其所。”

“自卫反鲁”：鲁哀公十一年（公元前 484 年）冬。“《雅》《颂》”：《诗经》中的篇章，可以奏入乐章。经历了长时间的周游之后，更懂得《诗》的价值，更能透彻理解“乐”的本质，也就是“各得其所”。

十六、出则事公卿章

子曰："出则事公卿，入则事父兄，丧事不敢不勉，不为酒困，何有于我哉？"

精进不止，有很多的表现。或为近道，可有限度地放弃直接的奉献活动；或为人伦的精进，因心不拘泥于现世的利益，从而可以奉献自身于人伦中，从家庭人伦到君臣政治生活，从现实的人生到逝去的亲人；或为不为尘情所困。

十七、子在川上章

子在川上曰："逝者如斯夫！不舍昼夜。"

在朱熹那里，这句话说的是"天地之化"，实践启迪是"欲学者时时省察而无毫发之间断也"①。在黄侃那里就成了感叹"人年往去""向我非今我"。②在赵歧那里就成了"言有本不竭，无本则涸"。③

"逝者"更多地应该从动词的意义上来理解，而不应理解为名词。如果理解为名词，则要问，是什么东西在流逝，思维一开始陷入了具体思维，就已经先验地否定了孔子是在进行一种理性的抽象的哲学思考。这里的"逝"应该被当成一种抽象的哲学概念来理解。此句的逻辑关系是："川"（奔腾的河水）之"不舍昼夜"对应"逝"之"不舍昼夜"。

《孟子·离娄下》中徐子问孟子，孔子为什么讲水，孟子说是取本。显然那个是孟子的理解，孔子这里讲的是时间的流动。

十八、吾未见好德如好色章

子曰："吾未见好德如好色者也。"

这一章发生在见南子之后，灵公与夫人同车，孔子有此说。唐君毅说，好色生活具有颠倒性。"而人之所以有此淫欲者，唯始于对对方之肉体之贪恋。此贪恋之始，则盖始于人之宛然幻觉若有无穷之欢乐，可自此肉体中流出。而此一念，又始于人之尝试客观化其欢乐，而视若来自此对方之肉体中者。此即已为其主观之欢乐之一倒影，依于一颠倒之意想而成者。此倒影既成，人遂宛然幻觉此对方之肉体中，具

① 程树德：《论语集释》，中华书局，2013 年，第 706 页。
② 程树德：《论语集释》，中华书局，2013 年，第 705 页。
③ 程树德：《论语集释》，中华书局，2013 年，第 705 页。

滋生此无穷欢乐之可能，而贪恋之情生。”[①]由于这个幻影的推动，好色的淫欲必然由一人及另一个人，而没有穷尽。

依古人之观念，德的成就之一是诱惑力和吸引力，好色反映了内心对美、对无限、对爱的追求，反映了对德的追求，反映了造化的本质。但外表美始终是德的幻象。爱欲有私人性。“女性，是他者，抗拒社会的他者，是一个二人社会中的成员，一个私密社会中的成员，一个没有语言的社会中的成员。”[②]孔子好德，学习孔子，即以德为信仰。信德为真，与追求世俗生活不悖，完成世俗生活的责任，也是成德的要求。

十九、譬如为山章

子曰：“譬如为山，未成一篑，止，吾止也。譬如平地，虽覆一篑，进，吾往也。”

“篑”：古代盛土的筐子。成功往往就在最后一步，迈出最后一步才是成功，而最后一步往往是最难迈出的。高山超拔于众人之上，不断求超拔，求不平常；平地融入众人之中，努力保持和众人一致，保持平常。进步无止境，退步很容易，改正缺点即是进步。

二十、语之而不惰章

子曰：“语之而不惰者，其回也与！”

“不惰”：专心致志；一说不倦怠；一说勉进。君子要畏圣人之言。不惰的要求很高，一则要求相信其为真，不升起怀疑之心；一则能认真去聆听话语的本意，而不浮在语言的表面；一则要求洞见语言的实相，一面是语言，一面显示语言的实相；一则能够结合自己的实际落于行为之中。现实生活中经常出现说话者说东，听者理解成西的情况；现实生活中也经常出现只是纠缠在语言概念的表面，而不能透过语言看实相的情况；现实生活中经常出现把语言当成耳边风的情况，不能融入自己的生活中。

二十一、子谓颜渊章

子谓颜渊，曰：“惜乎！吾见其进也，未见其止也。”

---

① 唐君毅：《人生三书》，中国社会科学出版社，2005年，第96页。

② 〔法〕伊曼纽尔·列维纳斯：《总体与无限：论外在性》，朱刚译，北京大学出版社，2016年，第256页。

“止”：一说没有达到圣人的境界；一说进益未止。外表的进步与人格等级的进步并不同步。内在人格等级的不断进步才是最重要的。外表或许有懈怠，有曲折，有反复，关键就是内在人格的进步。内在的精进当然也会反映在外在的言行表现中。内在的精进依赖“学”和“思”。需要内心的警醒和明觉的发展，需要慈悲恻隐的发展。

二十二、苗而不秀章

子曰：“苗而不秀者有矣夫！秀而不实者有矣夫！”

此处亦提出了人生进步的三个阶段：苗，谷之始生；秀，吐华；实，成谷。闻道为下种，修道为秀，成道为实。

二十三、后生可畏章

子曰：“后生可畏，焉知来者之不如今也？四十、五十而无闻焉，斯亦不足畏也已。”

先进和后生具有相对性，关键在于与道的关系。人进道不分年龄，不分先后。在后者从道来看，可以是在先者，后进也可以是先进。这是从先天法来看的。从后天法来看，也要遵守时间的法则。越早闻道越好，晚闻意味着不闻，生命就失去了进步的动力，失去了新生的机缘。肉体的老去往往意味着精神的衰败。

二十四、法语之言章

子曰：“法语之言，能无从乎？改之为贵。巽与之言，能无说乎？绎之为贵。说而不绎，从而不改，吾末如之何也已矣。”

“法语”：一说格言；一说以礼法规矩正言规劝；一说经典之语；一说直言无隐。“巽与”：一说恭敬之言；一说讽谏之言；一说拍马之言。“绎”：分析条理。

法和巽比较好地说明了道言的特征，具有强制性和感染性。对于法语之言，则要求从，要求按照这种言的要求调整自己的人生方向；巽与之言则需要延续下来，澄清成条理。

二十五、毋友不如己者章

子曰："主忠信，毋友不如己者，过则勿惮改。"

在这样一个句子中，仅就"主忠信"三个字是很难明确定位"忠信"的意思的，其意思可以通过后面的句子来确定。这里的"不如己"主要是道德价值上的"不如己"。从这个句子来看，"忠信"要求克服道德价值上"不如己者"对自己的消极影响，保持自己积极的人生追求。"忠信"还要求对自己过错的敏锐的智慧判断，对自我可能出现的否定性倾向有敏锐把握，并袪除过错。"忠"的另一层意思是用自我的正面价值来引导他人，让别人能发挥其自身的肯定力量。

鲁迅曾经说："孔老先生说过：'毋友不如己者。'其实这样的势利眼睛，现在的世界上还多得很。"①鲁迅主要是针砭势利眼，不过孔子不幸"中枪"，这类的引用古代经典的方式并不在意经典中的句子的真正意义，尤其是在经典中受到文本整体逻辑限制的意义。这是读者需要加以鉴别的。就像日常生活中常常见到的引用《庄子》中生有涯知无涯的说法论证要追求知识一样。其实在《庄子》中，意思恰好相反，生有涯，知无涯，从养生的角度来说恰好不能去过分追求知识，而牺牲掉养生。用经典中的句子针砭现实，往往关注句子孤立的意思、字面的意思，真正客观的态度则要还原回文本，放在思想体系中、前后语境中来看。研究古代经典，需要走出这种带有文学和批评色彩的解读方式，才能习得经典的精神。

鲁迅说："中国的一般的民众，尤其是所谓愚民，虽称孔子为圣人，却不觉得他是圣人；对于他，是恭谨的，却不亲密。"②鲁迅这段话说得非常好，关键就是要做到与经典的"亲密"，即王阳明所说的圣人气象在当下的人这里，要从当下的良知来求做圣人。

二十六、三军可夺帅章

子曰："三军可夺帅也，匹夫不可夺志也。"

"匹夫"：庶人，士大夫以上有妾，庶人唯夫妻相匹。匹夫也有"志"，孔子所宣称的那些理想价值对所有人是开放的，并不因为社会地位而有所改变。

儒家的立志说的哲学意味是什么呢？人们常说要立志，但是又苦于志立不起来，立志显然是人生实践的一个难题。人有不同方向的志，从而有千姿百态的人生。

---

① 蔡尚思：《十家论孔》，上海人民出版社，2006 年，第 66 页。
② 蔡尚思：《十家论孔》，上海人民出版社，2006 年，第 72 页。

立个必为圣人之志的哲学意味着什么呢？或者说如何从哲学上阐发儒家的立志呢？这里从康德的意志论来看王阳明的立志说，“志”可结合西方哲学的“意志”概念来阐发。

说到立志，人们很少会联想到“意志”“意愿”，不过西方哲学探讨的意志的确和“志”有关系，二者都涉及同一个问题。

在中国古代哲学语境中，意志是两个字，意是意，志是志。“意者，心之所发也，有思量运用之义。”①立志要求无人我之见，没有人我的对立面，如果在人我的内外分别中去立志，志就无法立起来。诚意是关联着良知的，要求心体上没有一念留滞，包括好的念头。立志显然不是在心里面立一个成圣人的念头，而是每一个念头都不离天理。因为要得到某个物事，所以不单纯是“意欲”，而是包括了“行”的结果的。“志者，心之所之。之犹向也，谓心之正面全向那里去。”②“志”和“意”不同，“志”是包含了那个“之”的。“志”的那个“之”是圣人。“志”更具行为实践的动能。“志有趋向、期必之意。心趋向那里去，期料要恁地，决然必欲得之，便是志。”③

从哲学上说“立志”，其包含了意欲和意志，一个是欲求，一个是欲求自然趋向的方向。从康德的意志概念更能显示“立志”的哲学意境。“知性也有一种与欲求能力的关系，欲求能力由此而叫做意志，而就纯粹知性（它在这样的情况下叫做理性）仅仅通过一个法则的表象就是实践的而言，则叫做纯粹意志。”④自由意志本身就包含着一种自由的因果性的观念。纯粹的、就自身而言实践的理性是直接立法的。意志自己立法，从修养方面来说就是志向的坚定，就是人的自立。立志要参考康德所说的：“要这样行动，使得你的意志的准则在任何时候都能同时被视为一种普遍的立法的原则。”⑤立志就是让本性自身来规定自己的方向，这一本性自身规定的趋向，可以说是具有自我立法性。也因其具有必然实现的趋向，而拥有普遍必然的实践性。

二十七、衣敝缊袍章

子曰：“衣敝缊袍，与衣狐貉者立，而不耻者，其由也与！‘不忮不求，何用不臧？’”子路终身诵之。子曰：“是道也，何足以臧？”

“缊”：乱麻、旧絮。“忮”：一说害；一说嫉妒；一说骤怒。“臧”：一说善也。不

① [宋]陈淳：《北溪字义》，中华书局，1983年，第17页。
② [宋]陈淳：《北溪字义》，中华书局，1983年，第15页。
③ [宋]陈淳：《北溪字义》，中华书局，1983年，第16页。
④ 〔德〕康德：《康德著作全集》（第5卷），李秋零主编，中国人民大学出版社，2013年，第59页。
⑤ 〔德〕康德：《康德著作全集》（第5卷），李秋零主编，中国人民大学出版社，2013年，第33页。

求的根源在于得道，得道让人满足。

子路是那种能够自我约束的人，努力克服自己的贪欲。这样的人也许当自己穿着破烂的旧丝棉袍子和穿着狐貉裘的人一道站着的时候，会感到羞耻，但是自己能够觉察这种感受不对。自己生命的价值不是用衣服等能够完全衡量的。

孔子一方面肯定了子路，一方面又指出子路还有一些不足。因为这个世界的财富和功名本身是属于大家的，自然不是属于任何一个人的。生命太短暂了，每一个生命都不能完全占有世界的好处，自然就没有藏宝之处。基于道的前提来看，自我和他人都是道，都在道之中。孔子则指出，一切都是道，自我也是道，外在的一切都是道，人能够藏有什么呢？如果认识到这一点，得失就“随缘”了。

二十八、岁寒然后知松柏之后凋章

子曰：“岁寒，然后知松柏之后凋也。”

“岁寒”：一说天冷了；一说大寒之岁。人生是一场磨炼，或者在磨炼中凋零，或者在磨砺中挺立。如何理解岁寒？或许是季节性的，并不总是发生；或许是松柏自身的问题，引来岁寒；一个岁寒结束了，另一个岁寒就开始了，就像唐僧西天取经一样，岁寒是层层的考验。

二十九、知者不惑章

子曰：“知者不惑，仁者不忧，勇者不惧。”

惑是一种遮蔽，遮蔽带来了无明。无明让人感到不知所措，没有方向感。智慧即光明，有了光明，黑暗就消除了，人就可以看清前行的道路。人的形体是一惑，形体使得心灵拥有了阴影。有色质的世界是一惑，色质使得世界有黑暗。智慧能够穿透黑暗，为光明所弥纶。

不惑带来一种人生的境界，对于处于迷惑中的生命升起一种爱和慈悲，围绕着形体和世界形质造成的暗影，以及这些暗影引发的担忧和忧愁，也就消失了。忧愁源于一种阻隔，源于对光明的思念。

什么叫做“仁者不忧”呢？有的《论语》现代解读本强调胸怀无限大，很多事情自然就小了。这一解释没有说清楚“仁”。“仁”总是关联到对他人命运的一种同体心，这种同体心当然也可以说是一种胸怀。明白了这一点，就知道从实践的角度来说，只能辩证地应用这段话。因为仁者一定有忧，而且可能比别人还忧，如大悲心。一个人可能对自己的命运的苦都不觉得怎么样，但满怀仁心者却可能因为这个人而感到深深的苦。仁者如何能不忧呢？仁者不因自己的苦乐而忧愁，却会因众人的命运而忧愁。所以对于阅读《论语》的方法来说，也需要以读者的人生经验对文本进行一定的校准，赋予文本以读者理解的内涵。

带了智慧的遮蔽性的消除，能够超越现象变迁带来的忧，就消除了恐惧。恐惧源自现象变迁带来的情感惶恐。

三十、可与共学章

子曰：“可与共学，未可与适道；可与适道，未可与立；可与立，未可与权。”

“适”：之也，往也。觉悟有四个境界：觉悟；悟道；自己在道中成人；与世俗融合。

人生能生发一点觉悟已经很难。学有觉悟者，有未觉悟者，有觉悟大者，有觉悟小者。学中的觉悟者走在道上，觉本身就是道，就是“适道”。学者多，觉者少，故而说“可与共学，未可与适道”。世间万事，从者众，而入门者稀。

入门的人中能够长时期坚守，直到最终成就的少。就像撒在大地上的种子，最终长成参天大树的少。学最终还是要立。十五而志于学，三十而立。四十不惑，五十知天命，了解天下万事万物自然的规律，遵从世界的秩序，在遵从世界的秩序中，不断觉悟，自我得以确立。这是“权”。权变要求智慧，要求知天命。

《二程集》中记载，王彦霖问立德进德先后。二程认为，有立而后进，有进而后立。的确如此，立在先是说要选对的路，最终才能到终点。进而后立，是说选对路后，进一步就到终点了。二程的回答照顾了《论语》相关论述的整体性。十五而志于学，三十而立，孔子说只看见颜回进，没看见止。“进”有两个逻辑位置，一个是在“可与适道”的位置，进后就立了；一个是在“学”的位置，进学卓然有定，然后“吾见其进者也”，最后“三十而立”。

三十一、唐棣之华章

“唐棣之华，偏其反而。岂不尔思？室是远而。”子曰：“未之思也，夫何远之有？”

“唐棣”：古指郁李。唐棣的花朵，很美，只是反偏在一面。事物均有阴阳，有肯定和否定两面，一面繁华一面沧桑。人的思想既是属于自己的，也不是自己的，反映在意识表层的思想，有深刻的根源，有一个源头。近处的源头是外表的现象，就像眼前的偏向的花朵；远处的源头来自心灵深处。

“未之思”：不是真正的思；没有发生思。心灵和眼前的事物交织在一起，也会有感官的作用，也有一种思考发生，不过这个思考的距离仅仅局限在可见的事物。人在这种认识中和万物贴近，同时也感觉到界限和疏远。只有进入纯粹的心灵之思的时候，人才拉开了和现实世界的距离，发生了“远”的感受，这种和现实生活的疏远，却走进心灵深处的自我。对道的思导致了和现实世界的疏远，进而又把人送回现实世界。

第十章　乡　党

《论语别裁》说这一篇是孔子生活的素描。在顾立雅看来，《史记·孔子世家》中孔子被描绘成一个说谎者，以及缺乏人情味的人格形象，其中就利用了该篇的资料。《论语》前十篇被认为是《论语》最初的样子，接下来的五篇是后来某个时候增补的，最后五篇是最晚增补的。该篇被认为是被做了某种改编后插入《论语》中来的。朱熹对该篇评价较高，认为孔子言行时时合礼，不管有事还是无事的时候都是如此。从内容来看，首先谈孔子言语之变，其次谈衣服之变，再次谈饮食之变，最后谈迎接事务之变。是从一个得道者还是从一个守礼者来看该篇中孔子的形象，结果会有很大的不同。陈独秀说："孔教之精华曰礼教，为吾国伦理政治之根本。"①以"仁""礼"解释孔子和《论语》是现代以来一种强势的解释传统。如果从《论语》的角度来看孔子，孔子讲"礼"，尤其是周礼中那种具体的礼仪规范并不多，相应的论说多集中在《礼记》《孔子家语》之中。《论语》中的"礼"比较集中表达了孔子自己的哲学思考。《乡党》一篇有相对具体的规矩说明。陈独秀说："'孔教'本失灵之偶像，过去之化石，应于民主国宪法，不生问题。"②该篇内容，如用当下人的生活状况来衡量，无疑会有"化石"感，不过如果以"圣境"体味，也可以"人同此心"。

一、孔子于乡党章

孔子于乡党，恂恂如也，似不能言者。其在宗庙朝廷，便便言，唯谨尔。

"乡党"：《周礼·地官·大司徒》说五家为比，五比为闾，四闾为族，五族为党，五党为州，五州为乡。这里的乡党是指昌平乡阙里。兖州曲阜县（今曲阜市）鲁城西南三里有阙里，中有孔子宅。

"恂恂"：温恭、恭顺、信实之貌。

为何是"似不能言"？显然是能言者，却对语言有自我的约束，表现为不能言。孔子的语言表现在乡党和宗庙、朝廷不同。静默是最完善的语言，唯有静默，才能很好地聆听，也唯有很好地聆听，才能很好地言说。静默包含了是和非，包含了是非的不确定，可以说无善无恶，当不言的时候人即不出场。人不在某种情境下出场，某种情境未入于心灵的场景中。语言的出场是情境性的，为他人而生。他人的需要是语言的动力。在不同的情境下能够灵活地表现不同的语言状况，是德性的表现。

① 蔡尚思：《十家论孔》，上海人民出版社，2006年，第9页。
② 蔡尚思：《十家论孔》，上海人民出版社，2006年，第9页。

"似不能言"是德性的表现，这一德性古人解释为谦卑逊顺，不以贤知先人。语言满足他人的需要，有教化之意，不言，则不进入教化的境遇。不言，则是进入"学"的道路，于乡党则努力聆听和学习。乡党为熟人的领域，在此领域学、教关系往往会被抑制，享受其中的亲情也是德性所需要的。

"便便"：辩辩，侃侃而谈。一说娴雅貌。"朝"：早也，见也。"廷"：平地。朝廷为议政的场所，说话是责任所在。"谨"：恭敬、谨慎。在朝廷便便言，但不是随意说话，而是发自内心地、有高度自我约束地说话。不是说官话、套话，说空话、假话，或者说起来没完没了，或者一言不发。

此段落如果对应现代生活，可以按照如下原则来应用：他人或者职责需要说话的时候则"便便言"，如教师上课；私人领域或者他人没有明显地对我们的语言渴求的时候则"恂恂如"。"乡党"和"朝廷"的区分可以对应现代社会的不同领域，如私人领域和公共领域，也可以对应不同的情境，如别人需要我们说话时则"便便言"，不需要时则当"似不能言"。

二、与下大夫言章

朝，与下大夫言，侃侃如也；与上大夫言，訚訚如也。君在，踧踖如也，与与如也。

"侃侃"：一说和乐；一说刚直。从字形来看，侃侃，有说话不隐晦之意。对待下大夫和悦而不隐晦。"訚訚"：一说中正；一说和悦而诤。坚持是非，但是却不违背和谐的原则。"踧踖"：一说局促不安之貌；一说敬畏；一说趣步，即快走和慢行。"与与"：徐徐、舒舒、安详，威仪中适之貌。臣子随时等待君主的召唤，自然要保持内心的警觉，保持好姿势，把注意力集中在对待君主上面。

此段给出了公务活动中人面对三种位格时自己所要扮演的角色，以及相应的言行表现。同事需要语言的交流，与领导的关系讲究的是执行力。与同事中的上级不能以隔阂的心态谈话，但是也要坚持是非；与同事中的下级要保持和悦，同时要公开透明；与领导要保持行动的警觉，随时准备执行领导的决策。

三、色勃如也章

君召使摈，色勃如也，足躩如也。揖所与立，左右手，衣前后，襜如也。趋进，翼如也。宾退，必复命曰："宾不顾矣。"

定公十年（公元前500年）夹谷之会，孔子相。朱熹说，相是涉及礼仪的工作，摈是传话的。客人走的时候，主人送出门外，两拜，然后客人离开。朱熹说君主不怎么说话，要有人代他说话，摈就是传话的。传话的自然要求保持高度的注意力，不管是面容，还是行动，都要表现出一种敏锐性。

“齐”：衣下曰齐。“色勃如”：一说变色；一说矜庄貌。“躩如”，一说疾行；一说盘旋曲折似不能行。“左右手”：一说上摈是右人，末摈是左人；一说揖左则左手在上，揖右则右手在上。“襜”：动而整貌。“翼如”：两手当胸，两臂左右自然伸展如鸟翼，这是恭敬之貌。“顾”：答拜。

接待外宾的时候，需要精神高度投入，因为心力的投入，外貌就表现得饱满。这种样子和平常舒缓的外貌是不一样的，显得庄严庄重，甚至有些沉重的感觉。因为责任大，自我也需要表现出承担力量的样子。走路也如负重，盘旋曲折似地疾行。和客人打交道要身体端正，但是又不拘谨，左右偏向保持对客人的尊重，衣服齐整地摆动。

四、入公门章

入公门，鞠躬如也，如不容。立不中门，行不履阈。过位，色勃如也，足躩如也，其言似不足者。摄齐升堂，鞠躬如也，屏气似不息者。出，降一等，逞颜色，怡怡如也。没阶，趋进，翼如也。复其位，踧踖如也。

“公门”：一说天子有五门，即皋、库、雉、应、路，诸侯有库、雉、路三门；关于公门是其中的哪一门争议大，有说是雉门，有说是路门。“鞠躬”：一说恭敬貌；一说曲身。“不中门”：一说门外；一说闑右。门中间短木是闑，从内向外出，右边是君主出入的地方。“阈”：门限。心肃气自屏。

五、执圭章

执圭，鞠躬如也，如不胜。上如揖，下如授。勃如战色，足蹜蹜，如有循。享礼，有容色。私觌，愉愉如也。

出使邻国时手捧着玉圭，恭敬谨慎好像力不胜举的样子。圭是中国古代在祭祀、宴飨、丧葬以及征伐等活动中使用的器具，其使用的规格有严格的等级限制，用以表明使用者的地位、身份、权力。

人际交往如出使，人做事、工作也如出使。如果用手递给别人东西应当放在什么位置？下面与心齐，上面和作揖的高度相同。责任重大，每件事情都要圆满，看似简单，如能圆满则很难。所以需要以“如不胜”的态度，以敬畏之心，以警醒之心来对待。何时人们会自觉鞠躬？感觉值得尊敬的时候，认识到对方的生命的高贵的时候，这个时候也认识了自己的高贵，认识了生命的使命。正因为如此，生命有一种负重感，需要打起精神，犹如战斗一般。“蹜蹜”：小步快走。步伐不乱，表示按照一定的节奏完成使命。“享礼”：聘问之后，便行享献之礼，使臣把所带来的各种礼物罗列满廷。“觌”：见。

六、君子不以绀緅饰章

君子不以绀緅饰，红紫不以为亵服。当暑，袗絺绤，必表而出之。缁衣羔裘，素衣麑裘，黄衣狐裘。亵裘长，短右袂。必有寝衣，长一身有半。狐貉之厚以居。去丧，无所不佩。非帷裳，必杀之。羔裘玄冠不以吊。吉月，必朝服而朝。

“君子”：一说士以上的人；一说孔子；一说孔门诸子；一说帝王或读书的人；一说衍文。这里解释为意义性的君子，非具体的某类人。“绀”：深青透红的颜色。“緅”：青多红少的银灰色，这是正式礼服的颜色，不用来镶边。“红紫”：大红色，为贵重的正服之色。“亵服”：私下里穿的衣服。“袗絺绤”：单衣；细葛布；粗葛布。“缁衣羔裘，素衣麑裘，黄衣狐裘”：黑色的衣服配黑羊皮；白色的衣服配白鹿皮；黄色的衣服配狐裘。“亵裘长，短右袂”：一说家居所穿裘衣背心；一说右袖挽起来。“寝衣”：一说被；一说睡衣。“居”：一说燕居，即在家里；一说坐。“帷裳”：上朝穿的礼服，用整块布做，余下打褶裙。“吉月”：一说大年初一；一说每月初一；一说告月，每月月底。

七、齐必有明衣章

齐，必有明衣，布。齐必变食，居必迁坐。

“明衣”：布衣，浴衣。“变食”：蔬食。养气体，以便精一为斋。斋，心诚以交。迁坐，以便反思。

八、食不厌精章

食不厌精，脍不厌细。食饐而餲，鱼馁而肉败，不食。色恶，不食。臭恶，不食。失饪，不食。不时，不食。割不正，不食。不得其酱，不食。肉虽多，不使胜食气。唯酒无量，不及乱。沽酒市脯，不食。不撤姜食，不多食。

“食”：饭。“脍”：鱼肉。“厌”：厌倦；饱足。一说越精细越好，一说不计较是否精细。这里从后者。“饐餲”：时间长了腐败。“不时”：一说不当时，不新鲜；一说非朝、夕、日中时也。“正”：当杀和割肉的法度。养身体即是养心体。朱熹认为，一言一语，一坐一立，一饭一食，都有是非，得天理就为是，人欲便是非。

有的解读者觉得孔子联系得太多了，把肉块的端正与品行的端正联系起来，把座席的方向与人心的正派联系起来，这颠倒了逻辑，因为先是心不正，才会有这种联系。一饭一食当然包含科学的道理需要探究，一饭一食也涉及对食物提供者的道德态度，涉及个人对身心关系的调理问题，自然其中也涉及伦理道德问题。

九、祭于公章

祭于公，不宿肉。祭肉不出三日。出三日，不食之矣。

古代的大夫都有助君祭祀之礼。第二天是绎祭，之后可以拿回或者分祭肉。“祭肉”：家祭之肉。

十、食不语章

食不语，寝不言。

以事语人曰语，发端曰言。“语”：答述。“言”：直言。吃饭的时候说话不干净，也不礼貌。分心影响体味食物的美味，影响营养吸收；另外，分心会影响感恩的心。就像纪伯伦说的那样，要让内心充满对秋天、葡萄园的怀念。事在此，心就在此，心事不分离。

十一、疏食菜羹章

虽疏食菜羹，必祭，必齐如也。

“祭”：祭祖、祭神。祭不在于物，而在于心。祭，在于不忘食物是从哪里来的，从而有感恩之心。饮食必祭，无德不报，不以物薄而忘本废敬。

十二、席不正章

席不正，不坐。

“正”：符合自己的身份。南北向，以西方为正。东西向以南方为正。养外可以养内。

十三、乡人饮酒章

乡人饮酒，杖者出，斯出矣。

“杖者”：老者。尊重老年人。老年人未出，自己不能先出。老年人已经出去，自己也要紧跟出去。长幼秩序不可乱。

十四、乡 人 傩 章

乡人傩，朝服而立于阼阶。

“傩”：腊月驱鬼仪式。大傩，逐尽阴气为阳导也。“阼阶”：东面的台阶，主人所立之地。“朝服”：官位的标志。朱熹说：“子孙之精神，即祖考之精神，故祖考之精神依于己。”①所以，一家之中主人为最大。

十五、问人于他邦章

问人于他邦，再拜而送之。

“问人”：一说他邦来问之人。“再拜”：回拜；拜两次。拜，以手据地，首俯而不至于手；一说空手，跪而拱手，首俯至手；一说不至手。敬，如亲见。珍惜缘分的意味隐然可见。

十六、康子馈药章

康子馈药，拜而受之。曰：“丘未达，不敢尝。”

“康子”：季康子。“达”：一说晓解；一说针；一说未达是木死于未。这章点出了孔子之名。其中有敬畏，有慎重。朱熹认为，由此章可见圣人应接之间义理极其周密。

---

① [宋]朱熹：《朱子全书（修订本）》（15），朱杰人、严佐之、刘永翔主编，安徽教育出版社、上海古籍出版社，2010年，第1397页。

十七、厩 焚 章

厩焚。子退朝，曰：“伤人乎？”不问马。

“厩”：马棚。重人贱畜。这章点出了孔子之名，顾立雅认为不能认为该篇所有的行为都是孔子的行为。崔述说这里，应该是“不，问马”。人不伤，然后问马是否伤。人和马相比，人的价值高于马的价值，保护人有较大的福报的量。

十八、君 赐 食 章

君赐食，必正席先尝之；君赐腥，必熟而荐之。君赐生，必畜之。侍食于君，君祭，先饭。

“祭”：每品出少许，感恩先代发明饮食的人。食、腥、生之间有价值序列的差异，前者伤害生命的程度低，后者程度高。从最大的功利的量来看，孔子最大限度地把握了最大量的福。孔子饮食智慧以饭食为先，以腥臊为后。

十九、君 视 之 章

疾，君视之，东首，加朝服，拖绅。

“东首”：面朝东。至于为什么面朝东，一种解释是：孔子因病卧床，床在南窗的西面，国君从东边台阶走上来，孔子当然要面朝东迎接国君。另一种解释是：阳气在东方升起，东首就是要受生气。《四书改错》说不是受生气，而是因为平时就是头向东睡，有病了，君主来看，当然头向东，表示面君之意。“绅”：长带。

二十、君 命 召 章

君命召，不俟驾行矣。

出门后就走，无车。关键就是看命和行的关系。听命而行，无自我的执着，行而无滞碍。

二十一、入 太 庙 章

入太庙，每事问。

"太"：开国之君为太祖，周公旦之庙。事和问互相规定。从实践链条来说，人面对祖先，就如小孩，以归属、保护感为最紧要。

二十二、朋友死章

朋友死，无所归。曰："于我殡。"

朋友角色和亲人角色之间能够进行转换，主动以亲人身份办理丧事。人的主体性和人的自由也表现在能够自在地进行角色转换。朱熹认为朋友交往当量力而行，也当考虑交情深浅，宁可过厚，不可过薄。

二十三、朋友之馈章

朋友之馈，虽车马，非祭肉，不拜。

"车马"：一说用车马来拉的礼物；一说车马本身就是礼物。坚持生命的主体价值，不会因为利益而牺牲人性的价值。祭肉而拜，因为天的价值序位高于人。

二十四、寝不尸章

寝不尸，居不客。

"尸"：布展手足似死人。客，有的版本作"容"。客，庄敬似客。闲居是考察一个人修养的重要时刻，闲居而有序，心不务外故不客；不尸，身心不闲散，入于静定。

二十五、见齐衰者章

见齐衰者，虽狎，必变。见冕者与瞽者，虽亵，必以貌。凶服者式之。式负版者。有盛馔，必变色而作。迅雷风烈必变。

"狎"：亲近。"亵"：常相见。"式"：车前横木。"负版"：一说邦国之图籍；一说负贩；一说丧服之版。"盛馔"：一说士食于大夫，大夫食于君；一说兼亲馈。"必变"：一说为敬天之怒；一说属单纯记载孔子容貌之变。该章讲变，而变的根据是社会角色和自然的变化。有高度敏感性的人，与天地人伦同步而变，顺应自然。

二十六、升 车 章

升车，必正立，执绥。车中，不内顾，不疾言，不亲指。

“绥”：牵以上车之绳。一说为安；一说心体之正。“内顾”：一说回顾；一说不外视。心体无不敬，外表无不恭。心神内守是很重要的，无时无刻均守心，不离内心的主宰。

二十七、色斯举矣章

色斯举矣，翔而后集。曰：“山梁雌雉，时哉！时哉！”子路共之，三嗅而作。

“色斯”：一说状鸟举之疾，即用来描绘鸟很快地飞到高处的样子。“共”：一说拱执；一说因设食物以张之。“三嗅”：三叹；三噫；三振翅。此段解读的难题是主体的确定。三嗅的主体是孔子，还是鸟？如果是孔子就是说子路抓鸟给孔子吃，孔子不吃。如果是鸟，就是鸟三嗅后飞起来了。此段哲学意义的解读的难题是“时”。鸟在没有人干扰的时候自由自在，有人干扰后就飞起来了，就像君子和圣人与这个世界的关系。此章之意，历来难解。可以把文本前后进行对比来把握。生命的外在表现以及群体行动的原因是不一样的，有的属于生命自身的自然表现，有的是受到外力的干扰，基于生命的自保而表现出惊扰状态。孔子之言行表现是属于前者，还是属于后者？还是兼而有之？

第十一章　先　　进

以《乡党》为界,《先进》以后显然和前九篇有差别,《论语》分为两部分。《论语别裁》认为《论语》下半部分是上半部分的注解，以实际的例证来注解，所以还是连贯的。该篇孔子点评诸先进弟子。也可以理解成是对《学而》的阐发，描绘孔子和弟子讲学和师生之乐。《论语余说》认为后十篇中《子路》篇义理最为精密,《宪问》篇其次,《季氏》篇和前十篇差距最大,《阳货》篇采摘最杂,《子张》篇所记弟子之言是真实的。崔述认为子见南子章，季氏将伐颛臾章，公山弗扰章，佛肸召章，齐景公待孔子章，齐人归女乐章不可信。《尧曰》篇开头部分不可信。孺悲欲见孔子章，楚狂接舆歌章，子路问津章，子路从而后章事实可疑。义不可疑而文体不类的有益者三友章，子曰由也章，古者民有三疾章等。子张问仁章，子张问章文体可疑。子路曾皙冉有公西华侍坐章和子之武城章事实可疑。天下有道庶人不议章，禄之去公室章，生而知之者章，见善如不及章，性相近习相远章，唯上智与下愚不移章为真。

一、先进于礼乐章

子曰："先进于礼乐，野人也；后进于礼乐，君子也。如用之，则吾从先进。"

先进和后进具体所指，充满歧义。有的说先进是五帝以上，后进是三王以后。有的说先进是三代以前，后进是三代以后。先进和后进指先觉和后觉。野人，有说是郊外之民；有说是质朴的人。何谓野人，何谓君子可以忽略，该章孔子肯定先进，这是关键。野人对一切事物都保持原初的好奇、初心和感受；而受过文明熏陶的人对待礼乐难免变得有更多的考虑。

《论语》是否有限制礼乐的思想？从这段话来看，应该是有。人和礼乐二者，谁才是最重要的？当然是人本身。人的成就最终要超越礼乐，如为礼乐所限，则人就失去了创造的主体性。

二、从我于陈蔡者章

子曰："从我于陈、蔡者，皆不及门也。"

这个门，有说是公门，也就从政；有说是圣人之门；有说是现在不在身边，不登门，登门少，门即“丘之门”。孔子感慨与陈蔡一起蒙难的学生，现在都独立了，不用登门就可以按照已经养成的德性自己做事了。

三、德行言语政事文学章

德行：颜渊、闵子骞、冉伯牛、仲弓；言语。宰我、子贡；政事：冉有、季路。文学：子游、子夏。

弟子所能独立成就的事情各有所偏，各有所长。有的观点认为孔子不曾设四科，是弟子根据孔子的思想进行的划分。这四科之间是什么关系？有的观点强调德行是本，文学是末；有的观点强调，学圣人要从文开始，然后是正人事、善言语，最后是有德行；有的观点强调四科合起来才是圣人之学。

四、回也非助我者也章

子曰：“回也非助我者也！于吾言无所不说。”

孔子和颜回，心意相通，心心相印，以心传心，彼此不用语言就能理解彼此的真实意思。孔子的话，表面上看可能是一个意思，从心来看，可能是另外一个意思。颜回了解深层的意蕴，所以对于孔子的话，总是感到喜悦。“说”：喜悦于心并传播出去。把孔子的话当成了“天命”，不以批评之心待之。语言的价值不完全在于内容，还在于其传递的力量。

有的弟子从表面来理解老师的话，因不知真意，会有疑问，实践会有偏差。因而需要进一步用语言来澄清。“非”：不是，也可以理解不仅仅。弟子提出问题，老师才会想办法回答和解决，这样老师的学问才能增长，才有师生关系的后天法。孔子和颜回是先天法的师生关系，而助我者是后天法的师生关系。单纯有先天法，无后天法，也不能成就一种学问，不能成就一个学术团体。弟子愚笨也会成就老师。当弟子越来越接近老师，老师的使命和价值也就结束了。颜回对老师的帮助在先天法层面上，不在后天法层面上。当孔子的使命在后天法的时候，颜回生命的价值也就越来越小，颜回早逝也是必然。这段话也诠释了什么叫做“德行”。德行有先天和后天两个层面，先天是得道而成德，顺从天命的本性规范自己的生命。后天是尊重现实的人伦秩序和序位。在这里颜回对老师，可以说是说什么信什么，全然尊重师生关系的后天秩序。从先天法来说，又能够理解彼此之道，学生得到了老师的道，老师得到学生的道。

五、孝哉闵子骞章

子曰："孝哉闵子骞！人不间于其父母昆弟之言。"

一种理解认为这是孔子转述别人的话；一种理解是孔子后面的话是孔子解释为什么说闵子骞孝。

关于这段话有很多理解方式。一种理解思路是：强调闵子骞对自我道德判断的坚持，不听从别人替他打抱不平的话，坚持自己的价值观。类似的思路是闵子骞的价值坚持还得到更广泛的社会支持，他挽救家庭危机的话得到传播并被社会认可，或者他对待母亲和兄长的方式让人无可挑剔，或者让父母、兄弟个个都无话可说。

从严格的意义上说，自我认识不是德性。但是不同的自我认识造就了不同品格的人，从这一意义上说自我认识也是一种德性。因为自我认识本身就包含对自我的道德期许和道德塑造，包含了道德的坚持，包含了自我道德人格的影响力的扩展。

另一种思路是着眼于父母、兄弟和他人对闵子骞形象把握的矛盾性。父母、兄弟心目中的闵子骞形象得到了他人的支持，或者继母和异母弟说他坏话，但乡党邻里的人却赞扬他。一个人拥有人类身份的概念，需要自我的身份归属和他人对我们的身份归属的判断标准相一致。虽然，自己是谁是自己定义和自我塑造的。但这个定义是参考了他人的定义的，并且需要和他人的定义保持基本的一致性。在麦金太尔看来，当我们无法依靠合作者和朋友时，我们对自己判断的信任就总是有可能变成幻觉之源。

从实践的角度来看，闵子骞的孝的德行应当具有如下几个要求：其一，如果父母、兄弟对自己不好，或者说自己坏话，自己不应该以善恶是非的观念对待父母，而应该做到父子不责善，以慈悲心对待父母，不管父母好坏，都对父母好。

其二，如果父母说自己坏话，或者认为自己不够好，就还需要进行自我检讨，是什么地方让他们不满意，然后尽量改善自己那些让对方不满意的地方，这样自己才会不断进步。

其三，如果父母说自己坏话，而其他邻居认为自己已经很孝顺了，说明自己的德行得到了他人的认可，但不可以沾沾自喜，忽视反思自己还有不孝顺的地方。

其四，社会上的其他人往往会以回报或者对等的观念看待父子关系，这个时候要认识到父母是自己的父母。不能以社会资源的角度看待父母，看待父母给自己提供了什么，也不能因为父母善或者好才孝顺父母，这个时候要与社会的观念保持一定的距离，知道社会和家庭属于不同的社会层次，有不同层次的道德要求。

六、南容三复白圭章

南容三复白圭，孔子以其兄之子妻之。

“复”：反复念。“白圭之玷，尚可磨也，斯言之玷，不可为也。”出自《诗·大雅·抑之篇》。兄之子，同姓长者之女。此诗歌颂白璧无瑕的美德。从人伦来讲，夫妻一伦在《论语》中讲得薄弱，需要补足。

《论语》有性本净的思想要素，这里是一个例子。另外，《论语》中少有的几处讲婚姻关系的，这里是一处。

七、有颜回者好学章

季康子问：“弟子孰为好学？”孔子对曰：“有颜回者好学，不幸短命死矣，今也则亡。”

《论语余说》说前十篇的“孔子对曰”主要对定公、哀公，后十篇变成对卿。前十篇是有子、曾子门人所记，所以懂得礼。“子曰”和“孔子对曰”是不一样的，其中包含着对秩序的理解。颜回好学，从经典的角度来看，却看不见颜回有什么出色的表现。从留下来的文献来看，颜回专注于对超越世界的寻求。

八、颜路请子之车章

颜渊死，颜路请子之车以为之椁。子曰：“才不才，亦各言其子也。鲤也死，有棺而无椁。吾不徒行以为之椁。以吾从大夫之后，不可徒行也。”

颜路，即颜回的父亲。颜路想要用孔子的车木为儿子做椁。颜回和孔子关系好，这是大家都知道的。遇到这样的情况，孔子该如何处理呢？如不答应，好像不近人情。答应的话要有理由。颜路爱子，孔子也爱子，彼此各尽自己的能力去爱，而不能强加给他人。颜回如孔子之子，孔子爱颜回，也会选择无椁。孔子之理由有三个：各为其子，虽然看似冷酷，却也只能如此，这是基本的是非分界；人要推己及人，孔子爱子的方式即如此；孔子是有身份的人，这种对身份的执着，可以看成是一种迂腐，但是更应看到人应当按照合适的“名”来领会自己的使命和命运。

“各”有深意，“各”是“恕”的前提，不然就同了。颜路不能“各”，自然无法达到“恕”。“从大夫”：当时孔子是大夫，这里是谦虚的说法。也有说孔子五十六为司寇，颜回死的时候孔子六十一，当时孔子已经不在位了。

九、天丧予章

颜渊死。子曰："噫！天丧予！天丧予！"

丧，未必是死亡。从现象中体会天命，颜回之死，代表着孔子之道难以传播。"丧"是人生的基本境遇。结合《国语》来看，天丧或者天给予都有天命在其中。天命有反，可能意味着失去，失去可能意味着得到。

十、非夫人之为恸而谁为章

颜渊死，子哭之恸。从者曰："子恸矣！"曰："有恸乎？非夫人之为恸而谁为！"

既是哭颜回，也是哭自己，更是哭世人和天命。人道之难，就难在于不能在天丧中奋起，领会丧的意味，在禁止中找到不禁止的，人之道就开拓出来了。

十一、颜渊死门人欲厚葬之章

颜渊死，门人欲厚葬之，子曰："不可。"门人厚葬之。子曰："回也视予犹父也，予不得视犹子也。非我也，夫二三子也。"

按照颜回个人生时的品性来葬。如颜回还活着，他会喜欢厚葬吗？不会，所以要事死如事生。自知之明就是要知自己的位。颜回置孔子于父之名位，孔子置自己于师位，或颜回的朋友位。不管置何种位置，都不能伤害他人的本位。他人的本位是对待他人的最合理的尺度。

十二、季路问事鬼神章

季路问事鬼神。子曰："未能事人，焉能事鬼？"曰："敢问死。"曰："未知生，焉知死？"

二程关心儒佛对待生死的不同看法。"圣贤以生死本分事，无可惧，故不论死生。"[①]这个说法也没错，关键是不能诋毁佛学，他们认为佛学怕死生，此不合佛学

① [宋]程颢、[宋]程颐：《二程集》（上），中华书局，2004年，第3页。

之义。佛学也是正面面对生死，有念死之义理，有禅定解决之方。不过二程也说对了一些，即普通老百姓单纯从怕死的利益之心上信佛，则是偏了。佛教说有六道，六道对人来说就一道，这一道就是人道。人是自由的存在物，可以突破物种的限制，而做成不同的自我。生死是一刻发生的两面，此生彼灭，彼灭此生，知道一个就知道第二个。朱熹认为事人和事鬼是以心来说的，生死是就理来说的。

十三、闵子侍侧章

> 闵子侍侧，訚訚如也；子路，行行如也；冉有、子贡，侃侃如也。子乐。“若由也，不得其死然。”

“訚訚”：门内有言，思想丰富，心灵生活丰富。“行行”：行动力很强。“侃侃”：潇洒，刚直之貌。关键在于“子乐”，众弟子有不同的气质才华，尽管有缺陷，但不影响师生关系之乐。生命的活动有不同的结果，或超越，或世俗，各得其所。子路追求尘世的政治和人伦价值，生命的价值就在于政治和人伦的价值。朱熹认为闵子纯粹，比较接近理，气象自然深厚。冉有、子贡有发露的气象。訚訚，深沉的气象。侃侃，发露的气象。行行，表现出来的行为比较粗陋。

十四、夫人不言言必有中章

> 鲁人为长府。闵子骞曰：“仍旧贯，如之何？何必改作？”子曰：“夫人不言，言必有中。”

关键不在于收税，而在于增加生产、促进消费，在于公平和节省开支。硬件革新还是软件革新？鲁国的执政大臣翻修长府的金库。闵子骞说：“照着老样子下去怎么样？为什么一定要翻造呢？”孔子说：“这个人平日不大开口，一开口一定会抓住问题的要害。”也有人说冉有帮助推行提高税收的政策。闵子骞说，没有必要提高税收。修金库和增加税收意思相通，修金库本身可能就意味着要聚敛民财。闵子骞（公元前 536—公元前 487），春秋鲁国人，勤奋好学，尊师重道，善于修身，以德行著称，与颜渊并列“德行科”。唐开元年间被诏定为“十哲”之一，以祀于孔子庙，追封为“费侯”，宋封其为“琅琊公”，清乾隆诏定为“十二哲”之一。为政之道，在于解决实际问题，而最根本的实际问题就是民众的生存问题。语言的真理性就在于“中”，在于命中事物的真相。

十五、由之瑟章

子曰："由之瑟奚为于丘之门？"门人不敬子路。子曰："由也升堂矣，未入于室也。"

观察点在于孔子考验子路的"我"有多大，考验弟子的"我"有多大，门人看来不及格。他人不够好，并不是自己好的理由。子路未及生命的本体，但也走在通向入室的路上。人最怕的是有打击他人的心，见猎心喜。他人掉进井里，不意味着自己就在井外。自己的高，是自己求来的才是真的，如果是比出来的，就是假的。

十六、子贡问师与商也孰贤章

子贡问："师与商也孰贤？"子曰："师也过，商也不及。"曰："然则师愈与？"子曰："过犹不及。"

人们常常认为中庸就是过犹不及，这只能算说对了一半，中庸是正中目标，当然不过也无不及。命中仁，即中庸。子张和子夏在命中仁境方面不过关。子夏做事比较规矩，子张喜讲大话。言必有中，就是没有过，也无不及。

十七、季氏富于周公章

季氏富于周公，而求也为之聚敛而附益之。子曰："非吾徒也。小子鸣鼓而攻之，可也。"

崔述认为孔子晚年归鲁，该章所记是晚年时候的事情。相应的篇章是和鲁太师谈乐的章节。季家为鲁国的权门，财富已经很多了，比周公还多。可是冉求，还为他加倍地设法搜刮。《道德经》说，人道的规律就是损不足以补有余，天之道则是损有余来补充不足。孔子的道是助人求那个超越性的人道，助人聚敛是帮助人经营尘世的生活，背离了孔子之道。朱熹认为冉求功夫间断了，不能分清公私义利的界限。季氏的财富如果是正当的，取也是合理的，此处当是说其财富非所当取而取之。冉求急于仕，进退失去了规矩。

十八、柴也愚章

柴也愚，参也鲁，师也辟，由也喭。

“柴”：字子高。“愚”：不是愚蠢。朱熹认为愚是道理不明。子高守得定，能自正，但缺乏变通，不能应变。

“鲁”：鲁钝。因为鲁钝所以不懂的事情就会去下功夫，希望懂得，最终也会透彻，反倒比伶俐的人好，不造作，能守心专一。但是如果不能透彻，则半途而废。明达的人多不专一，愚钝者也可以有成。“辟”：过于以自我为中心。“喭”：豪放。

十九、回也其庶乎章

子曰：“回也其庶乎！屡空。赐不受命，而货殖焉，亿则屡中。”

颜回受命，依据德福平衡的原理生活，比较贫穷。子贡靠自己努力积累道德，并追求福，经商很成功。做颜回还是做子贡？颜回对这个世界没有用心，自己贫穷也是自己造出来的。子贡虽然用心太多，但能有世俗的成就，也有他的道。要学习两个人的道理并运用在生活中，世俗和超越就均衡了。

二十、子张问善人之道章

子张问善人之道。子曰：“不践迹，亦不入于室。”

教化人或者自己成为善人都要求不在善的表面，而在灵魂和实质。不入于室，就是要求德化如风，善性不被局限，能够展现出善性来。善人就怕局限在表面，也怕为他人所困，这样善人反倒不自在。朱熹理解的善人是天资好的好人，这样的好人不必符合或者通过学习现成的规矩就能成为善人，但是不能达到深奥处。

二十一、论笃是与章

子曰：“论笃是与，君子者乎？色庄者乎？”

“论笃是与”，一种理解认为这是“与论笃”的倒装形式，意思是：总是推许笃实的人；一种理解认为不是倒装，意思是：言论笃实值得赞许。推许将会笃于仁，当下践行仁的责任就被推卸掉了。如果只是言论笃实，内心不能笃于仁，言行不能合一，就没有达到君子的标准。

二十二、如之何其闻斯行之章

子路问："闻斯行诸？"子曰："有父兄在，如之何其闻斯行之？"冉有问："闻斯行诸？"子曰："闻斯行之。"公西华曰："由也问闻斯行诸，子曰：'有父兄在'求也问闻斯行诸，子曰，'闻斯行之'。赤也惑，敢问。"子曰："求也退，故进之；由也兼人，故退之。"

自我的意见和他人的意见都要兼顾。自我和他人的意见中都有真理，需要个体当下的智慧判断。

二十三、子畏于匡章

子畏于匡，颜渊后。子曰："吾以女为死矣。"曰："子在，回何敢死？"

颜回为孔子而生，这不单纯是一个价值观的问题，而是对自己生命的价值的真实体悟。非开悟者和开悟者可以在外表上相似，但是内涵不同。朱熹认为孔子担心颜回遇害，所以有此问。孔子没有死，颜回自然有活着的理由，如果孔子遇害，颜回自然以死救之。

二十四、季子然问仲由冉求章

季子然问："仲由、冉求可谓大臣与？"子曰："吾以子为异之问，曾由与求之问。所谓大臣者：以道事君，不可则止。今由与求也，可谓具臣矣。"曰："然则从之者与？"子曰："弑父与君，亦不从也。"

大臣从事政治有自己坚定的诉求和价值导向，具臣则缺乏价值的自觉，沉迷在具体的政治事务中。能够以德治理政事的人是"大臣"。相反，没有政治理念，没有一个好的政治理念，没有善良的政治目标，没有积极的价值取向，不能上升到文化角度思考领导和管理问题的干部是"具臣"。

"大臣"的大有两个方面：一个方面是说，当官员的时候，有对人民有益的想法和追求，并且可以坚持这种追求。当然不是说没有变通，没有妥协，但是一切的变通和妥协都是实现理想和追求的一种方式、一种手段。实在不能实现就退隐归田。

另一个方面是说，不当官吏的时候，他的所有的作为对于当权者来说都是一种帮助，都是一种补充，都不会给当权者带来麻烦。相反通过德化的人格影响力，人变得善良，有助于国家或者单位的长治久安。

“大臣”，有的翻译成高级干部、领导者。“大臣”不一定是高级干部，低级干部也可以是大臣。大臣有自己坚定的政治方向，为了政治方向而做官，而不是为了自己的上司做官。服务上司，但服务上司是为了实现好的理想。有的时候修改上司的某些策略，是为了维护上司的荣誉，保全上司的道德和政治方向的正确性。

二十五、子路使子羔为费宰章

子路使子羔为费宰。子曰：“贼夫人之子。”子路曰：“有民人焉，有社稷焉。何必读书，然后为学？子曰：“是故恶夫佞者。”

崔述认为这件事应该发生在季氏初堕费之后。孔子为司寇，子路为季氏宰。崔述认为子路的疑问其实就是孔子得不到重用的理由，或者说是孔子即将去鲁的理由，即季氏只是关心政治的问题，对读书之事兴趣不高。崔述把这一章和子服景伯一章合起来看。“学”可以是民人、社稷、读书，但是如果个人不觉悟，不求成君子，民人、社稷、读书即无学的意义。

二十六、子路曾皙冉有公西华侍坐章

子路、曾皙、冉有、公西华侍坐。子曰：“以吾一日长乎尔，毋吾以也！居则曰：‘不吾知也！’如或知尔，则何以哉？”

子路率尔而对曰：“千乘之国，摄乎大国之间，加之以师旅，因之以饥馑，由也为之，比及三年，可使有勇，且知方也。”夫子哂之。

“求！尔何如？”对曰：“方六七十，如五六十，求也为之，比及三年，可使足民；如其礼乐，以俟君子。”

“赤！尔何如？”对曰：“非曰能之。愿学焉。宗庙之事，如会同，端章甫，愿为小相焉。”

“点！尔何如？”鼓瑟希，铿尔，舍瑟而作，对曰：“异乎三子者之撰。”

子曰：“何伤乎？亦各言其志也。”曰：“莫春者，春服既成；冠者五六人，童子六七人，浴乎沂，风乎舞雩，咏而归。”夫子喟然叹曰：“吾与点也！”

三子者出，曾皙后。曾皙曰：“夫三子者之言何如？”子曰：“亦各言其志也已矣。”曰：“夫子何哂由也？”曰：“为国以礼，其言不让，是故哂之。”

“唯求则非邦也与？”“安见方六七十，如五六十，而非邦也者？”

“唯赤则非邦也与？”“宗庙会同，非诸侯而何？赤也为之小，孰能为之大？”

孔子关于“为政”的境界有怎样的思考？回答这个问题可以通过不同的文本，甚至通过《论语》中的不同材料来进行分析。

在《论语》中直接讨论“从政”、“为政”或者“政”的地方很多。其中涉及的话题大致包括：“从政”意旨，“从政”的一些基本条件，“施政”次第和重点，以及对“施政”提出一些警戒，提出一些修养的方法。另外一个重要的内容就是提出了对“从政”的理想境界的理解。

本书关注《论语·先进》“子路、曾皙、冉有、公西华侍坐”，也就是人们常说的“子路曾皙冉有公西华侍坐章”，力图通过对其分析来把握孔子关于为政境界的思考。

对于这一章的解读，本书采取了“譬喻”结合“抽象继承”（概念分析）的方法。也就是说，在对譬喻性的语言进行抽象的逻辑解析的基础上把握孔子的思想。通过这一方法，可以看出“子路曾皙冉有公西华侍坐章”中应该存在四个为政的境界。这四个境界分别是子路、冉有、公西华、曾皙所代表的境界。孔子认为自己是认同曾皙的，说明曾皙所代表的是最高的境界。如何看待孔子对三子的评点呢？朱熹说：“此无贬辞。”①虽然孔子对其他三个境界多多少少都有些不满意，但也可以认为是儒家所认可的。

曾皙，曾参的父亲，名点。点，小黑。四个人按照由大到小的顺序排列，这是古人礼仪精神的体现。子路比孔子小九岁。曾参比孔子小四十六岁，曾皙是曾参之父，年代缺乏有效的考证，应该比子路小。冉有比孔子小二十九岁。公西华比孔子小四十二岁。所以后文有“长乎尔”之说。“侍坐”：其他的地方说“侍”，或言“侍侧”，这说明弟子是坐着的。“以”：通“已”，有因为、止、用、为难等意思。

一天，子路、曾皙、冉有、公西华四个人侍坐于孔子。孔子提出了一个问题。对于是什么问题，大致有两种理解。一种理解为：孔子和弟子说话，孔子谈到了当时社会和自己的政治关系，说到没有人用我了。孔子说道：我比你们年纪都大，已经老了，没有人用我了。“以，用也。孔子言老矣不能用也，而付用于四子也。”②“言已老矣，明王不兴，终不见用，已无当世之志也。”③

另一种理解为：孔子和弟子说话，孔子谈到学生不要因为老师年长，就不和老师谈论自己的志向了。“已，止也，谓毋以我年长，止而不言。”④

“居则曰：‘不吾知也！’如或知尔，则何以哉？”（《论语·先进》）“言汝等常居之日，则皆自云无知吾者也，言如或有人欲知用汝等，汝等则志各欲何为治哉。”⑤“何以”：怎么办；也可以理解为追求什么样的理想和境界。“知”：知道，重用。中国哲学知行合一的精神是渗透到了字，渗透到了概念范畴之中。“知”不仅仅有了解的

---

① [宋]朱熹：《四书或问》，安徽教育出版社、上海古籍出版社，2001年，第292页。
② 程树德：《论语集释》，中华书局，2013年，第920页。
③ 程树德：《论语集释》，中华书局，2013年，第920页。
④ 程树德：《论语集释》，中华书局，2013年，第920页。
⑤ 程树德：《论语集释》，中华书局，2013年，第921页。

意思，还有重用、使用的意思。比如后代人使用的知县、知府的说法。“知”还包括管理的意思，即把重要的政策传达到地方，把地方的情况及时报告给中央政府。从后文弟子的回答来看，弟子回答的问题不是一些具体的问题，而是代表了各个人的政治志向、政治理想、政治追求，可以总括为“为政境界”。

关于这一章，宋儒多关注子路、冉有、公西华“三子”与曾点思想境界的差别。这种差别大概包括如下几个方面：“三子”有期必之心，“曾点不说道欲做那事，不做那事”①。“三子”不过是想象着去做的，曾点较为朴实，做的是眼前的事情。“曾点以乐于今日者对，诸子以期于异日者对。”②程颢认为，孔子和曾点与圣人的志向相同，便是尧舜气象。“子路冉有公西华皆欲得国而治之，故孔子不取。”③“三子”有诸侯之志，而曾点志于乐道。“三子”重点谈自己能干什么，自得处较浅。曾点说道：“非深有所得于中者，其能志于是乎？”④“三子”心中有事，为事所累。“学者不可著一事在胸中，才著些事，便不得其正。且道曾点有甚事，列子御风事近之，然易做，只是无心，近于忘。”⑤曾点心不累事，气象从容，志尚高远。“三子”关注的是事，而曾点关注的是心。“盖三子只就事上见得此道理，曾点是去自己心性上见得那本原头道理。”⑥

朱熹还说：“曾点与三子，只是争个粗细。”⑦曾点的思想和子路、冉有、公西华的思想有什么不同呢？朱熹大致提出了“治国”和“求道”，“本”和“末”，“志”和“事”的差别。关于“志”和“事”的差别朱熹指出：“曾点，狂者也，未必能为圣人之事，而能知夫子之志。”⑧“如子路、冉有、公西赤言志如此，夫子许之，亦以此自是实事。”⑨结合《论语》其他记载来看，孔子的确区分了“政”与“事”。“冉子退朝。子曰：‘何晏也？’对曰：‘有政。’子曰：‘其事也。如有政，虽不吾以，吾其与闻之。’”（《论语·子路》）子路、冉有、公西华都局限在治理国家方面，而曾点不局限在这一点上。在朱熹看来，子路、冉有、公西华没有得“本”，而“本”则是

① [宋]朱熹：《朱子全书（修订本）》（15），朱杰人、严佐之、刘永翔主编，安徽教育出版社、上海古籍出版社，2010年，第1444页。

② [宋]朱熹：《朱子全书（修订本）》（15），朱杰人、严佐之、刘永翔主编，安徽教育出版社、上海古籍出版社，2010年，第1444页。

③ [宋]朱熹：《朱子全书（修订本）》（7），朱杰人、严佐之、刘永翔主编，安徽教育出版社、上海古籍出版社，2010年，第407页。

④ [宋]朱熹：《朱子全书（修订本）》（7），朱杰人、严佐之、刘永翔主编，安徽教育出版社、上海古籍出版社，2010年，第409页。

⑤ [宋]朱熹：《朱子全书（修订本）》（7），朱杰人、严佐之、刘永翔主编，安徽教育出版社、上海古籍出版社，2010年，第408页。

⑥ [宋]朱熹：《朱子全书（修订本）》（15），朱杰人、严佐之、刘永翔主编，安徽教育出版社、上海古籍出版社，2010年，第1443页。

⑦ [宋]朱熹：《朱子全书（修订本）》（15），朱杰人、严佐之、刘永翔主编，安徽教育出版社、上海古籍出版社，2010年，第1429页。

⑧ [宋]朱熹：《四书章句集注》，齐鲁书社，1992年，第114页。

⑨ [宋]朱熹：《四书章句集注》，齐鲁书社，1992年，第113页。

天理流行，与天地万物一体。“曾点之学，盖有以见夫人欲尽处，天理流行，随处充满，无少欠阙，故其动静之际，从容如此。而其言志，则又不过即其所居之位，乐其日用之常，初无舍己为人之意。而其胸次悠然、直与天地万物上下同流、各得其所之妙，隐然自见于言外。视三子之规规于事为末者，其气象不侔矣，故夫子叹息而深许之。”①

“三子”中子路略差些，子路之言不让，有违道理处。曾点和尧舜的气象有相近处。“曾点见处极高，只是工夫疏略。”②曾点是狂者，未必能实践，不过是志于进取。程颢认为，曾点是狂者，未必能为圣人之事，但能知道孔子的志向。曾点的志向就是：“使万物莫不遂其性。”③朱熹说：“夫以所居之位而言，其乐虽若止于一身，然以其心而论之，则固蔼然天地生物之心，圣人对时育物之事也，夫又安有物我内外之间哉！程子以为与圣人之志同，便是尧、舜气象者，正谓此耳。”④上述讨论较为宏观，没有对“三子”和志向进行具体的分析和讨论，而把曾点的追求和庄子联系起来，没有从政治意涵的角度阐发曾点思想。基于此，本书从政治境界的角度阐发“三子”和曾点的政治境界。

子路的从政境界是什么呢？概括起来就是“治乱”境界。这种从政境界关注整体实力、秩序、名声。

在管理对象方面，子路眼中完全没有人的问题出现，有的只是国家整体遇到的一些物质层面的问题，主要是外部环境的问题、内部饥荒等问题。子路是政治激情主义的代表，想干事，也能干事，但容易见物不见人。《论语·先进》把子路定位为“具臣”，也就是在“以道事君”方面是有不足的。“孟武伯问：‘子路仁乎？’子曰：‘不知也。’又问。子曰：‘由也，千乘之国，可使治其赋也。不知其仁也。’”(《子路·公冶长》)孔子的这个判断是非常准确的，“治赋”是“具臣”的工作，其中虽然也可能有“仁心”，但毕竟是“物”，不是“人”。子路的政治境界有全能主义、理想主义的倾向，过于相信自己，相信自己的能力。《孔子家语》中记载子路在蒲治水的时候拿出自己的食物给民众食用，孔子派子贡前去制止。“汝以民为饿也？何不白于君，发仓廪以赈之，而私以尔食馈之，是汝明君之无惠而见己之德美矣。”⑤子路对自己的自信也会导致对权力的界限缺乏理解。公共生活涉及人与人的协作，并不是总能够按照既定的时间实现既定的目标。

---

① [宋]朱熹：《四书章句集注》，齐鲁书社，1992年，第113页。

② [宋]朱熹：《朱子全书（修订本）》（15），朱杰人、严佐之、刘永翔主编，安徽教育出版社、上海古籍出版社，2010年，第1427页。

③ [宋]朱熹：《朱子全书（修订本）》（7），朱杰人、严佐之、刘永翔主编，安徽教育出版社、上海古籍出版社，2010年，第407页。

④ [宋]朱熹：《四书或问》，安徽教育出版社、上海古籍出版社，2001年，第292页。

⑤ [魏]王肃：《孔子家语·致思》，载李启谦、王式伦：《孔子弟子资料汇编》，山东友谊出版社，1991年，第252页。

子路把政治的目标定位在“知方”“有勇”。“季康子问：‘仲由可使从政也与？’子曰：‘由也果，于从政乎何有？’”（《论语·雍也》）“果”：结果；果敢。“有勇”大致相当于现在人们所说的实力、武力，强国、富国，敢于或者有能力和其他国较劲。“知”是被人认知，懂，管理，达到等意思。“方”：规矩、地方、他国。“知方”可以是懂规矩，管理得有秩序，对他国有影响力，能够影响他国。子路本人就好勇，《中庸》中孔子教导子路区分南方之强和北方之强。子路曾经告诉孔子蒲地难治，多壮士。孔子告诉子路：“恭而敬，可以摄勇；宽而正，可以怀强；恍而恕，可以容困；温而断，可以抑奸，如此而加之，则正不难矣。”①子路治蒲三年，孔子路过蒲地，夸奖了子路的政绩，说达到了恭敬而信、忠信而宽、明察以断的目的。以此来看，子路学会了从大道的角度思考治理问题，从而超越了单纯的勇、强目标。

子路违背了礼让为政的原则。说话咄咄逼人，想要把自己的想法强加给别人，而不是以示范、引导的办法。孔子听了子路的话，笑了笑也就是可以理解的了。但不是说子路的思想没有优点，子路关心的问题也是政治所要关注的。

孔子又问道：“冉有，你的志向与抱负又是什么呢？”冉有回答说：“如果有一个方圆六七十里或五六十里的国家让我来担任领导或者管理职能，那么持续三年，我可以使这个国家物质丰足，老百姓丰衣足食，至于国家的礼乐文化、老百姓精神方面的追求，我是没什么办法的，只有依靠君子来完成这个任务。”

“‘唯求则非邦也与？’‘安见方六七十，如五六十，而非邦也者？’”（《论语·先进》）曾皙又问：“那么是不是冉求讲的不是治理国家呢？”孔子说：“你怎么能说一个方圆六七十里或五六十里的地区就不能算是一个国家呢？”关键的问题不在于是不是一个国家。那么冉求的从政境界有什么优点和缺陷呢？主要的优点如下。

其一，相对于子路而言，冉有在对从政的理解中，注意到了民众的需求，注意到了民众是否满意这个问题，能够以群众满意不满意、群众答应不答应，以群众的利益为尺度考虑自己从政的措施与对策。

其二，不贪功，不冒进，自己给自己规定能做的事情，比较实际，能做什么就说什么。

其三，比较谦虚，对于礼乐方面，认识到自己能力不足，就把着眼点放到物质丰富和人民基本物质生活需要方面是非常现实的。

“‘求也何如？’子曰：‘求也，千室之邑、百乘之家，可使为之宰也，不知其仁也。’”（《论语·公冶长》）邑，古代老百姓聚居的地方。家，也是指这种采邑。古代一县的县长叫做“宰”，大夫家的总管也叫做“宰”。孟武伯继续问：“冉有又怎么样呢？”孔子说：“求啊，千户的私邑可以叫他当县长；百辆兵车的大夫封地，可以叫他当总管。至于他有没有仁德，我不晓得。”

---

① [魏]王肃：《孔子家语·致思》，载李启谦、王式伦：《孔子弟子资料汇编》，山东友谊出版社，1991年，第253页。

“求”的从政境界的主要的缺点是：民众的满意是一把双刃剑，满意总是涉及精神的追求和价值判断。所以要达到满意的效果，需要一定的文化措施。人是一个有自由思考能力，有精神追求的生命。不能给人以精神上的寄托、精神上的希望，对精神上的追求缺乏保护和保障，就会失去民心，失去凝聚力和核心力。

孔子问：“公西华！你的志向与抱负是什么呢？”公西华说：“不能说我已经有能力担任一个国家的领导者了，但是，我愿意为获得这些知识与能力而努力学习。我希望当一个小官员，可以考虑当以下三种小官，即祭祀方面的小官；外交协商谈判的小官；修订国家政策和法律方面的小官。”

“‘唯赤则非邦也与？’‘宗庙会同，非诸侯而何？赤也为之小，孰能为之大？’”（《论语·先进》）曾皙问：“公西华所说的总该不是一个国家吧？”孔子说：“从事宗教、政治、外交事务的，不是国家又是什么呢？”如果公西华所说的国家仍然只是一个小地方，而不是一个国家，那么，子路、冉求所说的国家与公西华所说的国家相比，又有哪一个算得上是一个国家呢？宗教、政治、外交事务，不是诸侯国的事务吗？如果说公西华所关心的是小事，那么还有谁关心的是大事呢？公西华的政治智慧有以下几个方面是值得赞扬的。

其一，公西华谦虚好学。他首先说自己不能说已经可以管理好国家了。干部最要不得的就是先入为主地盲目自信。人的从政能力是在政治实践中培养起来的。谁也不能绝对地说，自己准备好了，比如准备好了知识才华，准备好了人际关系，准备好了道德品质从而可以当一个好干部。所以，公西华的态度是一个最合适的态度，愿意学习的干部一定会成为好干部。最糟糕的干部是不懂装懂的干部。

其二，公西华关心的三件事是政治生活中最核心的三件事：意识形态、精神生活；外交和国际关系；法律、政策的制定。这些都是政治上层建筑和思想上层建筑方面的内容。思想上层建筑是政治制度、政治体制，是政府、议会、公安司法等的本质内容。抓住了这个本质内容就抓住了政治的命脉。

公西华关心的问题关系到民众的精神追求和精神满足，所以定位为“精神满足”的境界。

“‘赤也何如？’子曰：‘赤也，束带立于朝，可使与宾客言也。不知其仁也。’”（《论语·公冶长》）

孟武伯问：“公西华又怎么样呢？”孔子说：“赤呀！穿着礼服，立于朝廷之中，可以叫他接待外宾，办理交涉。至于他有没有仁德，我不晓得。”

公西华的政治智慧还不是最好的，公西华可以成为一个好的官员，甚至好的政治家，但不能同时成为一个好圣人。因为公西华关心的还是具体的政治活动。

“‘点，尔何如？’鼓瑟希，铿尔，舍瑟而作。对曰：‘异乎三子者之撰。’子曰：‘何伤乎？亦各言其志也。’曰：‘莫春者，春服既成；冠者五六人，童子六七人，浴乎沂，风乎舞雩，咏而归。’夫子喟然叹曰；‘吾与点也！’”（《论语·先进》）

两人之间肯定是传达了一点什么，到底传达的是什么呢？是说我们对政治没兴趣吗？是说点和孔子都不喜爱政治，喜爱潇洒的生活吗？一种理解为“春游”。“浴乎沂水之上，风凉于舞雩之下，歌咏先王之道，归夫子之门也。”①似乎不是。因为孔子和弟子的话题本身就是讨论如果让弟子去从政的话，他会怎样做，会有怎样的政治理想。这说明这段话还是谈政治的，但是谈了什么呢？

孔子接着问：“点，你的志向是什么？”曾皙慢慢地弹着琴瑟，等着声音快结束的时候，一下子停了下来，发出很大的一声。站起来说：“我对自己的理想的描绘和他们三个不太一样。”

孔子说：“没关系。你对理想的描绘、规划与他们不同也不会伤害到他们，不会伤害到他们的自尊心。大家不过是谈谈自己的内心的追求罢了，没有谁高谁低的，不用在乎面子，说说吧！”

曾皙说：“晚春的时候，穿上晚春的新装，和五六个成年人、六七个小孩，在沂水旁边洗洗澡，在舞雩台上吹吹风，一路唱歌，一路走过来。”孔子长叹一声说：“我希望和曾皙一样。”

孔子和曾皙的政治理想是：个人和社会的和谐，个人在日常生活中感觉不到政治的存在，政治不是和个人对立的，而是统一的和和谐的。

“莫春”：莫，同暮。和谐政治关心生命的生长。春天是万物复苏，开始生长的季节。曾皙喜欢春天，说明看到万物生长，是曾皙政治理想的目的。“夫暮春之日，生物畅茂之时也。”②在春夏之交这样生命成长的关键时期，曾皙还有心去游玩，说明国家和社会走上了一个良性的发展轨道。

“春服既成”：“人体和适之候也。”③人人都有物质生活的必需品，人人都有审美意识，有求美之心，对事物有审美的态度，人人都讲究礼。

“冠者五六人，童子六七人”：“长少有序而和也。”④曾皙和五六个成年人、六七个小孩一起，这是个人和群体的关系、个人和社会的关系。这说明，曾皙渴望政治要保证个人与社会相和谐。五六个成年人和六七个小孩，这是一种代际关系，说明曾皙渴望两代人之间、代际的和谐与正义。王充在《论衡·明雩篇》中认为：“冠者，童子，雩祭乐人也。”⑤也有人认为这里表现了爱民的意思。“自是勤恤爱民之意。”⑥“以讽当时之不勤民者。”⑦

“浴乎沂”：曾皙喜欢和众人到自然界去，说明他关心人与自然的世代和谐。朱

---

① 程树德：《论语集释》，中华书局，2013 年，第 930～931 页。
② [宋]朱熹：《四书或问》，安徽教育出版社、上海古籍出版社，2001 年，第 292 页。
③ [宋]朱熹：《四书或问》，安徽教育出版社、上海古籍出版社，2001 年，第 292 页。
④ [宋]朱熹：《四书或问》，安徽教育出版社、上海古籍出版社，2001 年，第 292 页。
⑤ 程树德：《论语集释》，中华书局，1990 年，第 931 页。
⑥ 程树德：《论语集释》，中华书局，1990 年，第 933 页。
⑦ 程树德：《论语集释》，中华书局，1990 年，第 933 页。

熹认为这里讲的是“盥濯祓除”。①沂水，源出山东邹县东北，西流经曲阜和洙水相合，入于泗水。智者乐水，说明曾皙希望人人都能够追求智慧，希望政治能够帮助人们追求智慧，在智慧之水中游泳，在智慧之水中洗净身心的污垢。

“风乎舞雩”：沂水北对稷门，叫雩门，南隔水有雩坛，高三长，就是曾皙所说的“雩”。“风乎舞雩”说明他希望雩坛不再发挥祈雨的功能，社会已经实现风调雨顺了。自然界自身也是和谐的。王充在《论衡·明雩篇》中认为：“善点之言，欲以雩祭调和阴阳，故与之也。”②

仁者乐山，也说明曾皙希望政治能够帮助人人都成为仁者，向往高山，努力上进。人在高处可以自由享受高处的乐趣。

喜欢和众人一起享受自然，说明曾皙心目中理想的政治包含着建立人与自然的和谐关系的愿望。曾皙和五六个成年人、六七个小孩是持续的和谐，是可持续的发展。

“咏而归”：“乐而得其所也。”③说明曾点追求人的快乐，政治应该让人快乐，而不是让人烦恼。政治要为民众谋幸福，而不是让民众痛苦。政治要让民众自在，而不是让民众如上枷锁。在社会历史发展的一定阶段，一个官员的角色和作为一个人的角色是矛盾的、冲突的。孔子追求个人和政治的和谐，个人在政治和社会生活中可以自然地成长，健康地成长。“春游”说认为这是歌咏先王之道；祭祀说，如王充认为这是“歌咏而祭也”。④也有的认为这是强调“乐”的重要性。“乐由中出，礼自外作，故孔子独与点相契。”⑤

朱熹是从天理流行的角度来理解曾点的境界的。“曾点见得事事物物上皆是天理流行。良辰美景，与几个好朋友行乐。他看那几个说底功名事业，都不是了。他看见日用之间，莫非天理，在在处处，莫非可乐。”⑥见得天理流行还不够，要让天理流行才好。一个人可以在个人生活中让天理流行，难的是众人如何在公共生活中实现天理流行。只有在公共生活中也实现了天理流行，才能随处皆乐。

---

① [宋]朱熹：《四书或问》，安徽教育出版社、上海古籍出版社，2001年，第291页。

② 程树德：《论语集释》，中华书局，2013年，第932页。

③ [宋]朱熹：《四书或问》，上海古籍出版社、安徽教育出版社，2001年，第292页。

④ 程树德：《论语集释》（下），中华书局，2013年，第932页。

⑤ 程树德：《论语集释》（下），中华书局2013年，第932页。

⑥ [宋]朱熹：《朱子全书（修订本）》（15），朱杰人、严佐之、刘永翔主编，安徽教育出版社、上海古籍出版社，2010年，第1427页。

第十二章　颜　　渊

一、颜渊问仁章

颜渊问仁。子曰："克己复礼为仁。一日克己复礼，天下归仁焉。为仁由己，而由人乎哉？"颜渊曰："请问其目。"子曰："非礼勿视，非礼勿听，非礼勿言，非礼勿动。"颜渊曰："回虽不敏，请事斯语矣！"

《论语余说》觉得孔子说的话都是视之有形、循之有迹的，圣人之教要平实，不可高，不可务空虚。

克，可以是克制，也可以是能、胜任。从能、胜任的意义上来说，"克"就是要把善担当起来，在人生中体现出来。"'克己复礼'，这是杀贼功夫。"[①]二程觉得已和道不分开，道在己，不是与己分开的一个物，克也是道，也不是道。克本身就是道，其实就是本体自身的功夫，这个功夫把本体呈现出来，保证了本体的大用流行。

朱熹在该章上花的功夫很多。朱熹认为颜回的一生就是受用"克己复礼"这四个字。克己复礼就是无私。颜渊克己就像红炉上一点雪。克己就像疏通管道的功夫，然后仁就像水一样，流动起来了。克己就像烈火，遏制不了。克己就像孤军遇强敌，只能尽力向前。克己礼自然就复；闲邪存诚。规矩也是很重要的，有规矩防范便没有一丝一毫的错漏。这里的"为"是"谓之"。克己不只是在意念一动处用力，在未发的时候也要用功。所克的己私包括脾气禀性，包括口腹之人欲，包括人物之区分。朱熹觉得把"克"解释成"治"太缓，还是"胜"好，要一下子打杀掉。克己后还要复礼，然后事事有个自然的规矩，礼不是理，天理是仁，要克己复礼后到仁。如果没有礼，只是克己，容易堕入空寂。克己就是去人欲，去人欲和复礼不是两个功夫，去一分人欲，天理就复了一分，就复礼了。

朱熹理解归仁，是天下人用仁来说一个人。一个人如果一日克己复礼，天下人就说他是仁。归仁，是归仁之名。其实不然，归仁是实际归仁。一人修身，天下人都会得以提升。

不可高看了孔子的这段话。为仁不过是行仁，在礼中如何行仁，如何在天下行仁。在人与人的交往关系中行仁，虽然涉及他人，不过重点还是在自己。克己也无复杂的意思，就文本来说，就是约束自己的视听言动。能够按照礼仪规矩约束自己

---

① [宋]朱熹：《朱子全书（修订本）》（15），朱杰人、严佐之、刘永翔主编，安徽教育出版社、上海古籍出版社，2010年，第1541页。

的视听言动，说明自己有节制的能力，这是本性焕发的戒条，这是内在的礼和道德律法；符合外在的规矩是外在的礼法。按照礼仪规矩行动，虽然简单，但如果没有很高的人生境界是做不到的。

二、仲弓问仁章

仲弓问仁。子曰："出门如见大宾，使民如承大祭。己所不欲，勿施于人。在邦无怨，在家无怨。"仲弓曰："雍虽不敏，请事斯语矣。"

这一章包含丰富的思想，下面先从"怨"说起。"怨"具有极大的隐蔽性和破坏作用。《左传·成公十六年》中单襄公谓："怨之所聚，乱之本也，多怨而阶乱。"单襄公把乱之本看成是怨。马克思·舍勒曾经分析了很多社会问题背后隐藏的怨。比如污蔑诽谤案件中，怨恨就起着很大的作用。亚犯罪现象中也有怨恨的作用。在亚犯罪现象中，罪犯往往看起来有礼，但是心中却有长年累积起来的怨。老一代和下一代，有的会积累怨恨。家庭内部关系处理不好也往往充斥着一定的怨。"多怨阶乱"可以说是一个很精彩的概括。荀子谓："政令不行而上下怨疾，乱所以自作也。"(《荀子·致士》)在领导者和被领导者的关系中也常常隐藏着怨。祛除怨有利于除祸。"凡祸乱之所生，生于怨咎。"(《管子·版法解》)

怨恨是一种消极的品质，包含一种敌意的动态。怨恨往往发生在不能采取行动做出直接反应的情况下。中国传统文化中包含一定的隐忍的品格，使得这一文化传统中的人，往往不会把自己的不满情绪直接诉诸行动。想象中的报复或者对不满情绪的反复回味和再体验，就成为一种补偿的机制。"怨恨是有明确前因后果的心灵自我毒害。这种自我毒害有一持久的心态，它是因强抑某种情感波动和情绪激动，使其不得发泄而产生的情态；这种'强抑'的隐忍力通过系统训练而成。"①情感波动、情绪激动是正常的，属于人之天性。"怨"这种情感波动产生了一种自我毒害，而且这种自我毒害是持久的情态，这种情态还形成了一定的价值错觉和相应的价值判断。

与怨相关的情绪是：报复感和报复冲动、仇恨、恶意、羡慕、嫉妒、阴毒。在舍勒看来，怨恨最主要的出发点是报复冲动，但是如果真正实施了报复行动的话，随着报复对象被报复或者报复对象的消失，报复感就消失了。嫉妒也会随着嫉妒对象的消失而消失。阴毒的情绪比嫉妒等更为持久和内在，可以以幸灾乐祸和恶意的心态面对不同的对象，并且具有脱离具体对象限制的特点。报复感、仇恨、恶意、羡慕、嫉妒、阴毒都有可能转化成怨恨。

---

① 〔德〕马克思·舍勒：《道德意识中的怨恨与羞感》，刘小枫主编，林克等译，北京师范大学出版社，2014年，第6～7页。

报复感、嫉妒、阴毒、幸灾乐祸、恶意如果被转换成原谅、自省就不会形成怨恨。同样，报复感、嫉妒如果变成实际的谩骂等举动也不会变成怨恨。只有在这些负面的情绪没有变成积极的情绪，并且越来越与某些具体的对象脱离，变成内心的一种稳定的情绪以后，才会变成怨恨。报复冲动如果被抑制下来，并被感受为一种命运，引起了主体自身一种被伤害的感受的时候，报复冲动就向怨恨转化了。

嫉妒已经比较接近怨了。嫉妒感中有一种对别人拥有某物的不满，感觉别人的拥有是不应当的，而自己是应当得到的。嫉妒中有一种因果错觉，觉得他人的拥有是自己没有的原因，别人的拥有显示了自己的无能和无力，显示了自己的缺陷。嫉妒是伴随着这种对自己的无能的感受以及相应的无力感而出现的。当嫉妒渐渐平息后，就容易变成一种稳定的怨恨。怨恨与把自身和别人进行价值攀比有关。怨不过是报复感和报复冲动、仇恨、恶意、羡慕、忌妒、阴毒的一种新的形式。在怨中包含两个基本的要素。

一个要素是：怨中包含无力感和无能意识，进而产生压抑感和郁闷感。怨恨之人不能理解、把握自身的存在和生活感觉，也不能证实它们的合理性，欲求和无能为力之间存在着紧张关系。

另外一个要素是对对象的抑制和否定。怨中包含抑制和否定，首先是行动的否定，然后是对表象中的对象的否定。

怨恨者身上有某种东西使其想要责骂、贬斥、蔑视。怨中包含一种否定，即对某个价值的贬低和否定，甚至这种否定变成了一种完全一般的价值否定态度，一种无缘无故出现的不规则的拒斥。怨包含一种批评的态势。怨恨因为内倾，不能转化为实际的批判行动，就需要一种缺乏积极目标的批判，通过批判来发泄怨气。怨表现出来可以是刺上政、哀伤、挽歌、谴谪、讽喻。但刺上政、哀伤、挽歌、谴谪、讽喻不一定就是怨。怨的外延可以包括刺上政、哀伤、挽歌、谴谪、讽喻。这些活动也都可以说成是怨，不过这个时候只是说其中的心灵活动可能包含着怨。批判的动力中，可以包含着怨。

从对象的角度来说，怨不一定脱离某个对象，但是却不能真实地面对对象，怨中包含着一种价值颠倒。有怨的人就还不是真正诚信的人，不是真人。受制于怨恨的心灵状态往往会赋予某物以虚幻的价值。怨恨的虚幻的正价值和判断总隐藏着否定和贬值。本来想要得到某个价值，但是由于得不到，转而在心灵上贬低那个事物的价值，即吃不到葡萄，就说葡萄酸。同样，怨恨也会制造一种肯定的价值，但是背后却是怨很。在正价值中隐藏着怨恨，从而具有较强的欺骗性。怨中有一种伪装，明明是怨恨某个对象，但在外表却表现出尊重某个对象。明明是追求某个对象，但在外表却表现出对某个对象不屑一顾。基于怨恨的伦理价值判断是虚假的，是基于价值假象的价值判断。

怨对对象的拒斥，使得心灵将报复感、嫉妒等情绪改变了方向，转而向内，宛如缩成一团有毒物质，形成一个毒源，造成一种闷闷不乐或者痛苦的感觉，甚至变成自我仇恨、自我折磨。怨，有屈抑、弯曲的意思。怨，显然就是心灵的弯曲，心灵感到压抑而不得舒展。

怨包含心灵向外然后又向内的过程。内倾后心灵形成自我封闭和扭曲的样态，心不舒展，不开阔。怨深藏，蓄积于心。有怨就是有蕴。“蕴”：蓄积、深藏、滞积。怨是不满等心灵活动和意念活动在心灵中的留止、滞留。滞留构成了郁结。

因为怨有一个由外到内和由内到外的心理过程，这一心理过程就会表现出不同的强度来，从而形成与怨密切相关但还有略微差异的心理样态。较为内部的位置的心灵样态是愠、恚、悁、忿，然后是怼、恨、怒等。从心学的理念来说，有怨，就是心中有物，心上有纤尘沾染，有物聚集和笼罩在心中。“怨”和“仁”是对立的，修仁德首先要做到“无怨”。关于怨和爱的对立，墨子就已经关注到这一点。

无怨是否一定就能够达到仁，这是不确定的，但是有怨一定不仁。克、伐更多地表现为一种攻击性的行为，而怨、欲更多的是内心的一种情绪。如果反过来看，仁可以克服怨。爱心和恻隐之心有助于克服怨。

孔子对于怨有深刻的洞见。关于怨形成的根源，孔子认为主要是利。追求不得，然后把这种不得归结为他人，在内心就会郁结一定的怨气。怨多发生在贫富对比的环境中。

怨还容易发生在父子等人伦关系中，尤其是在一方比较辛劳的情况下，辛劳的一方容易有怨。君子专心于自修，对于付出和所得的考虑有更为广阔的视角，不会过于拘泥于劳而必得的思维逻辑，不会以一种单纯的计算来看待人与人的关系，从而对于劳而不得也不会有怨。

孔子对于怨发生的机理有较为深刻的认知。怨的产生，很大程度上是因为心里有恶，不能忘记他人的恶，对于他人对自己的伤害不能忘怀，但是又不能采取行动去报复，从而内心出现一种由保留旧恶的记忆带来的嫉恨。伯夷、叔齐能够忘记旧恶，自然能够宽以待人。

怨具有较大的隐蔽性，因为一个人会隐藏自己内心的怨恨，甚至自己都不能轻易发觉自己内心的怨恨。内心的怨恨有的时候就会成为一种善行的动力。匿字传神地描绘出了怨的特点之一，其中有自觉的隐匿，也有不自觉的隐匿。不管是和匿怨的人交友，还是自己对人有怨恨，但依然和对方交朋友，都说明人格中具有伪善的一面。“以直报怨”（《论语·宪问》），说的是一个人致力于追求真实的人格，自然有助于化解怨。

要想达到无怨需要心灵有一定的超越性。首先要超越的是对于利益的过分执着，然后超越那种认为付出就一定要有所得的观念，从而不拘泥于自己的劳动和付出。要想达到无怨还要不念旧恶，心灵时刻活在当下，过去的一切，不管是好还是坏，都让过去成为过去。心里无物，自然心清性洁。

除了上面提到的这些以外，时刻追随爱心，追随恻隐之心，抓住爱心，让爱心成为化解怨的良药也是很关键的。在孔子看来，只要专注于仁德，就自然无怨。无怨的人有坚强的自我担当，对于发生在自己身上的不幸，不会归咎于他人或者自然。君子能够以感恩之心对待这些不幸，或者能够以理性的思维发现其中的因果关系。人与人之间绑得太紧，便容易互相嫌怨。

当人把生命力聚焦在自我修养上的时候，即不再因为他人的认可或者不认可而烦恼的时候，心灵从人伦关系的纠缠中获得解放，也就最大限度地提供了无怨的可能。躬自厚要求洞见自己的善良和高贵的本性，并因此焕发出一种承担的精神，这种承担的精神能够让自己最大限度地“薄责于人”。自己生命的没落，总是会成为怨恨生发的源头，自我的放逐又衍生出对他人的求全责备，就更强化了人生的一种批评、拒绝的态势，从而让生命走入一种否定和负面的轨道。

君子能够让自己的心灵从现实的人伦秩序中超拔出来，以一种更为深刻的人性的眼光和人性的自我觉悟来对待人伦关系。“出门如见大宾，使民如承大祭。己所不欲，勿施于人。在邦无怨，在家无怨。”（《论语·颜渊》）出门见到的人和自己家里的人相比，本来是有亲疏远近的差别的，领导和下属本来是有等级关系的，那些被忽视或者被贬低的生命个体最容易感受到不公和被轻视，自然容易引发怨恨。君使民的时候，总是认为百姓不好，自然生怨。以大祭的心态对待民，以大宾的心态对待出门碰见的人，那些地位较低的生命就被提高到一个高位，能以这种高贵的本性来对待他们，就能化怨。“己所不欲，勿施于人”要求有一种理性的能力，能够跳出自己看自己，能够站在他人的立场上对待他人，明白他人的道，这样就能不怨。

当代著名伦理学家、美国迈阿密大学哲学系伦理学教授迈克尔·斯洛特（Michael Slote）近年来以阴阳来阐发他的道德情感主义，有一定的启发意义。拨阴转阳是中国传统哲学的一个重要的思想倾向。落实到道德情感中就是性情的关系，关于二者的关系后文会有一定的论述。可以把积极的情感称为阳，把消极的情感称为阴，拨阴转阳就是要把消极的情感化为积极的情感。这种情感的转化过程也就是由染习化为净习的过程，他把阴理解为接受性，把阳理解为包含着一种主动的、有指向的目的性。阴阳范畴可以包含很多层次的内容，把接受性归结为阴，把主动性和目的性归结为阳，从基本思路来看符合中国阴阳范畴的用法。斯洛特认为同情本身就包含阴阳两个方面，就移情式的接受而言是阴，就具有明确的帮助他人的目的而言是阳。把接受性和目的性归结为阴阳打开了西方德性理论通向东方思想的大门。目的性和给予性相关，接纳他人的建议可以看成是阴，而自我构成决断并去实现决断可以看成是阳。怨可以说是一种阴，化怨即拨阴转阳。从五气心法的角度来看怨，就是从阴阳五行的角度来看怨。

《医道还元》提出了“五气心法”。五气就是水火金木土五气。“五气心法”强调：

“人心本具五气之德，无乖无戾，有一段纯和气。”①依据五气来看，怨属于土气，而且属于阴土气。汉代气的学说到了宋代逐步被引入儒家学说中。气的学说引入儒家学说中有重大意义，其中一个意义是通过气进一步说明人的本性和形体的区别。形体主要是阴阳五气所化，五气所禀的偏全，导致了性理的表现也不同，从而人有不同的道德气质表现。可以直接从五气说明人的道德气质，也可以以气为中介，结合性理说明人的道德气质。

爱可以化怨，但是怨也可以披上爱的伪装。在舍勒看来，现代仁爱是一种受到抑制的拒绝的表达方式，只不过是人类针对所恨的对象打出去的一张牌而已。舍勒从自我价值的肯定，对亲人、邻人的爱，对精神性的关注等方面说明了现代仁爱基于怨恨。舍勒的看法有一定的合理性，仁爱不能建立在怨的基础上。根据孟子的看法，仁爱的根基应当奠基在恻隐之心和不忍之心上面。而且这一恻隐之心是人的本性具有的向善的倾向性发端出来的一种表现。

依据儒家的观念，仁爱的根基是性向善的趋势。奠基在这一根基上的仁爱的前提是承认人得到天命以成人的本性，人把得自天命的本性发扬出来，就成为人道。这就要突破单一地从有用价值的角度来评价生命的价值。在现代道德中，生命价值隶属于有用价值。从有用的角度看待生命价值，容易把生命直接等同于肉体的价值。舍勒指出，就爱的主体来说，现代仁爱的主体不是精神的行为和运动，而是感性肉身的结构和运动。这样，仁爱就被降低到和自我求生欲、嫉妒心、虚荣心和支配欲一个层次上了。当仁爱被降低到这一层次上的时候，怨自然很容易就变成了起点和动因。因为这种仁爱中的爱不是下学上达的，爱的是形而下的人，而不是基于人也是来自天地自然的生命。在舍勒看来，当社会普遍出现一种观念认为个体可以通过自己的力量和劳动获得某种伦理的品质和行为的时候，生命的意义和伦理价值就与宇宙、生物的起源、历史等的内在联系隔断了，道德价值变成了单独由个人自身孤单的、有限的力量来支撑。这个时候很容易发展出一种对优良品质和价值的否定与不屑的态度，结果道德最底下者的水平被定位为基本尺度，高尚的品性遭到了贬损。只有奠基在贵己基础上的仁爱才能克服怨。爱不能变成恨的表面形式，不能基于恨自我和逃避自我。贵己不能局限在形体方面来理解，应该从人得之于天性上面来理解，贵己贵人就可以有效地化解怨。舍勒指出，现代仁爱的道德价值局限于“自我获得”的这一观念。休戚与共的原则强调人会对他人的罪过负责，甚至进行一种自动的补偿；同时也强调对他人的道德上的信任。公义、涵养、忠诚、节俭、勇敢、牺牲等道德价值不仅仅是一种有用的价值，能够带来成功的价值，更是生命的价值。

儒家强调以修身为本，然后是齐家、治国、平天下。仁爱首先要让个体充满爱心，这是根本。脱离了对家庭成员等的爱，抽象地谈论对人的爱，仁爱很容易变成

① [唐]纯阳吕祖师：《医道还元》，中医古籍出版社，2013年，第165～166页。

一种对亲人、邻人的怨恨。舍勒指出：说普遍仁爱发自怨恨，说仁爱是对社群的亲近邻睦、对共同体的内在价值的反感和内在对抗的一种形式。舍勒发现，对亲人、邻人、祖国的内心对抗，有一种强烈的“人类”亢奋感。舍勒批评现代仁爱对爱死者、敬重已故者，敬重他们的精神价值和以各种形式表达出来的意愿之传统充满敌意和缺乏虔诚。无怨的仁爱要求尊重世界的既定秩序，并依据这一秩序给予其中的人以尊重和爱护。怨恨在目睹更高价值时欢乐不起来，无怨达仁不仅仅具有修身和人伦的价值，还具有历史进步的价值。仁爱的前提只能是爱，而不能有一丝一毫的怨恨。不同时代的人都应依据本时代的要求担负起自己的责任和道德使命，而不能把这种道德使命和责任推给历史或者他人、社会。

要用先天法来对待后天。主宾关系是后天法；君臣关系是后天法，其中有等级，有疏远，有差异。但从先天法来看，民可以和天联系在一起，宾客也有人性。见大宾，就是从先天法来看的，人是有人性的高贵的人，要见到高贵处，民也是如此，要像对待天一样对待民众。“出门如见大宾，使民如承大祭。” “这是防贼功夫。”①

三、司马牛问仁章

司马牛问仁。子曰：“仁者，其言也讱。”

曰：“其言也讱，斯谓之仁已乎？”子曰：“为之难，言之得无讱乎？”

一般认为，这一章是说行仁难，说仁也难。仁爱之心需要涵养，涵养仁心需要精神内敛，自然对语言要有节制。做事时体现仁爱更难，这也要求对语言有所节制。说话的时候自己内心知道自己在说话，心是醒着的，也就是存心。因为存心，所以说话缓慢谨慎。

四、司马牛问君子章

司马牛问君子。子曰：“君子不忧不惧。”曰：“不忧不惧，斯谓之君子已乎？”子曰：“内省不疚，夫何忧何惧？

直面自己的洁净本性，从而不忧不惧。忧和惧不是健康的情感，担心也是一种心灵的力量。自己不希望发生的事情，更不能赋予其心灵的关注。

---

① [宋]朱熹：《朱子全书（修订本）》（15），朱杰人、严佐之、刘永翔主编，安徽教育出版社、上海古籍出版社，2010年，第1541页。

五、司马牛忧曰章

司马牛忧曰："人皆有兄弟，我独亡！"子夏曰："商闻之矣：死生有命，富贵在天。君子敬而无失，与人恭而有礼。四海之内，皆兄弟也。君子何患乎无兄弟也？"

关键在于敬和恭，事实上的兄弟是从后天法来看的，如果从先天来看，敬和恭才是根本。没有恭敬，即便是兄弟也没有实际意义。

六、子张问明章

子张问明。子曰："浸润之谮，肤受之愬，不行焉，可谓明也已矣。浸润之谮，肤受之愬，不行焉，可谓远也已矣。"

该章对于了解孔子的思想意义重大。因为这里孔子明确了"明"和"远"是儒家的哲学范畴。诚明一说是《中庸》的标志，立人的本性为一明，这一明为认识的根据和主体。《道德经》和《庄子》也推崇"明"。"明"是中国哲学重要的本体论和认识论、道德论合一的范畴。

能够辨别那种影响细微的谗言和毁谤的能力，就是明觉；当这些坏的影响不再影响自己的时候就是"远"。人生在什么样的状态下才算超越了呢？"明"，能够洞察细微的恶的影响很重要，能够做到这种洞察则意味着心灵超拔了世俗生活。

七、子贡问政章

子贡问政。子曰："足食，足兵，民信之矣。"

子贡曰："必不得已而去，于斯三者何先？"曰："去兵。"

子贡曰："必不得已而去，于斯二者何先？"曰："去食。自古皆有死，民无信不立。"

《论语余说》认为该章是讲政治第二重要的篇章，其实子路曾皙冉有公西华侍坐章讲政治境界更重要。这里讲的是为政的具体路径。

孔子仅仅把足食看做是国家大政方针中的一个内容。子贡问怎样去治理政事。孔子说："让老百姓满足，让士兵满足，让老百姓有信心。"子贡说："如果迫不得已，在三项中要去掉一项，先去掉哪一项？"孔子回答说："去兵。"子贡说："如果要再去掉一项，去掉哪一项？"孔子说："去食。没有粮食，不过死亡，但自古以来，谁都免不了死亡。如果人民对政府缺乏信心，国家是站立不起来的。”

人生存的必要条件有很多，即没有战争，没有刑罚，没有天灾，人就能够正常地按照生命的自然规律活一生。所以政治要“足兵”，有充足的军备，保护民众的生命与财产的安全。另外还要满足士兵的需求，让他们尽心服务民众。人生存需要食物，需要住房等物质条件，满足这些条件是政治的重要任务之一。

但以上还不能说就是人生存的全部条件。在人具有了物质条件的情况下，有的人同样会选择结束生命。人是有追求的，人最重要的是对生命有信心，觉得或者有意思、有价值，或者有前途、有追求。当一个人活着看不到希望，看不到未来，觉得痛苦不堪的时候，再好的物质条件也不足以保证生命一定会存在。所以，在上述条件中，孔子把“民信”作为一个最重要的条件来看待。民信涉及政治认同的问题，也就是民众精神的投入问题，这个问题是合法性问题。自然是政治的核心问题。

有的研究者看到“民无信不立”和“言必信”的不同。“民无信不立”是政令之信，“言必信”是待人接物之信。《论语》中的不同论说构成了一个思想的整体，不同的论述属于不同的层次，读《论语》需要注意到思想的层次性。

八、棘子成曰章

棘子成曰：“君子质而已矣，何以文为？”子贡曰：“惜乎，夫子之说君子也！驷不及舌。文犹质也，质犹文也。虎豹之鞟犹犬羊之鞟。”

舌头在人嘴里，想怎么说就怎么说，连四马快车也赶不上。“鞟”，皮去毛。“棘子成”：卫大夫。质即文。人的文是人真正的质。文不离质，质也不离开文。就像皮因为有毛才叫做皮，如果去掉了毛，就没有办法区别生命了。在子贡的心目中，生命的质是相同的，文是有差别的，限制了不同种类生命的本质。

九、哀公问于有若曰章

哀公问于有若曰：“年饥，用不足，如之何？”有若对曰：“盍彻乎？”曰：“二，吾犹不足，如之何其彻也？”对曰：“百姓足，君孰与不足？百姓不足，君孰与足？”

“彻”：抽成，抽取十分之一的税。关键就是君民之间有一种正反馈状态。财富是广大民众创造出来的，创造需要时间，需要生产资料。征税涉及数量，还涉及对象，以实际生产粮食多少征税还是以田亩多少征税，会有很大的差别。关于这一章的内涵，有的解释认为，关键在于君与民一体，民尽力奉君，君恤民，彼此相知。

十、子张问崇德辨惑章

子张问崇德辨惑。子曰："主忠信，徙义，崇德也。爱之欲其生，恶之欲其死。既欲其生，又欲其死，是惑也。'诚不以富，亦祇以异。'"

赫伯特·芬格莱特认为"惑"字可以翻译为人心的一种迷惑，或错误或疑惑或决疑的问题。但"惑的意思不是指对选择哪条路线的疑惑，而是指一个人内心的想法或行动中的矛盾和冲突。意译这两章文本的主旨，大意是这样的：对一个人爱起来希望他（她）——或许是亲属——生活幸福，健康长寿，但厌恶起来，则又恨不得他暴卒身亡，或者出于一时气愤，干出蠢事，结果危及自身。在这样的矛盾和冲突中，所提出的任务不是选择或决定，而是区分或辨别各种矛盾冲突的倾向。此外，在每一章里，当我们已经明辨了一种倾向与另一种倾向的差别所在时，对于哪一种倾向是正确的，我们就毋庸置疑了。简言之，任务是由知识而非选择来提出的。作为这两章中的关键词，'惑'在此意味着'受到一种无礼的倾向或者趋向的迷惑或者误导'。至于要选择哪一种倾向，则是没有疑问的"①。赫伯特·芬格莱特认识到"知"对于辨别矛盾冲突所具有的确定性，自然"知"可以超越矛盾的迷惑。郝大维、安乐哲则申明了这里的"知"不是概念性的、理性分析性的选择活动。其在《孔子哲学思微》中解释说："'惑'是指人们对可能的选择的疑惑，但不是没有能力追索出命题的表现。疑惑产生于实在的各种可能性，即对思维的各种途径和行动的各种选择的游疑不定。假设性的推理活动对各种可能性和产生的后果兼收并蓄，而'知'者则是个专心致志的人，不具有科学文化所推崇备至的假设性的思维才能。"②孔子主张"知者不惑"，意在表明，人应该重点修己，挖掘内心隐藏的黑暗面，内心明敞了，自然就是知，爱恨就有了一定的方向。

十一、齐景公问政章

齐景公问政于孔子，孔子对曰："君君、臣臣、父父、子子。"公曰："善哉！信如君不君，臣不臣、父不父、子不子，虽有粟，吾得而食诸？"

前面那个"君""父"是事实上的"君""父"，比如一个人有了子女自然就成了父亲，当了君主和干部自然就成了"君"或者"领导"。但是一个刚刚当父亲的人，可能并不知道该如何当父亲，需要学习、了解的内容很多，需要根据经验领会如何

① 〔美〕赫伯特·芬格莱特：《孔子——即凡而圣》，彭国翔、张华译，江苏人民出版社，2002年，第21～22页。

② 〔美〕郝大维、〔美〕安乐哲：《孔子哲学思微》，蒋弋为、李志林译，江苏人民出版社，1996年，第37～38页。

当好父亲，听别人讲好父亲应该是什么样子的，同时自己还要探索，可能一生都要思考这样一个事情。

"君君、臣臣、父父、子子"这八个字蕴涵了人生在世的奥妙，一个是人的社会性的角色，如君、臣；一个是家庭性的角色，如父、子等。人生在世就是这两个角色，这两个角色都能演好，还有什么角色演不好呢？父父、子子关键就在于真当父，真当子。

有的读者把"君君、臣臣、父父、子子"说成是结果，好像孔子没有给出手段和方法的答案，这是基于现代思维的一种误解。"君君、臣臣、父父、子子"既可以是手段，也可以是结果，是兼容了手段和结果的。

陈独秀把这一章句的内容和有子讲不犯上，子路讲要仕才义，孔子讲礼乐征伐要从天子出等联系在一起得出孔子尊君、父、夫三权的结论。"这一君尊臣卑、父尊子卑、男尊女卑三权一体的礼教，创始者是孔子，实行者是韩非、李斯。"①韩非和李斯与孔子的思想不同。韩非尊君，是沿着法、术的路径，主张用奖惩和刑罚来实现，其背景是强化官僚体系，由此淡化父子、夫妻等人伦关系。孔子尊君的背景是周礼和周朝的分封制，保留了仁的影响力，二者的努力方向在根本上不同。

孔子思想和自由、民主的价值是不是冲突的？陈独秀认为是冲突的。不塞不流，不止不行，孔子的礼教不废，人权民主自然不能不是犯上作乱的邪说；人权民主运动不高涨，束手束足意气消沉安分守己的奴才，哪会有万众一心反抗强邻的朝气？②这一现代争论很大程度上会制约对《论语》的理解。这一问题难以形成共识原因就在于解读者自己的价值观往往先行，从而影响了对《论语》自身思想的解读。读者如果尽量把自己的先行价值观"搁置"，则有助于体会古代思想的意境。

十二、子路无宿诺章

子曰："片言可以折狱者，其由也与！"子路无宿诺。

孔子说："如果说世界上有一个仅凭单方面的言辞便可以对某一诉讼案件所涉及的法律和刑罚问题作出正确而公正的判断的人的话，那么这个人就是子路！"子路说的话都会采取行动。依据王阳明心学就是实学的意思，"折狱"中正好有致知、正心、诚意和格物的功夫。不为威权所迫，不为逢迎所惑，不为辩护扰乱判断，不为事繁而推诿，一切私意良知都自知，断案就是良知之学。

① 蔡尚思：《十家论孔》，上海人民出版社，2006年，第22页。
② 蔡尚思：《十家论孔》，上海人民出版社，2006年，第26页。

十三、必也使无讼章

子曰："听讼，吾犹人也。必也使无讼乎！"

《史记·孔子世家》记载，孔子在鲁定公时期，曾经当过管理刑事的大司寇的官。一次，孔子和别人谈起了审讯官司的问题。其一就是公正，不抱有主观的成见。没有收某一方的礼物，也没有和某一方有什么关系。在听原告的话时，很认真，能在原告的立场上深入思考。听被告的话时，自己就站在被告的立场上思考。然后再来判断是非。如果不能做到"毋必、毋固、毋意、毋我"，那么想要达到"无讼"的政治理想就没有什么希望了。

其二就是工作的重点不是断案的技巧，而是通过鼓励人们完善自己的人格来预先避免人们做违法的事情；在审讯官司的时候，努力找出冲突的根源，给双方耐心讲解利弊，达到彼此教育和和解；在制定法律条文的时候是有价值取向的，这就是不发生诉讼。孔子并不否认靠法律治国，靠法律治国也要有一个伦理的、价值的取向。这个价值取向就是"正身""无讼"。

十四、子张问政章

子张问政。子曰："居之无倦，行之以忠。"

子张少仁，为政容易倦怠。不倦怠需要仁心支撑。子张之学，重视外表行为，内涵不足，需要补足诚意笃实的功夫。尽心竭力而为，是从政的美德。朱熹认为，"居之无倦"是就心上说，"行之以忠"是就事上说。心能做主，事情能做得实，自然不倦而能忠。子张做事有头无尾，所以孔子告诫他。仁义存诸心，然后始终如一，自然为政有个定向。

十五、博学于文约之以礼章

子曰："博学于文，约之以礼，亦可以弗畔矣夫！"

博学，即觉悟越大，知识越透彻。内在智慧越发展，越能自律，然后就展开了自我发展的道路。这样生命自身就不会出现自我的纷扰，不会出现身心的不协调。

十六、君子成人之美章

子曰："君子成人之美，不成人之恶。小人反是。"

可以从让人发展好的方面，还是发展坏的方面来衡量一个人的人格。如果一个人总是引导别人发展好的方面，那么这个人就是君子。相反就是小人。

十七、季康子问政章

季康子问政于孔子。孔子对曰："政者，正也。子帅以正，孰敢不正？"

崔述认为提到季康子的地方基本在孔子归鲁之后。在《论语》中是否会找到相关的论据来支持这一看法呢？我们看看下面这一段话。"季康子问政于孔子。孔子对曰：'政者，正也。子帅以正，孰敢不正。"（《论语·颜渊》）有一天，季康子向孔子请教关于政治的问题。孔子回答说："'政'字的意思就是端正。您自己带头端正，追求好事，谁还敢不端正，不听您的话呢？"季康子，何许人也？相当于国家总理，而且不是一般的总理，职务是国家总理，却可以实际行使诸侯王的权力。在孔子出生以前，鲁国的政权已在季、孟、仲孙三家之手。季康子就是鲁哀公（公元前494～公元前468年在位）时候的正卿，是当时政治上最有权势的人。孔子对这位欣赏自己的当权者说这个话的时候，既是实情，也包含讽刺和劝诫。

政者，正也；帅也，帅之以正。"因此，'政'最好被理解为'对社会政治秩序（在其最宽泛的意义上是人际秩序）的影响'（effecting sociopolitical order），而非更为政治化的专门的'政府管理'（administering government）。"① 季康子有两种权力，使得他可以统率、领导别人。一个就是正规的正卿职位。这是他由在诸侯国中的正式职位而拥有的影响下属或者君主行为的能力。季康子对这个职责的履行，孔子并不是非常满意的。因为有些按照"礼"的规定只有诸侯王才能做的事情，季康子也做了。孔子并不反对一个人拥有那种制度性的权力，不反对一个人履行制度性的权力。"正"包含了制度框架内的"正"和个体人格的"正"。在中国传统观念中，"正"可以是一个影响力的概念，是一个权力概念，也就是对他人的影响力，对他人的矫正。如果正人的效果实现了就是"直"。如果"正"和"直"的效果较好，就是"和""平"。"义"和"正"的搭配，在先秦往往不是"正义"，而是"义正"，并对应"力正"，尤其是在墨子那里。这说明，靠思想和道德实现的"正"，被称呼为"义正"。

① 〔美〕郝大维、〔美〕安乐哲：《通过孔子而思》，何金俐译，北京大学出版社，2005年，第190页。

“义”涉及的是“正”的合理性问题、“正”的根据问题。“和”涉及的是“正”的结果问题。“平”涉及的是“正”的状态问题。“公”是个体进入公共生活并使个人影响力普遍化的必要条件。“公”就扩展为“公法”“公义”“公理”等概念。中国公正观的核心话语是“正”，公正是结果和其合理性的思考。

“正”从宏观上看有两个不同的领域，一个是个人的知识、道德等影响力，从而可以正人。个体可以借助这一品德进入公共生活，进而可以对他人产生影响力，从而取得正人的效果。这类似于现代人所谓的公德的概念，也类似于亚里士多德曾经陈述过的公正观念：“我们看到，所谓公正，一切人都认为是一种由之而做出公正的事情来的品质，由于这种品质人们行为公正和想要做公正的事情。”①“一正君而国定矣”(《孟子·离娄上》)。君主自身的“正”，或者对君主的“正”永远是儒家关注的事情。个体是特殊的领域，公共生活是普遍的领域，“公”就是要求对特殊性有所限制，要求个体的特殊性能够起到普遍的作用和效果。一个是制度本身形成的权力和角色结构本身带来的影响力（中国文化中的“势”概念），从而可以发生正人的效果。这个意义上的“政”是官僚制的职能运作。中国强调个人的人格正直和人际公道层面，但这不意味着中国公正观没有规则和制度层面的思考。

十八、季康子患盗章

季康子患盗，问于孔子。孔子对曰：“苟子之不欲，虽赏之不窃。”

“法家发展成‘物化的治道’，则一切皆死，什么也不能说——事功、政治意义、客观精神，俱不能说。它将魔性彻底透出，成了一个纯否定，绝对的虚无。韩非的思想极深刻动人，因为他弄出这一套来，而使人成为物，这就不容易。”②拜物教政治就个人的政治追求来讲，就是把权力看成是追求物质利益的工具，而突破法律或者道德的限制；就政策或者政治的价值取向来讲，是把物质利益摆在“唯一”的地位上。“物化的治道”使得“人民只成了‘物民’、刍狗、黔首，在今日就说是机械系统中的一个螺丝钉。”③孔子心目中的政治之道，就是要限制政治拜物教化。孔子对待物质利益的这一态度也表现在他对政治的思考之中。孔子的思考大致可以分成两个层面。其中一个层面是政策和整个政治取向方面；另一个是政府中的个人如何利用权力方面。前者权且称呼为“政道”层面，后者权且称呼为“治道”层面。上述孔子关于物质利益的一般论述同样都是适用于政治领域的。为政的价值在于使民众满足，这样就没有过分的欲求。

---

① 〔古希腊〕亚里士多德：《尼各马科伦理学》，苗力田译，中国人民大学出版社，2003年，第92页。
② 牟宗三：《政道与治道》，广西师范大学出版社，2006年，第37页。
③ 牟宗三：《政道与治道》，广西师范大学出版社，2006年，第37页。

十九、君子之德风章

季康子问政于孔子曰："如杀无道，以就有道，何如？"孔子对曰："子为政，焉用杀？子欲善，而民善矣！君子之德风；小人之德草；草上之风，必偃。"

现实世界是一个范例的世界，是由各种生活样法组成的世界，人往往是从自然生命和其他人的生活样法中获得意义的。这样一来每个人都有可能成为他人生活的意义源。一般由个别组成，个别体现了一般，每一个个人都具有典范的意义。关键在于这种典范是否发挥了正面的作用和发挥了正面的价值。"《论语》的文本提出了一种首尾一贯和饶富哲学趣味的关于权威的典范作用的（authority-as-model）思想。"①儒家追求的典范从一般的抽象意义来讲，基本上是一个完美人性的典范。"诚然，孔子独特的价值观是：只要个人真诚地修养他所认为能够完全实现我们存在的人生之道，那么，他就可以实现这样的人生之道，这根本不是一种利己主义的、压迫性的人生之道。"②当然这里所说的"完美"是个人追求完美而已。

牟宗三认为："孔子点化三代，不管三代事实究如何，以及其究如何之事实之因缘何在。孔子主要是重德性、理性者，不是英雄主义者，且孔子虽不抹杀'三代之英'，然究不以家天下为合理。此是其理性纲维之大眼目。"③"创造属于生命，此无可疑，然言生命之创造本有两路：一是直接的，此即自生命上立根基；一是间接的，此自理性上立根基。前者为英雄主义，后者为理性主义。"④总体上看，《论语》推崇的政治典范是德性主义的。

二十、子张问士章

子张问："士何如斯可谓之达矣？"子曰："何哉，尔所谓达者？"子张对曰："在邦必闻，在家必闻。"子曰："是闻也，非达也。夫达也者，质直而好义，察言而观色，虑以下人。在邦必达，在家必达。夫闻也者，色取仁而行违，居之不疑。在邦必闻，在家必闻。"

朱熹认为行为没有阻碍就是达。"色取仁而行违"正中子张的品行缺陷。这里的"达"是闻达的"达"，不是明达的"达"。"闻"只是求闻于人，"达"已经有实际的

① 〔美〕赫伯特·芬格莱特：《孔子——即凡而圣》，彭国翔、张华译，江苏人民出版社，2002年，第144页。
② 〔美〕赫伯特·芬格莱特：《孔子——即凡而圣》，彭国翔、张华译，江苏人民出版社，2002年，第164页。
③ 牟宗三：《政道与治道》，广西师范大学出版社，2006年，第211页。
④ 牟宗三：《政道与治道》，广西师范大学出版社，2006年，第204页。

品行了。“达”实有而不居，“闻”只是做样子。质直而好义，要求义就是质，这样人之为人的道路就开辟出来了。如果不是以义为质，就容易和别人发生冲突。察言观色是实际去做功夫，验证自己的言行是否得当，这里面包含了谦卑的心态，包含了注重实际道德感化的实效性的要求。“色取仁而行违”是里面不足，关键还是要充实自我。

二十一、樊迟从游于舞雩之下章

樊迟从游于舞雩之下，曰：“敢问崇德，修慝，辨惑。”子曰：“善哉问！先事后得，非崇德与？攻其恶，无攻人之恶，非修慝与？一朝之忿，忘其身，以及其亲，非惑与？”

得到德，修德然后就有所得。得到德，然后知何者为恶，才能攻恶。要悟身道，尊身即尊天地，即尊亲。悟身道，可以防惑。先事后得，一心在事上，不能一心在此做，一心又去计较功劳。付出然后有所得，二者对等就是正义。崇德也有追求正义的含义。人需要先检点自己，如果专心去检点他人，心便粗了，便疏忽了检点自身。朱熹认为樊迟是个鄙俗粗暴的人，有近利之意，所以孔子告诉他的道理是和人的秉性相适应的。

二十二、樊迟问仁章

樊迟问仁。子曰：“爱人。”问知。子曰：“知人。”

樊迟未达。子曰：“举直错诸枉，能使枉者直。”

樊迟退，见子夏，曰：“乡也吾见于夫子而问知，子曰：‘举直错诸枉，能使枉者直’，何谓也？”子夏曰：“富哉言乎！舜有天下，选于众，举皋陶，不仁者远矣。汤有天下，选于众，举伊尹，不仁者远矣。”

牟宗三认为中国传统儒家“政道上确立推荐、普选（‘天与’、‘人与’）之‘公天下’观念（随政权而言政道）”①。中国古代的选举更多的是选拔。“举”：用两手举起来，对举。“选”：优选，选择。选举和选拔是两种不同的权力赋予与运行模型。选拔“随政权而言政道”，主要由领导机构完成选拔过程；选举是“随政道而言政权”，由民众选举出官僚机构的工作人员。这是从权力运行上来说的。但二者有没有共同的“道”呢？显然是有的，“选拔”也好，“选举”也好，都是分出是非来，分出优秀和不优秀来，然后肯定优秀的。只不过二者选出优秀的程序和主导者不同。就选出优

① 牟宗三：《政道与治道》，广西师范大学出版社，2006年，第109页。

秀这一点来说，就“是其所是”这一点来说，“选”“举”共同的“道”就是“举直”“举善”。这里的“直”和“善”可以理解为是抽象的“善”和“直”。

二十三、子贡问友章

子贡问友。子曰：“忠告而善道之，不可则止，毋自辱焉。”

从内心的智慧体认对方的善性，来加以引导，因而有可，有不可。超过了这种智慧的洞见，就等于介入他人的生命过程。真正有内在智慧的忠告直接就是善导，如果智慧不足，那么“告”就要和“忠”结合在一起，而且要求教导得善。否则忠告如果不合道理，就是未能尽善。善化也是有一定的限制的。

关于这段话，现代解读者多理解为要彼此保持度，保持分寸，保持距离和独立。有的解读还把这种关系推广到一般性的人与人的关系，包括父子关系、夫妻关系、同事关系、领导关系等，并认为这种关系就是人际关系最好的状态、最好的尺度。这一理解是有很大的局限的。父子之间的连接是一种血缘的连接，与朋友的连接不同，彼此的关系当然是另外的情况。另外，把“友”理解为现实的朋友也不能完全表达这段论说的意蕴。南怀瑾提及曾国藩和王湘绮的关系，当王湘绮想要回家不再帮曾国藩打仗的时候，曾国藩同意了。曾国藩对待朋友恰到好处。这里的“友”字也要从意义角度来看，这样就要反过来读，彼此共同走在向善的道路上才是朋友。忠告和善道如果不能成功，彼此就不在一条路上了，也失去了朋友的内涵，自然当停止。关键并不在于距离和适度，而在于善恶。

二十四、君子以文会友章

曾子曰：“君子以文会友，以友辅仁。”

“友”：护佑，善知识，有善的导向为友。文并不单纯指文化，向善也会文。人的道德成就当然靠自修，但离不开人。在人与人打交道的时候才看出自己修到什么程度了，知道道德感化人感化到什么程度，他人也是促进自我完善的力量。当“以文会友”与“忠告而善道”连起来看时，“以文会友”的精神追求还是“忠告而善道”。

第十三章　子　　路

《论语义疏》认为先讲颜渊，后讲子路，为先文后武。该篇肯定人内在修为的价值，这种价值需要一种智慧来洞见。

一、子路问政章

子路问政。子曰："先之劳之。"请益。子曰："无倦。"

先之，指先行德信于民，然后才是让老百姓服劳役。也有解释为当政者发挥自身榜样的力量，带头努力工作。但这一解释和后文孔子主张无为而治相矛盾。当政者自身不管是否亲身示范，自身保持正能量都是很重要的。人的工作有看得见的工作，也有看不见的工作。看得见的工作是副本，看不见的工作是原型。看得见的工作是思想的现实化，看不见的工作是思想规划。当政者无倦，心灵有活力，社会就有活力。

先之，也可以理解成是时间的先后顺序，为政就是要尊重原来的一切，从最后一个位置来领导，保持谦卑，勤劳而无倦。

二、仲弓为季氏宰章

仲弓为季氏宰，问政。子曰："先有司，赦小过，举贤才。"曰："焉知贤才而举之？"子曰："举尔所知，尔所不知，人其舍诸？"

《论语余说》认为这段话是问政的精要。其实不然，政治的核心意蕴是正，正与不正相对，规定了政治的方向。然后才是大臣和具臣的区分，身正和位正的区分。这里涉及的是具体的施政的进路问题。《论语余说》认为举贤才和有司是一体的，因为贤才在有司的位置上，庶官常常是看长官的意思。

仲弓要到费做长官，行前请教孔子。孔子的指点有三个看点。第一个看点是尊重现有的官吏，这是对后天秩序的尊重。第二个看点是选拔人才，这是对原生秩序的尊重。二者之间需要找到一个平衡点。人才表示了对原有秩序的突破，尊重人才即有尊重个人奋斗之意。第三个看点是从原生秩序推导出来的，原生秩序认为一切生命不管对错善恶均隶属于造化和宇宙，因而都有归属权和存在权。按照这一原则自然不能过于拘泥于过错。通过对过错的包容，从而让过错平息，摆脱纠缠。举贤才的方法很简单，只要当政者举贤才，社会上的人自然就会把贤才举荐出来。

自己的知和别人的知不一定一致，孔子这里强调自己知道的人才，一定是大家也知道的。虽然也可以，不过公众意见具有不真实性，真正的人才也可能无人知。人的良知则不可以隐瞒，良知可以知谁是人才，但人不一定听从自己的良知。

三、子路曰卫君待子章

子路曰："卫君待子而为政，子将奚先？"子曰："必也正名乎！"

子路曰："有是哉，子之迂也！奚其正？"子曰："野哉，由也！君子于其所不知，盖阙如也。名不正，则言不顺；言不顺，则事不成；事不成，则礼乐不兴；礼乐不兴，则刑罚不中；刑罚不中，则民无所措手足。故君子名之必可言也，言之必可行也。君子于其言，无所苟而已矣。"

崔述认为这章所记发生在卫出公辄的时候。"迂"：远。"野"：不达。对于不知道的事情要"阙如"。知道自己不知道，本身是一种智慧。这种不知道是事情没有向某个个体敞开，是"阙如"。人应该安于这种不知的状态。这种不知的状态说明"知"在某个情境下是无用的，或者不回应或者未发挥其作用。无知之时，不可强知。

孔子对为政的回答，显然缺乏技术操作性，而富有哲学性。在《道德经》中"名"本身就关系着道。为政为什么要正名在先呢？

人的社会角色中有召唤和使命。召唤中有财富的召唤，有权力的召唤，有名望的召唤，有人与人的关系的召唤，有地域和地理环境的召唤，有自身才华的召唤，有自我美德的召唤。但最根本的是自我觉醒和完善的召唤。这是最初的心意和爱心。

我们为什么会发展出某种才能呢？好像事先有某种承诺一样，这个才能一定对我们自己或者对什么人有用。是那个需要的人或者自己在召唤着才能。

我们为什么会有某种官位和职务呢？好像总是有什么东西在呼唤着我们，让我们去做点什么。用职务为某些人奉献点什么。

名声等也是如此。我们好像是被挑选出来的，然后各种因缘际会，让我们有了某些条件，恰好就适合干什么。但是人们往往都会被表面的东西迷惑了。以为是自己的努力带来了成功，以为是对金钱的追求让我们走入某种职业，或者是对名望、财富、知识的渴求。后者是对人与人关系的热望。

在这个背后还有一个爱的流动，有个初心，人随着它流动。只要我们拥有了什么，那个渴求它的事物就会呼唤它的到来。就像我们成为一个有钱人，渴求财富的人们就会来到我们的身边；我们成为一个有权的人，渴求权力的人就会来到。同样，我们是一个人性觉悟的人，就会唤醒人们对人性觉悟的渴求。

人活着的意义是什么？使命是什么？对谁有义务和责任？感觉到一种召唤，让我们去做什么。这种召唤就是使命和命运。面对召唤，人将居于何位？何种序位人才没有负担，才觉得坦然，才在芸芸众生的洪流中没有摩擦，没有碰撞？

在这种召唤中，我们有太多的思虑，才会感到某种苦。因为我们不能追随这种召唤，我们无力跟随召唤的步伐。我们需要一种全新的视野来理解这个“患”。患不应当只是汲汲为利或者为了位而准备自己的才华、德性。在准备的过程中，或许什么都没有发生，那个位依然姗姗来迟。患与其是担忧，不如理解成召唤。可以说，我们的工作是爱的加冕：做我们所爱的，回报的爱会与这份爱相遇，并带着成功反馈给我们。

韦利觉得这种连锁的修饰句子是公元前 4 世纪后期的语言风格，是《荀子》或其学派思想插入《论语》的部分。作者可能是个法家人物。该章被认为有伪造的嫌疑。

“言顺”就是要努力克服决策无序性问题。“名正”就是要保证政策合理。成事就是要求能干好事情。成事需要两个保障，一个是“礼乐”，一个是刑罚。需要建立两种秩序，一种秩序是所谓的强制的秩序。建立这个秩序需要法律和制度，需要奖惩的措施，需要刑罚。为了维护这个秩序的权威需要保证每次奖惩都恰当地命中目标。“中刑罚”也就是奖励了应该奖励的人，惩罚了应该惩罚的人。另一种秩序是自发的秩序，是人通过自觉选择形成的秩序，也就是礼乐的秩序。事情有好，有坏。事情不是根本，根本的是人。人本身的成长最根本。有了上述两种秩序，那么老百姓就知道自己的手和脚该放在哪里了。这是怎么知道的呢？一个是通过规定知道的，制度规定了什么可以做，什么不可以做；另一个是通过自己的精神自觉和精神自由知道的，自己知道该如何去做。有了这条，政治过程就完成了。

四、樊迟请学稼章

> 樊迟请学稼，子曰：“吾不如老农。”请学为圃，曰：“吾不如老圃。”
>
> 樊迟出，子曰：“小人哉，樊须也。上好礼，则民莫敢不敬；上好义，则民莫敢不服；上好信，则民莫敢不用情。夫如是，则四方之民襁负其子而至矣，焉用稼？”

《公孙龙子》记载，一个叫孔穿的人，一天他来到公孙龙子那里，对公孙龙子说：“您善于辩论，我很崇拜您，想做您的学生。但是我就是对您的‘白马非马论’‘坚白论’不是很满意，如果您能够放弃您的观点，我就做您的学生。”公孙龙子是善于辩论的大师，自然不会上他这个当。就说：“我之所以是我，我之所以可以做你的老师，就是因为我能够教授‘白马非马论’‘坚白论’，如果我放弃了我的观点，那我还拿什么来教你呢？”谦虚不是口头上说学习学习，实际上却总是抱着一颗要教导别人的心，要把自己那套观念强加给别人。教民不是这个教法。教民是说，自己不断探索，不断学习，以至于大家都共同去探索。樊迟要学习具体的从政的技术。孔子告诉他学习从政的技术不是最重要的，最重要的应该是修身懂礼。

五、诵《诗》三百章

子曰："诵《诗》三百，授之以政，不达，使于四方，不能专对；虽多，亦奚以为？"

如果把本篇第四、五章放在一起来处理的话，显然这个思路就比较清楚了。诵《诗》三百是学一些知识技术性的问题，这里面强调了单纯去读书，学习一些从政的知识等是不行的，关键是真正给你一件事情，能不能做好。所以授之以政，能做好是很重要的。这里孔子强调了知行合一的精神。孔子所学，不拘泥于一个固定的对象。

六、其身正不令而行章

子曰："其身正，不令而行；其身不正，虽令不从。"

从现在的管理中，我们说令有两种，一种是说通过口头，或者是文件发布的形式，或者是规定的形式发布命令。这个命令有它的效用，有一定的震慑力，人们会遵从。另外一种令，是身先士卒、模范、示范作用。两种令都很重要。

七、鲁卫之政章

子曰："鲁卫之政，兄弟也。"

为什么鲁卫是兄弟呢？事实上周朝的诸侯国之间都是兄弟关系，所以说不用说鲁卫是兄弟。只不过鲁卫之间这种兄弟关系更加明确而已。国与国的关系也是兄弟关系，如果以天下为父的话。为政者如知天下，则国德谦卑如子，国与国友爱如兄弟。

八、子谓卫公子荆章

子谓卫公子荆："善居室，始有，曰'苟合矣'；少有，曰'苟完矣'；富有，曰'苟美矣'。"

人是这个世界的筑造者，人创造了自己的器世界。人的一生可以说就是筑造，就是创造自己的居所。关键就是造什么样的居所。有善的，有不善的。善的居所，不在于多少，不在于开始还是结束。人能做好一件事，在一件事情上表现出美德，一定有稳定的、较好的品质，这一品质保证了人也在其他的事情上表现出美德。善居室不过是一件小事，但是人的德性要达到能化的地步，德的馨香浸润于居室。合、完、美说明公子荆不以居室累其心，循循有序。合、完、美不仅仅适用于人与物的关系，也适用于人与人的关系。

九、子 适 卫 章

子适卫，冉有仆，子曰："庶矣哉。"冉有曰："既庶矣，又何加焉？"曰："富之。"曰："既富矣，又何加焉？"曰："教之。"

崔述认为孔子在定公十二年（公元前 498 年）秋冬之间去鲁，这一章应该是初到卫时说的话。孔子到卫国，冉有替他驾车子。孔子说："好稠密的人口啊!"冉有说："人口已经很多了，又该怎么办呢？"孔子说："使他们富裕起来。"冉有说："已经富裕了，又该怎么办呢？"孔子说："教育他们。""道德上确立'先富而教'、'严以律己，宽以待人'之教化原则（此含政治上的教化之限度及政治与道德之分际）。"①朱熹认为，有礼乐就能养人性，让性宽的人不能慢，让性急的人快不得。

十、苟有用我章

子曰："苟有用我者，期月而已可也，三年有成。"

孔子说如果有人任用他来治理国家，用不了多长时间就会见到效果。因为孔子曾经有过一段从政的时期，其治理鲁国的效果还是不错的。一般认为孔子五十一到五十五岁为司寇。崔述认为根据这段话来看，孔子被重用的时间应该不超过一年。关键在于做对的事情，对天下人有利的事情能够得到持续发展。

十一、善人为邦章

子曰："善人为邦百年，亦可以胜残去杀矣。诚哉是言也!"

孔子引用古人的话说："善人为邦百年，亦可以胜残去杀矣。"孔子说："我记得

① 牟宗三：《政道与治道》，广西师范大学出版社，2006 年，第 109 页。

古人说过，如果善良的人、有善心的人管理国家连续到一百年，也可以克服残暴免除虐杀了。这句话说得真对呀！”

朱熹强调，这必须有圣人的作用才能如此。善人管理的政治，靠道德实现的管理，也许效果不能立刻显现出来，但由于关心长远道德习俗，关心长远的文化风气的培育，关心人格的教育，这个积极的效果也是非常明显的。王道政治的代表，在三代以下是周朝，经过好几百年几代人的努力，健康的文化风气才养成。所以周朝的政权，在中国历史上，就有那么久远，乃至变成中国文化的渊源。这就是“善人为邦百年”。理想的风气，最后孕育成一股文化的力量。不以事功取胜，以道德为先，才可胜残止杀。文化历史的成果不是短时间能做得到的。

十二、如有王者章

子曰：“如有王者，必世而后仁。”

三十年为一世。王，一种理解是圣人当王。圣人无形的影响力造就了世界的仁德。法度纪纲有成而化行需要时间。尤其是礼乐文化深入人的骨髓，表现为行为和风俗，道理浸润透彻需要时间。

十三、苟正其身章

子曰：“苟正其身矣，于从政乎何有？不能正其身，如正人何？”

如何理解这段话呢？依据上文的逻辑，无为之“正身”和有位之“从政”不是简单的对立和对应关系，二者都可以是“从政”，都可以是“正身”，都要符合“正”的方向才是有道的。这样一来，理解《论语》的政治思想就不能简单套用修身、齐家、治国、平天下的逻辑。自然探讨“正身”和“正世”之间是直接的关系，还是间接的关系也就不是第一位的课题了。

在历史上或者在现实中，正身正人的思想容易依据所谓的政治现实对之提出批评。这就容易陷入空泛，现实的政治是现实的、功利的，是有恶的。让君主自由表现善和恶，如果是专制的君主、是非颠倒的君主，他所引导的善反倒成了恶。这样一来，儒家的身教政治反不如法家让官吏成为守法的典范更好。君主和大臣靠打天下获得政权，正身如何能约束他们呢？如何才能对他们起到实际的作用呢？显然从现实的角度来看，会有类似的想法。一种观点认为孔子的正身理论是依赖宗法制度这一古代制度的，如果礼乐崩坏了，该如何呢？换句话说，正身背后需要特定的政治框架来支持。也有的观点认为会遇到私人领域和公共领域、“熟人社会”和“生人社会”的矛盾。“说到底，儒家身教政治理论所强调的‘正’的标准与内涵本应是一个历史范畴，可儒家却抽掉了该标准的与时转移特征而使‘正’成了任人解释的空论。”①本书并不这样认为，恰好正身理论可以兼容一切政治框架，一切政治框架都要正身。这是对政治之道的说明。

一个人在参照别人的行为这一事实足以告诫我们，我们自己可能就是别人的一个价值参照系、一个导引者，我们不得不去考虑这种导引包含着的可能的价值意义和价值现实。倘若每个人都放弃了正面价值的追求，那么社会整体的道德和价值水平自然会下降。所以自己一方面要有所约束，又要有所建设。不对别人施加负面的价值影响，而要给予积极的影响。普适性在于“仁”解释了人生在世的互相影响的现实性，告诉人们在相互影响的过程中如何保持健康向上。普适性在于“己”和“人”的依存性；自己“立”了自然就立了别人；自己不立自然给别人带来麻烦。每个人都追求自己的“立”，自然彼此轻松。普适性不在于其规范性，而在于这一表述包含的人生的基本现实。己不完全是反身代词意义上的“自己”。反身代词意义上的“自己”已经被置于个人与他人的对象性关系中来思考了。

“正人”有不同的“正”法。通过正身来正人是一种方法，通过强制的惩罚的方法来正人也是一种方法。通过正身来正人，要用积极的心态，采用积极的方法。什么叫做积极的心态呢？那就是相信别人是能够自我管理、自我进步的。相信每个人原则上都是向善的，也就是古人所说的“性本善”。不能把成年人当作儿童一样来管理，甚至儿童也不能被当作没有智慧的人来管理。通过正身来正人就是相信，每个人都是一个能够独立判断的人，如果环境许可，没有不好的外在的约束或者引诱，每个人都会自然地选择成为一个好人。如果有好的他人的示范作用，没有多少人会成为恶人。

常常听到这样的感慨：修自身容易，修官身难。修身持家也是从政，从政也是修身持家。只不过二者所领导的对象有所不同，领导的方式侧重点不同。一个人不怕没有地位、没有影响力，最怕自己没有什么东西站得起来。根本要立。

什么叫做立了呢？一个正常发育的婴儿，能够自主地站立、行走，自主地调整行、坐、卧，这就是立。但这个“立”应该说还是比较初级的“立”，高级的“立”，是心的“立”。一个人的“心”立起来了，行、住、坐、卧才不会有差错。中国人常常形容一个人犯错误为“失足”。一失足即成千古恨。什么时候才会失足呢？显而易见是不小心的时候，是魂不守舍的时候。人在社会生活中“失足”，也是人在没有了心灵的方向，心绪不稳，智慧不开的情况下。“心”立了人才自信，才有自尊，才能自爱。在这种情况下，在政治生活的风浪中才不至于迷失人生的方向，才能把工作干好，把自己的身份演好。立身和立心的那些东西就是人爵的位子能否立得住的条件。

---

① 宋洪兵：《论先秦身教政治理论的演变——兼论韩非的“术治”思想》，《政治学研究》，2005年第4期，第99页。

十四、冉子退朝章

冉子退朝，子曰："何晏也？" 对曰："有政。" 子曰："其事也。如有政，虽不吾以，吾其与闻之。"

"晏"：从字面上看，是"日""安"。"日"一般是工作、劳作的时候，"晏"就是休息，比较晚。冉有从办公的地方回来了。孔子说："你为什么今天回来这么晚呢？" 冉有说："朝廷里面有些重要的政务需要商议。" 孔子说："那只是一些事务罢了，如果有政务，虽然不用我了，我也会知道的。" 杨伯峻在《论语译注》中认为这段话没有什么深意，只是因为季氏曾经和孔子讨论过田赋的事情。孔子所谓的自己知道，不一定是当政的人征求过孔子的意见，而是孔子对于会议情况和从政水平的一个整体判断。"政"是要谈论正身、讨论如何使得一个组织走上良性的发展轨道，营造良好的组织文化，以至于不需要很多的管理，也可以很好地运行，也就是说要有长治久安之策。"有政"就是要"有道"。不是不可以讨论具体的事情，但讨论具体的事情要有正确的价值评价的尺度和标准，要有一贯的文化取向，才能保证具体政策的协调。

十五、定公问章

定公问："一言而可以兴邦，有诸？" 孔子对曰："言不可以若是其几也。人之言曰：'为君难，为臣不易。' 如知为君之难也，不几乎一言而兴邦乎？"

曰："一言而丧邦，有诸？" 孔子对曰："言不可以若是其几也。人之言曰：'予无乐乎为君，唯其言而莫予违也。' 如其善而莫之违也，不亦善乎？如不善而莫之违也，不几乎一言而丧邦乎？"

语言具有广泛的形式，一切表现和交流都可以看作是"语言"活动，生命或者世界存有本身的生活活动，就是一个"语言"活动。这样一来，"语言"就具有了广泛的契约性。语言的契约是多元生命体之间发生的，是宇宙本身发生的。语言不管是以诺言的形式发生，还是随意发生的，都具有"盟誓"的意义、"契约"的意义，等于是以生命的力量宣称要履行某种诺言。这样一来，语言就起到一种约束性的作用。假设所有的语言都具有"契约"的意义，这个契约是内在于宇宙过程之中的，内在于生命之中，内在于生命的心灵之中的话，语言的发出者就必须要有足够的力量和条件来实现这一语言。这样一来，"行"在先就比"语言"在先好得多。而且，语言必须要关联着履行诺言的行动。但是，这并不是说，孔子认为一个人的一句话就具有一种神秘的力量，可以左右国家的命运。

在孔子当司寇的时候，一次，鲁定公问孔子："一句话兴盛国家，有这回事吗？"孔子回答说："语言的确具有潜在地改变事物的微妙的力量。在一个事物还没有变成现实以前，语言是能够使得事物向不同方向发展的。对于君主来说，最重要的一句话就是：做君主很难，做臣子也不容易。假若一个君主听到这句话，认识到做君主的困难，努力克服困难，那么一定没有什么困难，这不就是一句话可以兴邦吗？"君臣是一种社会角色，是从后天法来看的，如果从先天法来看，人与人是平等的，都是人。

因为人有不同的处境和角色，人的语言的地位和力量也就不同。个体语言的力量依赖场景性、真实性和道德性，而君主的语言依赖的是社会关系的力量，依赖的是社会地位、势位的力量。社会地位加强了君主的语言的力量，成为一种公共的语言，尤其是具有了一定的政策性、实行性。君主说的话，不管是善还是恶，都会有很大的影响，可以说君主的话就反映了国运。

十六、叶公问政章

叶公问政。子曰："近者说，远者来。"

近者说，远者来，是人格修养的成就。不过超越者即便无人追随，也不会感觉寂寞。孔子回答叶公注重讲效果，朱熹认为是因为叶公老成。

十七、子夏为莒父宰章

子夏为莒父宰，问政。子曰："无欲速，无见小利。欲速则不达，见小利则大事不成。"

子夏在莒父这个地方当长官，问孔子如何当好官，如何才能治理好这个地区。欲速，是有私心，见小利是短见。为政的关键在达，在成大事。成大事需要掌握时机，需要人与人之间的协作和配合，达是成大事的前提条件。

十八、父为子隐子为父隐章

叶公语孔子曰："吾党有直躬者，其父攘羊，而子证之。"孔子曰："吾党之直者异于是：父为子隐，子为父隐，直在其中矣。"

该话题载于《论语》和其他一些典籍，现把代表性的说法分录如下。

“叶公语孔子曰：‘吾党有直躬者，其父攘羊，而子证之。’孔子曰：‘吾党之直者异于是：父为子隐，子为父隐。直在其中矣。’”（《论语·子路》）

“楚有直躬者，其父窃羊而谒之上，上执而将诛之。直躬者请代之。将诛矣，告吏曰：‘父窃羊而谒之，不亦信乎？父诛而代之，不亦孝乎？信且孝而诛之，国将有不诛者乎？’荆王闻之，乃不诛也。孔子闻之，曰：‘异哉，直躬之为信也！一父而载取名焉。’故直躬之信，不若无信。”（《吕氏春秋·当务》）

《庄子·道跖》说：“直躬证父，尾生溺死，信之患也。”（《庄子·道跖》）

《淮南子》《泛论》之说法与此大同小异。都是认为“信”等伦理道德会走向自己的反面，具有负面价值。

《韩非子·五蠹》说：“楚有直躬，其父窃羊，而谒之吏。令尹曰：‘杀之！’以为直于君而曲于父，报而罪之。以是观之，夫君之直臣，父子暴子也。”（《韩非子·五蠹》）韩非认为为了养老父亲，可以说尽了孝，但又违背了对君主尽忠的原则，儒家所提倡的道德包含着矛盾。

“吾党”，说明伦理是受到习俗影响的，有相对性，需要保持一种反思的眼光对待既定的结论。

孔子并不是要给出一个既定的“直”的方案。孔子是在对立的情境中表明“直”的存在并不仅仅在某一路线之中，还有其他的路线。“直”可以在不同的路线中实现，“直”不等同于某种既定的答案选择。真理在具体的事件和情景中都会有不同的行动方案。叶公和孔子的回答，不仅在结论上有对立性，而且还在观念上有根本的差别。叶公已经先验地承认了这个行为是直的，而且认定父子互证就是直，孔子则没有先验地确定某种情况就一定是“直”的。若一般地说“父子互证”是直的话，顶多说在其中可以出现“直”的状况。但根据《吕氏春秋》的记载，显然孔子不是回答一个一般的问题，而是回答一个具体的问题。在这样一个具体的“父子互证”的“事件”中，儿子是“不直”的。因为，“子”具有以此获得“孝”和“信”的名声的扭曲的心理，自然在精神生活和行为方面都算不上是“正”的。这与《庄子》和《淮南子》看到“信”的危害性，异曲同工。恰是《庄子》和《淮南子》以一种极端化的处理方式把孔子思想的另一面讲出来了。这段话讨论的重点不是“父子互隐”或者“父子互证”这一问题，而是讨论“直”这一问题。在孔子的“直”理想中并不存在法律和人情的根本冲突。但就刑罚而言，孔子有时恰恰赞扬了“刑罚”的直。孔子曾经赞扬子产在运用刑罚的时候，不因于亲，体现了义的原则，是古代的“遗直”，也可以说是“直”。但这种“自直”和“直人”的方式总是不得已而为之，不是“直”的完整和正面的表现，只能在“可以说是”的层面上来讲。告父也可以是“直”，关键在于出发点和身心运行的状况。但就“直”的理想的选择来讲，无疑这是低一等级的价值选择。所以，《孟子》中，在一个领导者遇到父亲犯罪的时候，价值选择是放下领导职位。“生”和“直”是一个系列的哲学范畴，“曲”和“死”是一个系列的哲学范畴。“直”要保证父亲的“生”，而不是“死”。“罪”是一个变动的社会性的概念，在“罪”与“耻”之间，孔子更倾向于后者。至于孔子这些主张的合理性和合法性问题，需要在弄清孔子思想的大致脉络以后再作讨论。

父子之间的关系是超越善恶的关系。不善的父亲依然是父亲，善的儿子依然是儿子。父子关系并不因为善和恶而改变。父子不责善，父子之间的自然关系首先不应该变成一种价值判断的关系吗？也不应该从社会关系的角度来评价或者干扰这种自然的关系。

有的读者认为“父为子隐”与“举直错诸枉”矛盾，其实不矛盾，“举直错诸枉”是扬善，“父为子隐”既然有“直”，当然就不是“全枉”，孔子的思想是连贯的。

十九、樊迟问仁章

樊迟问仁。子曰：“居处恭，执事敬，与人忠，虽之夷狄，不可弃也。”

内在忠信于德性，人自然得到尊严，事也不能贬低人，坚持这一点而行，人生之路就完成了。如果总能恭敬，说明心不放逸。要求三事不间断，如果有间断，心就有阻碍。朱熹说，这章就是要求到处皆在，让三事没有间断。

二十、子贡问士章

子贡问曰：“何如斯可谓之士矣？”子曰：“行己有耻，使于四方，不辱君命，可谓士矣。”

曰：“敢问其次。”曰：“宗族称孝焉，乡党称弟焉。”

曰：“敢问其次。”曰：“言必信，行必果，硁硁然小人哉，抑亦可以为次矣。”曰：“今之从政者何如？”子曰：“噫！斗筲之人，何足算也？”

“行己有耻”：朱熹理解为需要充那固有之良心。“宗族称孝焉，乡党称弟不过是符合社会习俗的道德标准，不是最好。被宗族和乡党称赞的孝弟不是孝弟的全部内涵，还有要有良心，否则可能还是有私心，是朱熹说的“一夫之私行”。①

“行己有耻”就是自己能够对自己做出的事情做出恰当的反应，从而感到耻辱。也就是感到自己的人格受到了贬低，希望自己能够以一个比较完美的形象出现在别人的面前。虽然，这种追求本身可能带来负面的东西，如过于希望自己以一个较好

① [宋]朱熹：《朱子全书（修订本）》（15），朱杰人、严佐之、刘永翔主编，安徽教育出版社、上海古籍出版社，2010年，第1539页。

的形象出现在别人面前，让自己很不自在，或者变得很虚伪、不真实，甚至为了名誉和荣誉，而走向恶。但是这个完美的自我的追求是必要的。这个耻感可以帮助人提升自我，并意识到自己做的事情是代表了自己的人格的，并且会给别人带来各种各样的影响。政治的一个重要立足点就是培养干部和民众的耻辱感。在齐美尔看来，只有当道德的过程促成自我意识的那种奇特的抬高和压低之时，耻才会确实实现。耻的发生要有整个自我和贬低自我的对照。亲密无间不能引发自我意识，就不能产生羞耻感。只是自我的某个方面，而不是整个自我被贬低，也不会产生明确的羞耻感。

个体是隶属于整体的，在有自我意识的情况下，人在内心是整体的一部分，并且有时候是感觉到代表整体的，人会感觉到外在的不足就是自我的不足，因而产生羞耻感。内心整个自我和被贬低的自我之间出现了某种对照关系，自我的某个局部的缺陷联系到内心整个自我的时候也会出现羞耻感。在人心深处，“己”是一个标准化的、完美的自我。现实的、表象的自我的某种不足如果引起了这个完整的自我的某种深层的比照关系并在比照中表现出不足就会感到耻辱。

对待这“耻”，己可以有不同的行动策略：尽量和现实保持距离，为自己开脱，这是一种侧重回避和否定的消极道路；还可以有一种积极的道路，就是主动地发展自己完美的、标准化的内心，肯定完美的内心和人性，主动地承担表象自我和社会他我的不足和缺陷，并努力改善和改变这些不足，实现二者的一致之“仁”，由两个不可和谐的自我实现完美的和谐的自我。“耻”具有对完美的人性和自我的一种保护的作用。

羞耻的发生来源于对自我的某种注意，人们在其他人的注意下感到自己的自我突出提高了，而且同时，这种突出提高是与违反某一种准则相结合的。通过达到对个体行为的注意，并进而强化其违反规则的意识，告知其具有自我整体人格的缺陷。在这一过程中，一方面是一个自我肯定的完整的自我，同时还有一个自我的局部被贬低，自我在一瞬间的状况被整体性地贬低。当自我的某一个部分进入某种关系中时，整个自我是隐藏的，在道德价值上是能够得到辩护的，因而一般不会发生羞耻感。只有当整个自我进入或被拖入某种关系中，整个自我的意识“在场”或者觉醒的时候，才会发生耻辱感。

对个体行为的注意必须能够达到个体感觉到是整体人格的缺陷的时候才会实实在在地产生羞耻感。当代社会羞耻感的丧失就在于自我的某种分裂和整体自我在某些具体境域中抽身而去，隐藏了起来。整体之所以能够抽身而去与社会整体监督的缺乏有关。从社会学的意义上看，个人越是觉得自己是社会或者某个群体的一个成员，把整个自我和某个群体联系起来，群体或者他人的缺陷就越会被当成自己的缺陷，个人在某种程度上会感觉自己是群体的代表，群体的缺陷会引起自我的羞耻感。羞耻感具有强化社会成员和群体的纽带的社会功能，具有维护整体所倡导的价值观的功能。“耻”尽管和自我与外在的关系有关，而根本上这种外在的关系又必须是自我和自我的关系。孔子关于“耻”的伦理思想在某种意义上就是关心外在的社会关系如何成为有利于自我成长的关系这一问题的。

“士人”的一个内涵是“使于四方，不辱君命”。人生在世就是出使，就是到国外去做使节，做使节当然不能辱没自己国家的君主的使命，要记着自己的君主的命令。不能到了另外一个环境，把自己的使命忘得一干二净，开始替别的国家办事情了。“君命”具体地讲，当然是自己的国家的君主、自己的上司的命令和使命，但更是不能忘记自己的君主、自己的精神、自己的心灵、自己的价值追求，要把实现这些有益的价值作为指南，有使命感。对社会有使命感，就能很好地承担起责任。如果民众和领导者都有责任感，有使命感，记得自己的心灵的家园，记得自己的心灵的“君主”，那么这个社会就和谐了。这当然是士人政治的最高要求。

“士人”的第二个内涵是“宗族称孝”，“乡党称弟”。宗族和乡党范围越来越大，都是社会组织和社会团体，是社会的代表，是“他人”的代表。当然，这里的“他人”也未必真的有一个具体的“他人”，而是由很多人组成的公众意见和习俗一类的东西。一个人如果被别人和社会组织所称赞自然是一件好事情。

“士人”的第三个内涵是“言必信，行必果”“。言必信，行必果”应该是提倡的，为什么孔子把它列为次要的道德品质呢？原因就在于，说出去的话，一定要履行，行为一定要达到结果，往往不一定会导致善。其中需要智慧的判断，需要道德的操守，需要选择。比如一个小偷去偷东西，一个小偷每次都偷盗东西，这也是行必果了。但却是不道德的，也是违法的。目的鲜明，尤其是世俗的目的明确，并且为了达到目的，采取直接的方式，或者不择手段实现目标，并不是善。另外，不问青红皂白而只贯彻自己言行的人，也是接近小人的品质的。

“筲”：古代的饭筐，能容五升。比喻见识和度量小，比喻只知道吃吃喝喝的人。士人重在有操守，有理想。

二十一、不得中行而与之章

子曰：“不得中行而与之，必也狂狷乎！狂者进取，狷者有所不为也。”

中行要求入定，定在内在道路的指引上，时时刻刻归属于这种指引。偏离了内在道路的指引，人生就会陷入狂狷。人生有自己的节律，或进取，或退隐。追随这一节律，进取也不是狂，退守也不是狷。定不是死守什么，而是跟随生命固有的韵律和节拍。狂是知之过，狷是行之过。知解要开阔，行为要精密有力，知行要合一。

二十二、南人有言章

子曰："南人有言曰：'人而无恒，不可以作巫医。'善夫！"不恒其德，或承之羞。子曰："不占而已矣。"

恒就是要恒在内在智慧的指引上。人性在此，尊严在此，方向和道路在此。"承"：奉承。无恒德就有人送羞辱与之，因为无恒德就带来羞，就是羞。

二十三、君子和而不同章

子曰："君子和而不同，小人同而不和。"

"和""同"不可以从表面来看，人越是深入自己的本性，越和；越是远离自己的本性，越同。朱熹说，"和"可以对人说也可讲君子自己。君子平常自处也要自和。"和是公底同，同是私底和。"①

二十四、子贡问乡人皆好之何如章

子贡问曰："乡人皆好之，何如？"子曰："未可也。""乡人皆恶之，何如？"子曰："未可也。不如乡人之善者好之，其不善者恶之。"

从这个问题来看，子贡关心的依然是社会价值评价的问题，一个人是否因为得到社会好的价值评价就算是有美德了呢？在孔子看来，问题并没有这么简单，这还要看评价者的情况。最好的结果当然是好的评价者评价好，坏的评价者评价坏。

---

① [宋]朱熹：《朱子全书（修订本）》（15），朱杰人、严佐之、刘永翔主编，安徽教育出版社、上海古籍出版社，2010年，第1532页。

二十五、君子易事而难说章

子曰："君子易事而难说也。说之不以其道，不说也；及其使人也，器之。小人难事而易说也。说之虽不以道，说也；及其使人也，求备焉。"

用人之道，其要诀在因器量使。人有不同的才能，有不同的个性，这些个性从修养的角度来看，可能是缺陷。但这些特性对于这个世界而言，却是有用的，可以创造出不同的业绩。君子用人，不是从善恶角度来看人，而是从工具的意义上来看人。在后天法方面，在世俗方面，君子是不执着的，因而是"易事"的；在先天法方面，君子执守于道，只有在道内，才能成"朋"，才能彼此相悦以道。

二十六、君子泰而不骄章

子曰："君子泰而不骄，小人骄而不泰。"

骄是心灵执着在后天的男女分别，以及社会角色的分别导致的。不骄要求心灵关注生命本身，关注生命的原初性。当发现了生命的本有的高贵处的时候，人就可以在不同的社会角色中都执守生命的高贵，能够泰然任之。

君子和小人之别涉及内外之别，涉及流俗和超越的分别，涉及先天法和后天法的区别。人只是执着在社会角色分别构成的生命状态，社会角色的分别就限制了生命，自然人的格局就小了。泰有从容自在的气象，骄就有私意了。

二十七、刚毅木讷章

子曰："刚、毅、木、讷，近仁。"

若以五气心法来论，仁是一片纯阳的木气。纯阳的木气需要向内求，如果心灵向外驰骋，自然无法接近仁，木讷之人对外部世界缺乏敏感性，自然接近仁德。刚不是僵硬的那种刚，那种刚是阴性的。朱熹说刚是体质坚强，就像一个硬物，毅有奋发的气象。

有的解读者认为，木讷与道德无关，并举智力有缺陷人为例证。智力有缺陷的人当然不奸诈，也缺少自由选择的能力。要注意孔子这里说"近仁"，木讷未必就是仁。

二十八、子路问士章

子路问曰："何如斯可谓之士矣？"子曰："切切偲偲，怡怡如也，可谓士矣。朋友切切偲偲，兄弟怡怡。”

“切切”：一说是身体和身体近距离接触；一说是责以善。“偲偲”：意，也就是希望他人变好的心。朋友讲究的是自己好，让朋友好，讲究善恶的区分。兄弟之间则不责善，讲究的是和谐快乐。士人之所以为士人就是因为更懂得在不同的社会角色下扮演不同的角色，从而能够实现完美的角色伦理。朱熹说，子路有粗暴的气象，所以孔子这样讲。“切切”：恳切。对他人的问题能够感同身受，因而能够发自内心地当成自己的问题去解决，就是士人的美德。当问题得到解决以后自然怡然快乐。朱熹说切切有苦切的意思，偲偲有相惜相勉的意思，怡怡有相亲的意思。与人同感自然有苦的意思在里面，相惜相勉自然有承担责任的意思在里面，到怡怡就化了。

二十九、善人教民七年章

子曰：“善人教民七年，亦可以即戎矣。”

善化的功效虽然很慢，但最终还是能显现出来的。善化是战斗力和凝聚力的前提。为什么讲七年呢？在朱熹看来，不过是为了设定一个时间界限。

三十、以不教民战章

子曰：“以不教民战，是谓弃之。”

教民和诲人不同，困而不学的人是民。困而不学的人也要教之，而不能弃。是像子犯对晋文公说的教导信、义、礼，还是教导民众对领导的忠心呢？或者是教导战争的方法？任何组织，都要有自觉的教化，没有教化，就没有文化价值指向。没有教化就没有凝聚力，慢慢就分崩离析了。朱熹说孔子就是教导孝悌忠信，不是战争。

第十四章　宪　问

一、宪问耻章

宪问耻。子曰："邦有道，谷；邦无道，谷，耻也。"

宪，原思名。原宪狷，理解无道的情况下谷是耻辱的，但是对在有道的情况下谷也是耻辱的，未必能够理解。朱熹认为耻字也是在说邦有道的情况。并且认为需要"充其固有之良心"①。"谷有食禄之义。言有道无道，只会食禄，略无建明，岂不可深耻！"②

"克、伐、怨、欲，不行焉，可以为仁矣？"子曰："可以为难矣。仁则吾不知也。"

克，这里的克和克己的克是一个含义吗？原则上不是。那个是孔子使用的克，这个是原宪使用的克。克己的克可以解释为能、胜任。不过也可以解释成是一个克。克己是胜己，克伐是胜人。两个克都是用人自己的一种力量，不过一个向内，一个向外。

在朱熹心目中，原宪不是气昏力弱的人，而且似乎是一个孤洁的人。原宪是一个有自见的人，但是对道理看得还不够透彻，所以才有此见解。原宪只是领会了不为，还没有领会有为。强制克伐怨欲，只是半路上下功夫。

"克伐怨欲，不行"被朱熹理解成一种知行的关系。"不行"就像是对一个人说：你不能打人，如果打人一拳，就把你送到官府那里惩罚你。行被理解成一种表现在外的行为。还有欲为之心。而克己就是说：你不得打。克己就是要把那个要打人的心也打杀了。朱熹还以天理人欲来解释，不行不过是不行人欲，人欲还在胸中。

"克、伐、怨、欲，不行"不代表根不在，不行只是剎得住，忍着在内。根还在心中，就好像家里有贼，只是禁制在家中是不行的。"克伐怨欲，不行"，还是有个物在那里。不过不行也是很难了，只是功夫还浅。克伐怨欲不只是闲的时候没有，也是有的，也是有表现的，需要自己仔细省察，自然能觉，然后可以克服。不过可以从感物的时候发现它们，然后除掉它们，自然功夫就逐渐纯熟了。克伐怨欲很多时候

---

① ［宋］朱熹：《朱子全书（修订本）》（15），朱杰人、严佐之、刘永翔主编，安徽教育出版社、上海古籍出版社，2010年，第1539页。

② ［宋］朱熹：《朱子全书（修订本）》（15），朱杰人、严佐之、刘永翔主编，安徽教育出版社、上海古籍出版社，2010年，第1539页。

是因为理不明，需要明理。那么要明什么样的理呢？了解人己一体则无求胜之心，做自己该做的事则无伐心，了解一切有定数有规律，则无怨欲。在朱熹看来，明理的功夫只能排在第二。第一功夫还是克己。克己就是要拔除病根。克伐怨欲被朱熹看成是人欲，其不行就是禁止人欲，还不是从天理上用功。克己就是发誓不与贼俱生，是在天理上用功。

朱熹的理解或许是原宪理解的“行”。如果从表现在行为上来理解行的话，就面临一个问题。如果心中无藏克伐怨欲是否就一定没有克伐怨欲的行为呢？原则上是没有的，但是也可能表现出有克伐怨欲的行为。反过来，如果做到了没有克伐怨欲的行为，不就代表克伐怨欲之心也就没有了吗？所以才有这一问题向朱熹提出来，即若必定要无，下梢犹恐未能尽去。

“克伐怨欲，不行”，可能只是克伐怨欲本身不行。在中国古代的语言环境中，心理运动本身就是行。一动心就是一行。“克伐怨欲，不行”，就是没有克伐怨欲。克伐怨欲本身就在内心之中，当然也可以在行为中表现出来。

孔子只是说不知是否仁，并没有说不是仁。其实孔子是要区分“克伐怨欲，不行”和“仁”之间的关系，二者之间还缺乏明显的逻辑关联。没有克伐怨欲不一定就达到仁了，仁还要有爱心。

二、士而怀居章

子曰：“士而怀居，不足以为士矣。”

人把自己的家园建筑在哪里？除了建筑在物质的世界，也建筑在精神的世界。建筑在精神的世界是怀德，建筑在物质的世界是怀土。

三、邦有道章

子曰：“邦有道，危言危行；邦无道，危行言孙。”

国家有国家的政治文化，民族有民族的政治文化，地区有地区的政治文化，单位有单位的政治文化，从政首先就是要了解政治文化。“危”，即正的意思。“孙”字古代与“逊”字通用，逊者退也，就是谦退的意思。孔子说：“社会、国家政治清明，要正言正行；遇到国家社会乱的时候，自己的行为要端正，说话要谦虚。”这是教人处世的臣道，做干部的基本原则。

四、有德者必有言章

子曰："有德者必有言，有言者不必有德；仁者必有勇，勇者不必有仁。"

这里的勇不一定要理解成体力上的勇。仁也不一定要理解成心。勇在孟子那里是义的事情。这里可以参考仁义关系来理解。仁之勇就是为了仁什么都不怕，不管颠沛流离还是顺风顺水，都坚持仁。对于不是仁的，要保持警觉和抵制。如果一定要联系义来理解勇，义是仁自身的规定性。

五、南宫适问于孔子章

南宫适问于孔子曰："羿善射，奡荡舟，俱不得其死然，禹稷耕稼，而有天下。"夫子不答。南宫适出，子曰："君子哉若人！尚德哉若人！"

弟子一般不言问于孔子。所以《论语余说》说南宫适可能不是孔子弟子。这里的"耕稼"是和"善射""荡舟"比较的。这句话有很多隐藏的含义。人都要吃饭，都需要精神的食粮。禹稷亲自种庄稼，就是说，禹稷关心人的基本需要，并供给人的基本需要。领导如果能够把全部的精力用于满足人的需求，供给人的需求，自然就会得到人的信任。

"禹耕躬稼"就是说，领袖是愿意和民众打成一片的，他们能够以一个普通人的身份面向大多数人，身份没有迷惑他们，使他们忘记自己和别人都是一个普普通通的人而已。这样一来，禹稷在民众中就可以起到实际的榜样作用，从而实现领导。

生养生命是领导活动的价值。而"羿善射""奡荡舟"则不同，"射"本身就是一种武力，一种残暴的伤害生命的活动。靠残暴伤害生命的方式是不能得到人的信任的，自然也不是得到天下的根本办法。

孔子为什么不直接回答南宫适的问题呢？朱熹认为南宫适讲得不全对，也有人无德而有终，有德却不能有天下。

六、君子而不仁者章

子曰："君子而不仁者有矣夫，未有小人而仁者也。"

君子有仁，有不仁，小人均为不仁。君子不仁表现在什么地方？有的说是表现在有时候不仁，有的说是德心也有懈怠的时候，有的说有不圆满的时候。这里的君子概念是不是一个泛泛的说法呢？朱熹认为君子就像纯白的东西，也可以有一点黑照顾不到。小人就像纯黑的东西，虽然有一两点白的地方，却不是白的东西。

七、爱之能勿劳乎章

子曰："爱之，能勿劳乎？忠焉，能勿诲乎？"

爱有两种，一种是恻隐之心，这种爱能够考虑到对方的需要，考虑到彼此的关系，考虑到实际的情况。爱不会带来劳。另外一种是私利的爱。自己的那种固执，别人不一定接受。把自己的想法加之于他人，自然会让别人感到不舒服。要追求那种不劳之爱。

去教导别人有的时候是很困难的，《柏拉图全集》里面讲到一个有道德的父亲也不一定能教导出一个有道德的儿子。另外一种就是怀疑论讲的没有真正的老师，也没有真正的学生。《国语》和《庄子》里面也对道德教化提出一些疑问。《论语》提供了一种实现道德教化的方法。有一种智慧能够体会到别人思想的需求、别人的心理，自己讲的就是别人想说的，这样教化就实现了。朱熹认为爱的过失多在姑息，也多在意必，从而强迫人，让人不自在。爱不真导致爱变成恨，爱成了恨的伪装。"劳"使爱不能流动，成为死水，爱并不是一个很空泛的概念，爱的深意不能不深求。

八、为　命　章

子曰："为命，裨谌草创之，世叔讨论之，行人子羽修饰之，东里子产润色之。"

"行人"：使者，外交官。子羽，郑国的大官僚。子产，郑国的大官僚。"行人"是外交官名，"子羽"是人名。这四个人，当时都是郑国的大夫。在《论语》中，孔子在使用"命"这一概念的时候，曾经和"国"联系在一起，也就是"国命"。"国命"是指国家的命运，还是指宪法呢？杨润根认为："命"可理解为人们共同首肯和服从（"叩"）的东西。"这里的'命'作为对国家及国民的现实本质的双重规定，它首先就具有宪法的含意。"①按照这种解释，"命"可以有宪政体制的含义。在春秋战国初期，郑国相当有力量，可是到了孔子的时代没落了。郑国出了不少政治上的人才。"命"："诰命"。诰是诰，命是命，两种文件都是政府的公告。诰命是政府的重要文件。涉及国家和单位、组织的大方针、大政策一定要慎重，由有智慧的人制定、修改。孔子说，郑国的诰命颁布出来，非常慎重，先由裨谌起草，然后由世叔来讨论、检查、研究，再由外交官子羽来修改，最后还要经过首相子产，在文采辞藻方面，加

① 杨润根：《发现论语》，华夏出版社，2003年，第352页。

以润色。郑国在那么混乱的时代始终人才济济，发出来的文告，又那么慎重。从政的人，万事都要当心。如果政策不得当，对人的伤害比自然灾害还要大。孟子就说过，政治的要害就是不杀人，这是仁政的首要要求。这里的不杀人，当然不仅仅是指直接杀人，而是间接杀人。辞命的根源和内容是什么？朱熹说春秋说道理，战国说利害。

九、或问子产章

或问子产。子曰："惠人也。"问子西。曰："彼哉！彼哉！"问管仲。曰："人也，夺伯氏骈邑三百，饭疏食，没齿无怨言。"

子西，楚公子申。郑大夫公孙夏，与子产为兄弟。《四书改错》说子西先听政，而子产继之。二人名位差不多，但两个人性格和做人却差很多。袁枚认为，只有该章论管仲才是真的，才是孔子的看法，这里孔子讲得很实事求是，誉而不过。管仲德不胜其才，子产才不胜其德。朱熹认为管仲德不胜其才，不只是做事不纯，连那心都不好了。朱熹认为，子产虽然主张严猛，但心主宽，是要用严。

十、贫而无怨章

子曰："贫而无怨难，富而无骄易。"

怨和骄是人生大敌，不分贫富。其中怨更为隐蔽。

十一、孟 公 绰 章

子曰："孟公绰为赵魏老则优，不可以为滕薛大夫。"

孟公绰是鲁国的大夫，是一个清廉、安贫乐道、知足常乐的人。赵、魏是大国，对下面滕、薛两个国家而言，赵、魏比较大。"老"，过去的官名有"三老"，也有"三公"。古代三公的地位很高，他们学问道德崇高，没有实际行政，所谓"坐而论道"，着重建议和指导。越是国家大事，越是很重要的决定，越要请他们参加发表意见。"老"，在古代是很清要的职务，本身要学问好、人品好。凡是清要的官，只要说一句话，影响就很大，皇帝都非常重视。孔子说："孟公绰这个人，要他做赵、魏大国中的大老是第一等的好人才。他的才能、学问、道德，担任这个职务很好。但是如果滕、薛两个小国家请他做大夫，要他在实际政务上从政，当部长，或院长，那就不行，他会当不好。"

十二、子路问成人章

子路问成人。子曰："若臧武仲之知，公绰之不欲，卞庄子之勇，冉求之艺，文之以礼乐，亦可以为成人矣。"曰："今之成人者何必然。见利思义，见危授命，久要不忘平生之言，亦可以为成人矣。"

平生之言，即诺言。人对做某事的意义有一种内在的认可，才愿意去做这件事情。人的内心往往有没说出来的话，像许诺一样。遵守这个诺言，就是走在自己设定的人生价值道路上。知，涉及知行能力。欲求能力包括不欲和勇。不欲是高级欲求能力，勇是高级欲求能力的实践。

十三、子问公叔文子章

子问公叔文子于公明贾曰："信乎，夫子不言不笑不取乎？"公明贾对曰："以告者过也。夫子时然后言，人不厌其言；乐然后笑，人不厌其笑；义然后取，人不厌其取。"

子曰："其然？岂其然乎？"

这里提到孔子说的话很受欢迎，孔子的欢乐能够感染人。孔子自己肯定了这一点，但又否定了这一点。语言表达恰当，内心欢乐，受人欢迎，但是也会在流俗的社会受到冷落。孔子的形象一直都是一个谜，不言、不笑、不取的形象是一个超然物外的形象。这样超然的人其实不吸引人。但是孔子也有和世界交涉的方式，就是随时而言，内心快乐则会笑，符合内在的义也会有所取。这就是依据内心的原则和世界有了交涉。因为有内心的准则带入这种交涉，所以孔子的言行更有吸引力，更有魅力。言、笑和取是入世的媒介。

十四、臧武仲以防求为后于鲁章

子曰："臧武仲以防求为后于鲁，虽曰不要君，吾不信也。"

臧武仲因得罪孟孙氏逃离鲁国，后来回到防邑，向鲁君要求，以立臧氏之后为卿大夫作为条件，自己离开防邑。评价历史人物其实有不同的视角。从个人的视角来看，臧武仲不要君，但是从行为的历史结果来看，可能会不同。

十五、晋文公谲而不正章

子曰："晋文公谲而不正，齐桓公正而不谲。"

晋献公年老的时候，宠爱一个妃子骊姬。骊姬把自己生的小儿子奚齐立为太子，把太子申生，以及献公另外两个儿子重耳和夷吾看作是绊脚石。但又没有什么好办法来搬掉这块石头。这时候一个叫做"施"的人给骊姬出了一个主意，就是从申生的道德习性入手。申生为人谨慎小心，道德感强，不能承受人格的侮辱，宁可让自己受苦，也不忍心别人不好。"精洁易辱""不忍人，必自忍也"(《国语·晋语》)。骊姬指责申生以道德品质收买人心，并借此离间父子关系，又从申生忠孝的品质入手僭杀公子申生。太子一死，献公另外两个儿子重耳和夷吾都逃到别的诸侯国去避难了。重耳先在狄国，又逃到卫国，流亡到齐国。后又被随从们灌醉了，放在车里，送出齐国，经宋国、楚国，被秦穆公接送到秦国，并护送回国，这就是晋文公。

为什么说晋文公不正呢？就是因为，这个位置本来就是与其无关的，是特定的环境使其登上历史的舞台。本来国君的位置与其无关，但他还是一个有凝聚力的人，有很多人追随，国内也有人希望他回国。在齐国曾经不想走了。当了国君以后，也在不断征战之中，虽然进行了一些有效的改革措施，但总体上位置不正。朱熹认为晋文公藏头没尾，桓公比较本分些。

十六、子路曰桓公杀公子纠章

子路曰："桓公杀公子纠，召忽死之，管仲不死。"曰："未仁乎？"子曰："桓公九合诸侯，不以兵车，管仲之力也。如其仁，如其仁。"

在袁枚看来，说管仲仁应当是来自《齐论》，即齐弟子记载。即评价一个人有不同的角度。齐桓公杀了他哥哥公子纠，公子纠的老师召忽因此自杀，但是他的另一个老师管仲却做了桓公的宰相。众个人美德的角度来看，管仲的行为是有缺陷的。但达到了政治美德的标准。孔子这里也有结果论、功利论的伦理取向，评价政治人物，以对民众的结果来看道德不道德。这当然降低了伦理层次，不过却经常出现在其他"子曰"文献中。

十七、子贡曰管仲非仁者章

子贡曰："管仲非仁者与？桓公杀公子纠，不能死，又相之。"子曰：

“管仲相桓公，霸诸侯，一匡天下，民到于今受其赐。微管仲，吾其披发左衽矣。岂若匹夫匹妇之为谅也，自经于沟渎而莫之知也！”

从一般美德的角度来评价，管仲不仁；但是从政治美德的角度来评价，管仲有仁德。《论语》力求启迪出一种道德的智慧，这种道德的智慧能够认识道德的真伪，也包括区分政治美德和一般的美德。子贡提到的仁就是对朋友或者自己主人的忠贞，甚至以死相报，而不能投敌。孔子把这样的道德观看成是“匹夫匹妇之谅”。管仲从心来看，已经不仁，从心来看本做不得那个功业，但从结果来看，是一个仁功。如此解释，《论语》也已经有了心和行为及其结果的区分。

十八、可以为文矣章

公叔文子之臣大夫僎与文子同升诸公，子闻之曰：“可以为‘文’矣。”

同升，说明德性的影响力。这一章讲公叔文子和他的大臣一起都被提拔了。公叔文子对自己周边的人有一种美德的影响。

十九、子言卫灵公之无道章

子言卫灵公之无道也，康子曰：“夫如是，奚而不丧？”孔子曰：“仲叔圉治宾客，祝鮀治宗庙，王孙贾治军旅。夫如是，奚其丧？”

孔子在卫国很久，卫国上下对孔子都很敬重。季康子说：“卫国的这位统治者既然无道，怎么卫国不会亡国？”孔子说：“卫灵公尽管不好，但他会用人，他的部下中了不起的人才很多。卫灵公用了最好的外交家仲叔圉接待宾客。还有祝鮀管理宗庙，在宗法社会宗庙也是政治的中心，以现在制度来说，包括了教育、文化、内政，其都属于宗庙的事。另外又有王孙贾主持国防、军事。一个国家的外交、内政、文教、国防有这样三个人才主持，怎么会亡？”评价卫灵公有道还是无道，不能单从个人来看，因为他是政治人。能用有贤德的人治国，就是有政德了，就得政治的天命了。

二十、其言不怍章

子曰：“其言之不怍，则为之也难。”

有人说这个“怍”是大言不惭，如果一个人大言不惭的话，那么这个语言想要去实行是比较困难的。如果一个人的语言不是发自内心的话，那么它实行起来力量就不够。每一种心灵和语言的动力都会导致人们有一种不同的行动方向。

二十一、陈成子弑简公章

陈成子弑简公。孔子沐浴而朝，告于哀公曰："陈恒弑其君，请讨之。"公曰："告夫三子。"

孔子曰："以吾从大夫之后，不敢不告也。君曰：'告夫三子者！'"

之三子告，不可。孔子曰："以吾从大夫之后，不敢不告也。"

袁枚认为这篇是《齐论》，有把从晋文公章到简公章归为《齐论》的意思。孔子在鲁国的时候，齐国的部下陈成子（名恒）叛变，弑了齐国的国君齐简公。孔子听到这个消息，洗完澡，穿上礼服去朝见鲁哀公说："陈恒杀了他的国君，鲁国应该出兵去讨伐叛逆。"哀公说："你把情况告诉季氏三家。"孔子退了出来，说："因为我曾经当过大夫，不敢不来报告，但是君上却对我说，'向那三个人报告吧！'"孔子又去报告三位大臣，告诉季家三兄弟。可是季家三兄弟不同意，认为不要管这个闲事。孔子说："因为我是鲁国的人，所以我不能不说，将来不要说我没有讲过这个话，我已经告诉过你们，也向国君报告过，我的个人责任、国家责任、历史责任都尽到了，做不做是你们的事。"

孔子去报告，请求出兵，是尽了自己的本分，是自己理想的要求，不管结果如何，已经无愧于心了。社会是由许多人组成的，个人想要达到某种愿望，并不是简单地就能实现的，因而需要想得开，自己努力了，至于结果，则是一个社会的过程，往往和自己的愿望并不一致。政治管理过程与社会和自然的一般运动过程相比，总是一个比较小的领域。朱熹认为三子有无君之心，所以孔子要警示他们。

二十二、子路问事君章

子路问事君。子曰："勿欺也，而犯之。"

在儒家这里，对谏还是不谏都有不同的考量，总的来说不要欺君。君主做错了事情，臣子需要谏。谏要有条件，儒家也保留了不谏的方案。不欺君、不欺人，对智者来说是需要极高的道德勇气和牺牲精神的。智者看到的问题俗人未必看到，所以会存在"犯"的问题。谏是臣子的职责，不是所有人都应当谏争。不是臣子却去做臣子的事情是"伪"。有意瞒着人就是欺，谏就是犯。

二十三、君子上达章

子曰："君子上达，小人下达。"

这里面的上下可以做一个抽象的理解：向上向下。君子是一个积极上进的人。上达是趋向生命本体，下达是趋向流俗。生活就是筑造生命的道路，路修在哪，修向哪里，境界是有差别的。山下即天地，上下是超越与非超越的分别，循天理则上达，循人欲则下达。

二十四、古之学者为己章

子曰："古之学者为己，今之学者为人。"

对于为己和为人的深意，结合《论语》首章的解释来看即可。自己的路自己找，自己的路自己走，他人是代替不了的。为己只是在自身上做功夫。为己要做到己有所得，己有所得，则不想要多求名誉。

二十五、蘧伯玉使人于孔子章

蘧伯玉使人于孔子，孔子与之坐而问焉，曰："夫子何为？"对曰："夫子欲寡其过而未能也。"使者出。子曰："使乎！使乎！"

使臣的使命是学习善。该章需要把前后连贯起来理解。孔子说："使乎！使乎！"意思是说达到了使臣的标准，或者是一个好的使臣，或者是一种感叹。蘧伯玉是一个君子，君子派人向孔子求教，实际上就表示他善于向别人学习。善于向别人学习本身是自己一种改过的表现。这个使臣说话很恰当，一方面表达了尊重孔子的意思，也没有使蘧伯玉受辱。不过对"寡其过而未能"也要以轻松的心态来看，太重的善恶观，过分地自我苛责，也是打压自我之道，从而让人性受限了。朱熹说蘧伯玉六十而六十化，是旧事都忘却了，是向内心里面用功。关键就是消融无滞。生命如流水，关键是时时刻刻融化污浊，从而无滞。

二十六、不在其位不谋其政章

子曰："不在其位，不谋其政。"

曾子曰："君子思不出其位。"

这里的"位"是不是前面所说的"位"？人的思考都有不同的位，比如说有一定的社会角色，按照这个角色去思考，那这个角色就构成了一种思的位。人也可以从天的角度来思考，从天民角度来思考，那这样一来也构成了一种思的位。对于君子来说，有一个德的视角，有一个天的思想，这些都构成了位。人最怕僭越了"位"而不知，常坐错了位置，管别人位置上的事情，而自己位置上的事情却还没有弄明白。

二十七、君子耻其言而过其行章

子曰："君子耻其言而过其行。"

关于言行的关系在《论语》里面出现过多次。这里面也无非就是强调语言不要过头，需要考虑它实行的可能性，这是言行一致的问题。说话本身是一种行为，人要对语言有一种道德的观照，这种良知对语言的观照，形成荣耻感，这种荣耻感保证了语言在善的路上，从而没有过错。言和行是两件事，言要能行，行要有效果，但言行也是一件事，言就是行，要知道这一点，有助于慎言。言过就是行过，不可以不慎。

二十八、君子道者三章

子曰："君子道者三，我无能焉。仁者不忧，知者不惑，勇者不惧。"子贡曰："夫子自道也。"

仁、智、勇被称为三达德。三达德其实是二，只有仁知重要，勇就是仁知实现出去，而不受干扰。仁是欲求能力的问题，求自己可求、能求之事，自然无所求不得之苦，自然不忧；知是知性能力的问题，人有无限心的作用，此无限心发挥作用自然不惑，勇是实现欲求能力和知性能力的实践问题。

二十九、子贡方人章

子贡方人，子曰："赐也贤乎哉，夫我则不暇。"

方人实际上带有一种评价别人或者讥讽别人的意思。对自己的贤能需要有反思的心态。人应该时刻提醒自己，放弃做一个评价者。以评价者自居，容易陷入有我之境，认识自己的无知是至高的智慧。朱熹提示学者需要思量"不暇"的深刻内涵，要自己体察就能明白这两个字的意味。

三十、不患人之不己知章

子曰："不患人之不己知，患其不能也。"

该章的意思，在其他篇章已经有详细的说明。人要把自己那个"能"尽了，这样就尽了自己的本性。这"能"就是良能，良能就是良知。尽了自己的良能，自己的良知和他人的良知都会知晓，而不必拘泥于经验上的己知与他知。

三十一、不逆诈章

子曰："不逆诈，不亿不信，抑亦先觉者，是贤乎！"

"觉"是直面事物本来样貌，是事先的揣测、人为的臆想，虽可以在一定程度上把握事物的面貌，但并非真实的样貌。意念之动即有良知明觉。当诈与不信的情态露出来时，有良知明觉发动，这个情态就被消灭了。

三十二、微生亩谓孔子章

微生亩谓孔子曰："丘何为是栖栖者与？无乃为佞乎？"孔子曰："非敢为佞也，疾固也。"

人就是不断地找自己的栖居之所。为了栖居，难免要讨好他人。人之所以如此，是因为人是被推动的，被摆置的。被摆置的人，需要学习无我，从而顺应这种摆置。

三十三、骥不称其力章

子曰："骥不称其力，称其德也。"

关于这里的"德"与"力"，一种理解强调内外的区别，"力"是外在的素质，"德"是内在的品质；另一种理解强调自然和人为的区别，"力"是自然的素质，"德"是训练、调教。

三十四、以德报怨章

或曰："以德报怨，何如？"子曰："何以报德？以直报怨，以德报德。"

对待怨，也没有更好的办法，依然要坚持按照自己智慧的指引，去追求生命自身的善。德却是同声相应、同性相吸，德可以报德。

三十五、莫我知也夫章

子曰：“莫我知也夫！”子贡曰：“何为其莫知子也？”子曰：“不怨天，不尤人，下学而上达。知我者其天乎！”

不怨有深意，人不断追求认知自己的本性，然后才能不怨。如此就是上达。个体的价值在人世不是全然实现的，需要一种自我的价值洞见，这种洞见有形而上的意义。朱熹说，子贡和孔子未达到契合处。朱熹以为，下学是事，上达是理，理在事中，事不在理外。这个“知”是什么“知”？朱熹说有与天契合的意思，似知觉，又不似知觉。孔子自知无知，下学处与人同，上达处与人异，乐天安土与人异。

三十六、公伯寮愬子路章

公伯寮愬子路于季孙。子服景伯以告，曰：“夫子固有惑志于公伯寮，吾力犹能肆诸市朝。”子曰：“道之将行也与，命也；道之将废也与，命也。公伯寮其如命何！”

崔述认为这一章所讲的事情发生在孔子将要去鲁之前。朱熹说，这里的“命”就像人君命人以官职，是命令你做这事。这一章实际上孔子讨论了力和命的关系问题，就是说靠人力能够改变事情，除此而外，还是靠天命。力与命在儒家这里其实并不是完全矛盾的。因为人力本身就是命的一部分。但是人力有不及的地方，也可以理解是天命。所以力与命在儒家这里有很多矛盾的情况。大概可以列举出两种情况：一种情况就是，只要这个人力能够实现某种事情，也可以理解成是天命。就是说，只要人力能够实行，意愿和行动达到了某种结果，在这一方面儒家也认为这代表的就是天命。不过，结果和天命之间是有辩证关系的，失去可能也是天命，即“天命有反”。另外一种情况就是，努力了，但是并没有达到结果，那么这个也说是命，就说人力没有做到的地方是命。

三十七、贤者辟世章

子曰：“贤者辟世，其次辟地，其次辟色，其次辟言。”子曰：“作者七人矣。”

这后面的连续三章，被认为反映了道家的思想，是后人把道家思想输入《论语》中。儒家也不是单纯的入世的学说，贤者避世，这个世界包括地、色、言。隐与不隐也不完全是自己抉择的，也是世道的抉择。自我当能体认生命的意义时，则能进退自如。

三十八、子路宿于石门章

子路宿于石门，晨门曰："奚自？" 子路曰："自孔氏。" 曰："是知其不可而为之者与？"

"为"是试验天命的方法，人并不知道什么事情能够做成，什么事情不能做成，所以要积极去为，如此才知道事物的发展规律。朱熹强调圣人无不可为之时，只不过不同条件下为的方式、方法不同。

三十九、子击磬于卫章

子击磬于卫，有荷蒉而过孔氏之门者，曰："有心哉，击磬乎！" 既而曰："鄙哉，硁硁乎！莫己知也，斯已而已矣。深则厉，浅则揭。" 子曰："果哉！末之难矣。"

这一章发生在佛肸召之后，即灵公的时候。水深和水浅使得过河的方法不同。荷蒉者提出了一个很好的思想观点：人当有自知之明。荷蒉者认为，人当自知，也要知世，并且很好地处理和社会的关系。在荷蒉者看来，孔子还达不到这样的标准，还缺少一种洒脱，对社会还有期待，对自己的认识还有伪善的一面，还有蒙昧的一面。朱熹认为荷蒉者比子产等人高明，但不如蘧伯玉。圣人虽然忧世，但不以忧累其心。音乐中包含贪心，包含杀伐心，也可以包含善心，荷蒉者善闻声，知孔子"硁硁"，不婉转曲成。

四十、子张问高宗谅阴三年不言章

子张曰："书云：'高宗谅阴，三年不言。'何谓也？" 子曰："何必高宗，古之人皆然。君薨，百官总己以听于冢宰三年。"

这一章实际上涉及古代政治的一个情况。国家的最高统治者可以三年不理政。国家可以有代理人，这个代理人去实行政令，大臣们都听这个代理人的。这个代理人可以代理政治很多年而不会僭越，这是一种很高的政治美德。最高的统治者可以专心去修养，去怀念先祖。这是追本溯源之道，政治有本有末，人伦之道是本，行政杂务是末。

四十一、上好礼章

子曰："上好礼，则民易使也。"

"上使民"依据的是礼，无礼则不存在使民的问题。不依礼而使民，不仅仅民难使，上也不称为上了，离开了礼，人就被还原为自然的属性，彼此是平等的。

四十二、子路问君子章

子路问君子。子曰："修己以敬。"曰："如斯而已乎？"曰："修己以安人。"曰："如斯而已乎？"曰："修己以安百姓。修己以安百姓，尧舜其犹病诸？"

自修要修到敬，修到敬，就算有成就了。自己修到敬了，自然就会安人，就会安百姓。这个是无为法，不是有为法，连尧舜都不一定能行无为法。修到敬是自立，是当个"自了汉"。修到安人，则是普化之道。修到安百姓，就如入刀山中救人。自己手脚都被束缚了，还要救人，自然是另外一番境界。朱熹认为，敬不但是外面恭敬，里面也要无一毫不直处，里面彻上彻下地直，无私曲，无百般计较。

四十三、原壤夷俟章

原壤夷俟，子曰："幼而不孙弟，长而无述焉，老而不死，是为贼。"以杖叩其胫。

"夷"：踞。"原壤"：鲁国人，孔子旧友，据说是一个方外之人。"夷俟"：双腿分开而坐。按照康德的思想，一个老年人不是因为他有美德或者是有知识而值得我们敬重。老年人值得敬重，就是因为他还活着，活着就赢得了一种不死性。所以老而不死不是贼，老而不死其实就是德。一个人的生命，是靠德来支撑的。如果没有德的话，那么生命的这种福也就不存在了，德是生命的根据。所以只要一个人还活着，实际上就代表他拥有了人的相应的美德。

原壤不按照人伦来行事，不懂长幼顺序，不懂得人伦秩序中角色美德的要求。叩其胫，显然比较亲密，也有谴责之意。现代人最难的一件事情，就是做成了原壤。不做原壤，就是幼有幼位，长有长位，老有老位。幼要孙弟，长要述，担当起教化职责。老要当老人，心如死灰，向死而生。人在不同时期，担任不同角色，有不同的“名”，有不同的“命”。

四十四、阙党童子将命章

阙党童子将命，或问之曰：“益者与？”子曰：“吾见其居于位也，见其与先生并行也，非求益者也，欲速成者也。”

“阙党”：党名。“童子”：对未加冠礼的人的称呼。“将命”：传宾主之言。

阙党童子有三失，人当戒之：其一，失在不尊重后天礼法。长幼是一种天然的时间链条，不管个人能力、品性如何，都当遵守这一后天礼法。童子能够受命，得先天法，说明自身能力超越了年龄的限制，因而得到成人的欣赏和信任。然自身需要守长幼秩序，传话没有私心，不越分际。与长者相处，行住坐卧，守长幼分别。

其二，阙党童子缺乏对角色道德的认知。幼者只能行幼者的事情，把自己放在幼者的位置上，思不出位，行不出位。

其三，失在求利。求益者，保持谦卑，学习他人的好处，志在自修和美德，修天爵而人爵从之。求利者，求人爵而失天爵，长人伦之命，而失天命。利在肉体，则上学下达。

第十五章　卫　灵　公

卫，康叔之后。从该篇开始连续三篇篇名涉及国君、重臣、强奴。孔子于卫灵公三十八年（公元前 497 年）入卫。该篇集中论君子，尤其是论君子如何在不同环境下发挥自己的影响力和坚持自己的人生修养目标。

一、卫灵公问陈章

卫灵公问陈于孔子。孔子对曰："俎豆之事，则尝闻之矣；军旅之事，未之学也。"明日遂行。

陈，阵法。俎豆，礼器，宗伯之职。一万二千五百人为军，五百人为旅，司马之职。礼和刑代表了两种不同的治国思路。该篇以这一章开头是有一定的考虑的。君子的人生和社会理想未必能够得到社会的承认和认可，社会的价值观和社会现实需求与君子的思想之间也是有差别的。君子面临的如何对待社会现实的问题和价值观的问题。这里孔子坚持自己的看法。卫灵公面临的一个很现实的问题是邻国的军事威胁，希望孔子能够在军事上提出解决问题的方法和技巧也是很正常的。不过，这和孔子的理念相悖，孔子拒绝提出见解也是很合理的。原则上，孔子应该是懂得军旅之事的。

二、在陈绝粮章

在陈绝粮，从者病，莫能兴。子路愠见曰："君子亦有穷乎？"子曰："君子固穷，小人穷斯滥矣。"

君子和世界是什么关系？本质上是"穷"的关系。"穷"即困厄。世界限制了人，使人不自由，这种限制就是"穷"。如何对待这种限制就成了小人和君子的区别。君子理解人和世界关系的固有本质，当行则行，处困而亨，无所怨悔，越穷越固，专心于自修助人。小人则不理解人和世界的关系，不理解人之为人的本质，行为越轨，行窃盗之事。

三、子曰赐也章

子曰："赐也，女以予为多学而识之者与？"对曰："然，非与？"曰："非也，予一以贯之。"

这里涉及孔子的形象，涉及孔子的方法论问题。孔子否认了自己是通过读书或者模仿他人成为圣人的，而是一以贯之。但是什么是一以贯之的方法，孔子并没有明确说明。或许，这个方法是不需要明确说明的。从孔子和子贡的对话来看，子贡似乎不知道这个方法。

四、知德者鲜矣章

子曰："由！知德者鲜矣。"

从这段话来看，子路是不知道"德"的，子路也不太清楚孔子一贯之道的方法。德有很多内涵，不过最根本的还是生命本有的鉴别生命方向的能力。

五、无为而治章

子曰："无为而治者，其舜也与！夫何为哉。恭己正南面而已矣。"

儒家也讲无为而治，不过无为而治是通过修己实现的。恭己非常重要，人发现自己高贵的本性，保持自己的高贵，不断提升自己，就成了他人人生道路的指引者。

六、子张问行章

子张问行。子曰："言忠信，行笃敬，虽蛮貊之邦行矣。言不忠信，行不笃敬，虽州里行乎哉？立，则见其参于前也；在舆则见其倚于衡也。夫然后行。"子张书诸绅。

关键就在于什么是忠信笃敬？什么东西能够让一个人在不同的社会环境中不迷惑，并且还能够在不同的环境中都让自己的言行能够引导别人的人生发现呢？找到这个东西就找到了忠信。真实地把握内在的智慧，就保持了笃敬的状态。

七、直哉史鱼章

子曰："直哉史鱼！邦有道，如矢；邦无道，如矢。君子哉蘧伯玉！邦有道，则仕；邦无道，则可卷而怀之。"

蘧伯玉，卫灵公的贤臣。这一章如果结合上一章来看，其意义就更为深远。做到忠信笃敬，自然可以直。有道无道都可以直，如箭射出去，总是命中目标。不管出来做事，还是隐居，都是直。

八、知者不失人亦不失言章

子曰："可与言而不与之言，失人；不可与言而与之言，失言。知者不失人，亦不失言。"

从一以贯之，到德，到忠信笃敬，到直，其实有一个思想脉络。一以贯之，就是因为把握德，德表现出忠信的智慧。之所以做到直，就是因为这个智慧。拥有这个智慧，就会认识人，从而不会让他人成为前行的障碍，能够做到知者。

九、志士仁人章

子曰："志士仁人，无求生以害仁，有杀身以成仁。"

内在的道规定人生的道路，这个道路可以说成是仁。显然表面的人生要符合这条道路。

十、子贡问为仁章

子贡问为仁。子曰："工欲善其事，必先利其器。居是邦也，事其大夫之贤者，友其士之仁者。"

人既为人，当尽生命之道，对自己所在的社群有所帮助，这是善事和利器的工作。善事、利器主要是善待贤人，以仁者为友。仁人就是人道，是人道的指引者，帮助仁人，即是行道。

十一、颜渊问为邦章

颜渊问为邦。子曰："行夏之时，乘殷之辂，服周之冕，乐则韶舞。放郑声，远佞人。郑声淫，佞人殆。"

袁枚认为"论"是议论，"语"是语人。所以弟子详于师说，而略于问辞，问的问题可能还有很多内容。所以可以通过孔子的回答大概知道弟子问的问题。

孔子告诉颜回，国家政治要干得好，就必须"行夏之时"。"时"，就是指历法。过去交通并不发达，到了殷商的时候，交通慢慢发达。乘殷商之辂，就是要发展交通的意思。服周之冕，即穿戴着与周代制造的礼服礼帽一样的礼服礼帽。关于“乐则韶舞”，《史记·孔子世家》记载：孔子到齐国去的时候，很关注齐国发达的音乐。曾和齐国的太师讨论、探讨音乐的问题，听到了《韶》，然后刻苦学习，以至于忘记了吃饭。古代的乐舞，又称为《箫韶》《韶箾》《九韶》等，相传是舜时期的乐舞。这一古代的乐舞后来就留存齐国，可能是当年陈完奔齐时带到齐国的。《左传·襄公二十九年》记载，吴国的公子季札访问齐国的时候，齐国为他表演了《韶》。季札看了以后感叹为“观止”，就是观赏到尽头，无以复加了。“叹为观止”这个成语就是这么来的。“郑声淫”，即郑国的音乐，不中庸，不超越，太世俗了。鼓动人放纵情欲，从而进入一种不正常的情绪状态。应该排斥、摈弃曾经在郑国流行的音乐。乐为心声，喜欢什么样的音乐，反映了人的精神状况。同时不同的音乐会对人的心灵产生不同的影响和净化的作用。郑国流行的音乐，歇斯底里，不能让人心境平和，唤醒内心沉睡的爱，从而让生命“软化”下来、平静下来。

古人认为音乐和政治有着密切的关系。诗言志，诗是歌之本，歌是声之本。古人之乐依诗的节奏以为声。如认为郑音是“乱世之音”，音质轻靡，容易使人情志放荡、傲慢。卫音急骤，使人情志烦乱、傲慢，也是“乱世之音”。濮水上桑林间的音乐是“亡国之音”。宋音柔媚，使人情志沉溺；齐音傲僻，使人情志骄恣。这些音乐的缺点都是浮在音乐的表面，而没有内在深度，是没有道德感的音乐。音乐可以和人的多个方面相呼应，要注重培养健康的心智，而不是放纵情欲，以至于害人害己。佞人只是想着追求自己的私人利益。为了私人利益，可以没有是非，和不同的政治追求的人合作。“佞人殆”，即阿谀奉承、投机取巧的心态永远都是对理想的一种危害，是对理想政治机体的直接的和潜在的危害。

十二、人无远虑必有近忧章

子曰：“人无远虑，必有近忧。”

远虑是人道所需要的，不能远虑，则不知道路在何方。一种层次上的远虑，是指我们有一种理性的能力能够参考未来从而进行当下的判断。这个判断除了能够照顾眼前的利益以外，还能考虑到长远的利益，这种意义上的远虑实际上指的是一种理性能力的发展。

靠理性能力的远虑实际上有的时候并不能够避免远忧和近忧，还需要发展一种直觉的洞见。理性和直觉的洞见有助于人们比较明确地知道未来会出现什么样的情况。那么这个时候远虑才能避免近忧。

十三、子曰已矣乎章

子曰："已矣乎！吾未见好德如好色者也。"

好德和好色的"好"是同一种好，即欲求能力，但二者之间还是有一定的张力的。好色也是要占有生命的造化力，但却陷入迷途。

十四、子曰臧文仲其窃位者章

子曰："臧文仲其窃位者与！知柳下惠之贤而不与立也。"

鲁男子柳下惠，姓展，名获，字禽，食邑于柳下，谥号惠，是鲁国的大夫。见色不动心、侠义，是一个济困扶危的人。臧文仲，即养玳瑁的鲁国大夫。"窃位"就是在高官大位上，不提拔贤人，明知道柳下惠是个贤人，而没有起用他。一个人执着自己位置的话，就会害怕能人，害怕道德好的人，而甘愿使用庸人。因为他们觉得庸人不会抢他们的位置。其实，结果可能恰好相反。庸人因为自己无能，需要借助位置加强自己的能力。对于庸人来说，位置是最重要的。庸人反倒是对位置的一个威胁。庸人不能干事情，自然也就没有什么政绩可以创造。

十五、子曰躬自厚章

子曰："躬自厚而薄责于人，则远怨矣。"

自厚者自不责人，责人者自不自厚。朱熹说自厚是自责得重，自厚当然也可能自责，但这是消极的办法。自厚是要发现自我的良贵之处，就是生命自身的厚重处。人能守护生命的高贵，那么怨与不怨都与自己无关了。

十六、如 之 何 章

子曰："不曰'如之何，如之何'者，吾未如之何也已矣。"

孔子自己表达了他的思维方法，即不问"如之何，如之何"。追问事物背后的原因，表达出来就是一些判断和定义，然后有一些假设句，比如说：如果这样，那么怎么样。这些语言的表达方式显然是西方文化经常使用的表达方式。概念、定义、判断和演绎法、归纳法是一个系列的表达方式。《论语》显然是比较典型的中国古人表达思想的方式。整个《论语》没有定义，没有假设。孔子对于事物的把握不采取假设的办法，他是根据眼前的境遇回答问题的。

十七、群 居 章

子曰："群居终日，言不及义，好行小慧，难矣哉！"

语言进入一种流俗意见的境地，就不能反映事物的本来面貌了。事物的本来面貌在流俗意见中隐藏了起来。在这个时候，真理来到了沉默者这里。流俗意见为利所左右，蒙蔽了智慧，这是追求真理的障碍。

十八、君子义以为质章

子曰："君子义以为质，礼以行之，孙以出之，信以成之。君子哉！"

人自有良知，知道是非善恶，义是生命抵制恶的能力。这是人的"质"，也就是本质。义落实下去就是礼，坚持义就是诚信。义要定言行之方，所以要谦逊，要合宜，要果决。就事上说，义要合宜，符合节文，懂谦逊。

十九、君子病无能章

子曰："君子病无能焉，不病人之不己知也。"

君子追求的"能"是什么"能"呢？确定这个"能"很重要。"能"包括能力，也包括本来的良能。君子要觉悟自己的良知良能，并发挥自己的良知良能。

二十、君子疾没世而名不称章

子曰："君子疾没世而名不称焉。"

有君子之名，需要有君子之实。"名"，包括外表的名声，也包括作为道的名。人的道就是人的名。君子之道就是君子之名。称，相称。"人"是一个名，称"人"这个名并不容易。人能名实相符，已经很伟大了。君子求善之实，不求善之名。

二十一、君子求诸己章

子曰："君子求诸己，小人求诸人。"

己是自我的本性，要找自我生命的创造力和保护力。求诸己就是要回答“我是谁”“谁是我”的问题。

二十二、君子矜而不争群而不党章

子曰：“君子矜而不争，群而不党。”

不管孔子是求己还是不争，都是表示孔子追求一种优秀性的正义。人们有一种误解，即儒家讲不争的话就是放弃努力了。不争跟放弃努力完全是无关的，不争实际上是说君子要发展自己的能力和才华，发展自己的美德。如果在这种情况下依然不能取胜，还是要继续努力，这里面“争”是有特定含义的。

生命的局限就是有“党”，生命的种类是一种“党”，个性是一种“党”，私心是一种“党”。同党的人组成生命的种类，组成不同的社会组织层次，从而把人限制在里面了。群的追求是一种超越的追求，超越生命的诸种限制，回归生命的大同之道。朱熹说矜是珍惜持守，矜有自律的意思在里面。

二十三、君子不以言举人不以人废言章

子曰：“君子不以言举人，不以人废言。”

这一章孔子也是区分了人和言的关系，普通人可能也会讲出一些有价值的语言，所以孔子强调不要以人废言，把人和言分开。这一点对于中国文化来说，其实是很重要的一个思想。在《论语》里面，思想是在一定的情境下表达出来的。在一定情境下表达出来的语言，是有局限的，它的意义除了概念、范畴以外，还要还原场景，要靠人来领会。语言越依赖概念范畴，越依赖语法，语言独立性越强，越能超越时空限制，保持表达的内容和意义的稳定性，从而保证有效的理解。孔子也提出了一个问题，就说人和言其实还是可以剥离的，语言脱离一定的情境，最终构成了人群生活得以可能的重要的条件。

二十四、子贡问有一言可以终身行之章

子贡问曰：“有一言而可以终身行之者乎？”子曰：“其恕乎！己所不欲，勿施于人。”

自己的感觉同时也是别人的感觉，感觉成了可以观察的客观对象；对于别人的感觉自己也可以感觉和观察到。这样，人才可以依据自己的感觉做出别人可以理解

的事情。这样的能力，在西方人看来，是理性能力的发展。而依据中国的经验来理解，这种能力是修出来的。通过自修，自己的感官变得敏锐了。发展了内感官，感觉从主观的变成客观的了，从而使得人可以突破主观的限制，为与人合作奠定认识论的基础。忠要求动静都不动心，因为不动心，可以随处而安，自然就恕了。

但就是“己所不欲，勿施于人”这一句话，由于时代的差异，也存在极大的理解困难。其中比较关键的问题是：其一，“己所不欲，勿施于人”是否可以直接理解为“恕”的定义呢？“己所不欲，勿施于人”是情境性的、行动性的、具体的，这一点不同于用一个抽象的概念形成判断来下定义；同时，这个行动性的说明中包含着某种普遍的、抽象的道理，可以起到判断的作用。

其二，就“恕”字包含的逻辑关系和孔子的解释来看，孔子把“恕”置于“己”和“人”的关系中来阐发，这就需要深入分析“己所不欲，勿施于人”所揭示的“人”“己”关系模式。而要揭示“己所不欲，勿施于人”所隐含的“人”“己”关系模式，需要对“己”“人”“欲”“勿”“施”等内涵有系统的规定。很多孔子哲学的研究者，在解释这段话的时候，都包含了对这些概念范畴的既定的理解方式。本书下面就从分析这些概念的部分理解入手，来逐步提出笔者的看法。

我们先从子贡的一段话入手。子贡讲过一段和“己所不欲，勿施于人”相似的话，似乎可以看作是对“己所不欲，勿施于人”的注解，但这个注解却没有得到孔子的充分肯定。“子贡曰：‘我不欲人之加诸我也，吾亦欲无加诸人。’子曰：‘赐也，非尔所及也。’”（《论语・卫灵公》）本来，“恕”的话题在《论语》中就和子贡有关系，为什么子贡的答案并没有使得孔子满意呢？仔细分析子贡的说法和孔子的说法，二者之间事实上是存在很大差异的。

其一，子贡的说法，在孔子看来是“非尔所及也”，而孔子的“己所不欲，勿施于人”说法却是“可以终身行之”的。这说明在孔子心目中，子贡的说法不具有现实可行性，不具有普遍意义。这样一来，我们就需要思考二者不同在什么地方。

其二，二者的差异在于“己”和“我”“吾”，“所不欲”和“不欲人之加诸我也”，“施于”和“无欲加诸”的差异。在子贡这里，把孔子的“己”理解为“我”和“吾”，而“我”是“欲”的主体，同时又是他人行为的一个对象和客体。在子贡这里，“不欲”后面有了具体的内容和质料的规定，而孔子的“不欲”后面是省略了的。在子贡这里，“勿施于人”变成了“无欲加诸人”。从孔子的评论来看，显然孔子认为子贡所说的“我不欲人之加诸我也”不是子贡所及的，不是子贡自己可以调控的方面，显然，子贡的话不具有现实性，自然不能成为终身行的东西。

从子贡和孔子的差异中，读者或许已经可以看出一些端倪，关键就在于“欲”。其一，孔子所说的“不欲”大致可以参照康德的高级欲求能力来理解。“所以，要么就根本没有什么高级欲求能力，要么纯粹理性必定自身独自就是实践的，……理性只有在它自己独立地规定意志（而不是服务于爱好）时，它才是病理学上可规定的欲求能力所从属的真正高级的欲求能力，并且是现实地，甚至在种类上与前一种欲求能力不同的，以至于哪怕和那些爱好的冲动有丝毫的混杂都会损害理性的强度和优越性，正如把丝毫经验性的东西作为一个数学演证的条件就会贬低和取消这一演证的尊严和坚定性。”①孔子所说的“欲”不涉及具体的质料的规定，而且是人自明的，每个人都知道（不管是自觉的，还是不自觉的）人生最根本的欲求是什么。“不欲”不是“不欲什么”，而是没有自觉地了解人的高级欲求，对高级欲求从质料的角度来理解，把高级欲求能力变成了涉及具体质料的低级欲求能力，以及相应的快乐、幸福。这个高级欲求能力虽然不涉及质料，但是其本身就是和善的规定性相一致的。否则，就会带来理解的矛盾。

其二，“施”更多的是中性的，还是褒义的？“施”是积极的价值规定。“施”是特殊的、具体的，是积极地给予人影响，而不是给予人以否定的、消极的影响，或者是中性的影响。所以说，“施”不等同于“加诸我”“加诸人”。

其三，“勿”何谓？“勿”是否有否定的意义？为什么用否定句来表达，而不用肯定句来表达？研究这句话的学者，往往感到非常困惑。否定的表达往往给人以一种“不要”来对人进行无力的劝导的感觉。如果是不要、不应当，就是假定孔子思想当中也有明显的事实与价值两分的模式。这就要对“己所不欲”和“勿施于人”的关系进行一定的考察。

其四，关于“己所不欲”和“勿施于人”的关系其实可以通过对“人”“己”关系的分析而得出。其中占有很大地位的认知是理解成了条件、如果关系；成了事实和价值的关系、应当的关系；成了可能性的关系或者是现实性的关系；成了主客体的对象性关系。如果人己关系中充满矛盾，不能做到人己的互利，那么这个金律也就成不了金律了。所以还是要寻找其中的普遍适用性。

其中主要的矛盾是：其一，如果理解成是目的和手段的关系，己欲立中的立是以自己为目的，为了实现自己的目的，然后以别人为目的，那么显然自己就要成为手段，如果以“己”为目的，以“他人”为手段，他人就没有立；如果以“己”为“手段”，而以“他人”为目的，则可能压抑自我的个性和导致自我人格的伤害，自己则没有立，自然也就谈不上人和己无矛盾的立了。

其二，知和行、理论和实践的分离。己欲立是心理和精神层面的事情，而立人是行为和实践方面的事情。为了自己的立，需要在实践上立别人。一个连自己都没有立的人，从中国文化思维的传统看来，很难想象他能够做到立别人。

其三，用西方的思维方式来理解孔子的话往往被翻译成“因为……所以”的语言模式。因为要立己，所以就要立别人。

其四，用西方的思维方式来理解孔子的话往往被翻译成“如果……就”。有的理

① 〔德〕康德：《实践理性批判》，邓晓芒译，人民出版社，2003 年，第 30 页。

解成必要条件的关系，有的理解成充分条件的关系，也就是如果“己所不欲”的话，那么“勿施于人”。也有理解成必要条件的。“如果……就”这一假设性条件的理解方式并不符合《论语》一贯的思维方式。古代中国文化相对缺乏假定—推论以及与事实相悖的科学思维模式。所以，在把“己所不欲，勿施于人”这句话理解为假设句的时候，要考虑中国哲学整体的思维取向，并在整体上与这一思维取向相符合。

其五，成了事实和价值的关系、应当的关系；成了可能性的关系。条件关系要求假设一个事实，然后给出一个“应当”，所以条件-假设关系必然是和事实与价值的关系有密切关系的。如果按照可能性和现实性的关系来理解这句话，这句话就成了：如果“己所不欲”，就不能“施于人”。如果按照“应当”的关系来理解这句话，就成了：如果“己所不欲”，就不要“施于人”。

其六，会遇到主体性、他者视角，以及主体间问题。主客体对象性关系的阐释是一个很难跨越的阐释模式。因为孔子的确在解释“恕”字的时候，把“恕”字拉到了“己”和“人”的关系模式中。在子贡那里，“我”对他人对待我的方式有一种价值判断和价值选择，这个价值判断和价值选择保证了“我”在进行行动的时候，能够恰当地应用自己的价值判断对待他人。这样一来，“己”就是一个价值判断的主体，这个价值判断的主体能够对把自己当作客体的行为做出价值判断。“己所不欲”意味着：“我想要如何对待我自己”；“我不希望别人对我做什么”；“我想象另一个人可能对我做什么”。“己”之判断力就是“恕”的起点。“不欲”有自律的含义，自己知道什么是不好的东西，从而也不希望不好的东西或事件发生在自己身上。从自己可以推导出他人，也知道什么是不好的东西，具有价值自觉的能力，也不希望不好的事情发生在他们身上。所以，不要把不好的东西施加到别人身上。“恕”表明我的判断、我的直觉就等于他人的判断和他人的直觉。“恕”要求“我”不对别人做我不愿意别人对我做的事。但这一类阐释也会遇到明显的矛盾，根据自己的需要，来确定对待别人的态度、方式和方法，会导致出现“我想自杀，所以可以杀人”这样荒谬的结论。以反思性的视野来看，我们最怕“以心换心”，这样一个人就会把自己的意愿强加在另一个人身上，认为按照满足自己的方式对待别人是对待别人好。其结果就是个性的抹杀，就是差异性的消除，从而形成高度模式化的人格。“枪打出头鸟”问题的关键不在于“将心比心”本身，而是什么样的心。学习效法积极的价值，抵制消极的价值才是忠恕之道的内核。他者的观点强调由“主体”对“他人”的真正价值的估计来安排“他人”的生活。“我”的行为符合他人的欲求，并且可以等同于所有相似的人的行为，也不一定是应该肯定的。因此还是无法解决孔子给我们的强烈的追求正面价值的暗示。

以上阐释都会遇到先后的问题：是先立己，还是先立人呢？如何能让二者同时立呢？相比而言，孔子的思想表述却没有这个矛盾性。当然，如果我们要按照西方的思维逻辑来理解孔子的相关思想的话，矛盾依然会存在。如何理解才是无矛盾的，才是普适性的呢?

只有个体追求积极的价值，起到价值示范性，从而符合他人目的的时候，才会唤起别人的敬意，从而“施于人”，对别人产生积极的影响。“恕”道意味着人性价值的自觉可以产生影响他人的积极意义。

如何才能实现这一目标呢？“恕”也可以引申性地理解为具有认识论和方法论内涵的范畴。就认识论内涵来讲，“恕”就是通过认识自己从而认识外物。人如何才能由认识自己从而认识外物呢？原因就在于“吾”把“我”推出去以后，“我”就成了“他者”，我自己“吾”的“他者”。这样一来，人就和自己隔开了，成了一个旁观者，“我”成了反思的对象，自然也能够关注他人的“我”。而自我的“我”和“吾”的“我”具有相似性，“吾”和“吾”具有一体性，从而实现了两个层面的“如”。

二十五、吾之于人也章

子曰：“吾之于人也，谁毁谁誉？如有所誉者，其有所试矣。斯民也，三代之所以直道而行也。”

人是一个评价主体，但也要超越这个评价主体，做一个不评价者。人的善恶，实际上很难判断清楚，如果判断不当，就不符合实际情况，就是在毁人，就是在誉人。无毁无誉本身就是行公道。要想直道而行，无毁无誉是前提。过毁过誉就是枉道。誉让人飘飘然，从而忘记了自己的实际面貌，毁誉伤害自己，也伤害他人。誉最考验人，毁最隐蔽，最伤人。直道而行，最难！

二十六、史之阙文章

子曰：“吾犹及史之阙文也，有马者，借人乘之，今亡矣夫！”

这一章历来都是比较难理解的。“史之阙文者”，有人说就是指史书。比如说《尚书》里面缺了一定的文字。有的人说这一章实际上是孔子告诫弟子读书的问题。要注意到哪个地方文字缺了，还有一种理解的方法，就是“史之阙文”就像是借人乘马一样，意思是史官把不确定的文字留缺等待后世处理，就像把不好驾驭的马借给他人来乘一样。

二十七、巧言乱德章

子曰：“巧言乱德，小不忍则乱大谋。”

朱熹说，有强忍，有慈忍。爱也要忍，这样才能合宜；忿也要忍，否则会伤人。

二十八、众恶众好必察章

子曰："众恶之，必察焉；众好之，必察焉。"

这一章实际上说的是孔子对众人意见的一种处理办法。在海德格尔看来，众人的意见是一种公众的意见。一个人应该注意到别人对自己的好的评价和不好的评价，都要自省，都需要有自己的判断，选择从里面观察出来一些东西。

二十九、人能弘道章

子曰："人能弘道，非道弘人。"

朱熹说："道如扇子，人如手。手能摇扇子，扇子不能摇手。"这里孔子讲的是人道，人道在人，道统率人生，这不叫做"弘"，人自动走在道上才是弘道。

三十、过而不改章

子曰："过而不改，是谓过矣。"

想要改过的话需要一定的节制和自律的能力。关键还在于进退上下，生命不断进步，不断提升，过也就不算过了，过成了了却诸缘。只有进步的生命才有正向价值来弥补过错。

三十一、吾尝终日不食章

子曰："吾尝终日不食，终夜不寝，以思，无益，不如学也。"

朱熹说劳心以必求，不如逊志而自得。学要随顺事理去做。学有行动的意味，行动可以化解思考上的疑惑，并提供思想的源泉。

三十二、君子谋道不谋食章

子曰："君子谋道不谋食。耕者，馁在其中矣；学也，禄在其中矣。君子忧道不忧贫。”

该章重点应该在“禄”和“馁”。如何得禄，如何避免馁才是要思考的问题。重点不应局限在“学”和“耕”的对立上来看。耕有耕的禄，学有学的禄，学有学的馁，耕有耕的馁。禄有天禄，有人禄。忧道就是要忧天禄。

三十三、知及之章

子曰：“知及之，仁不能守之；虽得之，必失之。知及之，仁能守之，不庄以莅之，则民不敬。知及之，仁能守之，庄以莅之，动之不以礼，未善也。”

朱熹认为，“知及”“仁守”是明德功夫，此心纯粹便不走失。接物应事的时候要有庄严的意思。知及、仁守、庄莅、动礼四步是一个由体达用、由内到外、由超越到世俗的过程。虚灵明觉洞见道，此道表现为心灵的仁爱，再表现为身心的庄严相好，再表现为言行有序、举止合宜。

三十四、君子不可小知章

子曰：“君子不可小知，而可大受也。小人不可大受，而可小知也。”

这段话也是不太好理解，因为这里面的小知到底是什么呢？朱熹说小知是小有才，大受是大有德。知性的了解如果同时是感性的体验，这样的知性的了解就变成了道性的知识。实际的感受是更重要的，就像判断一个人并不完全依赖于一种知识，不单纯从知识上来判断这个人是什么样的人，更重要的是要在实际的接触当中感受，这样才更真实。

三十五、民之于仁章

子曰：“民之于仁也，甚于水火。水火，吾见蹈而死者矣，未见蹈仁而死者也。”

这里面实际上包含两个层面，一个层面就是仁对人而言实际上是无害的，没有任何伤害，不像水火对人有利也有伤害。关于对人没有任何伤害的至善的东西，人们却不能去花更大的精力去追求它。

三十六、当仁不让于师章

子曰："当仁，不让于师。"

中国文化对师的定义跟西方不一样。如果按照西方人的观点的话，一个人是老师他就是老师，这个不是一种情境的。但是在中国的观念当中，一个人即便是有老师的身份他也不一定是老师，关键是他有没有当老师的那种能力和资格，有没有那种美德。同样一个人他不是老师，如果他有某种美德，或者有某种才华，他依然是老师。只要有仁的话，这个人就是师了，跟事实上是不是老师是没有关系的。儒家的"师"的概念实际上是一个灵活的概念。只要在某种情况下别人有些方面启发了我们，让我们觉得可以学习一点，这个情境下对方就是我们的老师，只要有这种关系那就构成了师生的关系。儒家实际上把所有的人伦关系都化为一种师生关系，比如说父子之间也要变成师生关系，君臣之间也应该是师生关系，朋友之间也应该是师生关系，应该有一种在道德上互相启发、互相学习的关系。

朱熹说，"当"是承当、担当。师长能做的事情，弟子也能做到，不能说只有老师可以做到。说自己做不到也对，这是从后天法来看的，如果从自性即圣来看，承当自己的仁性即是圣人。成圣人有两个途径，一个是知道并承当自己就是圣人，一个是向师长学习。

三十七、君子贞而不谅章

子曰："君子贞而不谅。"

这一章比较难理解。贞是《易经》里面经常使用的一个概念。后来《易传》里面称"元亨利贞"。后来人们经常又把它理解成开始成长到长大，然后是有利益，最后立定了就是贞。贞利就是说，一个事情达到完美了，达到挺立了。

朱熹说"贞"是正而固守的意思，谅则有我执了。友谅是好的，匹夫之谅和贞而不谅是不好的。

三十八、事君敬其事而后其食章

子曰："事君，敬其事而后其食。"

这样一种关系，在《论语》里面多次出现，即"事"和"食"的关系。"食"用现代经济学的语言来讲，相当于消费资料，"事"相当于生产，二者就是生产与消费的关系。从伦理道德上来说，相当于付出和所得的关系。付出与所得的关系在西方则表达成一种正义。尤其是西方人讲的现代的正义核心无非是说付出与所得应该相对等。儒家没有这样一些正义的概念和这样的平等的概念，但是这里面包含对君臣关系的一种正义的思考。

三十九、有教无类章

子曰："有教无类"。

这一章比较短，而且我们都非常熟悉。人们经常把这段话放到孔子的教育思想中来理解，意思是说孔子开始实现教育的一种大众化，是一种平民化的过程。孔子首先开私人讲学之风。孔子的弟子有的是社会上层，有的是社会下层，社会各行各业的人都有。

这样理解的"类"，是指人的社会角色分工，是阶层或阶级的差别。如果把"类"理解为物种的尺度，"教"就是着眼于从人的自由和审美的角度来理解人。教化和学习当然可以帮助人突破阶层的限制。当然突破的程度要看社会发展阶段。越能突破，人越能掌握自己的命运，人越自由，越接近共产主义社会。

人的身体也是"类"，人要通过学习教化摆脱物种的限制。比如人可以通过技术手段拥有其他物种的能力，如像鱼一样在水里游玩，像鸟一样在天上飞。

人还有一种类本质，即能在的本质。教即发挥这种能在的本质。

四十、道不同不相为谋章

子曰："道不同，不相为谋。"

人生的趣味就是因为有幻想，要为这个世界做些事情。这个世界就在谋划中展开了。操心和谋划到最后，人发现一切是一场空，人力也就退场了，人力成了一种世界谋划的工具。道有道的谋划，人有人的谋划。不同的道有不同的谋。生命都是谋自己的路，而不是谋划别人的路。谋别人的路，别人也无法走，同时也忽略了自己的路。走自己的路，谋自己的路，要开自己生命的道。道不同的话，谋也没有用。

四十一、辞达而已矣章

子曰："辞达而已矣。"

这是《论语》里面比较少见的论述语言修饰问题的一章。一般情况下人们认为中国古代语言逻辑性不强，语言哲学不够发达。中国的语言哲学的确没有西方人发达，但这不意味着中国没有逻辑学，西方人的语言哲学是建立在主谓宾这样语句的基础之上的。在《论语》里面，语言哲学不着眼于语句本身的语言学分析，而是着眼于语句表达主体的道德修养，以及说话时是否发自内心。它关注语言对象，关注语言能不能落实到行动当中。如果联系哈贝马斯的交往及其行动理论来了解的话，语言的功能是在人与人交往当中实现的。思考语言不应该单纯考察这个语言文字本身的合逻辑性以及它是否清晰明白，还在于能否达到交流思想的目的。也许我们说一句话完全不符合语法规则，但是彼此都懂。甚至也许彼此之间根本就没有说话，但是我们就觉得思想得到交流了，那这依然达到了语言的目的。所以“辞达而已”很好地抓住了一个语言的本质，即交流。

四十二、某在斯章

师冕见，及阶，子曰：“阶也。”及席，子曰：“席也。”皆坐，子告之曰：“某在斯，某在斯。”

师冕出，子张问曰：“与师言之道与？”子曰：“然；固相师之道也。”

盲人是弱者，道德素质发展的如何要看如何对待弱者。这里的道，就是对待弱者的伦理关怀。这种关怀是发自内心的，是细致的，强者要当弱者的引导者和扶助者。从道德主体的角度思考伦理问题，既要考虑具有行善能力的人，也要考虑不具备行善能力的人。

第十六章　季　　氏

崔述认为后五篇只有子张一篇记孔门弟子的话是真的，《季氏》《阳货》《微子》《尧曰》可疑的地方很多。尤其是该篇讲“孔子”，明显是采于他书。

一、季氏将伐颛臾章

季氏将伐颛臾，冉有、季路见于孔子曰：“季氏将有事于颛臾。”孔子曰：“求！无乃尔是过与？夫颛臾，昔者先王以为东蒙主，且在邦域之中矣，是社稷之臣也。何以伐为？”

冉有曰：“夫子欲之，吾二臣者皆不欲也。”孔子曰：“求！周任有言曰：‘陈力就列，不能者止。’危而不持，颠而不扶，则将焉用彼相矣？且尔言过矣。虎兕出于柙，龟玉毁于椟中，是谁之过与？”

冉有曰：“今夫颛臾，固而近于费，今不取，后世必为子孙忧。”孔子曰：“求！君子疾夫舍曰欲之，而必为之辞。丘也闻有国有家者，不患寡而患不均，不患贫而患不安，盖均无贫，和无寡，安无倾。夫如是，故远人不服，则修文德以来之。既来之，则安之。今由与求也，相夫子，远人不服而不能来也，邦分崩离析而不能守也，而谋动干戈于邦内，吾恐季孙之忧不在颛臾，而在萧墙之内也。”

这一章比较长，它包含的思想的层次也比较多。大概我们可以看到如下几个思想的层次。第一个思想的层次是：孔子强调了作为季氏的重要的臣子冉有应该做到遇到了危险应该制止。就是说作为臣子应该帮君主才对。如果当政者做的事情不对，臣子又不去制止他，这是失职的。这是整章讲的一个意思。

第二个思想的层次是：反驳了弟子的辩护。冉求说：“像这样一个国家，如果它比较坚固，离我们又那么近，如果它要强大的话，对于鲁国来说是一个威胁。”关于这一点，孔子又提出了一个思想。不应该这样看待这个问题。因为这个小的诸侯国虽然小，但实际上它是有历史的，有渊源的。一个有历史渊源的小国，在大国的身边，实际上大国也是有利益的。另外孔子又做了一个辩解，即怎样治理这个国家，重点在哪里。这是我们非常熟悉的，就是说不怕穷，不怕国内有其他方面的问题，就怕国内不安、不安稳、不安定。或者是不怕说没有钱，而是怕不均衡。

有的解读者认为孔子讲“均无贫”不合逻辑。“均”是分配形式，“贫”是财富多少。财富分配之均与不均，与财富之多少没有关系。“均无贫——彻底的没逻辑。其极端形式是：‘人人都是零，也就不是贫。人人都是零，均是绝对均了，但贫还是贫。孔子这种把两类不同范畴不同类属的概念搅到一起，然后乱说一气的毛病，还多着哩。’”①财富的多少涉及生产问题，从生产到交换，再到分配和消费完成了一个基本的经济过程，每一个环节都和另外的环节密切关联。深究孔子思想的逻辑是需要的，不过《论语》有自身的逻辑进程，需要先尊重文本和经典，然后再进行评论。孔子在这里讲“均无贫”是基于社会生活的现实经验，人人都是零意味着社会也不存在。

二、天下有道庶人不议章

> 孔子曰：“天下有道，则礼乐征伐自天子出；天下无道，则礼乐征伐自诸侯出。自诸侯出，盖十世希不失矣。自大夫出，五世希不失矣。陪臣执国命，三世希不失矣。天下有道，则政不在大夫。天下有道，则庶人不议。”

顾立雅觉得这一章是受到法家思想影响的人后增补进来的。孔子在这里谈论有道和无道的问题，讲的是政治问题。而主要的逻辑是天下—天子—诸侯—大夫—陪臣—庶民。“天下”两字，代表中国整个社会。天子，其实就是指国家。国家政权是公共权力的执行者和代表者。尽管国家在代表公共权力的时候于一定的历史发展阶段，还存在着不对称的情况，国家范畴较小，而公共权力范畴较大。国家还不能完全等同于社会，还不直接就是社会利益和社会的公共权力，但是相比于诸侯、大夫、陪臣等而言，其普遍性还是比较高的。就像现代社会，社会范畴大于国家，国家大于政党，政党大于某个政党或者团体一样。为了保证天下为公，自然要求那些普遍性比较高的社会组织来管理社会事务。尽管这未必就是最理想的，但在历史发展的一定阶段，又是必需的、必要的。“如果说较高级的权利形式必须由较低级的权利形式来证实这一结论是正确的，那么把较低级的领域用作衡量较高级领域的尺度则是错误的了；这样一来，就会把在一定限度内是合理的规律歪曲成为可笑的东西，因为这是硬要要求这些规律不成为该领域的规律，而成为另一个更高级领域的规律。这正像我想强迫一个巨人住在侏儒的屋子里一样。”②孔子甚至认为，如果礼乐征伐的主宰在较为低级的社会阶层手中，“国命”存在的时间会逐步递减。“大夫”和“政”无关，“议”和“庶人”脱离才是“有道”。“庶人”的政治性参与不应该表现为“议”，或者“庶人”本身就不应该具有高度的政治参与。“大夫”不应该主宰“政”。那么每个基层到底该如何处理彼此的政治关系，以及相应的政治分工呢？孟子后来有所交代，孔子自己并没有在这里讲明。

“庶人不议”从表面上看和民主政治要求的民众参与是矛盾的。不过孔子讲的是

---

① 鲍鹏山：《孔子的逻辑》，载《六十个孔子》：三人编，湖南文艺出版社，2006年，第70页。

② 中共中央马克思恩格斯列宁斯大林著作编译局编译：《马克思恩格斯全集》（第1卷），人民出版社，1995年，第190页。

政治价值和政治理想的事情。“庶人不议”恰好就是好政治的标识，因为民众感觉不到政治存在了，这说明领导管好了国家，说明领导服从了公的要求。马克思把“权力”问题归结为“尺度”问题，并进而论述了保持社会各不同领域的权力特殊性界限以及正确处理特殊权力和普遍权力的辩证关系的重要性。马克思把国家的权力看作是高于个别公民的权利的高级的权力，高级形式的权力的合法性能够保证低级形式的权利的合法性；总的权力是合法的，那么某一特定形式的权利表现得越充分，总的权利也就越合法。“在国家的权力没有得到承认的时候，个别公民的权利是毫无意义的。”如果水螅有生存的权利，狮子就会有生存的权利。显然天子、诸侯、大夫、陪臣是一个由高到低的领域，不能用低领域的尺度来衡量较高的领域。“天下”是最高的领域，这个领域要由“天子”来代表，来保护。

三、禄之去公室章

孔子曰：“禄之去公室五世矣。政逮于大夫四世矣。故夫三桓之子孙微矣。”

自鲁国国君丧失政治权力到孔子说这段话的时候，鲁国经历了宣公、成公、襄公、昭公、定公五代；自季氏最初把持鲁国政治到孔子说这段话的时候，鲁国执政的权臣经历了文子、武子、平子、桓子四代。三桓，鲁国的三卿，即仲（孟）孙、叔孙、季孙，都出于鲁桓公。孔子说：“国家政权离开了鲁君，从鲁君来说，已经五代了；政权到了大夫之手，从季氏来说，已经四代了。所以桓公的三房子孙现在也衰微了。”

以上两个章句对于定位孔子的思想和形象很重要。李大钊于 1917 年发表了一篇文章，即反对宪法和孔子发生关系，其中提出了一些很好的问题。“孔子之道者，含混无界之辞也。宪法者，一文一字均有其极确之意义，极强之效力者也。”[①]《论语》的思想是带有一定的模糊性的，这正好是哲学思想的特征。如果把《论语》理解为表达一种思想，而不是具体的行为规范的集合，能更好地把握《论语》的价值。李大钊同时还提出了一些很好的问题，比如现代国民的血气精神是什么的问题，他认为孔子是数千年前的残骸枯骨，无法成为现代国民血气精神。李大钊认为孔子是历代帝王专制的护符，是一部分人的信仰。他要寻找的是全体国民要共同遵守的规则。李大钊提出了一个难题，就是国民的血气精神经历代变迁，受到经济、政治、文化的影响，很大程度上与经典的追求不同。《论语》与现实国民的血气精神之间既有一致的地方，也有很多曲折、婉转的地方。经典如何进入现代生活，是一个难题。

① 蔡尚思：《十家论孔》，上海人民出版社，2006 年，第 45 页。

四、益者三友章

孔子曰："益者三友，损者三友。友直，友谅，友多闻，益矣。友便辟，友善柔，友便佞，损矣。"

顾立雅认为这一章到三畏章以及九思章的表达方式像个学究，对数字的使用用得很实，而不是一种比拟。"尽管这些章节中的有些内容源自孔子，但很可能是被后世儒学中的教条主义作风重新定了型。"①能够让自己进步的人就是有益的朋友，相反就不是。直，就是要正自己；谅，就是要保持彼此的独立性。阿谀奉承、表里不一、花言巧语的人不适合做朋友。

五、益者三乐章

孔子曰："益者三乐，损者三乐。乐节礼乐，乐道人之善，乐多贤友，益矣。乐骄乐，乐佚游，乐晏乐，损矣。"

什么事情能让人快乐，人好什么恶什么，最能显示出一个人的境界和格局。游玩，一起吃喝，因自己有地位或者有名望而感到快乐也不算错，只是格局不高。遵守规矩，学习别人的善，有人警醒自己，这样的人的格局显然是比较高的。

六、侍于君子有三愆章

孔子曰："侍于君子有三愆：言未及之而言谓之躁，言及之而不言谓之隐，未见颜色而言谓之瞽。"

语言要有实现的可能，要能变成现实，如果不能变成现实，语言就成了空言。语言能变成现实，如果不说话，则失去了语言的创造的功能。言要及心，心表现在外，当然要见颜色而言。

七、君子有三戒章

孔子曰："君子有三戒：少之时，血气未定，戒之在色；及其壮也，血

① 〔美〕顾立雅：《孔子与中国之道》，高专诚译，大象出版社，2014年，第296页。

气方刚，戒之在斗；及其老也，血气既衰，戒之在得。”

人生不同的阶段都有相应的课题，年少的时候，追逐外表的东西；随着年龄的增长，竞争的心就发展起来了；人到老年，就会越发想抓住一些东西，而不能放下。人生的问题很隐微，需对这些问题有清醒的认识。

八、君子有三畏章

孔子曰：“君子有三畏：畏天命，畏大人，畏圣人之言。小人不知天命而不畏也，狎大人，侮圣人之言。”

三个实际上就是一个。为什么呢？因为在孔子的心目当中，圣人之所以为圣人，其实就是能够体会天命。这样一来，圣人之言其实就是一种天命之言的表达方式而已。就是说圣人体会天命，然后说出来构成了圣人之言，正是因为这样，人才应该敬畏圣人之言。畏大人、畏圣人之言、畏天命是一贯的。

九、生而知之者章

孔子曰：“生而知之者上也，学而知之者次也，困而学之，又其次也。困而不学，民斯为下矣。”

这一章被认为有伪造的嫌疑。困而不学为小人；学而知之为君子；生而知之为圣人。圣人不勉而中，但是也要做困学的功夫。

十、君子有九思章

孔子曰：“君子有九思：视思明，听思聪，色思温，貌思恭，言思忠，事思敬，疑思问，忿思难，见得思义。”

这些数字的运用，反映了孔子思想的某种流俗化，《论语》编纂者为了方便教学和记忆，从而把孔子的思想条框化。“如果这种推断可以信从，那么《论语》称孔子之言的变化，‘子曰’始于第一次编纂，‘孔子曰’出现于第二编纂，‘夫子曰’终见于第三次编纂。”①为什么讲“九”？就是要一件一件理会，逐一做工夫，反复就心上看。为什么要讲“思”？朱熹说外表的不良表现都有病根在里面，内外兼修才能无漏洞。思是明不完全的表现，听是聪的一个外在表现，色、貌、言、疑、忿、见也

① 杨义：《论语还原》（上册），中华书局，2015年，第227页。

是如此。比如疑要回到问题的源头，这样“问”才能规定“疑”。

十一、见善如不及章

孔子曰：“见善如不及，见不善如探汤。吾见其人矣，吾闻其语矣。隐居以求其志，行义以达其道，吾闻其语矣，吾未见其人也。”

见不善已经很难了，因为何谓善，何谓不善，依赖于见。不断提升自己的见，看到的善恶自然不同。真善真恶依赖智慧的洞见，依赖良好的自律。

从善恶到无善无恶就是更高的人生境界。无论善还是恶，懂得义是人生之路，走在正确的人生道路上，并且坚定不移，是最重要的。

规定人生道路的内在生命力量就是义，所以行之义，就是所达之道。义内蕴于中，外露于外。志是道路的起点和重点，是矫正道的。义是从起点走到终点，是从内到外。

十二、伯夷叔齐章

齐景公有马千驷，死之日，民无德而称焉。“伯夷叔齐饿于首阳之下，民到于今称之。其斯之谓与？”

崔述认为末三章问题较多。该章末句有问题。这里面有两种人的对比，民众称名，其实也不是很重要。名望本身能够标志出人生的境界，不过这一名望要自然得之才好。齐景公也是有智慧的，抓住了现实的生活。伯夷叔齐为理想而生，只要自身有个真实的生命境界，就没有问题。如果自身无真实的生命境界，就成了自欺，名望也就成了空名。

十三、陈亢问于伯鱼章

陈亢问于伯鱼曰：“子亦有异闻乎？”对曰：“未也。尝独立，鲤趋而过庭，曰：‘学诗乎？’对曰：‘未也。’‘不学诗，无以言。’鲤退而学诗。他日又独立，鲤趋而过庭，曰：‘学礼乎？’对曰：‘未也。’‘不学礼，无以立。’鲤退而学礼。闻斯二者。”

陈亢退而喜曰：“问一得三，闻诗，闻礼，又闻君子之远其子也。”

崔述觉得诗、礼是孔子雅言，是孔子公开的教导，不存在秘密教导儿子的问题。这一章实际上提出了一个很好的问题：对于孔子身边亲近的人，孔子到底有没有教他什么秘密的东西？然后弟子说没有教过什么秘密的东西，不过就是教怎么去学礼、学诗。这个答案并不完全，就是说实际上儒家里面一直面临着一个问题，后来佛教传入以后有它的道统，那么儒家的道统是什么呢？所以到了宋明理学一直都在追问，都在探讨儒家到底教了什么。这确实是一个疑问。孔子还有没有教导一些没有被记载下来的东西？或者说是无言之教的东西？

十四、邦君之妻章

> 邦君之妻，君称之曰夫人，夫人自称曰小童；邦人称之曰君夫人，称诸异邦曰寡小君；异邦人称之亦曰君夫人。

这一章的意义其实是不大的。编纂者把这一章放进来也可能是为了表达某种思想。康有为认为《论语》记义，不记曲礼，这一章是记文错简造成的。梁启超认为，有的时候读者在书的空白处记下几行别的事情，本来毫无关系，后人看见，误认为是足本。这章就是毫无意义的，孔子不会这样讲，包括《微子》最后一章也是与此类似的情况。

在中国文化传统中，对于一些现实的事物，人们都给它起了一些比较美的名称。后来人们整理了中国古人各种各样的美化的名称。君主称自己的妻子为夫人，而夫人自称为小童，然后这个城邦里面普通的民众称自己的君主的妻子为君夫人。“邦君之妻”对异邦人称“寡君”，异邦人称“邦君之妻”为“君夫人”。

这些称呼说的都是一个人，就是君主的妻子。这么多的称呼，体现了中国文化的特点。就是说这一个人在不同的社会体系里面扮演的角色和地位都不同，然后每个人说话，都有他的“位”，都有他的视角。那么面对不同的视角的时候，指称同一个事物就有不同的说法。而这些不同的说法，都有一种道德上的含义，有一种道德指引的意义。邦君称妻为夫人，显然这有一种尊严，是顺着君主的地位来称呼的。普通人不能称自己的妻子为夫人，而应该称呼别人的妻子为夫人，以表示尊重。小童等于是一种谦卑的称法，邦人称邦君之妻为君夫人是一种尊贵的说法，对他邦的人来说称寡小君是一种谦卑的说法，异邦人称邦君之妻为君夫人是一种有尊重的说法。这也是中国语言的一个特点，称呼有很多的道德内涵。

当然对于现代人来说，不再用这么多道德的内涵来称呼一个事物了。不过古人这种称法还是有特定的韵味的。就像一个现代人该怎样称呼自己的妻子，已经很混乱了，不知道该怎么讲。有的人通俗一点说是老婆，有的人说是对象，有的人说是妻子，有的人说是爱人，有的人说内人，等等，似乎我们已经失去了表达的方向，不知道怎样表达才是合适的。对于什么样的人，怎样说才是合适的，古人有一套规矩。

第十七章 阳 货

该篇多谈道德之假象。杨义认为："《阳货篇》上承《季氏篇》，由鲁国现实政令'自大夫出'转到'陪臣执国命'。陪臣执国命的典型，是季氏的家臣阳货（阳虎）。"[①]这一理解偏向于一种历史的理解，就文本的思想来看，该篇的核心线索是道德的假象，着眼于鉴别何为真正的伦理道德。

一、阳货欲见孔子章

阳货欲见孔子，孔子不见，归孔子豚。孔子时其亡也，而往拜之。遇诸涂，谓孔子曰："来！予与尔言。曰：怀其宝，而迷其邦，可谓仁乎？"曰："不可。""好从事而亟失时，可谓知乎？"曰："不可。""日月逝矣，岁不我与！"孔子曰："诺。吾将仕矣。"

"他公开叛乱的前一年，即鲁定公七年（公元前 503 年），可能阳货已有大夫衔头，其时孔子四十九岁。"[②]

阳货，名虎，是季氏家臣。"阳货欲见孔子"中的"见"是想让孔子来见自己。从伦理秩序来讲，阳货已经违背了基本的伦理秩序。阳货如果为了伦理道德追求要见孔子当亲自登门拜访，把自己放在学生的位置，把孔子放在老师的位置。

"孔子不见"：孔子是否去见阳货是孔子自己主观意愿决定的，是孔子的自由。"孔子不见，只是守道之心。"[③]

"归孔子豚"：阳货趁着孔子不在家送来了礼物，依据礼节，孔子应当去拜谢阳货。阳货这里是在进行一种礼物的操控活动，送礼给人，人必回礼，这样就见到孔子了。按照礼节大夫赐给士人礼物，士人应该拜受，然后到大夫家里回拜。

"时其亡"：一种理解是孔子故意这样，因为阳货来的时候自己也不在家，所以按照礼的对等原则也可以在阳货不在家的时候回礼。

"往拜"：一种理解是孔子合乎礼节，自己不掉价；一种理解是孔子屈身。

"遇诸涂"：一种理解这是一个偶然的不幸事件；一种理解是孔子不拒绝阳货，并不是一定要不见。

"不可"：朱熹认为孔子是随别人问以应答而已，阳货不值得讲太多，就孙辞以

---

① 杨义：《论语还原》（上册），中华书局，2015 年，第 231 页。

② 杨义：《论语还原》（上册），中华书局，2015 年，第 232 页。

③ 吴光：《刘宗周全集》（第一册），浙江古籍出版社，2007 年，第 513 页。

答。尽管如何，阳虎讲得也是在理的，符合孔子的想法，孔子并没有自屈的感觉。另一种理解是孔子以孙辞避祸或者受到了委屈。

阳虎所言不错，需要在邦中实现仁，做事要讲究时机和机遇，才是有智慧。孔子有才华和仁心为怀宝，知国不治而不为政是迷邦。阳货的仁德观也不算错，仁德需要体现在帮助世人上面。人生很短，帮助世界需要把握时机，这是“知”。阳货之言所发之意未必为天意和公意，可能是私意，但天命也可以借助私意表达真理。知言的人，能够区分语言中包含的真理性颗粒。从字面上看，阳货的说法并没有什么问题。阳货所说的话也是能打动孔子之心的。圣人对待任何人所说的话都以至诚待之，并能区分其中私意与公意，明了其中的良知和天命。阳货对孔子的定位未必符合孔子的情况。

“吾将仕矣”：一种理解只是避祸之辞；一种理解是权变之辞，表示现在不出来做官，未必将来不做；一种理解是没有权变的意思，只是用一两个字回答，辞气温和不自失，有圣人风范。孔子之言可谓一语双关，一方面肯定了阳虎说得好，另一方面也讽刺阳虎，“你在位就不是我最好的时机，你很快就下去了，我的机会就来了”。后定公九年（公元前 501 年），阳货出奔齐国，孔子始仕为中都宰，为司空，为司寇。孔子此言既是谦逊，也是智慧的洞见，把未来拉入澄明之境。孔安国说这是孔子顺辞勉害之举。和一个对自我比较执着的人对话，不顺辞则可能会引起争论，甚至导致对话无法继续，顺辞是避免挑起双方“我执”的一种权宜之计。

孔子对待阳货，有善恶之分别，也有慈悲之情怀。后者人我一体，良知也可以在恶人处呈现。从伦理道德的角度来分析，阳货要见孔子符合后天秩序的法则。阳货有权，孔子权卑，孔子当往见。《论语》中把阳货定位为陪臣，《孟子·滕文公下》把阳货定位为大夫，把孔子定位为士。二者的关系是陪臣、大夫和士人的关系。阳货见以礼，孔子也当还礼。但从先天法来看，孔子为贤人，阳货当以学习者的身份自卑而尊孔子。

二、性相近习相远章

子曰：“性相近也，习相远也。”

朱熹认定这里所说的性相近不是本然之性，而是气质之性。“是气质之性。本然之性一般，无相近。”①朱熹认为这章和下章是一章，“子曰”是衍文。朱熹说的气质之性是理与气和的状态，理与气和之后，自然有分理。在朱熹看来，“唤做近，便是

① [宋]朱熹：《朱子全书（修订本）》（15），朱杰人、严佐之、刘永翔主编，安徽教育出版社、上海古籍出版社，2010 年，第 1624 页。

两个物事，这便是说气质之性”①。

性和习哪个更重要？不可一概而论。孔安国强调慎习的重要性。本性的觉悟当然是第一重要的，在性觉的情况下，净习就成了重点。性为性，习为气禀性。得性就成就人的天命之性。而入习则受到人伦和身体的限制。

相近不一定是说人和人本性相同，都是性善，是人的习气造成了人的不同和差别。近可以是切近。人深入自己的本性，即归生命的本源，自然彼此心心相印，彼此一体而无分别。人一入习气和自我，彼此就疏远。

三、唯上智与下愚不移章

子曰：“唯上智与下愚不移。”

不移，孔安国解释为不可强使为善或为恶。如把此句看成是解释“性相近”的话，相近就不存在上智和下智。如果把此句看成是解释“习相远”的话，习可远，自然能移。所以这句话应该独立来看，“性”“习”不同于“智”，但也相关，“上”“下”可以解释成动态的，向性而行为上，向习而行为下，向性而行为智慧，向习而行为愚昧，这和下学上达意味相同。另外，上智和下愚也有秩序的意味，人与人之间形成的后天秩序，其中往往是通过智慧和愚蠢来调控的。上智与个人是否能变成上智没有关系，也和个人能否改变下愚没有关系。个人能够改变智愚是先天法，而秩序的稳定性是后天法。

四、子之武城章

子之武城，闻弦歌之声，夫子莞尔而笑曰：“割鸡焉用宰牛刀。”子游对曰：“昔者偃也闻诸夫子曰：‘君子学道则爱人，小人学道则易使也。’”子曰：“二三子！偃之言是也。前言戏之耳。”

弦歌对牛刀，治国如割鸡。治理国家本身就是要解决问题。弦歌为乐，乐为道的外在化。孔安国把礼乐理解为道，二者可以有一定的区分。道的觉悟的一个表现是爱心的升发，发出来落实到人身上，则为爱人。爱心的升发伴随着一种平等的意识，从而提升了内在的自我。内在自我的提升，映衬出经验自我的卑微，从而限制了我执的发展，进而能够谦卑地服务他人。当然也可以从后面的顺序开始这一过程，所以说小人学道则易使。朱熹认为，君子学道，懂得万物一体的道理，所以爱人；小

---

① [宋]朱熹：《朱子全书（修订本）》（15），朱杰人、严佐之、刘永翔主编，安徽教育出版社、上海古籍出版社，2010年，第1624页。

人学道，不过晓得孝悌忠信，所以易使。弦歌为乐，政治的最高境界是快乐，快乐的政治是让人感觉不到政治的政治，这为曾点所追求，也为孔子所认可。

五、公山弗扰章

公山弗扰以费畔，召，子欲往。子路不说，曰："末之也已，何必公山氏之之也！"子曰："夫召我者，而岂徒哉？如有用我者，吾其为东周乎！"

《四书改错》说，公山弗扰在定公五年（公元前505年）的时候，得到桓子的欣赏，定公八年（公元前502年）因为不得志，联合阳货等四人，有反叛之心，但并未直接表示出来，而是在后面指使。当时孔子还不是司寇，所以有欲往之说。至于叛变的事情则是发生在"堕三都"的时候，也就是定公十二年（公元前498年），孔子已经是司寇了，不可能有想要去见的想法。这段话真实性是有问题的。

不过，从孔子的立场来看，公山弗扰本身是不满季桓子等人，从外表上看，应该和孔子的追求一致，即为东周。但二者想法可能在根本上是不一致的，但这不妨碍孔子的理想，即"为东周"。从现实来看，这的确是一个难题，不同理想的人，为了在这个世界上实现理想，或者让这个世界变得更好，不得不和与自己有不同理想的人合作，不然自己就"无用"了。圣人要想在这个世界"有用"，并希望自己的"用"归到自己的方向，即"为东周"，也就是提升这个世界的方向，就不能过于拘泥于是谁在"召"了。

这里的"东周"不用看得太实了，不过是个虚指，即自己的理想。朱熹解释为：兴周道于东方。"末之也已，何必公山氏之之也。"这句话意义很大，公山氏不过是世俗生活的一个符号、一个典型代表罢了。公山氏与季桓子一样，不过是各怀私利，在私利中沉浮，在现有的体制和机制下表现自己的生活。子路只是看到具体的现实和现象，却不能看清世俗生活的本质，以及圣人和世俗生活的关系。子路拘泥在具体的公山氏上面，孔子则"何必公山氏之之"。生命和这个世界本身，即用和不用的关系，这是一个自然的过程，不必妄用心力，不见用，则有不见用的生活，而不必求见用，见用有见用的生活，不必在见用的时候思山林隐遁，用与不用，归于自然，自然不会拘泥于简单的善恶对立的视角，而以至善为务。

顾准的《论孔子》认为孔子的政治主张是矛盾的，本来是"从周"，也就是从周天子到诸侯的一套等级体系，这里又为"东周"，要另起炉灶，要把鲁国弄成霸主，"在这里，他的政治主张，和他达到这种主张的手段是矛盾的。手段是仁、恕，目的是霸业"①。不管为东周还是西周，其实更多的是推崇周文化。周文化有其优点，在

① 顾准：《论孔子》，三人：《六十个孔子》，湖南文艺出版社，2006年，第49页。

分封制度下周天子并没有多少武力和刑罚的手段来约束诸侯国，这就要求周天子有更好的道德品质与德化的影响力。

六、子张问仁章

子张问仁于孔子，孔子曰："能行五者于天下为仁矣。""请问之。"曰："恭、宽、信、敏、惠。恭则不侮，宽则得众，信则人任焉，敏则有功，惠则足以使人。"

恭，是一种主体间性的状态，自己恭，他人也恭，不是自己不恭而恭人，也不是自己恭而下人，否则就是"侮"。宽，要求避免排除原则，而避免排除原则需要调整善恶观。信的重点是内信，内信的重点是人与人之间的内在的连接。内在的连接让人对他人的感受感同身受，有敏感，从而升发出帮助别人的行为，建立功业。这种功业是最大的恩惠，在恩惠的推动下，才有更大的功业，功业需要推动更多的人来服务和参与，这就是"惠则足以使人"。

七、佛 肸 召 章

佛肸召，子欲往。子路曰："昔者由也闻诸夫子曰：'亲于其身为不善者，君子不入也。'佛肸以中牟畔，子之往也如之何？"子曰："然，有是言也。不曰坚乎，磨而不磷；不曰白乎，涅而不缁。吾其匏瓜也哉？焉能系而不食。"

佛肸，赵简子家臣，反叛帮助范氏、中行氏。中牟，春秋时晋邑，地址当在今日河北邢台和邯郸之间。范氏、中行氏结合鲁国等反晋，也有说是和赵简子争夺权力，赵简子劫持国王，并以国王的名义逮捕范、中行，佛肸以范、中行的名义宣布独立。当时孔子正在周游列国，并计划访问晋国，这时候晋国发生了政治变化，孔子得到佛肸的邀请。梁启超说，佛肸"以中牟畔"的时候，孔子已经去世十几年了。

孔子没有明确表示过性善的思想，不过这段话中包含性善思想。人性至坚，人性至白，"磨"和"涅"是污染人性的过程，"磷"和"缁"是人性由善变恶。人进入功利性、有用性的过程当然是生命力的耗散过程，不过生命也需要进入这个"商业"化的过程。

匏瓜，这种瓜果在成熟之后如果不及时采摘食用，就会纤维化或木质化，人们把它晾干制作成水壶和勺子。对于一个有政治理想的人、一个有智慧的人、有道德的人来说，是不会放弃任何一个改善政治及其文化的机会的。

孔子没有明确像后来的人所说的人性本来清静，本来不能够被污染，但可以这样来理解。神秀和慧能表示自己智慧修养的两段话可以帮助我们来理解孔子的思想。这就是：

“身是菩提树，心如明镜台；时时勤拂拭，勿使惹尘埃。”（慧能《坛经》）

“菩提本无树，明镜亦非台，佛性常清静（本来无一物），何处染（惹）尘埃。”（慧能《坛经》）

“不曰坚乎，磨而不磷；不曰白乎，涅而不缁。”（《论语·阳货》）

人的佛性是“坚”，如金刚一样，坚不可摧，因为它无形无象，自然不可能像一个具体事物一样，被磨坏了。人的智慧是常明的，明镜本性无形无象，是绝对的、无形无象的白，自然无法被污染。

如果孔子也是坚持，人的善良的一面是至坚的话，那么，佛肸人性之薄，善良的缺失也只不过是一个假象罢了，是环境等原因造成的。一个人坏的方面并不在根本上影响本性的善。那么佛肸就是可以救治的。孔子就是帮助佛肸祛除生命中那些表面的灰尘的人。

如果孔子也坚信，一个发掘了本性的善良的一面的人是可以在污泥般的环境中不染的话，那么孔子去助佛肸也就不存在什么根本的问题了。一个人如果有真正的内涵，则在任何一种环境、任何一个时代，都始终站得住。

八、子曰由也章

子曰：“由也，汝闻六言六蔽矣乎？”对曰：“未也。”“居，吾语汝。好仁不好学，其蔽也愚；好知不好学，其蔽也荡；好信不好学，其蔽也贼；好直不好学，其蔽也绞；好勇不好学，其蔽也乱；好刚不好学，其蔽也狂。”

朱熹认为，六言、六蔽、五美等说法与孔子平常说话风格不太一样。美德需要建立在觉悟的基础上。仁爱于人需要一定的智慧，智慧的要害在于不拘泥于表面来看人，需要从经验上升到文化，从文化习俗上升到理性，从理性上升到觉性来看人，这样才能按照不同层次的规则帮助人。知识本身是以觉性为基础的，知识向外，具有沉坠之势，需要觉性来保证其方向。信要靠内在的连接来实现，如果仅仅靠外表的约束来实现信，则可能控制人、利用人。直需要认知目标，并从起点到达目标，觉性的意义就是把握目标从而避免走弯路。把握了目标，实现目标需要勇和刚，勇直面目标，刚避免干扰，从而避免了乱和狂。

九、小子何莫学夫诗章

子曰：“小子何莫学夫诗？诗可以兴，可以观，可以群，可以怨。迩之事父，远之事君；多识于鸟兽草木之名。”

崔述认为往下的七章是真实的。《诗经》的价值在于人伦的意义和自然知识。兴，孔安国说是引譬连类。兴应该是符合人性的原则，把人性的光明面和自然面展现出来。观，郑玄认为是观风俗之盛衰。观更应该是观察的视角，是一种认识的姿态。怨，孔安国认为是怨刺上政。朱熹说，见其美者，令人兴起，见其不美者，令人羞恶。《诗经》有自然知识，有人伦知识，有观察问题的角度，有情感，有启迪。

十、子谓伯鱼章

子谓伯鱼曰：“女为《周南》《召南》矣乎？人而不为《周南》《召南》，其犹正墙面而立也与？”

《周南》和《召南》为国风之始。马融认为淑女以配君子，三纲之首，王道之端。人伦正，人生就没有障碍。《诗经》中的《国风》没有楚风。《国风》开头的《周南》和《召南》被认为就是周朝南方诸侯国之风，其中就包括楚国。当然其中涉及的地方还包括陕西以南等地方。不过，大概可以把这些作品看成是能够反映楚风的作品。朱自清在《中国歌谣》中认为《周南》《召南》就是东迁后的楚国诗歌。

孔子为什么教导自己的儿子伯鱼要读《周南》《召南》呢？他说不读《周南》《召南》的话，就好像面对墙站着。显然面对墙站着，就看不远，看不远，也走不远，视野就狭小。《周南》《召南》给了人一个看待生命的大视野，这个大视野最终演化为道家的道的视野。就像《逍遥游》，人就像一条鱼，道就像北冥和南冥，人在其中演化，自由自在遨游，然后鱼变成大鹏鸟。道也有南北阴阳，有其规律，人只能在道的运势中提升自己的生命，就像海运，也就是道的运势来了，鱼才会变成鸟。

《周南》《召南》的主题是如何求人？人的追求什么时候才能满足，什么时候才能心安？这个话题如果从西方哲学来看，是最哲学的追问了。按照德国古典哲学家康德的说法，哲学的主题无非有两个，一个是人的认识能力有多大，到底能认识什么；一个是人的欲求能力到底有多大，人能要求什么，人能欲求什么。那些求则得之，就是心想事成的、随心所欲的，那些求则不得就是心想也不一定成的。心想必成的是纯粹的实践理性，心想不一定成的是一般的实践理性。

《周南》《召南》从表面上来看，出现的主题都是男女之间的事情，但这个事情却最能反映求的困难。

第一个办法是用道德的手段，想要利用人的助人之心来求。因为人肉体的需要，需要满足、需要帮助，人有帮助需要的人和弱者的美德，这样人很容易就被求到了。第二个办法是用文化的手段，表示自己有知识，有文化，懂修养。第三个办法是用物质的手段来求。求有可求者，有不可求者。有不求之求，有有求之求。终究要自己成君子，自己成君子就心安了，然后生命都依靠在君子周围。见了君子，心则喜悦；见了君子，心气则变得平和；见了君子，心则不再乞求什么。

十一、礼云礼云章

子曰："礼云礼云，玉帛云乎哉？乐云乐云，钟鼓云乎哉？"

礼物关系和市场交易关系之间存在着一些交叉性，礼物关系变成手段后则成了市场交易关系的变化形态，而市场交易关系力求维持稳定和长期的交易，必然辅以礼物关系，从而把交易关系转化成人情关系和礼物馈赠关系。就像麦金太尔所言，市场关系的维持就必须内嵌于那种不加计算地给予和接受这种非市场关系中。情感纽带和市场关系在很大程度上都预设了给予和接受的规范。礼不等于礼品和礼器。礼的价值是什么？郑玄认为是安上治民。乐的价值是什么呢？即移风易俗。礼的价值是爱的流动的秩序。乐的价值是道的显现。

十二、色厉内荏章

子曰："色厉而内荏，譬诸小人，其犹穿窬之盗也与？"

"窬"：小门。外表严厉，内心是假的。内心柔佞，外表矜厉。色厉指的是外表比较严肃，但是从内心来说没有那么纯洁。有一些道德实际上是外表的，并不真实。朱熹以做贼来比喻，"色厉而内荏"就是心怕人知，意在要瞒着人。内心不直，不纯洁，只是外表上表现善的一面，这是道德上的盗贼。

十三、乡愿德之贼章

子曰："乡愿，德之贼也。"

乡，所至之乡；一说向。愿，原他人之愿望、趣向，以便迎合。这里面的"愿"，在《孟子》里面就是"原"。乡原，在《孟子》里面就被解释成一乡的原人。一乡的原人为什么说是德之贼呢？在《论语》里面没做过多的解释。在《孟子》里面有解释。什么叫乡原呢？乡原就是那样一种人，即周边的人都说他好，没有一个人说他不好，行为符合周边人的道德标准。在孟子那里实际上他否认了以世俗的人或者大多数人的道德标准为衡量道德的最高的标尺。衡量一个人有没有道德的最高的标尺，实际上是看一个人的心，是否有恻隐之心，是否有辞让之心，是否有羞恶之心，并不是看这个人的行为在外表上符不符合大多数人的道德观和看法。朱熹说："其所谓愿，亦未必真愿。”①以他人之“愿”为自己的“愿”，从中国哲学传统来说为失去自己的心，从西方哲学传统来说为无自由意志，为无个性，为无理性。乡人之“愿”，为常人的意见，乡人之“愿”也可以成为自己的“愿”，但要有一番取舍和斟酌，善者取之，不善者去之。

十四、道听而涂说章

子曰：“道听而涂说，德之弃也。”

经过前面两三章我们会发现在这个连续的两三章里面，实际上孔子都是在讨论一个问题，就是道德有一些外在的表现，有一些足以让人们疑惑的外表。真正的道德却是需要另外去探讨的。这里面道听涂说，我们大概上把它理解成一种常人的意见。我们听别人说的东西，按照海德格尔的说法就是常人的意见。常人的意见可以听，但是又不能完全听。别人不能为你的生活负责，最终负责的还是自己。所以在海德格尔看来，常人的意见成了责任的主体，它把责任揽在了自身。说是别人说的，等于推卸了自己的责任，等于是把自己对自己生命应该承担的责任推给了别人。海德格尔把一个人完全听从常人的意见的生活说成是一种沉沦的生活，而非本真的生活。本真的生活需要听自己良知的呼唤。

十五、患得患失章

子曰：“鄙夫可与事君也与哉？其未得之也，患得之。既得之，患失之。苟患失之，无所不至矣。”

患得之，患不能得之。至，为。外在的事物都有得失，得失指向外在事物，其实是自我的执着。无身则无积，则无得失之患。心灵的外在化黏着于外物，容易患得患失。另外，心灵陷入过去、现在、未来的三维时空中，被未来的期待所牵引，则有得失之患。得失为自然规律，人力不可阻挡，患得患失最终是自我执着的一种表现。

十六、古者民有三疾章

子曰：“古者民有三疾，今也或是之亡也。古之狂也肆，今之狂也荡；

① [宋]朱熹：《朱子全书（修订本）》（15），朱杰人、严佐之、刘永翔主编，安徽教育出版社、上海古籍出版社，2010年，第1635页。

古之矜也廉，今之矜也忿戾；古之愚也直，今之愚也诈而已矣。”

伦理道德也有历史性和时代性。古今伦理也有差异，儒家的伦理历史观与法家不同。狂，说话往往没有根据。忿戾，歪理多怒。以宋儒天地之性和气质之性来看，狂者为气质之偏。肆，不隐瞒内心的想法，敢于揭露事实，内外一致。放荡者的行为，已经脱离了心灵的管束。自矜者没有超越“我”，还有我执。不过自矜也有一种追求自我价值的需求在其中，会导向自爱和完善自我。因为关注完善自我，自然清廉。被忿戾主导的自矜，是极端自私自利者，因自我无法满足而怨恨他人。愚直者智慧不开，不柔和的水性生出刚直的木性。

十七、恶紫之夺朱章

子曰：“恶紫之夺朱也，恶郑声之乱雅乐也，恶利口之覆邦家者。”

真德难求，常常为假德所乱。郑声，淫声且哀。利口迷惑家邦之主，足以害家害国。世界不只是有假货，德也有假，需要一种智慧来辨别。“紫”和“朱”本是一色，“紫”过头了，就夺“朱”。不正的事物常常会胜过正的事物。家邦本来就有势力，如果被利口一说，则容易败德。

十八、予欲无言章

子曰：“予欲无言。”子贡曰：“子如不言，则小子何述焉？”子曰：“天何言哉？四时行焉，百物生焉。天何言哉？”

不言之言，是丰富的语言。四时行，百物生，是不言之言。人本身即是不言之言，孔子本人即是一种不言之言即道言的展现。每个人都会传递出不同的语言，这种语言构成了他人心目中的印象，引起他人的某种感觉和判断。万物都是语言，都有语言的意义。人之陈述就是把万物的语言意义呈现出来。

二程在此处论及儒和禅的关系。禅学教学方法有心印之说，心印无言而会。孔子讲的“天何言哉”与禅学不同。天不言，需要人体会其言，体会其天命。其中虽然有禅机，但禅的根本是心印，这里没有心印的意思。但是无言而知天命，也如心印一般，“至如孔子，道如日星之明，犹患门人未能尽晓”①。

---

① [宋]程颢、[宋]程颐：《二程集》（上），中华书局，2004年，第1页。

十九、孺悲欲见孔子章

孺悲欲见孔子，孔子辞以疾。将命者出户，取瑟而歌，使之闻之。

崔述怀疑这一章内容的真实性。这一章我们不知道为什么被弟子放在这里。因为从这一章看，孔子这个人做人还挺过分的。为什么呢？人家要见他，结果他不想见就算了，还找个借口说生病了。不见就算了，人家走了还在家里面弹奏音乐，告诉别人他没有病，身体很好。这个是真是假，我们不知道，如果是真的话，那说明孔子这个人好像不是那种圆融的人，好像还有一点是非分明。不想见人家，反而搞出这种事情。

取瑟而歌有什么深意呢？心平气和，不是瞧不起孺悲，也不会起心动念。遇到任何人、任何事都能不起心动念，自然是一种入定的人生境界。“使之闻之”是否有故意嘲笑之意呢？如有嘲笑之意而无尊敬之心，那就违背了“毋我”的原则。语言可以教化，取瑟而歌也可以教化。孺悲不可以语言化，只可以乐化。

二十、宰我问三年之丧章

宰我问：“三年之丧，期已久矣。君子三年不为礼，礼必坏；三年不为乐，乐必崩。旧谷既没，新谷既升，钻燧改火，期可已矣。”子曰：“食夫稻，衣夫锦，于女安乎？”曰：“安。”“女安则为之！夫君子之居丧，食旨不甘，闻乐不乐，居处不安，故不为也。今女安，则为之！”宰我出，子曰：“予之不仁也！子生三年，然后免于父母之怀。夫三年之丧，天下之通丧也。予也有三年之爱于其父母乎！”

亲子关系优先于功利性的关系。其中优先于基于自身物质利益考虑的关系，包括物质生产和物质生活；亲子关系还优先于礼乐等社会性的职责。仁者要求处理好这种关系。亲子关系也有两个层面，一个层面是对父母的爱，三年之爱强调的是对父母的爱的认可、回报和承续。这是从先天法层面来看的。这个是不受具体的时间限制的，三年是虚指，关键是有“必至之心”。[①]从后天法来看，父母付出的三年努力，也要有相应的制度安排，保证子女可以把仁爱之心实现出来。

有的解读者认为孔子太情绪化了，不能心平气和地和弟子讨论问题。另外，孔子拒绝学理讨论，直接拿起道德和情感的大棒来打击弟子。“事实上既行不通，在理论上对之进行一些探讨，有什么不可以呢？但孔子先是拒绝把这个问题作为礼制问题来从学理上进行讨论，他把它变成情感问题，而且是子女对父母的情感问题。这

① 吴光：《刘宗周全集》（第一册），浙江古籍出版社，2007年，第525页。

一转换，很厉害，其逻辑是：守三年丧是对父母情感的表现，反对三年之丧便是对父母没有情感。”①该解读还进一步认定孔子喜欢把观点和立场搅为一谈，然后大扣道德帽子。易白沙替宰我申冤，认为宰我、子路、樊迟被呵斥，不敢申辩，宰我认为三年之丧太久是学习墨家己节葬之说的结果。“孔子讲学不许问难，易演成思想专制之弊。”②的确，孔子的想法有点空想，有点保守，随着历史的发展，守丧三年没有人会实行了。但爱是不能少的，孔子提到爱的问题，也是点出了问题的关键。不守丧三年不过是爱的蜕化的表现，关键是爱不能失去，如果有爱，当然也可以不守丧三年。同样是这段话，梁漱溟则理解为：“既从情理上说明，仍听其反省自决。”③梁漱溟觉得孔子在这里是教导宰我自觉自律。宰我提到“新谷”“旧谷”的问题，看重物质生产及其产品，显然把物质利益问题摆在了首位，把社会放在了首位。古代，不管文官、武官，碰到父母之丧，都要请假还乡。在古代这是一种制度的规定，守三年之丧在现代比较困难，但可以依据其精神有相应的制度安排。

二十一、饱食终日章

子曰：“饱食终日，无所用心，难矣哉！不有博弈者乎？为之，犹贤乎已。”

心所为佛教概念，王夫之也使用。心本无方所，用心于所，心就受到了限制。无所用心，是好的。这里的无心，其实是失心，失去了心灵的觉悟和动能。然后也无法在心所上用功。“饱食终日”不是简单的生活，不是满足于日常生活，心没有过多的追求，而是心灵焦虑，什么事情也做不了，从而从饱食、美色等中寻求刺激和短暂的满足。因为心无力，心灵无法获得自我的满足，心灵漂移不定。否定的人生状态之一是饱食终日，无所用心；之二是博弈者。博弈者在博弈中寻找乐趣，也是失心的一种状态。“心体本是运动不息，若顷刻间无所用之，则邪僻之念便生。”④“心若有用，则心有所主。”⑤心无所用，还能不着相，为内不乱、外离相的境界，生智慧。

二十二、子路曰君子尚勇乎章

子路曰：“君子尚勇乎？”子曰：“君子义以为上，君子有勇而无义为

---

① 鲍鹏山：《孔子的逻辑》，载三人：《六十个孔子》，湖南文艺出版社，2006年，第73页。

② 易白沙：《孔子平议》，载三人：《六十个孔子》，湖南文艺出版社，2006年，第91页。

③ 梁漱溟：《孔子在中国历史上的地位》，载三人：《六十个孔子》，湖南文艺出版社，2006年，第77页。

④ [宋]朱熹：《朱子全书（修订本）》（15），朱杰人、严佐之、刘永翔主编，安徽教育出版社、上海古籍出版社，2010年，第1640页。

⑤ [宋]朱熹：《朱子全书（修订本）》（15），朱杰人、严佐之、刘永翔主编，安徽教育出版社、上海古籍出版社，2010年，第1640页。

乱，小人有勇而无义为盗。”

勇要合义，孟子解释为合乎内心的羞恶之心。勇往往是用义来规定的，义是勇的本体。在孔子这里“义”和“勇”是两个不同的范畴。勇本身不是完善的道德，勇可以乱，可以盗。义比勇完善。孟子把勇和义的内在关系讲清楚了，要使羞恶之心成浩然之气，则成勇德。

二十三、子贡曰君子亦有恶乎章

子贡曰：“君子亦有恶乎？”子曰：“有恶。恶称人之恶者，恶居下流而讪上者，恶勇而无礼者，恶果敢而窒者。”

曰：“赐也亦有恶乎。恶徼以为知者，恶不孙以为勇者，恶讦以为直者。”

崔述认为这一章文体不一样，估计是传的人有增减。道德也有真假，有纯与不纯。君子看别人好的地方，以善称许人。君子因为看人的善，就能够看到别人的好处，看到别人的好处，自然就把别人放在了高位上，然后自己也会寻求进步。否定别人的好处，自己也不能进步，自己就把自己限制在了“下流”的地位。勇可以表现为对规矩的某种蔑视，也可以表现为对规矩的欣赏和遵守。后者其实更为宝贵。果敢是一种美德，但是如果果敢限制了爱的正常流动，这种果敢就不是真正的美德。智慧包括一种明觉和精明，不过这种精明不意味着斤斤计较。谦逊的人有一种勇敢的品性在里面。朱熹说勇是以气加人，果敢是率然敢为，前者容易坏礼，后者容易坏理。勇要急切去行，但涉及众人之事，需要配合众人，需要事缓，才能成事，才是真勇。果敢要分是非，不论是非，就窒息了事物的生机。

二十四、唯女子与小人为难养章

子曰：“唯女子与小人为难养也。近之则不逊，远之则怨。”

从语法角度来看，是否应该突出“女子”和“小人”在这段话中的地位呢？如果突出了就会陷入西方哲学的“主词”、谓词、宾词的语法陷阱中。主语、谓语、宾语的结构，恰好是和一个原子性的、事实性的世界观密切相关的。这种哲学关心存在和存在的事物，然后研究其属性，进行什么是什么的归类性的语言描述。而这一点恰好不是中国古典哲学思维典型的方式。如“父”可以归结为“乾”，但不能说“父”是“乾”，因为“乾”还可以包括“首”“太阳”等很多具有该种特征的事物。如果“父”是“乾”，“乾”又是“太阳”，按照西方的语言来思考，就会得出“父”是“太阳”的结论，这从西方思维对事物的分类来看，显然是荒谬的。

“近之则不逊，远之则怨”不是简单地给出“女子”与“小人”“难养”的理由和格局，不是简单地对“女子”与“小人”作出补充性的说明，而是“女子”与“小人”的本质规定。在这句话中，“女子”与“小人”是一个比喻性的概念，是一个意义的概念，不是指某一个具体的“女子”与“小人”，而是所有的人如果“近之则不逊，远之则怨”都可以叫做“女子”和“小人”。如果我们把关注的焦点放在“近之则不逊，远之则怨”，那么情况就发生了很大的变化。“女子”和“小人”我们甚至可以忽略，直接把握孔子的主要意思。这个意思就是反对一个人成为“近之则不逊，远之则怨”的人。这样的人和“仁”的要求不一致。关系近了就不尊重别人，就忽略了别人的高贵之处；关系远了就怨恨，是典型的个人精神生活不成熟、不独立的人在人际关系方面表现出来的特征。这样我们就能更好地理解“仁”了。“仁”中的人是有独立性的，不会因为和别人关系的远近而烦恼，也不应该因为关系的远近给别人带来烦恼。“仁”中的人是有海德格尔所说的“切近”精神的，无论远近都能彼此安心和放心。如果这样，我们还有什么能够指责孔子没有现代精神呢？孔子的学说又在什么地方过时了呢？

这句话表明孔子对事物下定义的方式与西方不同，孔子在语言中不突出主语、主词，然后下定义。这段话当然可以转换成西方语言通行的定义方式：“女子”和“小人”就是“近之则不逊，远之则怨”的人。但这样的定义还是以“女子”和“小人”作为表达的核心的。反过来如果表达成“近之则不逊，远之则怨”的人就是“女子”和“小人”恰好可以表达孔子的意思。但这里所说的“恰好”也是有限度的。因为如果我们把这段话引入定义的角度来讨论，实际上就是说孔子喜欢进行一种脱离语境的抽象的哲学玄思，喜欢对一些一般的社会、人生、宇宙问题发表一些见解。恐怕情形并非如此。另外，也要看到，对于“小人”来说，“近之则不逊，远之则怨”只是在人与关系方面的一个表现，并不能穷尽“小人”的全部丰富的意义内容。要看到，在中国古代哲学语言中，由感觉、知觉、表象到概念的过程和西方差距最大。如“猪”这个概念是象形字，这个概念没有和形象脱离。归类的时候可以归结为水（坎）等类别中去。其中在归类和推理的时候只是有某种联系和共同性而已。但在西方则要归结为家禽，家禽又要归结为动物。“动物”又是什么呢？按中国哲学的语言，一切运动的事物都是“动物”，“动物”在中国哲学里面不能成为一个类别的事物独享的概念。显然不能把中国的语言和西方的语言简单地等同。在西方语言的运用过程中，动物和猪之间出现了更大的语言跳跃。中国哲学的判断和推理的过程与西方哲学存在巨大的差异，不能一概而论。

争论的双方尽管观点不同，甚至针锋相对，都承认了孔子实际上在这句话中是讨论一个人，或者特殊性的一些人、普遍性的一类人的问题的，只不过争论的各方对于“女子”与“小人”指称的到底是哪样的一个人，或特殊性的一些人，或普遍性的一类人等问题有不同的看法。从哲学的角度看，争论双方的哲学思维没有什么不同，都潜在地认为孔子像现代人一样面对的是一个事实性的世界，其中有男人、女人，有各样的具体的人，而没有把话语的重点放到“近之则不逊，远之则怨”。如果放到句子的后半部分，这里“女子”与“小人”的内涵就是“近之则不逊，远之则怨”，至于到底本句中孔子在使用“女子”与“小人”的时候是否已经把现实的一个人，或者一些人，或者一类人归到了这个句子描述的情况之中，已经不是很重要了。“女子”与“小人”受到后面句子的规定，就成了一个意义的概念，一切人只要符合这一意义内涵都可以享受“女子”与“小人”的称号。

大多数人都把这里的“女子”理解成了现在男性和女性含义上的“女人”。孔子在这里讨论的就是男人和女人的问题，他从男人的立场把事实上存在的女人都归入小人一类。小人是一个意义上的人，女人是事实存在的人，孔子给女人做出的价值评价就是小人。如果是这样，孔子就在事实上否定了女人成为君子的可能。按照这样一种理解，自然孔子就成了一个男性中心主义者，天下所有的女人都成了小人，与君子无缘。这当然包括自己的母亲。如果果真如此，孔子这个圣人的头衔还是早些去掉比较好。

问题是：孔子关心一个事实上的世界吗？孔子是从一个现实的世界出发，然后对其做出评价，进而得出一个“应当”来吗？通观《论语》我们很少，或者说根本就没有看到一个男人和女人的话题出现。《论语》使用过妇人、妻、夫人、小童、君夫人等概念。而“女”绝大多数情况下都是“汝”的含义。《论语》中的“父母”“子”“朋友”“君臣”等概念是一个事实性和价值性合一的概念。“父母”“子”“朋友”“君臣”不仅仅是一个事实，更根本的是一种人生的意义理解。如果把这些范畴领会成事实性的概念，自然意义的理解就是“应当”，但孔子更多的是直接赋予了这些范畴以意义内容。显然，这里的女人不应该理解成事实上的“女人”这一类别。

也有学者指出，“唯”是语气词、感叹词，或者“只有”，从一个事实性的女人人群中进行了一种限定，其中的一部分是难养的。这个部分就是“近之则不孙（逊），远之则怨”的那个部分。这个论证提出了一个哲学问题：“女子”是普遍的类，类中的一部分，还是具体的个人的问题？全部的“女人”和“小人”，还是“女人”和“小人”中的一部分？有的论者强调是一部分，其中的这个部分是由“近之则不逊，远之则怨”来限定的，就是符合“近之则不逊，远之则怨”特征的那部分“女人”和“小人”是难养的。也有利用对“与”的新解释来限定的：“女子”指代赞助、嘉许、参与小人干坏事的女子。这种解释依然把“女人”和“小人”置于话语中心的地位。

比较通行的理解认为，“女子”是婢妾，“小人”是奴仆下人。这样一来孔子就是在贬低妇女和一般的劳动者。这种解释有一个基本语言和语法运用的理解问题。其中一个就是这里的“女子”是现在的一个词语，还是两个不同的字？是从字来解释，还是作为合成的词来解释？从古代汉语的角度来看，《论语》当中讲“女人”是用“妇女”这个词语。“女子”需要分成“女”和“子”两部分来理解。“女子”就是缺乏独立性的，是没有自己独立的判断和价值能力的儿子或者女儿，进而所有符合这一条件的人都可以说成是“女子”。另外，“女子”中的“女”可能是“汝”。或者把“女子”定位为孔子的弟子，那么这句话就是孔子说自己弟子的话了，就是孔子对自己的弟子缺乏独立性很不满意，远和近都不行，和君子的人格还有很大的距离，是孔子谴责和鞭策弟子们所说的话。

笔者认为，意义概念和事实概念二者之间不是绝对对立的，意义问题弄清楚了，事实性也就清楚了。对这一意义现象的批评，孔子最可能落实到哪些具体的人身上呢？从现代价值来看，可以作出不同的解释，但从当时的语境来分析，则最有可能落实到弟子身上。

《论语》具有一个相对稳定的、具有普遍性的情境，就是师生对话，体现的是师生教导关系。这是一个基本的情景关系。当然不能把情境性关系和一般性原理对立起来理解。情境性句子同样也能表达一般的思想，可以从一般原理的角度进行现代的解读，阐发现代意义。

这种解释有一个基本的定位，就是这段话讨论的是男性和女性的问题。但这一点也是有问题的。这里可能讨论的是师生关系问题、师生教育的问题；或者是一个领导与被领导的政治问题；或者说是一个道德修养的问题、人伦的问题，也有的论者把这个命题当作一个婚嫁的命题来处理，认为“与”是嫁给、嫁与。这样一来，这句话就等于说：把女儿嫁给小人是难养的。这个命题可能讨论的是什么问题呢？本书倾向于认为讨论的是师生关系问题，为什么这样定位呢？尽管《论语》涉及很多话题，但很多话题都是由师生关系引发出来的。对一般的男女问题发表议论不符合孔子的哲学思维方式，对具体的他人没有缘由地发表议论，不符合孔子的道德追求。而对弟子进行教导，是孔子必须要承担起来的责任。

那么，把“女子”和“小人”看作是指称弟子是否依然会陷入以事实性的人为话语中心的解释路向呢？不会的。因为把“女子”和“小人”理解成指代“弟子”和指女子具有不同的意义。前者包含着爱护教导的含义，并且不会从弟子这一概念中引申出孔子对其他人群的价值评价。而后者则不同，不管是指代具体的人、特殊的人还是一般性的人，都会引申出对其他人群的评价，依然会导致“女子”和“小人”的话语中心地位。

二十五、年四十而见恶章

子曰：“年四十而见恶焉，其终也已。”

按孔子自述的标准，人四十岁应该达到不惑的境界。不惑已经能够认定真正的人生目标，不会为习俗的善恶所迷惑，当然可以不为他人所恶而迷惑。也可以说，应该达到不为人所恶的境界，不管这种所恶的原因和理由是否恰当。这是一种更高的道德担当，只要还引起他人的反感和厌恶，就是有问题。四十年不改恶，已难改了。

第十八章　微　　子

康有为的《论语注》说这篇多记圣贤之出处。微子是隐士，这篇主题显然是讨论“见”和“隐”的问题。《微子》这一篇主要讨论了儒家和隐者的关系，尤其是把孔子和历史上的谏争者、隐逸者结合起来以勾勒孔子的人生追求和人生形象。其中核心的主题就是“无可无不可”。孔子有隐逸的一面，这种精神也是来自自己的祖先，同时也有关心现实的一面。崔述认为该篇也使用了“孔子”这一称谓。

一、微子去之章

微子去之，箕子为之奴，比干谏而死。孔子曰：“殷有三仁焉。”

微子，名启，纣庶兄。箕子、比干，纣叔父。一说启纣异母，一说同母，但其母亲生启的时候不是正妻。叔父是帝乙的弟弟。

进退都因仁义。箕子、比干为留，微子为去。微子奔周为客，箕子给武王出谋划策，都是投靠新王，而比干守护旧主，何以都有仁德呢？康有为解释为：“盖孔子立君臣，不过同以治民。”①三者为仁的理由可以从爱民的角度来理解，当然也可以从亲情的角度来理解。纣王行恶，如何对待恶呢？三人都感同身受，有一体感。

杨义认为这一章有一种祖源意识。殷礼具有过渡性。周武王伐纣灭殷，封武庚，武庚叛乱后，封微子启为宋。孔子曾“微服过宋”，大约为公元前 517—公元前 511 年。

二、柳下惠为士师章

柳下惠为士师，三黜，人曰：“子未可以去乎？”曰：“直道而事人，焉往而不三黜？枉道而事人，何必去父母之邦？”

士师，古代执掌禁令刑狱的官名。直道轻者黜，重者杀。道只能直而不能枉，实现直的方式可以多样。事人曲行非枉道，若枉道，不必离开父母之邦，天下滔滔，枉道盛行，均有行枉道的土壤。该部分从宋讲到鲁，孔子大约三十六岁的时候离开鲁国。当然，从后文来看，孔子和柳下惠既有相同的追求，也有不同的追求。相同的是

---

① 北京大学《儒藏》编纂与研究中心：《儒藏（四书类论语属）》，北京大学出版社，2005 年，第 285 页。

都求直，而不求枉。不同的是孔子不会降志辱身，无可无不可。不管环境如何，自洁其身总不差。

三、齐景公待孔子章

> 齐景公待孔子，曰："若季氏，则吾不能；以季、孟之间待之。"曰："吾老矣，不能用也。"孔子行。

齐景公六十岁的时候，问政于孔子。孔子强调政在节财。后晏婴反对封孔子。孔子后返鲁。"古圣贤之被用，多厄于左右亲贵之间匿，人主非独断之聪，排谗之勇，罕有能终者。"①这可以说是康有为结合自己的境遇体会出来的。崔述认为该章记载的孔子事迹不可信。这一章有伪造的嫌疑。崔述认为这个时候齐景公四十五岁，孔子在昭公的时候还不是大夫。朱熹说，齐景公这是以虚礼待孔子，不是举国以听孔子，所以孔子离开了。

四、齐人归女乐章

> 齐人归女乐，季桓子受之，三日不朝，孔子行。

一般理解这章为好德不如好色，故去之。孔子适卫。这一章被认为有伪造的嫌疑。朱熹认为，对待这一章要谨慎，按照孔子的身份，孔子应当先向国君提出自己的意见，如果意见没被采纳，再离开。

五、楚狂接舆歌章

> 楚狂接舆歌而过孔子曰："凤兮凤兮！何德之衰？往者不可谏，来者犹可追。已而，已而！今之从政者殆而！"孔子下，欲与之言。趋而辟之，不得与之言。

凤有道则见，无道则隐。"又是圣人一个知己。趋而辟之，尤有禅机。"②从齐到楚，有时间的先后关系。这里勾勒了孔子不为世俗所容的命运。朱熹说，仕不能行道，则当去，但也不可灭迹山林。儒家有进退之义说，与隐者不同，隐者只退而无进。

---

① 北京大学《儒藏》编纂与研究中心：《儒藏（四书类论语属）》，北京大学出版社，2005年，第286页。
② [明]蕅益：《四书蕅益解》，江谦补注，崇文书局有限公司，2015年，第152页。

六、子路问津章

长沮、桀溺耦而耕，孔子过之，使子路问津焉。长沮曰："夫执舆者为谁？"子路曰："为孔丘。"曰："是鲁孔丘与？"曰："是也。"曰："是知津矣。"

问于桀溺，桀溺曰："子为谁？"曰："为仲由。"曰："是鲁孔丘之徒与？"对曰："然。"曰："滔滔者天下皆是也，而谁以易之。且而与其从避人之士也，岂若从避世之士哉？"耰而不辍。

子路行以告，夫子怃然曰："鸟兽不可与同群，吾非斯人之徒与而谁与？天下有道，丘不与易也。"

这一章有伪造的嫌疑。这个时候，孔子去叶返蔡，为哀公六年（公元前 489 年），孔子时年六十四岁。长，身高者。桀，身短者。"沮、溺，亦记者名其隐沦之意。"①

本来是子路执舆，因子路问津，所以孔子代执。"是知津矣"一句意义深远，孔子周游列国，自然对各地情况比较熟悉。"津"寓意世道艰险，何必再问。

滔滔，流而不返，陷入名利的洪流中而不能停止。个人的力量相对于社会的力量来说是卑微的，靠个人的力量改变社会是不可能的。孔子之周游避人，隐士避世。"盖圣人之来斯世，明知乱世昏浊而来救之，非以其福乐而来享之也。"②这是大圣大仁之所为。人要认识人的类本性，人只能与人同类。避人和避世都不重要，重要的是避己。

七、子路从而后章

子路从而后，遇丈人，以杖荷蓧，子路问曰："子见夫子乎？"丈人曰："四体不勤，五谷不分，孰为夫子？"植其杖而芸。子路拱而立。止子路宿，杀鸡为黍而食之，见其二子焉。

明日，子路行以告，子曰："隐者也。"使子路反见之，至，则行矣。子路曰："不仕无义。长幼之节，不可废也；君臣之义，如之何其废之？欲洁其身，而乱大伦。君子之仕也，行其义也，道之不行，已知之矣。"

此事发生在自叶返蔡之时。崔述认为这章文风像《庄子》，不太像出自孔子门人之手。

---

① 北京大学《儒藏》编纂与研究中心：《儒藏（四书类论语属）》，北京大学出版社，2005 年，第 288 页。

② 北京大学《儒藏》编纂与研究中心：《儒藏（四书类论语属）》，北京大学出版社，2005 年，第 290 页。

蓧，竹器。耘，除草。丈人指责孔子忽视农业。拱，敬之意。反见之意很深，康有为解释为："孔子使子路反见之，盖欲告之以行道救世之义。"①如此，则孔子执迷不悟也。万事均为道的显现，丈人显示的道对于孔子而言是一种警示，自然需要重视。

朱熹说："不仕就无相应的义务了。""道合则从，不合则去，即此是义，非但只说要出仕为义。然道合则从，不合则去，唯是出仕方见得。"②洁身自好和人伦不可偏废，一味洁身自好也可能陷入人生的误区而不知晓。长幼君臣秩序包含仁爱的秩序，包含爱的流动的序位，需要高度重视。如果可以洁其身，当然很好，但是如果人伦的纠缠没有化解，洁其身也不能实现。行义就是要化解人伦的纠缠。行道则要把先天秩序实现于后天秩序之中，化后天为先天。

王元化在《孔子最早的神圣化》一文中肯定《论语》中有"五谷不分"一类的君子出现。"我认为《论语》有一种不大为人讲到的优点，即此书编者没有为尊者讳。纵使是一些攻击詈骂，也如实采录，而并不回避。"③

八、逸 民 章

> 逸民：伯夷、叔齐、虞仲、夷逸、朱张、柳下惠、少连。子曰："不降其志，不辱其身，伯夷、叔齐与！"谓柳下惠、少连："降志辱身矣，言中伦，行中虑，其斯而已矣。"谓虞仲、夷逸："隐居放言，身中清，废中权。我则异于是，无可无不可。"

逸民，带有原来身份的印记，未能超越现实身份的气息。其中有贵族的气息，也有生命的没落带来的人生的磨难。

志当高，身当荣。伯夷、叔齐做到了，但是毕竟伤了人伦，人生并不完美。行为符合自己的思虑，说话符合习俗伦常的道德标准，是值得肯定的，但是如果志向不高，身不荣，也是不行的。

隐居，就要真隐居，心要离弃世事，而不能牵挂世界，尤其是放言，更是不智慧。这种放言，恰好就是因为自己不在世事中，看起来比较清静，所以可以放言，其实这种言论很多是不合时宜的。另外，如果还放言，说明身不清静，身中清只是外表的清静而已。因为自己不在功利场中，不在权力场中，所以可以放言而不负责任。但是放言本身说明自己的心依然是权力的心。自然这样的情况是不值得赞美的。孔

① 北京大学《儒藏》编纂与研究中心：《儒藏（四书类论语属）》，北京大学出版社，2005年，第290页。

② [宋]朱熹：《朱子全书（修订本）》（15），朱杰人、严佐之、刘永翔主编，安徽教育出版社、上海古籍出版社，2010年，第1651页。

③ 王元化：《孔子最早的神圣化》，载三人：《六十个孔子》，湖南文艺出版社，2006年，第16页。

子说自己无可无不可，既把自己归属于贵族，同时也超越了后天的人伦秩序，代表了一种人性的觉醒。

九、太师挚适齐章

太师挚适齐，亚饭干适楚，三饭缭适蔡，四饭缺适秦，鼓方叔入于河，播鼗武入于汉，少师阳、击磬襄入于海。

崔述认为末三章和孔子关系不大。击鼓的叫做叔。鼗，即拨浪鼓。这一章记载的是鲁哀公时期礼坏乐崩，宫廷人才流失，音乐向民间转移。后一章似乎呼应这章，有批评之意。人才流失源于亲情疏远，源于拘泥于亲情私利，拘泥于君臣关系紊乱，拘泥于以革新的名义忽略故旧，拘泥于求全责备，忽略了专业人才的价值。

“太师”是官名；“挚”是人名。管乐的太师挚离开自己的鲁国，到齐国去了。“饭”字是管乐的官阶官名，亚饭等于副首长。亚饭干到楚国去了。三饭缭到蔡国去了。四饭缺到秦国去了。鼓是打鼓的鼓手，中国古代音乐的鼓手是合奏中的指挥手。叫做方的鼓手到河内（黄河上游）一带去了。摇拨浪鼓的武，过了汉水到了长江一带。少师，即大师的副手，名叫阳的这个人和打大磬的襄出海，到海外去了。管理一个单位，人才散掉了，不管制度如何好都不行。

十、周公谓鲁公章

周公谓鲁公曰：“君子不施其亲，不使大臣怨乎不以。故旧无大故，则不弃也。无求备于一人。”

杨义认为，这章回归到周公与儒学发源地的结合点。鲁公就是伯禽。刘宗周说：“圣人以仁厚培国脉，蔼然有一体充周而无间之气象。”[①]这一章其实呼应了子路的观点，即后天人伦秩序的重要性。从后天秩序来说，君子虽然成就了自己的人格，但是人伦秩序依然是要遵守的。其中一个秩序就是亲属秩序，然后是君臣秩序。施，即废弛，君子也不能废弛父子、兄弟等关系，同时也不应拘泥于这种关系。故旧不可以移。故旧的重要性就在于先来的先存在、后来的后存在。先后之间构成了一种传统。是否承认故旧涉及是否承认传统的问题。时间给予存在一个次序与架构。在这样的关系系统中凡是先进入这个系统的人，对于后来的那些人有某种优先地位。从发展的眼光来看，新的系统会优于旧的系统，但是新系统毕竟是从旧系统中发展

① 吴光：《刘宗周全集》（第一册），浙江古籍出版社，2007 年，第 536 页。

出来的。从后天秩序来看，没有完人，从先天秩序来看，人具备成为完人的条件，也能成就完人。从后天秩序看人，需要“无求备于一人”。

十一、周有八士章

周有八士：伯达、伯适、仲突、仲忽、叔夜、叔夏、季随、季騧。

关于该章，一种理解是古人在简帛书写末位需要有个标记，把文本分开，所以和《论语》是无关的。崔述说：“微子篇虽不皆孔子之事，然皆记君子不遇时之事，或有孔子论赞之语；而此二章皆记盛时之事，与篇中事皆不伦。盖与师挚一章皆后人得之他书，采而附之于后者。然此二章，其言与其事皆足补诗、书之缺，不可废者也。”①还有一种看法认为，这是孔子弟子随手记录的孔子论学的资料，是附录。

这一章既然被编入《论语》，就当从整体来看。这一章也是有意义的。刘宗周指出，才之用舍，系世道之隆污。“春秋而降，天地闭，贤人隐，诸君子观于至圣人之栖栖，而宇宙升降之机决矣。”②另外，从微子这里又回到了周公垂教，“这就使得《微子篇》首尾之间的历史循环曲线，没有闭合，而是伸出两根线头，一根连着孔子仁学的祖源基因，一根连着孔子礼学的原始创制”③。

① [清]崔述：《崔东壁遗书》（下），顾颉刚编订，上海古籍出版社，2013年，第621页。
② 吴光：《刘宗周全集》（第一册），浙江古籍出版社，2007年，第536页。
③ 杨义：《论语还原》（上册），中华书局，2015年，第250页。

第十九章　子　　张

该篇主要记载孔子弟子所说的话。子张、子夏和子贡、曾子的话较多，有可能是他们的门人所辑。子张篇能够看出孔子弟子思想和学派的分歧，儒家越来越有辩论的气氛。该篇中子张三章，子夏九章，子游三章，曾子四章，子贡六章。《论语还原》认为这是《论语》第二次编纂时候的阵容，时间发生在孔子时候第三年到第六年，子贡继续为孔子守墓，子张、子游、子夏推举有若主持孔门事务，造成最初编辑《论语》的仲弓话语权旁落，最初边缘化的子贡也参与其中，而曾子四章要么是当时顾及曾子，要么就是四十年后曾门增补的。

一、子张曰士见危致命章

子张曰："士见危致命，见得思义，祭思敬，丧思哀，其可已矣。"

子张主要强调了士人那种使命感，对于义的追求，以及在祭葬的时候情感真实的重要性。

致命一语，意思难解。有说是不爱其身，有说是授命，有说是委命。"学问只有生死一关为究竟地，寻常只有义利关。生死即义利之大者。"①

该章的关键在于"思"。得、丧、祭、危涵盖了得失问题、生死问题，这是人生两大关键问题。生命的价值有两个方面，人生之路有两个方向：一个方向是由生命自身的德性规定的；一个是由身体及其需求规定的。后者即得、丧、祭、危，前者即命、义、敬、哀。两条道路转圜的枢纽是思。

二、子张曰执德不弘章

子张曰："执德不弘，信道不笃，焉能为有，焉能为亡？"

该章主要强调子张对于德的那种信念，他觉得一个人信道不真实，不执德，那么其他的方面就不值得一提了。

弘有有为之弘，有无为之弘。无为之弘看起来不弘，却是真弘。信有内信和外信，内信是真信仰。

"弘"和"笃"相对应，即弘大、弘扬。道要笃实才是真信，真信好像不信。有

① 吴光：《刘宗周全集》（第一册），浙江古籍出版社，2007年，第537页。

德就是弘德。执德，不是追求道德，而是率性，而是有德。德性每个人都有，哪里来的弘与不弘呢？

王夫之是很贬低子张的，觉得子张完全背离了孔子之道。执德，再去弘德，是一种有心的作为，而且做了两遍功夫。并且见危致命之说和杀身成仁并不一致。

三、子夏之门人问交于子张章

> 子夏之门人问交于子张。子张曰："子夏云何？"对曰："子夏曰：'可者与之，其不可者拒之。'"子张曰："异乎吾所闻：君子尊贤而容众，嘉善而矜不能。我之大贤与，于人何所不容？我之不贤与，人将拒我，如之何其拒人也？"

这里的"交"可能谈不上是交朋友，只是子夏的门人和子张有来往，欣赏子张。从下文来看，子张容众。

良知有两种境界，一种境界是有是非的分别，所以依据自己的良知是非拒绝非，采纳是；第二种境界是不分是非，虽然尊贤，但还上升到容众人，有是非但是非是在仁爱基础上的，对善是嘉，对不能是矜。"毋友不如己者，原不是拒人。"①嘉，赞美，其实也不是赞美，而是能息息相通，共同扶起来善。嘉善是很难的，一方面自己要知道什么是善，然后彼此心意相通，知道对方的好，还要彼此把这个好扶起来，才是嘉善。矜，同情、怜悯。君子对他人的恶的倾向是能化的，矜不能只是个能化，化了就矜了，至于是否会同时伴有同情之心并不是最重要的。

一个人受到他人的欢迎，总是好的，说明能服人，德行的光辉闪耀在外。但是也可能是物以类聚，有相似气质和观念的人容易聚在一起，那样的服人不能说明有美德。容众还要从本体上来看，本体大容的人，没有不能容的人，但因为太过超越，未必能门庭若市，水至清则无鱼。

之，如果，表示假设。心能容万物，才表示一个人拥有了本体的地位。人拒"我"，不可一概来看，别人拒"我"，自己就要反省原因，别人不喜欢自己的地方，就是自己不够圆融，不够完美的地方，不管是好是坏，都要改，需要修养。"我"拒人的地方和人拒"我"的地方一定是自己的一个我执表现出来的地方，一定是自己的意、必、固、我的地方。但也要看到，人们常常拒圣人，虽然要看人拒"我"的地方，但是不是有一个迎合和讨好他人的心，而是应该有一个坚固修养自身而不动摇的心。

曾子和子游都觉得子张未仁，子贡则觉得子张仁。孔子门人不敬子张，但却喜欢和子张在一起。子张不以仁为最高追求，更追求道德。

---

① [明]蕅益：《四书蕅益解》，江谦补注，崇文书局有限公司，2015年，第156页。

四、虽小道必有可观章

子夏曰："虽小道，必有可观者焉；致远恐泥，是以君子不为也。"

子游觉得洒扫、应对是末，不是本。子夏觉得君子之道有始有终，有先后之别，最终是贯通的。关注眼前具体的事情和关注抽象的、远大事物之间的确需要一种平衡。其实重点并不在于关注什么，而是心灵本身的状态。当心灵超越过去心、现在心和未来心的状态时，保持对当下事务的敏感性的同时，就掌握了未来。如果抱持一种对未来的希冀心、一种企图心，这种"致远"，就会"泥"。当心灵拘泥在时间链条中的时候，关注"小道"，则会让人生命的尺度变小。

五、日知其所亡章

子夏曰："日知其所亡，月无忘其所能，可谓好学也已矣。"

"此便是子夏之学，不是孔子之学，所谓小人儒也。"①朱熹从学习角度讲，讲小了。学习固然需要学新的，然后把学好的进行巩固。"此却是因新知而带得温故。"②生命之觉悟就在于追问什么是生命之"所能"，即海德格尔所说的那个自由的"能在"。孟子把生命的良能定位为"四端"，这也是一种理解。生命自身本有的潜能是什么？这个潜能是不是与造化一体的呢？如果是，人记得自己的"所能"，就拥有了本体的生命。

六、博学而笃志章

子夏曰："博学而笃志，切问而近思，仁在其中矣。"

关键就是要看是什么样的学。如果是内在的觉悟、内求之学，博学即有仁在。心志得到安定和安宁就有仁在。内在之思的飞扬即有仁在。那么结合子夏传经来说，这里应该是指读经读书的事情。博学就说要多读一点经，然后专心去读书，如果有问题的话，要知道问题的所在，然后去找到问题的答案，这样就能够培养人的仁德。

如果从应用的角度来理解这段话，博学要有仁德，恐怕单纯读书是不行的。生命内在的觉悟，让人升起一种善心，也就是善根发见，然后生发仁德。发现人生本

---

① [明]蕅益：《四书蕅益解》，江谦补注，崇文书局有限公司，2015 年，第 157 页。

② [宋]朱熹：《朱子全书（修订本）》（15），朱杰人、严佐之、刘永翔主编，安徽教育出版社、上海古籍出版社，2010 年，第 1657 页。

有的趋向，也就是生命的本欲的趋向，然后能够包容万物，从而有仁德；返回到生命的疑问的源头处，也就是没有问题的地方，然后知道万物同一体；生命的觉悟使得思考变成可以体验的世界，从而达到万物同一体的境界。

朱熹说此章是要寻找求仁的门路。这章和《中庸》相近，都有学、问、思、笃。朱熹说有了这几点，就能保证心不放逸。朱熹还说博学是要理会过，近思是注心着力，笃志是至诚恳切。博学是心的觉悟；切问是回到问题的源头，到生命无问题处，回到无"我识问题心"处；近思是回到生命根本的"思念"处；笃志是回到生命的根本追求，也就是高级欲求和"本欲"处。

七、百工居肆章

子夏曰："百工居肆以成其事，君子学以致其道。"

学需要自然达成道才谓之学。这一章是典型的中国古代汉语里面的一种表达的方式。我们可以把它对偶地放在一起，即百工对应的是君子，"居肆"对应的是"学"，"成其事"对应的是"致其道"。君子成其道就跟一个工匠在他的房子里面做成某一个商品一样。学思对于成道也是很重要的，学思使得生命回到了"我在"的领域。从经验上说，也有居肆不能成事的，如闲聊之类，也有学不能成道的。这就要追问那个能"致其道"的"学"是什么样的"学"。

八、小人之过也必文章

子夏曰："小人之过也必文。"

海德格尔解释过良知清白的经验。良知清白的经验就是通过否认过错与自己有关从而让自己的心灵获得解脱。文过饰非限制了人面对自己过错的机会，从而也就使人自身被限制在一个框架内，从而变成了小人。

九、君子有三变章

子夏曰："君子有三变：望之俨然，即之也温，听其言也厉。"

"君子有三变，神明而时出之。"①通过这段话能够看出子夏心目当中的君子的人格特征。看起来好像有点严肃，但实际的接触却比较温和，不过听君子说话，好像

① 吴光：《刘宗周全集》（第一册），浙江古籍出版社，2007年，第541页。

是比较严厉。

“温”一个字就标识出了人生的境界。温是真阳，和煦而不炽热。如果一个人让另外一个人感觉到温暖，就意味着这个人具有君子的美德。温暖中包含着爱，包含着对生命本体的接近。俨然是生命地位的外在确证。语言“厉”是因为语言更接近本真的真理，因而接近“绝对命令”。

十、君子信而后劳其民章

子夏曰：“君子信而后劳其民；未信，则以为厉己也。信而后谏；未信，则以为谤己也。”

“人各有心，其可愚乎？”[①]劳民可以不是“厉己”。谏争可以不是“谤己”，关键就是内在的信任和连接。

这里的君子不单纯指道德上的君子，而是指那些当政者。当政者劳其民的时候，如果民众与君子之间有一种诚信，有一种信任的关系，那么这个时候劳其民就比较好。如果没有这种信任关系的话，劳其民的时候，民众就会不舒服，不愿意接受。同样，贤人或者是臣子谏诤的时候，也要建立在一种信的基础之上。如果没有信的话，去谏诤别人，别人就会以为在诽谤他。子夏在这里强调诚信对于君臣关系的重要性。

十一、大德不逾闲章

子夏曰：“大德不逾闲，小德出入可也。”

“不逾闲者，守道之严，不踰尺寸也。”[②]闲，一说为法；一说为门。大德很难窥其堂奥，小德是人努力可以达成的。一种说法是大德之人，不用防闲；小德之人需要防简。这个“闲”，人们觉得就是一些规矩、一些法度。子夏在处理道德问题时说：在大的方面不应该超越规则、规矩，在小的方面是可以改变一些规则或者超过那个规则的要求的。

朱熹认为子夏这一说法是有毛病的。子夏比较弱，力量不足，行为有不及之处。因为力不及，所以子夏经常做一些细节的功夫，难免有做得不好的地方。

德有大小，大德是生命的本真的道德，小德是有时代性、历史性和群体性的道德。小德有相对性，自然可以出入。生命本真的规矩则是不可违背的。德有形而上，有形而下，形而上的德有其自身的规律。

---

① 吴光：《刘宗周全集》（第一册），浙江古籍出版社，2007年，第541页。
② 吴光：《刘宗周全集》（第一册），浙江古籍出版社，2007年，第541页。

十二、子夏之门人小子章

子游曰："子夏之门人小子，当洒扫应对进退，则可矣。抑末也，本之则无，如之何？"子夏闻之，曰："噫，言游过矣！君子之道，孰先传焉？孰后倦焉？譬诸草木，区以别矣。君子之道，焉可诬也？有始有卒者，其惟圣人乎！"

朱熹说孔门除了曾子外，只有子夏守规矩守得好。"洒扫、应对、进退，须是诚心中流出方是道，慎独功夫便做在此处。"①刘宗周这个讲法很好。日常洒扫、应对本身就是道，就是功夫。无我的人才能安于平常的生活，诚心诚意的人才能做好日常事务，超越的人才能体会日常生活的价值。

十三、仕而优则学章

子夏曰："仕而优则学，学而优则仕。"

"其必优而后及者，皆纯心之学业也。"②朱熹说的这个话有针对性，前面是对世族子弟来说的，后面是对没有地位的人说的。依据先后天法来看，学是先天法，靠个人的努力来改变后天的命运；仕是后天法，需要通过学来平衡。仕和学的关系，其实就是德和位的关系的另外一种表述方式。"位"需要"德"来支持，"德"需要位来表现自身，实现自身的价值。有的作者把这段话说成是孔子的话，是不确切的。子夏的思想和孔子的思想是有差别的，子夏的看法不能代替孔子的看法。有的作者把这段话理解为专制政体下盛行的一般意识形态，这不够准确。因为子夏的那个时代，官僚机构还不发达。

十四、丧致乎哀而止章

子游曰："丧致乎哀而止。"

"子游病末世丧礼不情。"③在丧礼的时候，要有一定的哀情，哀也不能过分。无哀才是最高境界。致，或译注为达到，或译注为致力，两种含义都有。哀要表现出来，而不可内隐。

---

① 吴光：《刘宗周全集》（第一册），浙江古籍出版社，2007年，第543页。
② 吴光：《刘宗周全集》（第一册），浙江古籍出版社，2007年，第544页。
③ 吴光：《刘宗周全集》（第一册），浙江古籍出版社，2007年，第544页。

十五、子游曰吾友张章

子游曰："吾友张也为难能也，然而未仁。"

人当为易能之事，这是易简之道。为难能之事，则强迫自己，所做的事情虽好，但不吉祥。如何译注，关键就是"为"，可以译注为"是"，可以译注为"做"。总体上看，两者含义都有，而"做"的含义比重更大。

十六、曾子曰堂堂乎张章

曾子曰："堂堂乎张也，难与并为仁矣。"

这里是赞美子张，还是贬低子张？曾子觉得子张没有达到仁的标准。所有人都有实现仁的能力，如果只是通过超出常人的能力来力求实现仁，那么只有少数人可以这样做。子张自己可以，但是其他人则不行。

对这类表达进行现代译注的时候需要补充与"谁"，这个"谁"应当就是"张"。有的译注说是携带别人一同进入仁德。另外一类的译注则强调不能和子张一起过道德高尚的生活。不能并为仁，其实会有很多的情况，一种是子张太差，谁和他在一起，谁就变坏，这显然和这段话不符合；一种是子张太高，别人学不了；一种是子张不高也不低，只是他有自己行仁德的方式，这种方式导致别人无法学习他，无法和他一致，或者彼此调和。因为前文有"堂堂"限定，即第三种相对合理。

十七、曾子曰吾闻诸夫子章

曾子曰："吾闻诸夫子：人未有自致者也，必也亲丧乎！"

朱熹解释"致"为尽其极。刘宗周说："'自致者'，身致者也，实有是心而不容已也。"[①]人如果能自尽其极，靠自力自觉，以成无限之自我，自然不必借助特定的情境来达成。在人不能自致的情况下，亲丧是最好的情境，死亡和离别唤醒人的自我意识和某种生命的自觉。

"自致"，常常被译注为情感自动发挥到极致，自动地充分发挥感情，意识到自己内心的情感，等等。何为"自致"？可以从"亲丧"来体会。

① 吴光：《刘宗周全集》（第一册），浙江古籍出版社，2007 年，第 544 页。

十八、曾子曰吾闻诸夫子章

曾子曰："吾闻诸夫子：孟庄子之孝也；其他可能也，其不改父之臣与父之政，是难能也。"

孟庄子，（？—公元前550），鲁襄公时期辅政。这里讲的是政治之"孝"，"孝"要保证仁爱的流动秩序，其中一个重要的秩序是时间秩序。先来者构成了后来者的源泉，具有优先性。新来者当然可以损益，但基础是承续。一朝天子一朝臣，改作当然是必要的，改作不是否定过去，不是排除过去，而是给过去一个合理的序位的安排。

"政"有译注为政治制度的，有译注为"政治设施"的，有译注为"施政纲领"的，这里的"政"与"臣"相对应，政治上层建筑中不是"臣"就是"政"。

十九、孟氏使阳肤为士师章

孟氏使阳肤为士师，问于曾子。曾子曰："上失其道，民散久矣。如得其情，则哀矜而勿喜！"

勿喜，一说指刑罚；一说指得其情。阳肤，曾子的七个弟子之一。孟氏，即孟敬子。士师，典狱之官。对待人的过错和罪过，有两种态度，一种是"喜"，这种心情有抓人把柄，进而有惩罚依据的心态；一种是哀矜，有慈悲之心。前者发展出的是法治，后者发展出的是仁政。

把"道"译注为"按正道办事"或者"规矩"，不能完全表达"道"的内涵。"得道"有丰富的内涵，比"办事"和"规矩"的内涵多。把"情"译注为发现犯罪证据或犯罪的实情是可行的。

二十、子贡曰纣之不善不如是之甚也章

子贡曰："纣之不善，不如是之甚也。是以君子恶居下流，天下之恶皆归焉。"

子贡显然非常了解常人的意见。常人意见浮在表面，缺乏深度；常人意见从众，忽略个体性；常人意见从自我出发，忽视他人的具体情况。常人意见的上述特点导致常人意见会把某个人的某些过错绝对化、一般化、普遍化，从而"归恶"，人云亦

云，众口铄金。

子贡对纣的看法可能与儒门的常规看法不合。从这章来看，子贡有三个思想倾向：一个是了解世俗价值，同时也能有自己独特的看法；子贡极力维护孔子的地位和形象；子贡对孔子思想的门径和方法的理解说明他可能未得到老师的真传。

恶，厌恶。下流不当是水之下，水之下为善所归，为谦卑，君子当居下流。下流为向下，君子上学，君子不学坏，永远要摆脱否定的方向。人一堕落，人的好就很难被人发现了。

二十一、君子之过也如日月之食章

子贡曰："君子之过也，如日月之食焉。过也，人皆见之；更也，人皆仰之。"

子贡这里虽然也是强调过错及其更改，不过重点在于"人见"。君子之过不过是习俗伦理视角中的"过"，"是"也是习俗伦理中的"是"。君子也是符合习俗伦理的，并且能够在习俗伦理中起到示范的作用。"过出于无心，只是昏，一昏即觉，一觉即化。"①

子贡的"过"的观念更多的是一个习俗性的、规范性的伦理学观念。人对是非的认知有来自良知的，有来自意见和功利习气的，众人的认识有良知，也有偏见。众人拘泥于习气，自然不能鉴别君子的是与非。

二十二、卫公孙朝问于子贡章

卫公孙朝问于子贡曰："仲尼焉学？"子贡曰："文武之道，未坠于地，在人。贤者识其大者，不贤者识其小者，莫不有文武之道焉，夫子焉不学，而亦何常师之有？"

卫公孙朝：春秋时期卫国大夫。子贡所理解的孔子之道即文武之道，而他理解的文武之道，显然体现在人身上。孔子是从人身上体会文武之道的。这一理解包含一定的思想倾向，即排斥书本典籍，没有把典籍看成是文武之道的集中体现者；同时也排斥内在性的道，内在性的道只有少数人才能拥有。子贡把道规定为文武之道，偏向于政治之道。

朱熹认为，贤人记载大道，不贤的人记载小道，如《周礼》记载的是大纲，《国语》记载的是零碎条目。对于同一件事，认识不同，所见也就不同。孔子从所遇之一切中都能获得觉悟，从而有所收获，一切都是老师，人以一切为师，自然时时觉，时

① 吴光：《刘宗周全集》（第一册），浙江古籍出版社，2007年，第546页。

习时学，而无间断。

译注者多把“焉”译注为“在哪里”“何处”，这个译注是可以的，但也要认识到“在哪里”“何处”不能完全表达“焉”的意蕴。从后文来看，“焉”既表达了“在人”，也表达了“文武之道”，因而有“什么”的含义。另外，像“识”这样的关键概念不能放过，需自己体会出一个境界来。“学”和“识”不同，子贡答“识”，以“识”解释“学”，其中自有细微的差别。现代译注者译为“抓”“理解”“了解”，基本上能传达出“识”的内涵。

二十三、叔孙武叔语大夫章

叔孙武叔语大夫于朝曰：“子贡贤于仲尼。”子服景伯以告子贡，子贡曰：“譬之宫墙，赐之墙也及肩，窥见室家之好。夫子之墙数仞，不得其门而入，不见宗庙之美，百官之富。得其门者或寡矣。夫子之云，不亦宜乎！”

圣人有超越常识认识的方面。叔孙武叔，即鲁国“三桓”叔孙氏宗主，鲁定、哀期间任司马。鲁哀公十一年（公元前 484 年）参与了鲁吴讨伐齐国的“艾陵之战”。叔孙武叔缺乏礼仪的知识，并且不喜孔子。

子服景伯，孟孙氏庶支。他比孔子晚一辈，和孔子的弟子交往比较多。“子服景伯崇尚礼仪，追求道义，重视名节，具有强烈的正义感和使命感，是鲁国大夫的杰出代表。”①

孔门也是圣门，圣门何在？这个门不能外求而得，当内求！宗庙之美，百官之富譬喻人性高贵、主权，富丽堂皇。“喻宗庙之美，百官之富，所性分定故也。”②

儒门的一贯之法脉是什么？子贡提出了很好的问题，即那个门。但是子贡的理解说明一个问题：要么孔子并没有自己一贯的法诀，要么就是没有把法诀全部教授给弟子。子贡理解的就是孔子好学，这还不能明确回答如何学才能成道的问题。

朱熹认为，颜回入门了，所以体会到老师的高远和坚定；曾子入门了，所以体会到老师的忠恕学说；子贡入门了，所以体会到老师很少说性命天道。其他的弟子入门的就很少了。《道德经》讲“门”，儒家也讲“门”。如果依据《中庸》的思想，性在内主宰生命，见性自然就入门了。

二十四、叔孙武叔毁仲尼章

叔孙武叔毁仲尼。子贡曰：“无以为也！仲尼，不可毁也。他人之贤者，

① 卞朝宁：《〈论语〉人物评传》，江苏人民出版社，2015 年，第 300 页。
② 吴光：《刘宗周全集》（第一册），浙江古籍出版社，2007 年，第 548 页。

丘陵也，犹可逾也；仲尼，日月也，无得而逾焉。人虽欲自绝，其何伤于日月乎？多见其不知量也。”

《列子》中陈大夫聘鲁，见叔孙氏。叔孙说鲁国有圣人是孔子。陈大夫问怎么知道孔子是圣人呢？叔孙说他听颜回说孔子能废心而用形。如果子贡真的以为这样理解孔子是诋毁孔子，子贡可能未得圣人真意。李泽厚指出，宋明理学忽视了子贡，子贡是《论语》中最可爱的人物。子贡以天地比喻孔子，应当是一个尖锐的语言，子贡是否有意化解别人对自己的误解而故意把孔子讲得很高就很难说了。不管怎样说，孔子的地位是孔子的，弟子是没有必要阐发和争辩的。自己不及孔子的话，其实也无法准确说出孔子的地位，如果可说出来，一定是自己地位高于孔子了，子贡虽然表现得谦卑，但是能说孔子，已经把自己置于一个评价者的地位上了，已经把自己置于一个很高明的人的地位上了。这或许就是子贡人生境界的一个未能突破的关口。

人的自觉具有一种对待性。本来就是一个自我，自觉使得自我出现了二元性。一方面是经验的自我，一方面是超验的自我。超验的自我具有崇高性，经验的自我具有卑微性。没有自我觉悟的人拘泥于经验的自我，自然会有自大的感觉。悟解本性的人有超越的自我经验，这种经验反衬出经验自我的卑微。超验的自我如日月，经验的自我如自绝、自大、自卑。自绝都和日月无关，是经验自我的自作多情。圣人如日月、无私、光明。无内在的日月不成圣人，日月虽然为比喻，也有实质意义。

废心而用形有道家的意味。心死神活，已无追求世俗名利之心，但是依然可以依据肉体的原则处事，自然是内在之超越。

《论语还原》提出从这两章来看，怀疑孔子的风气波及鲁卫两国。多：正好，恰好，指毁仲尼一事。

“毁”有很多形式，“贬低”“诽谤”只是其中一种。“赞美”也可以毁人。译注为“贬低”“诽谤”是可以的，但读者还需要体会古代汉语与现代汉语的差异。

二十五、陈子禽谓子贡章

陈子禽谓子贡曰：“子为恭也，仲尼岂贤于子乎？”子贡曰：“君子一言以为知，一言以为不知，言不可不慎也。夫子之不可及也，犹天之不可阶而升也。夫子之得邦家者，所谓立之斯立，道之斯行，绥之斯来，动之斯和。其生也荣，其死也哀。如之何其可及也？”

陈子禽：名亢，一种说法是孔子的学生；一种说法是齐国大夫，比孔子小四十岁。《孔子家语·七十二弟子解》将其列为七十二贤。《四书改错》说子禽是孔子弟子，而不是子贡弟子。《论语》中记载陈亢和子贡、伯鱼的对话，其实是有一定的思想倾向的。子禽如果是孔子的学生的话，那就显示孔子弟子也有怀疑孔子的。陈子禽等于是给子贡下毒，助长子贡的自大和自我执着的心态，但是子贡有自知之明，没有上当。不过子贡的看法真的妥当吗？也未必！这要从“恭”的修养谈起。对待他人，对待老师的恭敬，应当很纯粹，是出于发现自我人性的高贵而敬重他人，而不是从外表来看一个人。不管孔子表现如何，子贡都当恭敬。

在子禽心目中，一个人如果没有被社会认可，就不那么值得恭敬了。他看到孔子不为时用，就发出这样的疑问。他是以一个人是否被社会认可来衡量一个人贤不贤、一个人值得不值得尊敬的。他觉得子贡已经超过孔子了。子贡并没有及时针对子禽的价值观的局限进行针对性的回答。

“恭”：恭敬、谨严。有的译注为客气、谦让。不过不要把恭敬放在主客体语境中理解。一个人能够让别人升起恭敬之心，必然自己已经提高到一定的境界，而如高山。这不是“谨严”这个词语所能表达的。“恭”很难，当自己的境界提得越高，对于低境界的人来说，就只能仰望，自然要“恭”。但当世人迷惑于功利之心的时候，也许并不会发现人性高贵的光辉，有德者未必有名。

“贤于”：恭是否一定会被人所认识？如果会被人所认识，为什么子禽不恭孔子，而恭子贡？“恭”是存在于“平常”之中的，需要“知”来把握。子禽显然缺少“知”圣贤的智慧。人需要就有道而正，关键谁是有道者？鉴别的能力就是至关重要的。“知”的程度决定了人生的方向。“知”决定了人生的方向，“言”则显示了“知”的状况。子禽之知，在子禽言中已经显露无遗。

子贡的回答其实是矛盾的，孔子如天，人没有登天的梯子，等于是否认了人可以成圣贤的可能。如果人们不能像孔子一样，那么孔子也就没有成圣之法传授给弟子，圣人就成了天成的，而不是靠自力成就的。圣为圣，凡为凡，子贡的思路显然和荀子有相似的逻辑。李泽厚说：“子贡、子夏，以至荀子，恐系孔门传承之主线。”① “天之不可阶而升”：“圣”和“凡”之间是天人之隔。打通二者的通道在哪里？“阶而升”为凡人的手段，为有形的办法。通达圣人的路不是有形的办法可以达到的。刘宗周认为子贡的回答不够亲切，“天不可阶，求天于吾心而阶在”②。

子贡对孔子的描绘恐有夸大其词之处。孔子不是得邦家如此，而是人格修养之境界如此。不管是否得邦家都不影响立之斯立，道之斯行，绥之斯来，动之斯和。立斯立，绥斯来，是就德性上说的。③这个说法很好。很多译注都强调孔子如果为诸侯，那么就可以号令百姓。

“立之斯立”：自己立，别人就会立；自己达，别人就会达。这尽管也可以理解为物质方面的“共赢”“双赢”之道，但更主要的“共赢”“双赢”是人格上的、精神上

---

① 李泽厚：《论语今读》，中华书局，2015 年，第 363 页。

② 吴光：《刘宗周全集》（第一册），浙江古籍出版社，2007 年，第 550 页。

③ [宋]朱熹：《朱子全书（修订本）》（15），朱杰人、严佐之、刘永翔主编，安徽教育出版社、上海古籍出版社，2010 年，第 1673 页。

的、生命上的。当每个人都把生命的完善作为自己人生的唯一目标的时候，每个人就都会把服务别人作为自己人生的唯一正确的准则，这个时候就可以实现“共赢”“双赢”。

“道之斯行”：德化流行不息。没有德化实现不了的情况，但是德化的价值需要相应的智慧才能看得出来。

“绥之斯来”：绥，即安。己安而安人。在静止的时候，可以让别人自动凝聚在自己的周围。自己不动，却可以凝聚别人，让别人运动。

“动之斯和”：动，有说是劳役之，有说是鼓舞之，行动本身就是一种动员、鼓动和感化。静止的时候可以凝聚人，吸引人；动的时候可以带来和谐。能够带来和谐除了为人处事的智慧以外，还依赖修德的成就，有成就的修德者，所到之处，自然化解怨愤，带来和谐。

子贡极力维护老师的地位和形象，其心可嘉，实则不必如此。不管是孔子的地位问题，还是孔子的入门门径的问题，都归结为一点：孔子教导弟子的一贯之道到底是什么？人是否也能如孔子一般使用这一方法而成仁、成道？

第二十章　尧　　曰

《尧曰》总计只有三章，这三章之间是什么关系呢？《论语》全篇，多为问答之辞，但《尧曰》首章却不是。如何理解这一章呢？一般认为是：孔子平常讲过首章内容，弟子就记载下来了。那孔子为什么要讲这个，弟子为什么要记这个呢？常规的理解，就是因为这个是道统，即尧、舜、禹、汤、文、武的道统。在这个道统里面，圣道和王功一致，道统通贯法统。而到孔子这里，二者已经分离了，孔子讲这个，有一种深层的意味，有一种志向，有一种讽谏，即道统合于王功。这样一来，再推导下去就是孔子有素王的理想，该篇暗指《春秋》继周之道统。与此相联系的看法，当然是认为《尧曰》首章是《论语》的后序。另外一种观点则认为，这一篇不过是杂取自《禹谟》《汤诰》《泰誓》《武成》而已。进而认为这一章和孔门关系不大。或者这一章是编纂的时候篇末附加的条例。南怀瑾认为这一章开头是讲中国历史文化的精神，这是一篇讲历史的书，应该归到《尚书》中去。南怀瑾还认为孔子的思想是“天下为公”，所以推崇尧。李泽厚则认为：“这其实也就是孔子自道‘述而不作’的意思。”①

用道统说的思路来分析《尧曰》，关键是如何看待第一章和第二章的关系。一种说法是：这段排列在古圣人之后，为了表明孔子之德与尧舜相同，是一脉相承的。李泽厚说：“子张所问的确均有关政治，与曾子等不同。”②李泽厚还注意到了第二章和第三章的关系：“此章讲政务，下章讲修养，以此二章结束全部《论语》，可称妥帖。”③第二章也有认为是《论语》第二十一篇第二个《子张》篇并过来的。十九篇的《子张》和这里的子张重点是不同的。十九篇的《子张》重点讲孔子的形象及地位定位的问题，更多的是相对于弟子和社会上的人而谈的，而《尧曰》中子张讲的话在篇章上却关联着古圣人。这个对话比较长，和《论语》较靠前的篇章对话的风格有些差异。第二章的确强化了孔子和尧、舜、禹，以及文武周公的道统联系，有意无意地构建了一个道统。

另外，把子张和孔子编辑在一起，是否说明子张编辑《论语》，并且有意无意抬高自己，或者把自己的思想编写进去了呢？第二章“子张曰”，是不是受到子张影响的子张弟子所为？这些都是有疑问的。崔述《论语余说》说：“尧曰篇子张问政，皆称‘问于孔子’，何哉？且所载孔子答之之言，皆未举其实而先告之以数，曰‘能行五者为仁’，曰‘尊五美，屏四恶，可以从政’，皆作藏头漏尾之语以待再问，与论语

① 李泽厚：《论语今读》，中华书局，2015 年，第 365 页。
② 李泽厚：《论语今读》，中华书局，2015 年，第 368 页。
③ 李泽厚：《论语今读》，中华书局，2015 年，第 369 页。

他篇之文皆不类，其非孔子遗书明甚。盖皆后人采之他书者。”①从思想的整体性来看《尧曰》，其中有几个核心线索，而且彼此之间是可以呼应起来的，可以认为编辑者有一定的道统意识。这个道统意识是和天命意识联系在一起的。

结合《尚书》《国语》《孟子》《春秋繁露》等经典来看，天命思想关联着五行，可以把自然界的时间先后、生老病死的自然更替看成是天命，这可以说成是天命的后天法。天命还关联着人的心性，尽心知性正天命，这可以说成是天命的先天法；人贤肖与否当然是关联着天命的；民心是关联着天命的；做事顺利与否也是关联天命的；人的语言和经典是关联着天命的；得失也体现天命的运行规律。《尧曰》的篇名有“曰”，《论语》主要记载“子曰”，如按照董仲舒在《深察名号》中表达的意思，名是圣人所发的天意，经典也是应天命而生的。如果按照这一思路，“子曰”和“尧曰”是一贯的，《论语》以“天命”终结全篇无疑突出了“天命”在儒家思想中的地位。

一、尧曰咨尔舜章

尧曰：“咨！尔舜！天之历数在尔躬，允执其中。四海困穷，天禄永终。”

这是尧禅位的时候说的话。有看法认为，古论《尧曰》仅此一章，是《论语》后序。“咨”：南怀瑾认为相当于“喂”等语助词。“在”：戴望说是“察”，这句话就变成了历数的变化警醒人省察自身。不过总体上解释成“天命应该由你来承担”比较合适一些。“躬”：虽然可以解释成“身”，但不能忽略承担之意。“历数”：日月斗所经历，这个经历是用数表示出来的，也有说是五行的位列次。“天之历数”可以抽象地解释成“天命”。天命由尧到舜也有自然规律的作用，人的生老病死的自然更迭要求尧不能承担天命了。但是按照自然规律的话，可以承担天命的人就会很多，为什么一定是舜呢？这是由舜的美德和心性条件所决定的。

崔述在《唐虞考信录》中提出了一个疑问：历数在躬，是怎么知道的呢？是民看见、听见的？是共见，还是人看不见的？是尧自己知道，还是舜也知道？一个人如果以符瑞说自己得天命，要篡权，如何鉴别是不是天命呢？崔述提出了很好的问题。从这章来看，天命都是尧和舜从内心体认的，是心心相印的。正因为如此，才有后边的执中的问题。这里点出了天命论的第一含义，即天命是变化的，有历数，从尧到舜，是天命历数使然。

“允”，一般解释成是信、平、用。“中”：一般解释成是中正之道，无过无不及。命中当然无过也无不及，但是如果从两端取中心点未必能准确找准中心点。后者有有心的权衡，前者则直接依赖心灵的命中。这里应该是命中天命，而不单纯在矛盾

① ［清］崔述：《崔东壁遗书》（下），顾颉刚编订，上海古籍出版社，2013 年，第 616 页。

和冲突中把握中道。做事做得恰到好处可以从天命来看，也可以从世俗的眼光来看，从天命来看的恰到好处不同于从世俗的眼光来看的恰到好处。允执其中，可以从事上来理解，不过做事的公正和恰到好处，有天命理解的眼光，也有理智理解的眼光，对待一件事情，两种眼光可能会有不同的看法。世俗眼光看来是公正的，是恰到好处的事情，在天命看来也许有私心，事情从开始到终点就已经不“中”了。

刘宗周反对以事言中，而主张以心言中。天人关系和人我关系相贯通，天命体现在人心之中，落实到做事上，就是“中”。结合后面的“简在帝心”，在人心中有道心。当人心不蔽的时候，人心即道心。“简”：有说是鉴察、选择、裁决、简选。不蔽有简，“简”即人心对天命的澄明。这种澄明可以通过反思，向内心询问，静默而认知。

崔述在《唐虞考信录》中对“四海困穷，天禄永终”也提出了一定的疑问。尧、舜忘天下，自然四海之内的问题当不是他们最关心的问题。不过，这应该是两个不同层次的问题。尧忘天下是《庄子》刻画的，忘天下与忧天下并不矛盾。忘天下者更容易看到天下的问题，从而更能忧天下。困：极。穷：尽。永：长。天命关联着四海，四海之内无一处不体现天命。天禄来源于得天命，失天命即失天禄，得天禄需要圣贤和民众一起努力。“四海”的繁荣或者贫乏是受天禄转圜的。其中圣王当然起重要的作用。圣王觉知天命和天禄运行的规律，自然要时刻守护天命；圣王的使命是光照于民，这种光照如天，如果不能履行这一使命，则不得天命。民心关联天命，但并不意味民众永远和天命在一起，民众也会因为背离天命而失去天禄，从而陷入困穷，包括物质上、精神上的和人际关系上的困穷。圣王的使命也不仅仅是谋物质利益，还包括为民众谋精神利益，谋人与人和谐关系带来的利益。有说四海困穷是敬辞，天禄永终是勉辞。四海当念其困穷，天禄当念其永终。

舜亦以命禹。曰：“予小子履，敢用玄牡，敢昭告于皇皇后帝：有罪不敢赦。帝臣不蔽，简在帝心。朕躬有罪，无以万方；万方有罪，罪在朕躬。”

黄侃认为这是说舜命禹所说的话和尧命舜一样，并且认为这是汤伐桀告天之辞。戴望认为这是汤讨伐桀之后遭遇大旱请祷山林之辞。“予”：我，即汤。“小子”：汤谦称自己。“敢”：夏用黑，殷用白，汤未改，所以说“敢”。“履”：按照前辈的做法，汤名，原为“天乙”，后改名履；也有说天乙是号，履是名。“玄牡”：黑色的公牛，夏尚黑，汤未变其礼。“皇”：大。“后”：君。“帝臣”：一说汤自己；一说桀。以汤为合理。“不蔽”：隐，一说罪行显著；一说举贤良。不蔽，从后文来看，不是不蔽桀的罪行。“简”：存；阅等。

以上内容重点在强调政治体认天命的重要。其中透露出来的政治天命论的信息是：天命是变化的，需要由不同的人来承担；人应该努力承担天命；需要集中在内心，真实地体认天命；体认天命可以让自己的生命与宇宙同步，德性普惠死海；体认天命能够让天下得天禄；天是定罪的主体；当人遇到自然灾害等不好的事情的时候需要祈祷；人应主动承罪，而非推卸罪责。这里面提出了天命论的另外一个含义，即天罪的观念，天是定罪和赦罪的主体。正因为如此，君王更应该有承罪的意识，自己的罪自己承担，而不连累他人；他人的罪，君王要通过修德来化解。这样子的君王才是圣王。后文“百姓有过，在予一人”也是此意。

周有大赉，善人是富。“虽有周亲，不如仁人。百姓有过，在予一人。”

这是周武伐纣之文，与上文誓天有别，重在誓人。“大赉”：一说是周朝的文献，这个文献的思想核心是重视善人和仁人；一说予；一说赏赐。武王克商，大赉四海。“周亲”：如不贤不忠的管、蔡。“仁人”：如箕子、微子。关于“周有大赉，善人是富”，一说伐纣之后大封功臣；一说周受到天恩赐，所以比善人富有；一说赐予财富给善人，所以善人富了；一说以善为富。后者比较合乎前后句意。唯仁是亲，其中区分了人伦角色中的人和一般的人，而更重视一般的人。政治在善人，使用善人，让人变善，人伦也要服从这一价值取向。这段虽然讲人道，但也强调了人尤其是天子的承罪意识。

这里概括的周文化的善人之法的核心是突出了先天法。从天命的角度来看人，人都归属于天，能修德者为仁人，这是先天法推导出来的结论。而亲亲则是后天法推导出来的。仁人的观念背后包含着一般人的观念。

谨权量，审法度，修废官，四方之政行焉。兴灭国，继绝世，举逸民，天下之民归心焉。所重：民、食、丧、祭。宽则得众，信则民任焉，敏则有功，公则说。

戴望说这是周衰官失，孔子陈后王之法；也有说这是武王的新政。可以把这段话看成是周的政治文化的说明。人都为天民，自然要求以平等的眼光来对待，需要宽，这样才能容纳众人；需要公，这样才能万民喜悦。另外，平等地承认所有的人，当然包括失败者。只有承认失败者，成功者才能不被失败者所纠缠。政治归心的要素包括：兴灭国，继绝世，举逸民。“国”：诸侯。“世”：卿大夫。“逸民”：有德而隐居的人。这是先天法所要求的。天命的后天法承认权力的更替，承认武力的必要性；先天法则要求承认失败者。之所以有这样的区分，是因为生命有不同的衡量尺度。从世俗的衡量尺度来看，需要有一定的利益冲突，有一定的世代更替；从天的角度来看，被否定的生命也有归属于天命的权利。有从后天法来看的命运共同体，也有从先天法来看的命运共同体。

仁爱的原则要求爱一切人，义的原则则要区分善恶，政治即权力，以一个统一的尺度区分善恶也是很重要的。“谨”：慎。“权”：称。“量”：斗斛，两种量器，亦泛指量器，十斗曰斛。“修”：治故。“法度”：治国的制度；礼仪的总名；丈尺。政令畅通的要素包括：其一，谨慎地运用尺度和标准。度量是一种尺度，而在马克思看来，尺度就意味着一种权力。“量”和“权”放在一起是合理的。当确定一种衡量事物的标准的时候，其实就是确立了一种权力。符合标准的会获得胜利，这就影响到付出和所得的情况，并导致人们追求优秀的不同的人生方向，并影响公正的不同情况。其二，权量的制度体系就是法度；而执行权力的人是官员，所以要修废官。

“所重”：民、食、丧、祭。这个重点包括：一个是人民的物质生活方面的问题；一个是生死方面的问题；一个是天人关系、代际关系方面的问题。《尚书·武成》把食、丧、祭看成是重民五教。“而《尧曰篇》首章‘所重四事’，则对春秋之世以‘祀与戎’二事为大的体制性思想，作出了根本性的扬弃和重构。”[①]“这种变化，也可以说是对反映周初建国气象的《武成》的回归。”[②]这里提出了宽、信、敏、公四点美德。孔子曾提出恭、宽、信、敏、惠。其中宽、信、敏的理解和这里的理解基本相同。

二、子张问章

子张问于孔子曰：“何如斯可以从政矣？”子曰：“尊五美，屏四恶，斯可以从政矣。”

子张曰：“何谓五美？”子曰：“君子惠而不费，劳而不怨，欲而不贪，泰而不骄，威而不猛。”

子张曰：“何谓惠而不费？”子曰：“因民之所利而利之，斯不亦惠而不费乎？择可劳而劳之，又谁怨？欲仁而得仁，又焉贪？君子无众寡，无大小，无敢慢，斯不亦泰而不骄乎？君子正其衣冠，尊其瞻视，俨然人望而畏之，斯不亦威而不猛乎？”

子张曰：“何谓四恶？”子曰：“不教而杀谓之虐；不戒视成谓之暴；慢令致期谓之贼；犹之与人也，出纳之吝谓之有司。”

这里的子张问从政，有认为是《论语》成书后续的附编，也有认为可能还有一个《子张》篇，那个子张篇未必是子张问政这个。康有为认为子张一章的文体不对，属于《礼记》《孔子三朝》一类的文体，应该是刘歆从别的书中采入古《论语》中的。

在孔子看来，从政的道德条件是要有“五美”，并且不再有四恶。因循被认为是道家的思想，这里孔子也讲“因”。利，有内在利益和外在利益。外在利益往往和内在利益相悖，并且外在利益是互相矛盾的。因内在利益而利益之，是圣人和君子之事，这种利是普遍必然的利，是无矛盾的利，所以没有“费”。利益者自身在利人中

① 杨义：《论语还原》（上册），中华书局，2015年，第262页。
② 杨义：《论语还原》（上册），中华书局，2015年，第262页。

得到生命的利益，受利益者在得到利益的时候没有损失。这种利是全善的利益，只有“惠”而无“费”。这是从先天法来看的。从外在利益来看，这是后天法。后天法要求尊重现有的礼仪秩序，并根据这一礼仪秩序来因民之利。

选择能力的前提之一是一般性观念。陷入感性认识中的人不能选择，因为他们会从感性利益出发，直面对自己有利的事物。即便有选择也是从感性利益出发的选择。这种选择不会出现“他者”的视角。对主体来说，不感到“劳”，即无操劳和尘劳，这种“劳”是自由自觉的劳，劳动是人的第一需要，是完全自由自觉的活动。因为是完全自由自觉的活动，所以无怨。

人之命是君子，成君子则是恢复人的高贵本性和高贵地位。如唐君毅所言，人常常追求的是自己的倒影。生命成长的空间本为无限，是一种能在，即一种有无限可能的存在物，但是现实的人是有限的存在。无限可能性的对象化形成自我的倒影，人力求在有限中实现无限，自然形成对有限事物的贪着。无贪就要内求，人返回到自我的无限的欲求能力本身，就随心所欲了，就不再过分追求自我的倒影了。对仁的欲不同于欲求一个具体的对象，属于先天法。

仁爱首先是无序位的爱，化于仁爱中的人无我，因无我的成就而无众寡、小大。有我即骄，有我即无法顺利地安置自我，从而有骄而无泰。因无我的成就带来了众生平等的观念，从而无骄而泰，这也属于先天法。

仁爱也是有序位的爱，因人的人格的成就而有序位，因人伦的自然秩序而有序位。君子立于人格的高位，自然让人望之俨然，有威严，但是这种威严是内在威严。外在的威严是“猛”。

“教”从先天法看人，不管什么样的人都有善性，所以无恶，自然不当惩罚；杀属于后天法，要惩罚恶。先先天法，后后天法，这是先天法的不足。等人们犯法后才禁止，这是残暴，这是后天法的不足。

命令不明了，然后期待做成事情；本来是一个长期完成的事情，突然要求短期完成；规定变化快，让人没有行为的预期。“令”是后天法，就是为了让人的行为有一个后天的行动预期和秩序。如果没有这个可以预期的命令，就没有公平，就是贼。

本来不该行使后天权利的时候，却行使权利，就故意突出了权利。社会是一个接受和给予的网络，权利中也有接受和给予。当给予的时候，不给予，吝啬给予，以突出自己的权利，就是把别人当得的看成是不当得的，以突出自己的权利，谋取自己的不当利益。

三、不知命无以为君子章

孔子曰：“不知命，无以为君子也；不知礼，无以立也；不知言，无以知人也。”

康有为认为这一章是齐论。出现“孔子曰”的地方有一定的特点，其情境中多有国君、大夫、家臣，“孔子曰”有尊敬的意味，突出了孔子老师的身份。但该章不符合这一特征。这一章提出了“三知”，即知命、知礼、知言。“三知”的关系古人说过是事天、修身和治人的关系。

命，古人解释为穷达，解释为尽性至于命。“知命，只是深信因果耳。”①朱熹倾向于采认不管是得失还是生死都不动心，都归结为命的看法。因为归结为命则人就不会见害就避，见利就求，相反君子只是关注于义。这一意义上的命当然有助于人成为君子。

成为君子的命，更应从天命的角度来理解。这里的“命”，不是“偶然性”，不是“宿命”，而是天命、使命。认识天命和使命，即认识自我。懂得这一生的命即懂得了这一生的价值和人生的意义。成君子即人的天命和使命。知道“命”给人提供了一种归属感，“知命”就是要知道人有归属于天地的属性。

从第一章到第三章，天命从关联圣王，到关联君子，体现了《尚书》和《论语》的关系，也反映了中国社会及其政治文化变迁的历程。君子承续天命，有了新的思考空间，君子可以成为圣王，也可以成为素王，承续道统。

爱是普遍的、流动的，但是流动的爱进入个体世界就变成有秩序的。这个秩序有其基本的规矩。人由天地所生，自然天地是人的爱的源泉，爱由天向人流动，人应尊天。爱流向人转换成爱欲，爱欲促使男女结合，从而繁衍后代。夫妻便构成了人道的第一个爱的序列。子女由父母所生，爱由父母流向子女，父子关系是爱的序位。因父子关系而有兄弟关系，因生命的自然更迭而有长幼，因交往而有宾客，因管理而有君臣，这些都是爱的序位。礼就是爱的序位构成的秩序。成君子就是要遵循这种序列。

言，当然是人说的话。但从广义的语言角度来看，万物即语言，都具有显示意义的作用。人本身构成了一种语言，一个人可以从另一个人那里获得人生意义的启迪。这种传递和人所说的话之间会构成一种对照和互补，从而做到知人和知言。命的内核是言，知命本身就要求知言。知命、知礼、知言浑然一体。如果联系《论语》中的“三畏”来看，知言，当知圣人之言。圣人之言，来自道言，笔之于书，而成经典。

《尧曰》最后一章，从文本编辑的角度来看，里面的确透露出一些信息。其中一个问题是《易传》讲乐天知命，这里讲知天命，《论语》和《易经》之间是否存在一定的关联？编辑者在编辑这段话的时候是否有意地勾勒《论语》与六经之间的血脉联系？《尧曰》第一章和《尚书》有联系，而第二章“五美四恶”被刘逢禄看成是《春秋》的戒法。最后一句话还提到礼。如果是这样，《尧曰》就基本涵盖了六经。道统、

① [明]蕅益：《四书蕅益解》，江谦补注，崇文书局有限公司，2015 年，第 163 页。

六经之点睛构成了《尧曰》要表达的潜台词。

《尧曰》从思想线索来说，突出了天命的观念，这种观念先是关联到政治，然后到孔子这里关联到君子。《论语》从论学开始，到天命结束，其中一个不变的概念是“君子”。“立”和“礼”的观念可以和师生、朋友、人己伦常相呼应。君子、天命、伦常构成了《论语》重要的思想要素。

《尧曰》突出了“知人”，《尚书》有“知人”则哲的观念。从这段话来看，《论语》的编辑者突出了为己之学，突出了人己关系，突出了人类的观念。“知人”的观念把人从“礼”的观念中超拔出来，还原为个体的成就，这个成就就是君子。君子上达天命，合乎人伦之道，精通典章语言，了悟人之为人之道。

“言”既可以是典章，可以是人言，也可以是道言，三者一贯，方通言之精义。“言”的观念从道言来看，可以通向天命，从人言来看可以通向典章。从最后一章来看，仁的观念是被忽视的，是编辑者有意无意地不以仁的观念统摄《论语》，还是有其他考虑？仔细分析，子张问政一章，核心观念是仁。仁政之意在这一章中已经呼之欲出了！《学而》和《尧曰》的关系并不是简单的内圣和外王的关系，君子是前后一贯的概念。

学习《论语》，可以使用现代译注本，但需要知道现代汉语译注不能完全把古代汉语的意蕴体会出来，还是要直面古代汉语。“命”译注成“命运”“信仰”；“立”译注为立身和立足于社会；“知人”译注为“认识人”“了解”；等等。这些译注不能完全表达古代汉语的相应内涵。“知言”不完全是分析语言。

第二十一章　《论语》儒学大义

儒家之宗是孔子。孔子言行事迹很多，其一言一行均为儒者之言行，为儒者言行标本。因文献所记孔子言行不同，孔子形象自然不同，儒者的参考标准也随之而变。儒者和儒学也就呈现出多样的面貌。

“儒为孔子时创教名，孔子且口自述之，著于《论语》。”①《孔子改制考》进一步陈述说：孔子创儒后其服谓之儒服，其书谓之儒书，诸弟子传其口说谓之儒说，诸弟子从其教者谓之儒生。依照这样的论说，《论语》当为儒说，并且是孔子诸多儒说中最精华的部分。

儒为术士，懂“六艺”，儒中有“需”，识天文、自然灾害变化，满足人和社会的需要。《论语》表达的儒学不可与其他儒混同。《论语》追求的是“君子儒”。儒有柔意，不过《论语》中的君子是“温”暖的，人性的柔和和无欲，反倒造就了君子刚的一面。

一、“儒”要从“学”讲

儒学之义很广，可以把仁作为儒学的标志，也可以把礼看成儒学的标志。但在这所有的标志中，“学”是前提。无“学”何以称为儒学呢？在《〈论语〉哲学》中，笔者已经论证了“学”的独立性和基础性，但未提到“儒”的高度上。何谓儒？不学无儒。荀子劝学，讲学，孟子也讲学。孟子讲学是求放心，荀子讲学是学习礼。孔子讲学，兼容二者。《中庸》中的“学”并不适用于圣人，同样荀子那里的学也不适用于圣人。但《中庸》中所说的学是自明诚的事情，学是人本来的明觉的一种表现，然后通过这种明觉回到本体的明。孟子讲的学继承了《中庸》，但是却把学置于可以成圣人的地位上。

综合起来看，学就是本性的明觉，这种明觉为本性所发动，最终回到生命本体的诚明，这是内蕴的学，也就是《中庸》和《孟子》的学。但是当一个人能够实现这一点的时候，他也就成了老师，成了可以让他人学习的人。学也就包含了教育和向他人学习。后者是以前者为前提的，因为本性觉悟的不同，能够自我反省和向他人学习的能力也会不同。

崔述的《论语余说》反对宋儒对儒家的理解，强调学就是闻见，就是多闻，留意的是事，而不是理。崔述所说有一定的道理，《论语》无格物穷理，也无明心见性，

---

① 康有为：《孔子改制考》，姜义华、张荣华编校，中国人民大学出版社，2010年，第148页。

无静坐。但也要看到《论语》思想本是一个杂糅的体系，不是单一的思想线索，《中庸》《孟子》发挥了其中的性心之意，荀子发明了闻见和读书之意。宋儒用《大学》《中庸》的概念反说《论语》也算是儒家为学之意的新开展，总体上构成了儒门之学的大义。

这个儒门之学的大义，从本性的觉悟开始，到身体感官认知，再到人伦的践履。不管是穷理、格物，还是正心，不过是讲其中的某个层次罢了。

儒门重视学，就出现了两个理论支点：一个是个人努力的成就，这个与社会关系无关；一个是在既定的社会关系中修养德性和德行。这两个进路，可以概括为先天法和后天法。先天法就是说每个人都具有一定的理性能力，这个能力和社会关系无关，人只要拥有这一能力，就能成就君子；后天法是说，人一出生就在社会关系中，世代关系、父子关系等构成了个体成就的社会关系前提。二者结合起来，就是损益说。能够损益的是个人的理性能力，损益的对象是社会关系。

二、性本净或性善

《论语》没有明确讲性善，人们关注性习之说。《阳货》篇的坚白论是对人本体存在的最好说明。人之本体是坚白，不会受到污染，这是人能够自修的前提。也只有承认这一点，世界才是可靠的、可信任的。因为只要有人发现这个不被污染的本性，这个人就成了老师，就成了他人的依靠。人向老师学习，不过是认识自己的不被污染的本性，在这一能力未能明确被开发之前，他人还是很有帮助的。《论语》没有用性善之名来说人的本净的本性。后来《中庸》把性说成是来自天的，并把性说成是诚明的，赋予了本性的本体地位，博学不过是明觉诚明的本性。孟子把性表露出来的端倪称为“四端”，并用性的概念来称呼人的至善的本性，从而确立了性善说《孟子·公孙丑上》。《述而》讲的“洁己以进”，就是说人要洁己以进。

人们怀疑坚白论一章不是孔子讲的，但不管真假，是《论语》的观念，缺了这一章，《论语》的思想就很难串联在一起了。

三、上　下

抛开《学而》有子不犯上之说不论，《论语》讲上下之处不多。《八佾》有“居上”之说，《公冶长》有“事上”说，《雍也》有“语上”说，《论语·宪问》讲“君子上达，小人下达”。上下之说很重要，发本性之善，就是上达。《论语·宪问》中孔子讲下学上达，紧接着就讲了天，上达的重点是天。

在《论语》中天是有一定的主宰性的，有“天丧”一类的话，结合《国语·越语》《国语·吴语》来看，天命关联着人的得失，并且这种关联存在着辩证关系，得到可能是失去天命的表现，失去可能是得到天命的表现。《论语》有则天之说，有畏天命之说，有天命之说，其中最为关键的就是“天生德”的说法。

依据《中庸》的思路，人得之与天的是性。这个性的地位就相当于《论语》“德”的地位。人上达于天，其实就是让德来主宰自己的生命。德因为是来自天，自然是有普遍性的，人与人之间可以同德。德是生命的内在规定，包括生命的方式和方向，与身体感官规定的方向并不相同。以德来规定生命的方向就是怀德，德因为上达于天，因而就具有一种感化的力量。

人要上达，需要上达到德才行。崇德有三个要素：忠、信、义。忠要求掌握生命的中心、不动的本性，坚守如一。信则要求真实地把握德的本来相貌。义则要求德可以规定生命的方向。通达上下的路径就是道，因而《论语》也有道、德、艺等思想结构的排列。

四、内　外

《论语》明确区分上下，却无内外之明确区分。《论语》因无明确的身心之分别，而无法明确分内外，因而一体说与内外说不在《论语》中出现，而后者是《大学》《中庸》《孟子》的思路，也成了宋明儒家基本的思想逻辑结构。

但《论语》也有内省之说，内省也指向心灵内部。依据洛克的思想，内省是内感官，也就是人对自己思想和自己行为的感觉。这是一种内感觉，是对自己活动的感觉。但曾子讲内省是不离开外部人伦关系的。《论语》也有人己之划分，己自然是内，人是外。为己之学已经指向内了。这涉及《论语》是否有一个内修的主题的问题。《论语》之克己、为己、内省、省身、正身，都涉及修身的主题。

修身的主题自然涉及行、住、坐、卧、视、听、言、动、吃、喝、拉、撒，涉及道和非道的分别。但《论语》并没有明显的规范伦理学色彩，《论语》对修身涉及的诸多方面的指点，是富于哲学意味的，而不是给出一个具体的行为规范。

从言上来说，《论语》反对巧言，强调言可复；强调要慎言；言要有证据，要讷于言；反对御人以口给；强调要观其言；强调默识；强调不言；强调合礼之言。

修身自然涉及对自身价值和外物价值的取舍，涉及对人性价值和货币价值的权衡，财富的主题自然是少不了的。修身不离做事，如何做事也是《论语》阐发较多的话题，如敏于事，如事亲。

五、我 和 吾

《论语》未明确说无我，却贯穿无我的精神。“绝四”说最为经典，也是解读《论语》的灵魂，需要时刻记得我、意、必、固的危害。加之《论语》中出现的“我”和“吾”的使用，结合“克己”“为己”说，可以认定《论语》的自我成就指向了“吾”，即本体的自我。

《论语》中“自”的概念用得不多。“自”是在“自我”“自身”的意义上使用的。但《论语》中的“自”缺乏独立的游离于其他范畴的“自我”意义。“自”包含了积极地作为主体去行动、去担承的意思。“自”基本上是自身。《论语》使用了“自省”“自讼”“自辱”“自道”“自致”等概念。“自”强调“自我”的主体性、自觉性、能动性、自我承担和自我选择性，好和坏都由自我决定。

生命是动荡不安的，生命自身是不自足，不自足让生命无法“自己”、无法“自由”。不自足就要用外物来满足，这样便有争斗，就如梁漱溟所讲的那样，人面临一个“他心”，让自己的心灵无法得到满足。生命与生命之间存在一个机械的因果链条。人从自己的生命出发，把自己的生命当成主体，是主客体关系的世界，是“此”和“彼”的世界，是一个有是非的世界，用庄子的话说是相刃相靡的世界，是“芒”的世界。这个世界是现象的世界，彼此之间以现象互相呈现；但是彼此也以本体来互相呈现。本体的呈现，如鲲鹏之于江海，也如人我一体，物我一体。生命之间的本体性的相互呈现，是物之在其自己者，即物自身。物自身，即成生命的最高境界和最高理想。

生命之间彼此呈现的方式是一个层级，在诸多的层级中可以划分出一个根本的界限，一个是物自身的界限，一个是现象的界限。这个界限的根本临界点是生死。《庄子》讲的方生方死即表达了这一临界点。佛教说的生死证智也是临界点。因为在生死证智发生的时候，此事物即是彼事物，生的同时就是死。此事物即是彼事物，彼此进入一体的领域相互呈现，即是物自身，也就是牟宗三所说的无执的存有论。

这里所讲的“物自身”并不纠缠康德的物自身理论到底说了什么，也不纠缠牟宗三的对与错，而是接着牟宗三讲的。因为物之在其自己者是一个谜，非一两种哲学可以穷尽。当把人也看成是一物的时候，人之在其自己者就是人的哲学主题了。

生命在现象界的相互呈现依托于身。作为肉体的身即身体。身体在《论语》中尚未成为一自觉的哲学概念和哲学问题。《庄子》有明确的形体意识，有精神和肉体的区别。孟子有“形”的概念，有“小体”的概念。耳目口鼻四肢及其欲求即身体。《荀子》也有天官之说，身体遂成为儒家的一个重要概念。

较多受到西方文化影响的人，常常说中国文化或者中国哲学没有“个人”概念，没有主体概念，自然也就没有人本主义。事实上，“身”就是一个个人概念。中国文化为什么用身体而不用个体或者个人概念呢？这涉及中国古代汉语的身体化特点、具象性的特点。中国古人喜欢用身体及其运动来造字。身体能够把一个人和另一个人区别开来，所以可以用身体来指代整个自我。就像有人用“老身”来指代自己一样。“于是，‘身’比我们从‘己’所了解的东西增添了一点内容；它也显得肯定得更多。这里主要增加的东西便是：我们在这里获得一种明确的有关自我的观念，这种自我观念是和身体以及时间性的（temporal）存在联系在一起的。除此之外，我们还有一种用法，在这种用法中，像‘己’那样明确的东西，是自我所具有的自我省察和自我调节的能力。”①中国人也喜欢通过关心别人的身体来表示对别人的尊重。孟子也把个人看作是天下、国家、家庭的主体，应该以“身”（个体）为本。也就是说，世界基本上被理解为属人的世界，即一个不能排除人的影响的世界，世界就是一个以人为本的世界。

那么，什么是“身”呢？在先秦时期，“身”不单纯是指身体或者肉体，而是指包括肉体和精神在内的整个自我、自己。“身”不单纯是解剖学意义上的躯体，在某种意义上就是自我。“身”的概念虽然是自我概念，但这个自我概念明显的是经过反思了的自我。赫伯特·芬格莱特在分析《论语》中的“身”的时候，更多地强调“身”的客观意义。这种用法似乎体现在把自我更加作为客观现象的指称，而多于作为主体的指称。这种用法与“身”意指“身体”的用法是一致的。②赫伯特·芬格莱特认为这个“身”可以代表一个人的整个生命，一个有时空广延性的有限存在，一个人作为个体存在的自我本然的全部本能。“身”表明一定的过程性，也就是“伸”，包括现代人所说的身体和精神的伸展。

“身”涉及现代人所说的身心两个部分的内容，“身”也是一种本体性的存在物。“吾日三省吾身。”（《论语·学而》）在这里，省察的主体是“吾”，而省察的对象是“吾身”，“吾身”在某种意义上说就是“吾”，也就是说时刻不离开自我的本体。修身在某种意义上说就是要保护这个本体性的自我免于受到不良的影响。“不降其志，不辱其身。”（《论语·微子》）“正其身。”（《论语·子路》）这里“身”是自我影响的对象，是自我控制、调节、反省、提升的对象。“身”可以是他人影响的对象，比如孔子说过“不使不仁者加乎其身”（《论语·里仁》）。

为己不是自私自利，为己的前提是“毋我”。从哲学的角度来分析“我”，“我”应该说的是人的一个方面。“我”是说一个人的某一个方面。这个方面是哪个方面呢？是“戈”所隐喻的方面。这说的就是工具性的方面，是有可能给他人和生命带来伤害的方面。

“我”是自我的工具性和工具性方面。这个方面很大程度上是通过“我”与他人

---

① 〔美〕赫伯特·芬格莱特：《孔子——即凡而圣》，彭国翔、张华译，江苏人民出版社，2002年，第127页。
② 〔美〕赫伯特·芬格莱特：《孔子——即凡而圣》，彭国翔、张华译，江苏人民出版社，2002年，第127页。

的对应性关系显示出来的。“我”往往是名位之我、私我。在《论语》中，“我”更多的是用作单数的。“我”在作为主语的时候，具有强调的意义，具有加强语气的作用。“我”与“非我”有比较明显的对待关系。如“我”与“尔”、“我”与“人”的对待关系。在《论语》中，“我”作定语的例子比较少见。被突显出来的个人往往用“我”来限定。“我”作为宾语的时候也是处于对待关系之中的。“也就是说，像‘吾’和‘我’这样更为普通的人称代词，能辨认出我是主体还是对自身起作用者，或所有者，或对象；但是，它之所以能够做到这一点，是以一种非强调的方式，一种不自觉、非反省的方式。”①芬格莱特在注释中指出，“吾”和“我”往往可以互相替换，并用来指代句中说话者的个人身份，而不用反省的方式强调这个人。事实上，在《论语》之中，“吾”作宾语时不仅仅是对象，还是主体、对自身起作用者、所有者，是自我认识者。而“我”作宾语的时候，往往对象的意义更多些。

儒释道三家都讲“无我”。孔子说：“子绝四：毋意，毋必，毋固，毋我。”②道家也讲无我。“至人无己，神人无功，圣人无名。”③佛教也讲“无我”。如《金刚经》说：“若菩萨有我相、人相、众生相、寿者相，即非菩萨。”④佛教讲的“无我”有其特定的内涵。

提及“无我”很容易引起一种误解，以为讲“无我”，就是否定自我，就是否定自我意识，否定自由意志，否定私利。这一理解有一定的合理之处，但也有很多不足。关于儒家的“我”，张世英先生直接认为就是“私”的代表词。“‘我’、‘己’（‘自我’）在儒家看来大多是‘私’的代表词，去私等于去我。”⑤这一表述容易引起误解，应该说去“我”包含去私的意思，但不能反过来说。因为，中国古代哲人体认的自我有双重经验，即“我”和“吾”。这双重经验都属于现代语言中的自我范畴。邓晓芒把“无我”等同于否认关于自我的意识，等于否认自由意志，等于否认个人意志，否认自律。“存天理去人欲，严格地说应当只是‘去私欲’，它最终是要回复人的自然本性，与自然和社会都达到一种浑然一体、你我不分的和谐，熄灭自己的个人意志，达到‘无我’境界。这与西方人寻求个人灵魂的自由和升华，以求摆脱人的自然性而上升到纯灵的精神世界，或力求建立使自由意志得到最大伸张的道德法律体系，是截然不同的，因而也就缺乏建立自律的伦理学的根基和基本意向。”⑥邓晓芒甚至把“无我”等同于自欺。“我们将会发现，中国人最高精神境界（道德的或美学的）就是‘无我之境’，而西方人即使讲个人服从群体或服从普遍精神（上帝）时，也首先承认人的个体性是第一个前提（自由意志或灵魂不朽）。通常所谓‘中国智慧’恰

① 〔美〕赫伯特·芬格莱特：《孔子——即凡而圣》，彭国翔、张华译，江苏人民出版社，2002年，第126页。
② [宋]朱熹：《四书章句集注》，齐鲁书社，1992年，第84页。
③ 郭庆藩：《庄子集释》，中华书局，1961年，17页。
④ 鸠摩罗什等：《佛教十三经》，中华书局，2010年，第7页。
⑤ 张世英：《中西文化与自我》，人民出版社，2011年，第90页。
⑥ 邓晓芒：《灵之舞——中西人格的表演性》，东方出版社，1995年，第208页。

好表现在：将一种婴儿般的内向的圆融性建构为成年人老谋深算的心理平衡模式，在这种‘早熟’的心理模式中，既有着赤子般‘无我’的真诚，又有着习惯性的自欺和故作天真式的虚伪。”①表面上看，这种理解好像是正确的，但深入中国文化中就会发现这一表述是有问题的。中国哲人讲的立志包含意志的含义。

“我”字从诞生之初并不包含所谓的个人自由一类的意义。“我”也不是孤立的自我，而是人我关系中被凸显出来的自我。郭静云说：“商代‘我’字不应理解为一般的自谓，而是指掌有攻伐大权者之自我，且‘我’用字的特点即在强调‘我’为举钺攻伐者。”②郭静云认为：“商代之‘我’字实强调商王之征伐权力。”③从这一意义上来说，无我反倒包含着一种平民意识，一种人性的意识、包含一种反对物化的自我、反对等级化的自我的意识在内。应该说，后来《庄子》中的“无我”是发展了这一意识的。

从一般的哲学思考的角度来说，“我”也是被“我们”规定的。“一个十分有趣的现象是，尽管在内心体验上，每个婴儿都是从‘我们’而逐渐悟出‘我’来的，但在语言的事实上，却总是先出现‘我’，然后才能正确使用‘我们’。”“从语言逻辑上说，只有在这样一个‘我’的基础上，才能建立起‘我们’的概念。”④邓晓芒也承认“我”是从“我们”的体验中发展出来的，而“我”建立“我们”不过是一种语言的逻辑。邓晓芒推崇独立的“我”，把“我们”推向一种“逻辑上的我们”，强调“我”“可以拒绝或退出‘我们’、对‘我们’说不，至少，都可以逃向自己的内心”⑤。这样一来就出现了矛盾，既然“我”是由“我们”的体验而来的，“我”里面已经包含了“我们”，“我们”作为“我”的前提无论如何也不能成为一种只是逻辑的东西。由于“我”中已经有了“我们”，“我”无论如何拒绝“我们”，这种拒绝都不是真实的，只能是一种缺乏超越性的拒绝。从这一意义上说，“我”反倒有一定的假象性，里面总是有某种“我们”在那里，“我”的确不是和“我们”全然无关的，而是一个常人的状态而已。“我”的独立性是有限的独立性，“我”镶嵌在“我们”中，在“我们”中显现、凸显。力求通过肯定“我”达到对“我们”的拒绝是缺乏超越性的，要想达成独立、自由的自我，需要连同“我们”以及被凸显出来的“我”一并超越了。这正是中国古代哲人“吾”的体验所揭示出来的。

中国古人体验到的“我”包含一定的负面价值，自然在语言中会最大限度地降低对“我”的依赖。从语言角度来看，“我”与“你”或者“它”是关联在一起的，“我”与“它”的关系表明了人与物之间的彼此构建关系，“我”与“你”的关系表明了个人与个人之间的彼此构建关系。“事实上，最先存在的是讲话者本身的个性：他

① 邓晓芒：《灵之舞——中西人格的表演性》，东方出版社，1995 年，第 15 页。
② 郭静云：《天神与天地之道：巫觋信仰与传统思想渊源》（下），上海古籍出版社，2016 年，第 602 页。
③ 郭静云：《天神与天地之道：巫觋信仰与传统思想渊源》（下），上海古籍出版社，2016 年，第 602 页。
④ 邓晓芒：《灵之舞——中西人格的表演性》，东方出版社，1995 年，第 13～14 页。
⑤ 邓晓芒：《灵之舞——中西人格的表演性》，东方出版社，1995 年，第 14 页。

始终直接与自然发生接触，因此，他必然也会在语言中把他的‘我’（Ich）这个表达与自己的个性对应起来。但是，‘我’这个概念本身就预设了‘你’（Du）的存在，而通过一种新的对立关系，又产生了第三人称。第三人称已经超出了感觉者和讲话者的范围，因此便扩大到可以指称无生命的事物。倘若不考虑具体的特征，人称——特别是‘我’——可以说在外部是与空间有关，在内部则与感觉有关。正因为此，人称代词与介词、感叹词有一定的联系：介词表达的是空间关系或理解为一段距离的时间的关系，这种时空关系的概念包含着一个确定的界点；感叹词只不过是生动的感情的抒发。真正简单的人称代词甚至有可能是从某种空间或感觉关系发展起来的。”①“我”的使用及其相应的自我体验是和物与他人的关系的体验紧密联系在一起的。只不过，在不同的文化和哲学中，这种体验的地位和语言表达是不同的。西方哲学较为依赖主客体的表达方式，从而把“我”置于语言核心的位置上；中国古代的哲学则把中心放在谓语上面，从而淡化了主客体。语言中自一开始就有一种拟人化（prosopopoee）的倾向，而且这种倾向后来愈演愈盛：一个观念的存在——一个词——被想象为主体，或描述为主动行为者，或描述为被动接受者；同时，一个发生在心灵内部的行为、一个关于某事物的断言陈述，则作为其属性从外部附加于该事物。各种语言里都有这样一种似乎极富想象力的拟人化，在任何讲话活动中我们都可以看到其始终如一的表现。只不过，有的民族更广泛地运用了拟人化，有的民族则运用得较少。比如，古典语言在拟人化方面达到了无与伦比的高度，而中国人语言里的拟人化只限于满足说话和理解的最低需要。②在中国古代哲学语言中，主动和被动、主体和客体往往被省略掉了。只要符合某一动态过程，相应规定的事物都可以进入句子所规定的主客体范围之中。这就决定了中国古代哲学语言并不是以纯粹的事实性的个体世界为哲学关注的焦点的，而是把事实和意义统一起来，并以意义为根本的指归。主语或物主代词主语往往不规定动词，而恰恰由动词来规定物主代词，主语表示对某类行为的占有，或者可以被归到（包括否定）某个系列之中。古代汉语并不专心去描述事实，而是关心秩序，关心建构意义世界，并把对意义世界的理解带入对事实世界的理解之中。

张东荪对中国古代汉语认识深刻。“因此中国人对于 subject 与 object 的分别亦不甚清楚。中国并没有相当的字以表示此点。有之如‘主’‘客’，其义却不能普遍适用。后来改为‘能’‘所’则比较抽象又普遍了。”③张东荪认为，中国的文句中“主体”不分明，因此中国哲学上始终没有“本体”的意思。主语不分明，乃至思想上“主体”（subject）与“本体”（substance）的概念不发达。④比如“学而时习之”，可

① 〔德〕威廉·冯·洪堡特：《论人类语言结构的差异及其对人类精神发展的影响》，商务印书馆，2017 年，第 122～123 页。

② 〔德〕威廉·冯·洪堡特：《洪堡特语言哲学文集》，商务印书馆，2011 年，第 122 页。

③ 张东荪：《知识与文化》，岳麓书社，2011 年，第 57～58 页。

④ 张东荪：《知识与文化》，岳麓书社，2011 年，第 187 页。

以说“学”不是主语。任何人“学而时习之”都可以，可改为“学者学而时习之”，“学者”为主语。张东荪说：“但实际上中国人就根本上不注重于‘主体’一范畴。虽只有‘状态’这种范畴，而因为不与‘主体’相倚靠，便另有其意义。‘状态’有了独立性，不倚靠主体，不附丽于主体，必致亦失其为‘状态’的原来性质了。”①不从主体到本体，那么中国哲学是如何思考形而上学的问题的呢？其中一个进路是通过“吾”的体验来完成。

冯友兰在自传中提到一个笑话。“先生给学生讲《论语》，讲到‘吾日三省吾身’，先生说，‘吾’就是我呀。学生放学回家，他父亲叫他回讲，问他‘吾’是什么意思，学生说‘吾’是先生。父亲大怒，说‘吾’是我！第二天去上学，先生又叫学生回讲，问‘吾’是什么意思，学生说‘吾’是我爸爸。先生没有办法叫学生明白，说‘吾’是‘我’，这个‘我’是泛指，用哲学的话说，这个‘我’是‘抽象’的我，既不是他的先生，也不是他的爸爸。”②在这个笑话中有点难办了，因为你任意找一个人来，叫他告诉学生说，“吾”就是“我”，那个学生总还是想，“吾”就是说话的那个人。这个小孩子不懂得什么叫做一般，什么叫做特殊，“我”是一个概念，可以指代很多具体的“我”。

不过，这位先生也不能说完全懂得中国文化，因为“吾”和“我”还是有些不同的。庄子《齐物论》开头讲了一个故事。说是南郭子綦坐在桌子前面，忽然形如槁木、心如死灰，变了一个人似的。弟子颜成子游就问老师：“为什么你能够变化不同的状态呢？前面还是一个大活人，现在变成了一个死人一样的呢？”南郭子綦说：“今者吾丧我，汝知之乎？女闻人籁而未闻地籁；女闻地籁而不闻天籁夫！”③就是说这位南郭先生是因为闻天籁而忘我了。看来，“吾”和“我”是不同的，无我或者忘我的状态才叫做“吾”。

当然，“我”和“吾”明确拉开距离是一个过程，不是一下子完成的。“汉语最初有一个主-属格的‘吾’和一个与-宾格的‘我’，可是在孔子的时代，这个系统已经开始改变了：‘吾’仍然限用于主格和属格，而‘我’在保持它最初的与格和宾格的用法之外，也开始用作主格和属格了。”④关于“吾”和“我”的语法地位有不同看法，但是高本汉的这一看法基本上是可靠的。“吾”有就“己”而言的意味，“我”有就“人”而言的意味。“我”与“非我”有比较明显的对应关系，如“我”与“尔”、“我”与“人”的对应关系。以下句子中就是如此。“子贡欲去告朔之饩羊。子曰：‘赐也，尔爱其羊，我爱其礼。’”⑤“惟我与尔有是夫！”⑥“人皆有兄弟，我独

① 张东荪：《知识与文化》，岳麓书社，2011年，第150页。
② 冯友兰：《三松堂全集》（第一卷），河南人民出版社，2001年，第241～242页。
③ 郭庆藩：《庄子集释》，中华书局，1961年，第45页。
④ 〔瑞典〕高本汉：《汉语的本质和历史》，商务印书馆，2010年，第65页。
⑤ 朱熹：《四书章句集注》，齐鲁书社，1992年，第25页。
⑥ 朱熹：《四书章句集注》，齐鲁书社，1992年，第64页。

亡。”[①]从哲学的角度来分析，“我”更突出强调在群体中突显出来的自我。以下句子中就是如此。“述而不作，信而好古，窃比于我老彭。”[②]“三人行，必有我师焉。”[③]这个被突显出来的个人往往用“我”来限定。《论语》当中“吾”的用例很多。“吾有知乎哉？无知也。有鄙夫问于我，空空如也；我叩其两端而竭焉。”[④]“吾”是无“意”“必”“固”“我”的，所以也没有基于“我”的知性，所以可以说是“无知”的。当“吾”的状态进入人我关系模式的时候，“我”的知性活动逐渐开始表现出来，所以由“空空如”转为“叩其两端”的对比分析思维。“吾”更突出了自己对自己的关系，“我”突出了对人的关系。

类似的用法在《道德经》中也是存在的。《道德经》中使用“我”的时候，更提出了自己作为一个得道者和不得道者之间对比和区分的体验。“知我者希，则我者贵。”[⑤]这里突出了“我”作为一个得道者不被人了解的体验，也表达了“我”作为得道者对于不得道者的价值。《道德经》第六十七章讲的“我有三宝”强调了得道者与众不同的价值观。[⑥]这一体验最典型地表现在《道德经》第二十章，其中说：“我独异于人，而贵求食于母。”其中把“我”和“俗人”“众人”进行了一番对比。《道德经》第十七章突出了“我”和“百姓”的对比，“百姓皆谓我自然”。“吾”和“我”有一定的对应关系。“人之所教，我亦教之。强梁者，不得其死。吾将以为教父。”[⑦]这里的“吾”也是比较侧重自我和自我的关系。《道德经》使用“吾”的时候更多的是表达道的体验。最典型是《道德经》第四章说：“吾不知其谁之子，象帝之先。”[⑧]《道德经心传》解释说：“婴儿一现，我不知是谁之子，在杳冥之中，我不知有我，安知辨别其子；帝，我也，要返于一来之际，复我本来面目，归于无始之先，合道以为我，合我以为道，才叫作道冲而用之。”[⑨]《老子中经》把“吾”说成是胃管中的童子。唐力权把“吾”说成是核心语言。“其实，在未有文字之前，‘道’和‘体’可能和许多其他核心词语——如‘大’、‘一’、‘易’、‘身’、‘吾’、‘躯’等等一样，原都是可以互换的、泛指形躯的通名。中国语里的核心语言，正如中华民族和中国文化的形成一样，乃是由不同部落民族的核心语言所混成的。同一部落民族的核心语言里可以对形躯有多种不同的称谓，由不同部落民族的原始语言所混成的核心语言就会产生无数的根身名称了。”[⑩]“‘五’就是正午的形躯，与天地连成一直线的形躯，

① 朱熹：《四书章句集注》，齐鲁书社，1992年，第118页。
② 朱熹：《四书章句集注》，齐鲁书社，1992年，第61页。
③ 朱熹：《四书章句集注》，齐鲁书社，1992年，第68页。
④ 朱熹：《四书章句集注》，齐鲁书社，1992年，第85页。
⑤ [汉]河上公：《道德经集释》，中国书店，2015年，第96页。
⑥ [汉]河上公：《道德经集释》，中国书店，2015年，第92页。
⑦ [汉]河上公：《道德经集释》，中国书店，2015年，第60页。
⑧ [汉]河上公：《道德经集释》，中国书店，2015年，第7页。
⑨ [春秋]老子：《吕祖秘注道德经心传》，[唐]吕岩释义，韩起编校，广西师范大学出版社，2014年，第11页。
⑩ 〔美〕唐力权：《周易与怀德海之间——场有哲学序论》，辽宁大学出版社，1997年，第194页。

亦即是站稳的形躯。稳立地上的形躯才能在正午与太阳（天）成一直线，所以说是‘成于五’。稳立的形躯乃是准大人生命的真正开始。所以‘五’就是‘吾’。‘吾’就是成为准大人的我呀！”①

“吾”的体验是有超越性的，如四十九章中对于“信者”和“不信者”“吾亦信之，德信。”这里“吾”关联到了“德”。《道德经》中已经蕴含了“吾”和“我”相区分的种子，到《庄子》，这两个字成为一个哲学范畴，最集中的体现就是“吾丧我”之说。“吾所以有大患者，为吾有身。及吾无身，吾有何患？”②这里，“吾”和“身”对应，而《庄子》中的“我”就包含了身体的含义在内。

《论语》和《道德经》中的“吾”和“我”的语言用法中已经出现了一定的对自我的体验，但这种体验还很难说已经上升到一种自觉的哲学概念的分别。“尽管有这些差别，但是这些差别只是倾向性的，而不是规定性的，更不是概念性的，我们决不能因为吾、我之间用法上的这些差别而认为它们已经有了概念性的分别。”③“吾丧我”则可以说是明确的概念性的分别。正因为如此，这一分别受到了学术界的重视。陈少明强调“吾丧我”蕴含了一个关于自我的概念框架，“‘吾’作为我不是他我，而是自我”④。个体的自我体验，可以表现为“我”，也可以表现为“吾”，二者分别代表了个体形而下的生活经验和形而上的生命体验。

《齐物论》提出“吾丧我”与《逍遥游》中的“无我”“无己”“无功”紧密呼应，等于是回答了如何实现“无我”的问题，《齐物论》后文进一步回答了何谓“我”以及“我”为什么要“丧”的问题。“吾丧我”是《齐物论》思想的核心主题。“吾”和“我”作为具有高度对应性的哲学范畴不见于儒家经典，但《孟子》有“大体”和“小体”之别，《中庸》天命之性等说法也指向了肉体生命内在的“自我”的把握。陈少明认为，在孟子那里，“我”的正面意义被扩大了。“这个‘吾’的意愿，就为后来孟子的‘我’所担当。后世归‘吾’入‘我’，既可能是自我世俗化的趋势使然，但也未必不是受儒家入世精神的影响的结果。”⑤“自我”的体验可以用不同的概念来表达，关键在于其中透出的思想和情怀。从构建的意义上来进行阐释，“性”是人的天命，显然不同于肉体的命，这两种不同的生命也可以说是人的“我”和“吾”的分别。尽管后来的儒家并未强调“吾丧我”，却强调天理和人欲的分别，强调天命之性和气质之性的分别。儒家强调“克己”，也强调“无我”，强调去“私”。至于佛教，有去我执、法执之说，也是强调无我。“对治邪执者，一切邪执，皆依我见。若离于我，则无邪执。是我见有二种。云何为二？一者，人我见。二者，法我

① 〔美〕唐力权：《周易与怀德海之间——场有哲学序论》，辽宁大学出版社，1997年，第157页。
② [汉]河上公：《道德经集释》，中国书店，2015年，第17页。
③ 陈静：《“吾丧我”——庄子·齐物论解读》，《哲学研究》2001年第5期，第49页。
④ 陈少明：《“吾丧我”——一种古典的自我观念》，《哲学研究》2014年第8期，第46页。
⑤ 陈少明：《“吾丧我”——一种古典的自我观念》，《哲学研究》2014年第8期，第50页。

见。”[①]可以将“吾丧我”作为一条思想的线索，思考中国伦理学的相关问题，尤其是自我体验的双重分野，一条线索指向形而上的方向，一条指向形而下的方向。

六、君子小人

一个人其实有不同的活法，可以活出不同层面的自己来。对于这些不同层面的自己，儒家就讲成了不同的人格。用孟子的说法，就是小人、大丈夫、君子、圣人。如果一个人完全被身体的需要限制住了，或者没有从恻隐之心和羞恶之心出发来处理人与人的关系，就是不通天的，人道也没有尽，自然是小人了。大丈夫回到了内心，不受人道中那些流行的价值标尺的束缚。君子则从内心出发，修心修到通天的程度了。圣人在任何境遇下都自由自在，既不会伤害自己的价值坚持，又能有所融通。

关于人生的境界，冯友兰有四个境界说，唐君毅有九个境界说。这里讲个简单点的，就是天地人三界，也就是天地人三境。这个说法来自《易传》。人往天地间一站，上面是天，下面是地，中间是人。天地人就是三才，这个是三才之道。人两手一伸开，就是一个大字，前后上下左右就是六合，人在中间就是一个十字，周边就是一个圆。如果人转起来的话，就是一个太极。人能顶天立地，就是大人，就是王。这个大人，这个王，并不是现实生活中的王，而是人自己可以成就的最高的境界。

根据《易传》的思路，综合《孟子》《坛经》等，这里提一个简便的指南，就是三境说。人把心思用在吃喝玩乐上，就在地界了，身体就像人的大地；把心思用在人和人的关系上，就在人界了，人和人的社会关系就是人的社会的身体；人和本体世界的关系，和天的关系就算天界了，就是天的境界。地界和人界的说法是符合马克思的思路的，马克思把自然界看成是人的无机的身体，身体是人有机的身体，这里把二者合并成人的地界；人是社会存在物，这里说成是人界。“天界”讲的天并不是指天空，而是指人的本体生命的追求。

这个说法是和冯友兰不同的，但也有相同的地方。像冯友兰讲的自然境界的人完全是从身体的特性出发，就在自然境界，这个就是地界。但是，冯友兰讲的利他属于道德境界，但是如果利他只是帮助别人有吃，有穿，那还是在地界的意义上帮助别人，虽然从帮助者的角度来说，帮助人在人界，但是是帮助别人地界的事情，同样让自己也限制在地界了。要是帮助别人修心，帮助别人更好地处理人际关系，才是帮助人向人界走，如果帮助别人启发自己的明德本性，那是帮助别人提高自己的天地境界。

《论语》中对人的划分，有小人、君子、圣人，也有士人、贤人。这些人可以从

---

① 〔日〕汤次了荣：《大乘起信论新释》，丰子恺译，浙江人民美术出版社，2015 年，第 173 页。

天地人三境来加以鉴别。就地界来说，执着于身体的利益，自然为小人，不管是情感之戚戚，是小知、不畏、不学，还是自骄，都是因自执感官为我而成。君子以德和义、仁来规定自我、超越自我。就人界来说，君子、小人在人伦关系方面表现不同。小人给人以消极的影响，不守礼。君子守礼，超越世俗之是非观念，对人伦有意义的领悟，并能超越现实的人伦秩序，同时能够兼容现实的人伦关系。

七、六经和“子曰”

《论语》和六经的关系是个谜团。《论语》引用了《诗经》《尚书》，但多有自己的解释。儒家从《论语》出发，还是从六经出发会有很大的不同。“‘子曰’类文献”即包括《论语》在内的先秦两汉等记载孔子言论的文献。包括：今本和帛书本《易传》、大小戴《礼记》、《孟子》、《荀子》等中有关孔子的言行文献；《吕氏春秋》《韩诗外传》《说苑》等文献中有关孔子言行的文献；新出土文献中有关孔子的文献；《孔子家语》和《孔丛子》等。把《论语》和其他“子曰”相互比参是对《论语》进行学术研究的一个路径之一。

遗留下来的孔子言行文献由于自身的特点要求进行综合研究。《论语》偏重记言，语言形式工整简洁，而其他文献往往有对孔子语言发生的背景、事件和过程的记载。比如《论语·子路》记载了仲弓为季氏宰，上博简《仲弓》一篇对相关思想提出的背景的描述更为详细。《论语》中的“子曰”与其他文献中的“子曰”相比较，前者抽象，后者具体；前者往往没有说明“为什么”，后者往往说明了“为什么”；前者对情景交代得不详细，后者往往有历史场景的描述；前者和后者之间可以互相说明、互相补充。“子曰”文献间的这种关系构成了一种思想的系统性，具有一定的逻辑的或者历史的演进性，并和其他思想流派形成了有趣的思想交集。对孔子言行文献进行综合研究可以使《论语》提出的问题和表达的思想得到补充、完善，从而使相关文献形成一个有连续问题和思想主题、有一定层次性和结构性的思想系统。

总体上来看，目前对于先秦直到汉晋有关孔子言行文献的研究还有几个不相称：对孔子思想的综合研究与孔子的地位不相称；文献与文献的重视程度和研究深度不对称；个别文献的研究和整体研究不对称。

由于文献中隐含着先秦儒学和汉代儒学的思想要素，孔子言行文献中就蕴含勾勒先秦儒学向汉代儒学演变规律的思想要素；由于这些文献与不同的弟子有关，相关文献中弟子言论和孔子的言论互相交错、交相辉映，构成了早期儒学的绚丽画卷，对这些文献的研究蕴含着勾勒出原始儒学整体面貌及其思想演变历史的可能，也是开展孔子弟子思想研究的必要条件；一些“子曰”文献是存在于其他学术流派经典之中的，如《墨子》《庄子》等典籍，这些典籍中的“子曰”及其思想有其较为独特的面貌，对不同思想流派典籍中的“子曰”进行对比是研究儒家和其他思想流派关系的切入点之一，有助于从一个宏观的思想平台上把握先秦哲学思想的发生和发展。

只有对孔子遗说进行综观，才能给出孔子言行文献较为合理的地位排序。以典籍为基本的观察视角，把握“思想史事件”和“文化孔子”，在真与假的张力和学派张力、时代张力中把握孔子言行文献思想的多元性和多样性；把握孔子言行文献的理论张力，如仁爱原则与功利原则，“见”与“隐”，君子道与“统纪”间的张力。侧重以启发与定义、意义世界与事实世界、开放与排他、示范与规范的区分来定位孔子哲学以及“子曰”思想的总体演化方向。

八、学派与思想的层次性

《论语》虽从周，但也讲损益，并非只是泥古。古今人物的点评也是《论语》一个重要的表达思想的方式。《论语》中涉及的人物很多，有古人，有今人。

《论语》并非单一的思想框架，而是多元思想的集合。其中有的思想元素接近道家，如闻道说，结合《庄子》的天籁说，结合坐忘说，结合心斋说，才能知道什么是闻道。无为而治的思想也与道家有某种亲缘关系。与其他各家的关系是一个复杂的问题，需要深入的思想史考察才有可能得到较为可靠的结论。

在这方面，不能用贴标签的方法，把某种思想一定归结到某家上面，思想之间是有过渡性的，也有表面上看与其他思想相似，而实质是不同的情况存在。

九、伦　　常

如何从宏观上把握《论语》呢？罗哲海提出了一个习俗和后习俗的视角。“当时，中国迈进所谓的‘轴心时期’意味着超越习俗性伦理，而向后习俗思维转变。”①罗哲海还说“伦理和道德这两大伦理学支柱却不断相互冲突，它们之间的紧张关系便贯穿在《论语》的教学场景中”②。《论语》中有两个支点，一个支点是君子，这与美德有关；一个支点是伦常，这与伦理有关。在《论语》中，这两个支点之间不是截然分开的，君子的追求影响了对伦常的理解，使得《论语》中的伦常并不拘泥于习俗性的伦常，而有了新的内容，并赋予了习俗性伦常以新的意义。

《论语》中的两个理论支点可以在首篇第一章中得到确证。从伦常的角度看，这段话包含三种人伦关系，其一是学习和教育关系（师生关系的本质）；其二是朋友关系；其三是人己关系。《论语》首重学习和教育关系，朋友关系和人己关系都要建立在学习和教育关系的基础上，而且这些关系的逻辑起点是“己”。

---

① 〔德〕罗哲海：《轴心时期的儒家伦理》，陈咏明、瞿德瑜译，大象出版社，2009年，第338页。
② 〔德〕罗哲海：《轴心时期的儒家伦理》，陈咏明、瞿德瑜译，大象出版社，2009年，第61页。

《论语》首章具有一定的指标性意义。一共有两个支点，其中一个支点是君子，另一个是师生、朋友和人己关系。对于这一思路的意义，曾子显然是很了解的。“曾子曰：‘吾日三省吾身：为人谋而不忠乎？与朋友交而不信乎？传不习乎？’”（《论语·学而》）曾子的表达不过是颠倒了顺序，即先是自我的修身问题，然后是人己关系、朋友关系、师生教化关系。

《论语》重视学、思、教，而能够担当这一职责的人是老师。老师这一社会角色的产生有社会分工的原因。孔子的时候总体上看就是“学在官府”。后来韩非还提出过“以吏为师”，强调官员和老师身份合一，估计就是要回到“学在官府”。

按照冯友兰等人的说法，关于周朝前期的社会制度，官与师不分。某个政府部门的官吏，也同时就是与这个部门有关的一门学术的传授者。任何一门学术都没有人以私人身份讲授。只有官吏以某一政府部门成员的身份才能够讲授这门学术。

到后来原来的贵族或官吏流落民间，遍及全国，他们就以私人身份靠他们的专门才能或技艺为生。“家”上面是一个房子，下面是一个猪，即房子里面有猪，显然有自己的私有财产。百家是如何谋生的呢？既然不能吃“公饭”了，没有了“铁饭碗”，那只能靠自己的能力。家是和私人有关的意思，靠自己的品德，靠思想、知识和技能谋生。

有教授经典和指导礼乐的专家，他们名为“儒”。也有战争武艺专家，他们是“侠”，即武士。有说话艺术专家，他们被称为“辩者”。从事卜筮、占星、术数的人，他们被称为“方士”。还有可以充当封建统治者私人顾问的实际政治家，他们被称为“法术之士”。最后，还有些人很有学问，是天才，但是深受当时政治动乱之苦，就退出人类社会，躲进自然天地，他们被称“隐者”。冯友兰先生说：墨家者流盖出于武士，道家者流盖出于隐者，名家者流盖出于辩者，阴阳家者流盖出于方士，法家者流盖出于法术之士。

不过，这个过程估计不是一下子完成的，中间可能经历了官员和老师一定的区分，以及教学从面向贵族子弟向面向平民的转变。

一种情况可能是没有单独的老师这一身份，官员本身就是老师，官员和老师不分，没有单独的老师这个职业。

另一种情况是有老师这样一个身份，但是老师同时是官派的，或者是官管理的，本身也是官，按照官的要求来管理，是“准公务员”。这样的老师是官办的教师，有官员身份，是履行教人工作的官。

最后的一种情况是老师是私人老师，教的学生也是平民，教学活动不受官员约束，也不属于官僚系统。孔子就是这样的老师。《孟子·滕文公上》提到“庠”是教养的意思，“校”是教导的意思，“序”是陈列的意思。孟子指出，这三者是三代的教育机构的名称，并认为这些学校都是教人伦道理的。但在孟子这里，没有明确说明当时教育和学校的情况。

《礼记·学记》记载了官员和老师相区分的情况。“古之教者，家有塾，党有庠，术有序，国有学。”（《礼记·学记》）郑玄注解说，古代做官退休的贵族回到家乡，就在家乡做教育工作。学生是有身份人家的子弟。这显然已经有私人教育的萌芽了。五百家为一党，党中有庠；一万二千五百家为一遂，遂中有序，国都中有学。

《礼记·学记》中已经有君和师相区分的思想了，“当其为师，则弗臣也”（《礼记·学记》）。老百姓怎样才能把学习的价值放在重要的位置上呢？《礼记·学记》认为要“严师”，然后让“道”获得尊严，而要让“道”获得尊严关键就是老师的地位和身份要有保障，老师不能成为官本位的牺牲品，老师得有自己独立的地位和价值。

大约在鲁昭公十年（公元前 532 年）的时候，孔子大约 20 岁，他在季氏那里做了个委吏，做保管、会计和出纳等；后来又当过“乘田”，也就是主管牛羊放养的官。

在那之后，即孔子 30—35 岁，开始收徒弟讲学，其中有颜由和子路。孔子在 37—50 岁的时候开始修《诗》《书》《礼》《乐》，颜回、子贡、冉求、仲弓在这个时候成为弟子。孔子在 68 岁后把六经作为定型教材，并招收了子夏、子张、曾参等弟子。

但就内在的机理来说，老师的诞生总体不外两个途径，一个是自我的觉悟和自我的努力；一个是向他人学习，而这两个方面是不可分开的。

孔子强调了自己不是生而知之者，那就是通过学习成为老师的。学习包括两方面，一方面是自己的学习能力，一方面是他人的教益。

如果肯定人可以自己成就一种比较理想的人格，必然承认人有成就理想人格的潜质和能力，否则老师就在逻辑上不成立。当把个人完善的动因聚焦在自己的本性上时，师生关系其实就突破了现实的师生关系的框架。任何社会地位的人只要有性觉，有学习的努力，都可能成为老师；同样学生也是如此，只要性觉焕发出一种自我完善的动因，就会在学、思上有所成就，从而成为学生。这是从性觉而来的对师生关系的内在规定。这一师生的秩序可以说是先天法的师生关系；而现实的师生关系可以说是后天法的师生关系。先天法和后天法之间有一定的紧张关系，但总体上是一致的。

从性觉的角度看老师，自然不能拘泥于现实的老师。《论语》中孔子强调了以古和故为师，强调了无常师。性觉的程度越高显然越能够发现他人的好的一面，师的领域也就因此而扩大，师也就越能摆脱从负面看人的习性，从而使得学习变得更为活跃和有力量。人有不同的品性，每个生命都有他自身的优点，自然所有的人其实都是老师，但只有善学者才能从他人身上发现自己需要学习的地方。能否以天下人为师，取决于自己的认识和见解。重视人己关系、朋友关系、师生关系可以说是《论语》伦常思想的新意。

当把启发、教育、学习的关系置于人伦关系的显要位置的时候，就赋予了人伦秩序以更多的意义内涵。首先是父子、夫妻、兄弟、朋友、君臣都应当成为人生的导师，从而把“五伦”转换成一种符合先天法则的关系，变成一种可以获得人生价值和意义方向的教化、学习关系。但教化和学习一定不会局限在“五伦”关系中，而是指向“众”，指向人己关系中的他人和人类本身。

朋友并不一定指代现实的朋友，当一个人进入觉悟之路的时候，同样进入这一道路的人彼此之间就是朋友。朋友有互相促进的意义。从促进自我完善的意义上说，敌人可以是朋友，因为敌人显示了自己的不足，说明自己有让他人烦恼、厌恶的一面，而作为一个仁者来说，也要具有感化敌人的能力，敌人也是在仁爱的范围之内的。

孔子所讲的人己关系不同于西方的个人与个人之间的公民间的关系，而是从对方神圣本性角度看对方的关系。但孔子所讲的人己关系具有思考个人与类之间关系的价值。

人伦序位是很重要的，因为涉及人伦关系的秩序问题。儒家的人伦学说，给人的总体印象是父子关系是优先的人伦关系，而夫妻关系是次要的人伦关系。但从阴阳的视角来看，夫妻关系是优先的序列关系。

先天后天秩序也是很重要的。从人性来看人与人的关系与从自然关系和社会角色关系来看人与人的关系会有很大不同。

十、隐：从吾所好，其乐只且

儒者常常被刻画成是有着积极政治参与渴望的社会群体，这种政治参与的积极性被理解为是一种责任和使命意识、一种道德的担当。儒学也进而被理解成是一种政治性很强的学说，或者说是政治儒学。这一认知有其合理性。如从《尚书》的角度来看，思想表达的境遇基本上涉及人与人之间的治理关系。涉及周礼的部分也是如此。但是如果从《诗经》和《易经》来看，其政治意味就没有那么浓厚了，个人的情感抒发、日常生活的琐事、天地大化之流行进入这些经典的视野。如果根据《论语》来定位儒学和儒家，孔子是否把修身当成了最为值得追求的价值，而政治的价值不过是一个次要的价值呢？如果从《大学》来看，修身是本，治国是末。当然从本末一贯的角度来说，也可以不区分何为第一等的价值。

应该说，高度政治化的孔子形象是有着悠久的传统的。把先秦各派的思想进行政治化的解读，不是现代才产生的现象，我们可以在汉代的文献中看到这种现象。如太史公这样说：“夫阴阳、儒、墨、名、法、道德，此务为治者也，直所从言之异路，有省不省耳。”（《史记》）这一理解方式也得到了现代人的认可。现代人认可太史公的看法，不是没有理由的。儒家政治的确是以其人生哲学为出发点的，但这不意味着已经预设了人生的全部生活的内容无非政治生活。儒家的确把政治视为成就人性的伟大的精神事业，但不意味着人性就没有了独立的价值地位。“治道”“王道”的确依赖修身，但不意味着修身一定就要为政。君子和小人的确有指代社会政治地位的含义，但绝不是社会地位高的人就是君子，社会地位低的人就是小人。个人的成就离不开社会，但不意味着社会可以直接让个人成为圣贤。人群可以变成高度政治化的人群，但人群也可以通过无为的方式形成秩序。把修身纳入从政中理解，淡化了儒家的超越性的层面。

《论语》的着眼点在“君子”和“天下”之间的关系。《孔丛子》则论及“君子道”和“统纪”的关系。不过《孔丛子》多少也强化了孔子“受伤”的印象。儒者到底是因为政治无道而受伤，然后无奈而退隐，还是本身的根本追求就不是从政？《论语》给人的印象是肯定的、积极的，人积极追求成为君子，从政只是成为君子的一个境遇，当这个境遇在眼前的时候，当然要通过修身在政治中实现修身的价值；如果没有这个境遇，并不会以一种受伤的姿态，以一种自我使命或者“素王”来安慰自己。

孟子对这一儒家精神是有着深刻体会的，虽然孟子强调一种政治勇气，但是他依然给修身留了一个独立的思想空间。比如备受争议的窃负而逃一段。“桃应问曰：‘舜为天子，皋陶为士，瞽瞍杀人，则如之何？’孟子曰：‘执之而已矣。’‘然则舜不禁与？’曰：‘夫舜恶得而禁之？夫有所受之也。’‘然则舜如之何？’曰：‘舜视弃天下，犹弃敝蹝也。窃负而逃，遵海滨而处，终身欣然，乐而忘天下。’”（《孟子·尽心上》）这一段话，近年来引起了较大的争议，其中争议的焦点之一是：舜是腐败还是儒家的典范？损人利亲还是血缘亲情？遵守法律还是给血缘亲情一定的自由空间？是家庭优先还是国家优先等？这些讨论极大地开发了这段话包含的丰富思想。不过总体上来看还是存在一些理论的盲点。从政治角色的角度来看，舜为天子，皋陶为士，瞽瞍是一般公民，瞽瞍杀人，皋陶“执之”，舜不干涉皋陶，是恰当地履行职责的方式。从个人在家庭中扮演的角色来看，瞽瞍为父，舜“窃负而逃”，亲情的原则带来的义务关系高于政治角色带来的义务关系。从这个角度来看，其中包含着家国冲突，包含着血缘亲情和法理的冲突，包含着个人角色和政治角色带来的义务冲突。从这个情景来看，孟子并没有否认政治角色层面的政治义务，没有否认法，没有否认各安其职，不过当二者发生冲突的时候，孟子认为个人角色的相关义务的价值高于政治角色的相关义务。二者之间构成了一个高下的等级序列。以往讨论的盲点在哪里呢？就在于二者之间是一个假定的对立选择，后者是在“弃天下”“忘天下”的情境下发生的。离开这个前提，就会偏离孟子的思想的原意和重点。孟子的观念的重点不是“窃负而逃”，而是“忘天下”“弃天下”。也就是说，在孟子心目中，政治义务是有界限和限制的，自我“终身欣然”的价值高于政治义务的价值。当舜选择了“弃天下”的时候，他本身就失去了天子的政治属性，瞽瞍也不再属于公民，自然也就不再有犯罪不犯罪的问题，二者相对应的义务关系是天命，而不是他人，这个时候，瞽瞍是否犯罪的定罪主体是天而不是人。桃应设立的语境和现代生活的语境是不对称的，在现实生活中，任何海滨都有政治属性，属于不同国家的主权范围，任何亲情和家庭都是一定国家的家庭，都有政治的属性。在桃应设定的情境中“遵海滨而处”的舜和瞽瞍不属于一定主权国家领土上的公民，也不属于一定主权国家的家庭。这个故事本身就是假设的情境，目的是说明人不完全是政治性的人，不能从人与人的政治关系角度来理解人，还要从天人关系来理解人，“尽心”“尽性”“尽伦”都是为了“知天”，为了获得“天爵”，“天爵”比“人爵”更为可贵。如果用这个故事来讨论其现实意义，要讨论人是否是一天民，人是否应当或者可能过“知天”的生活，“天爵”是否存在，是否比“人爵”更为可贵，人的政治属性是不是绝对的，人能否超越政治性，等等。显然孟子承认人有超越政治性的一面，并且这一层面更有价值，在发生冲突的情况下会选择后者。这和孟子的义利之辩、鱼和熊掌之辩一致，最好的情况当然是得兼，在“尽心”“尽性”的心境支配下尽人伦，包括亲情伦常和君臣伦常。

修身的理论空间非常重要，这涉及是否以一种开明的心态看待社会管理的问题。“苌弘曰：‘尧、舜、文、武之道，或驰或坠，礼乐崩丧，亦正其统纪而已矣。’既而夫子闻之，曰：‘吾岂敢哉：亦好礼乐者也。’”①此处的孔子并不把“正统纪”当做自己的主观目的来追求，而是保持了一种类似于审美的态度，也就是“好”。此处之“好”活龙活现地表现出孔子不是抱着太强烈的干预世界、矫正世界缺陷的心态对待世界的事物，也不是有那么强烈的功利思想，他对世界的缺陷的感觉不是紧张的，而是松缓的。另外，一个“好”字也隐约透露出孔子的一种学术态度，不是以一种狭隘的政治算计的心态来对待“礼乐”问题的，礼乐就是生活的目的，而不是被当做一种工具来看待。

楚王要聘请孔子，冉有等弟子觉得孔子的机会来了。但是孔子却告诉弟子许由是独善其身的人，太公是兼利天下的人。但是兼利天下要有合适的条件，如果没有条件，兼利也是实现不了的。“大道隐兮礼为基，贤人窜兮将待时，天下如一欲何之？”（《孔丛子·记问》）为政在兼利的逻辑地位上，而兼利的重点在“兼”，在兼顾。“天下如一欲何之”当然有感伤的心情，然人之根本的欲求是仁，是成圣贤，仁者之心已经回归人性的深层，又怎会为政治境遇而忧愁？

《孔丛子》有伤时的观念，在《列子》中，孔子则表现出一种无政一身轻的快乐解脱的心态。《列子》中记载孔子说：“夫乐而知者，非古人之谓所乐知也。无乐无知，是真乐真知；故无所不乐，无所不知，无所不忧，无所不为。《诗》《书》《礼》《乐》，何弃之有？革之何为？”（《列子·仲尼》）子贡听到孔子这样讲备受打击，而颜回则相反，弦歌诵书，终身不辍。颜回显然是一种好礼乐的态度。《孔丛子》记载

① 傅亚庶：《孔丛子校释》，中华书局，2011年，第1页。

赵简子要聘孔子，结果半路孔子放弃了。“伤予道穷，哀彼无辜，翱翔于卫，复我旧庐。从吾所好，其乐只且。’”（《孔丛子·记问》）

从《论语》的思想逻辑来看，孔子总的思想倾向是追求成圣贤君子，这是一以贯之的，修身并不是从政的工具。当然，在修身的情况下，如与合适之时，当然可以兼利天下。累德、积义、怀美是独立的值得追求的价值，而非仅仅因为其可以见，可以为人知才有价值。但这一点并不全为弟子所理解，比如《荀子·宥坐》中记载孔子厄于陈、蔡之间，子路就提出了一个问题：“今夫子累德、积义、怀美行之日久矣，奚居之隐也？”（《荀子·宥坐》）或许正是因为弟子尚不能把握修身为己的独立价值，才导致弟子在君子道与统纪间的张力中选取了孔子不同层面的表现和言论加以记录，从而塑造了孔子和儒学的不同面貌。《论语》首章就说“人不知而不愠”，开宗明义就讲明了儒者所追求的最高价值是为己，是修身成君子。

在为己的基础上，在处理退隐的问题上是灵活的。《论语》中有很多材料都涉及个人和政治现实间的伦理关系问题。不过《论语》讨论个人和政治现实之间的伦理关系是有伦理前提的，这个前提就是人首先应该追求道德的完善，力争成为“君子”。当身处政治环境中的人力争成为“君子”的时候，“君子”的伦理表现必然会发生改变，从而具有了政治伦理的特征。一个追求自我完善的“君子”，面对现实的政治生活，有如下几种伦理抉择：政治“有道”，那么就会积极参与政治生活，就会“出仕”；政治“有道”，也可以选择让贤；政治“无道”，可以选择积极进谏；政治“无道”，选择退隐。这四种伦理抉择都见于《论语》等典籍之中。

关于退隐在孔子思想中地位，罗哲海提出的思路是很值得讨论的。他说：“让人拒绝政治参与的对象，首先在于那些不宜入内久待的动乱之邦。但是由于整个世界均处于水深火热之中，例外反而变成常态，因此在早期的儒家学说中，特别是在《论语》里面，我们发现一种境内或者境外流亡的趋势，儒家和道家在此并无二致。”①

以上四种伦理抉择都是为了实现某种善。在政治“无道”的时候，逃避不是明哲保身，退隐则是自我道德保全的一种方式。政治虽然“无道”，但如果还有改善的希望的话，积极进谏，与现实政治保持合作的关系，则是“君子”的伦理责任，“君子”对政治进行改善的努力是政治保持伦理内涵的曙光。在政治“有道”情况下的“让贤”既保持了政治伦理的延续性，同时也让“君子”给自己预留了潜心修身的时间和空间。在政治“有道”的情况下积极“出仕”，既是“君子”修身的要求，也是政治光明所需要的。孔子对隐居还是有较高的要求的。孔子并不赞成“隐居放言”，也不赞成“降志辱身”，不赞成“废中权”。孔子自己的主张是“无可无不可”。“无可无不可”既说明“修身”和“治国”之间的张力，也说明了孔子主张君子应该根据具体政治情景采取合适的伦理抉择来决定如何面对的立场。

---

① 〔德〕罗哲海：《轴心时期的儒家伦理》，陈咏明、瞿德瑜译，大象出版社，2009年，第104页。

《论语》没有明确论述修身和从政的划界问题，但在其他文本中则有明确的划界。宣公十二年（公元前597年）《左传》记载：晋灵公暴虐无道，执政大臣赵盾连续进谏，得罪灵公。晋灵公几次派人杀赵盾，但都未得逞。赵盾堂弟赵穿攻杀灵公。赵盾其时已经出奔，尚未离开国境，听到灵公被弑，就回来了。晋国的史官董狐记载这件事情的时候，写为“赵盾弑其君”，表明赵盾对这一事件负有责任。孔子则说：“董狐，古之良史也，书法不隐。赵宣子，古之良大夫也，为法受恶。惜也，越竟乃免。”（《左传·宣公二年》）这个历史事件涉及政治责任和政治义务的问题。“存在着一些分配给的任务，这些任务‘秉属于’岗位、公职、职务、角色，把这些任务以‘义务’一词命名，较之以‘责任’命名更为贴切。”①明确责任是和明确惩罚和奖赏的主体密切联系在一起的。“责任涉及到的实际上只是要知道该惩罚谁或奖赏谁，从而使惩罚和奖赏也实际上能达到它的目的。”②董狐的理由是“正卿”，“亡不越竟”说明正卿的责任还没有消除，从“正卿”职务的“应当”来说，应当“讨贼”。从董狐的说法来看，他已经把责任的尺度建立在正卿职位上了，而理由就是“亡不越竟”，如果“亡”越境了，正卿的责任和义务也就丧失了，相应的“讨贼”的“应当”也就不存在了。从董狐说的话来看，他对赵盾的义务进行了限定，既然“亡不越竟”，当然当讨贼。这一问题从深层次来看，涉及孔子有无政治以外的视野的问题，以及个人人格的完善和政治义务的关系问题。这个故事透露出来的信息，多少让人联想到孔子可能更为关心人的政治境遇，或许孔子心目中有对人的更为深入的关怀，这种关怀是超越于政治之外的。正因为对人有超越于政治之外的关怀，才使得孔子更能对人的政治境遇进行反思，并保持一定的人生敏感度。《左传》中孔子还多次表达了类似的立场。比如楚国最高统治者认为自己的“德”与“不德”只是与“江、汉、睢、章”这些“楚之望”存在“祸福”关联。孔子表达了赞赏之意，其中包含着政治与伦理之间的紧张关系。“当一个人谈到道德同政治的关系时，他是在谈论社会的道德，即有关一个人的关系到其他人的活动领域的那些行为的道德。他不是在谈论个人的道德，即关系到完善个人的个性的那些活动的道德，不论对这样一种完善理想的选择是否影响到其他的人。传统道德经常区分对他人的义务和对自身的义务。在对政治道德的问题的讨论中，所涉及的完全是对他人的义务。”③但在谈论中国传统政治伦理的时候，需要结合个人的道德来观察，否则就失去了方向。在中国的传统中，个人的道德对政治伦理往往更具有决定的意义。因为修身传统的存在使得中国传统政治思想中个人修身和修“官身”之间出现了张力，从而把政治义务或者政治责任限定在政治角色范围内。当相应的政治角色丧失了以后，相应的政治权力和责任也就丧失了。“子曰：不在其位，不谋其政。”（《论语·宪问》）“政”与“位”联系

① 〔美〕汤姆·L. 彼彻姆：《哲学的伦理学》，雷克勤、郭夏娟、李兰芬等译，中国社会科学出版社，1990年，第265页。

② 〔德〕莫里茨·石理克：《伦理学问题》，孙美堂译，华夏出版社，2001年，第119页。

③ 〔意〕诺伯托·巴比奥：《伦理与政治》，廖申白译，《第欧根尼》2000年第1期，第28页。

在一起，当“无位”的时候，人就丧失了相应的政治属性，自然也就没有了相应的政治责任，无须做出相应的政治言行。而人有一个永远无法摆脱的“位”，这个就是力求成为“君子”。当政治义务和君子美德追求发生冲突的时候，后者往往是最高的价值准则，政治伦理要服从于个人的自修的价值。在罗哲海看来，道和君子（自我）恰好是儒家的阿基米德支点。“在儒家看来，另有一个重要的‘阿基米德支点’，也就是‘不容然后见君子’的内在自我。”[①]正是追求成为君子使得早期儒者获得了积极投入政治生活，力求赋予政治生活以丰富的伦理内涵的精神力量，同时也使得早期儒者可以毅然选择退隐，在退隐的生活中享受生活的乐趣。

就中国政治思想传统来说，“修身”和“修官身”是有区别的。修身是一般修身伦理问题，“修官身”是政治修身伦理问题。政治领域中的好人不同于道德领域的好人。在政治体制的框架内扮演一定的角色并尽职尽责在中国政治思想的传统中是修“官身”的问题。

“修身”或者“省身”包含不同的理论层面：作为一般的伦理价值学，这种伦理价值学只是关心个体成为君子；个体处理与政治关系的价值选择学；礼乐征伐系统内部如何修身、正身，从而正人的政治伦理学。《论语》是有相对独立的对政治领域的正身问题的讨论的，属于政治过程中的修身问题，是《论语》政治伦理学的一个重要的组成部分。

一般的修身价值学是和对人的政治性的限制密切相关的，这个部分的内容在《左传》中出现较少，但在《论语》中得到了有效的彰显。自我完善是一个开放的自由的天空，正因为有这个自由开放的天空存在，孔子才可以对恶的政治采取灵活多变的伦理抉择。

十一、正 与 政

本杰明·史华兹曾经提出过这样一个问题：“存在着多种理解《论语》的方式，它们都提出了这样的疑问：就我们对政治（the‘political’）这个术语的通常定义而言，孔子的通见之中是否包含有政治的内容？”[②]《论语》中“为政”“从政”的问题占据了较大的篇幅是一个不争的事实。或许这与孔子政事科的弟子参与了《论语》的编纂有很大的关系，但也从另一个侧面反映了孔子对政治问题的关心程度。把孔子及其《论语》全然了解为一个政治学说或政治读物固然不可，但忽略其政治论述的价值更为不可。钱穆在《孔子传》序言中说他写《孔子传》的宗旨是：“以寻求孔子毕生为学之日进无疆、与其教育事业之博大深微为主要中心，而政治事业次之。”[③]孔子

① 〔德〕罗哲海：《轴心时期的儒家伦理》，陈咏明、瞿德瑜译，大象出版社，2009年，第349页。
② 〔美〕本杰明·史华兹：《古代中国的思想世界》，程钢译，江苏人民出版社，2004年，第101页。
③ 钱穆：《孔子传》，生活·读书·新知三联书店，2002年，第2页。

一生最重要的三项事业是自学与教人、政治事业、著述事业。在这三项事业中，最重要的是自学与教人。然而孔子的政治事业和政治思想也不可忽视。根据钱穆的说法，政治话题在《论语》当中显然是一个“实”的话题。《论语》论述最多的“现实问题”（当时的现实问题，对于现在也是现实问题）就是“为政”“从政”这一问题了。弟子反复提问，孔子不厌其烦地回答，《论语》不断编撰过程中依然保留了大部分关于政治问题的哲学思考。《论语》中的其他内容也和政治问题密切相关。完全把《论语》放到政治哲学框架内进行解读是不妥当的，但是完全忽略这部分内容也是不妥当的。

“政”本身可以分成积极的理解和消极的理解两种。积极的理解就是“正”；消极的理解就是“征”。“正”，公正、正确；修正，征伐。公正、正确强调自愿仿效，修正、征伐强调强加权威，强调按照一定的标准必须强制执行。前者叫做“正”，后者叫做“征”。本杰明·史华兹这样说：“‘政’这个词与同音异义的词义‘正直’、‘正确’（正）有着关联。在甲骨文中，后者常常被用作动词，所描述的是步兵在进攻一个村落。王国维和其他学者假设，它的意义与动词‘征’相同，类似于‘征伐’（punitive attack）。它所描述的是一次对于反判的或者是外国的村落运用武力使其‘改正’的征伐。”①

这里没有把“政”和“正”分开，认为“政”的概念具有更高的普遍性，而“正”只不过是“政”这个更高概念下面的一个分支。从孔子的“政者，正也”来看，孔子心目中的“政”的本质就是“正”。问题是“正”的含义是否可以进一步分成“正直”和“正确”，或者积极的和消极的两个部分的意义呢？或者说“正”是否包含了“正身”和“征伐”两个部分的含义呢？在孔子这里，“正”虽然重点强调通过正身来正人，但也包含有通过征伐等强制性的力量来正人两个方面的意思。“正”在《论语》中是一个具有很高的普遍性的范畴，可以通过“正”来分析孔子的“从政”思想。《墨子》也把“政”和“正”联系在一起谈，但内容和思维方法与《论语》不同。

十二、儒家的政治架构

牟宗三用理性的运用表现和理性的架构表现来说明问题。牟宗三认为中国以前讲外王，不外是王位的世袭、朝代的更替、宰相的难处。这都属于外王直接由内圣推，一方面也表示对于外王无办法。中国文化理性的表现是运用的表现。理性的运用表现就是说理性的表现是功能的、作用的，是具体的、动态的。比如良知的表现就是运用的表现。比如中国人的人情世故熟，就是因为理性的运用表现。理性的运用表现，即把对象收进自己的主体里面来，或者把自己投到对象里面去，成为彻上

① 〔美〕本杰明·史华兹：《古代中国的思想世界》，程钢译，江苏人民出版社，2004年，第103页。

彻下的绝对。圣德人格之感召不需有媒介，就是理性之作用表现，不需要借助于架构表现。打天下靠的是力，力是非理性的。“其次在客观的实践方面，扣紧政治讲，则中国只有治道而无政道。治道是运用的，政道是架构的。”①在牟宗三看来，儒家维持政权不变的办法是修德，修德是理性运用表现，不是架构表现。修德有的时候并不能达到国治民安的效果，结果还是靠力。所以理性的运用表现必赖理性的架构表现来加以补充。

理性的运用所追求的政治境界是很高远的，德化治道的最高境界是乾道变化，各正性命，保合太和，是各适其性，各遂其生。“是以国家、政治、法律皆未以架构形态而出现，而自理上言之，君相实可越过这一套而直接自其德或道以化行天下，是即表示亦可不需通过国家、政治、法律这些架构而即可安稳天下也。”②

在牟宗三看来，中国不能出现民主政治，就是因为理性的架构表现不够。理性的架构表现则是概念的方式，是抽象的、静态的。媒介、桥梁都是一个架构、一个建筑物，这些建筑物之成就本身就是理性之架构表现。“摄所归能、摄物归心，只能就圣贤境界言，若就政治言，则须讲‘对列’”。③如果把理性的运用表现应用到政治就容易导致君主和臣子之间缺乏对待关系。

民主政治中人民和君主是对待关系。“再就民主政体本身之出现言，亦为理性之架构表现所造成。这意思是这样，即架构表现使吾人返回来对权源要加以限制与安排，即对于最高权源之‘力’（打天下）使之理性化。”④在牟宗三看来，民主政治的好处就是把力打掉，使之理性化，从而达到理性的架构表现。选举体现了理性架构的表现。“民主政体下的政治运用只是因选举与被选举而取得定期的治权（政权不可取），选举与被选举也是因人民有政治上的独立个性而然。故民主政体下的政治运用也是理性之架构表现。”⑤个体组成一个国家，既保留了个性，又有统一性，也是理性架构的表现。“国家是因人民有政治上的独立个性而在一制度下（政权的与治权的）重新组织起来的一个统一体，故亦是理性之架构表现。”⑥在平等的基础上制定的带有普遍有效性的法律也是理性架构的表现。“故此种法律有其客观实效性，不能是一面倒所订立的，故亦是理性之架构表现。”⑦

政权、主权、人权、义务、自由、平等是形式概念，才、能、德是人格价值概念。“但在外延的表现中，那些依客观集团方式而争来的法律、契约、架构、限制、形式的自由、权利等，因其落在现实纠结中、利害争讲上、时间过程中之经验事变

① 牟宗三：《人文讲习录》，广西师范大学出版社，2005 年，第 99 页。
② 牟宗三：《政道与治道》，广西师范大学出版社，2006 年，第 43 页。
③ 牟宗三：《人文讲习录》，广西师范大学出版社，2005 年，第 91 页。
④ 牟宗三：《人文讲习录》，广西师范大学出版社，2005 年，第 92 页。
⑤ 牟宗三：《政道与治道》，广西师范大学出版社，2006 年，第 46 页。
⑥ 牟宗三：《政道与治道》，广西师范大学出版社，2006 年，第 46～47 页。
⑦ 牟宗三：《政道与治道》，广西师范大学出版社，2006 年，第 47 页。

上，故常是不能十分稳定的。这里没有‘内容表现’上的亲和性、软圆性与夫事理当然上的具体性与天然性。”①

当今世界政治的主流是理性主义。理性主义假定参与政治活动的人是有明确的目的的，为了目的采取一定的手段，追求利益的最大化。不过一些思想家也专门论述了政治中的非理性成分，比如情感、非功利性和非理性推理的因素等。“但在战争的危急时刻，一个人的国家观念不是建立在逻辑或分析的基础上，而只是头脑中某些感觉不由自主选择的结果，这种感觉中伴随着同样不由自主而生的情感。”②情感的因素是政治中很重要的因素。政治选择过程也不单纯是一个理性过程。“实际上，相对于某些较高类型的非推理性联想而言，我们日常所作的大多数推论都属于较低类型的思维。很多推理都是在我们毫不知情时进行的，这犹如与之相伴而生，并且对之加以改善的类似本能的冲动那样。”③“大多数人的多数政治观念不是经实际体验所检验的理性产物，而是由习惯所决定的无意识或不知不觉推理的结果，这些在政治上具有重要意义。”④理性和非理性同样都是有效政治推理的要素。但是，作为完整的政治科学，功利主义就无能为力了。快乐和痛苦的的确确是人性的要素，但是对政治家来说，它们并不是唯一的重要因素。⑤

《论语》是如何思考相关的问题的呢？人伦秩序可以看成是儒家的政治架构。“正”是从政的宗旨和最高的价值指向。个人的道德追求和对天命的体认有正的意义，但是不同于具体的为政，二者之间有明确的界限。个人的道德追求的价值高于从政的价值，二者之间有不同的道德要求，这导致了进退取舍是儒家思考政治时不能回避的环节。从政的条件既包括个人的学习和道德条件，也包括对邦有道无道的分析。礼是从政的背景，也是基本的政治架构。从政也是个人的道德修养过程。政治从根本上要服从人的幸福而又快乐的生活的追求，这也是儒家的政治诉求。

十三、《论语》是何种儒学

梁启超说《论语》是一部杂凑的书。《论语》的思想是启发式、开放式、意义式、榜样式的。

《论语》或许没有一个明晰的带有普遍性的“观点”和“内容”供人们拿来直接使用。《论语》就不是把注意力集中在给予既定的结论方面的，而是要开辟一个获得

① 牟宗三：《政道与治道》，广西师范大学出版社，2006 年，第 133 页。
② 〔英〕格雷厄姆·沃拉斯：《政治中的人性》，李辉译，江苏教育出版社，2006 年，第 57 页。
③ 〔英〕格雷厄姆·沃拉斯：《政治中的人性》，李辉译，江苏教育出版社，2006 年，第 87 页。
④ 〔英〕格雷厄姆·沃拉斯：《政治中的人性》，李辉译，江苏教育出版社，2006 年，第 91 页。
⑤ 〔英〕格雷厄姆·沃拉斯：《政治中的人性》，李辉译，江苏教育出版社，2006 年，第 109 页。

合理价值观念系统的思维过程。

相比于讲述一般的哲学道理而言，孔子更注意从学生的实际出发，采取各种有效的方式去调动学生学习的积极性和主动性，指导学生自主地去达成人格的完善。

启发式的儒家从根本特征上不同于概念论的儒家。那种认为《论语》也把概念与实在的关系当做自己哲学的首要问题的哲学观念叫做概念论儒家。《论语》当中的概念范畴在很大程度上不是用来描述所谓的“客观”世界的，所以其范畴的本质也就不是“实体性”的概念，而主要是意义性的概念。也就是说，《论语》当中的概念范畴与现实之间不存在“应当”式的外在超越的关系。换句话说，不能把《论语》当中的概念范畴看作是对某种所谓的客观事实的本质、属性的揭示；而是更多地着眼于人的行动构成的事件的意义的启发。当然，启发式儒家，也不排除概念系统。但是在启发式儒家看来，《论语》不给出僵化的概念系统来“迫使”人没有自觉地、反思性地去接受，而是启迪人们自觉地认可某一价值探索的方式。

《论语》不是一个封闭式的儒家，而是开放式儒家，是一个开放的哲学体系。开放性是指相对于某个一元的价值目标而言，价值具有一元性，但就达到这一价值目标的道路和事件而言具有开放性。价值相对于事件和情景的一元性和多元开放性是有机结合的。这个结合也是事件的非单极性和意义的单极性的有机结合。这样的儒家也可以看作是一种道路的开拓。

从《论语》所见的孔子思想看来，孔子更关注的是意义世界。而且这个意义世界不表现为僵化的概念世界。以往学者对《论语》所显现的孔子的儒家思想更多地理解为孔子给予了我们很多道德规范，要求我们去遵守。孔子同样给出了很多道德性的行动指令，要求我们按照这些行动指令不加思考地去行动。这样一来，儒家就成了给出行动指令，并把行动指令原则化的儒家；就成了规范的儒家；就成了说教的儒家。

本书所说的意义儒家就是针对如上传统解释的。这样的儒家保持了对现实的超越的思考维度，有助于克服儒家保守和创新的难题。意义是通过境遇和事件显现的，但不等于具体的行动指令和具体的境遇与事件的评论本身。这样的儒家有说教，但不是强迫的和令人厌烦的，不是没有思考的、没有个性的、仅仅能表达常识意见的儒家。《论语》中概念范畴所显示出来的是一个开放的意义世界，其中所包含的逻辑秩序同时就是一个意义的秩序。

本书把孔子所追求的典范的吸引力归结为对人性完美的求索。至于外在的道德能力、认识能力和行动能力，只是人性完善性追求的一个表现而已。典范的吸引力是内在的，当然会通过外表的语言、行为显示出来，但不能局限于外表。尤其是不能陷入“器”的价值，从工具性的功利性价值理解典范的作用。典范的吸引力不同于私利和浮名的吸引力。或许，君子这样的典范，在他人眼中也可能陷入工具性价值的理解之中，但典范性本身的获得却在根本上是全面的、人性的。“我们说某些事情或某些人是一个完美实现的典范，并不排除也许在某些方面它也是一个工具性的典范。”①

典范性价值来源于生命的价值，而且这种价值的力量是无形的、无限的，具有高度的感化力和直接的吸引力，既是自由的，也使得人们自然仿效。“譬如北辰”(《论语·为政》)，“草上之风”(《论语·颜渊》)，“不令而行”(《论语·子路》)，“无为而治”(《论语·卫灵公》)从而达到教化的效果。

学习不等于简单的模仿，模仿别人如果没有恰当的意义领悟是不会成就很好的人格的。“这是一种关联性的(correlative)而非模仿性的响应。”②典范会体现某种人性完善的可能性，从而激发观察者的信心和自然参与的意愿，从而实现哲学的价值和功能。学习典范就是要认识到每一个人其实都是一个典范，努力完善自我。

当然，读者可能会问：这里描绘的孔子是真孔子吗？“其实，许多人都是自以为最客观最全面最实事求是最不抬高也不贬低地独能看出‘真孔子’而反对他人所说的‘假孔子’。实际情况究竟怎样呢？事实是孔子往往成为研究孔子者各自的化身，亦即成为研究孔子者各自的傀儡。他们彼此之间多是以假孔子反对假孔子，只是假的程度有所不同罢了，有时甚至越反越假，竟假到面目全非的地步。”③这个问题有没有可能有一个相对可靠的答案呢？其实是有一个基本的解释学方法来解决的。孔子说一句话，孔子本人有一个要表达的意思，听者有一个意思，读者有若干个意思。这三个意思可能一致，也可能不一致。但有一个基本点就是句子本身有一个思想的逻辑在里面，句子中的概念、句群的前后意思可以不同，这样一来句子本身有很多意思在里面。当把句子放在当时的情境中的时候会有一个意思，放在当代的情境中会有另外一些意思。这样一来，经典就成了一个意义群，哲学注疏就是要尽量关照到这个意义群的整体结构和多个层面，并使其各安其位。这是中国哲学奠基性的工作。

---

① 〔美〕赫伯特·芬格莱特：《孔子——即凡而圣》，彭国翔、张华译，江苏人民出版社，2002年，第151页。
② 〔美〕赫伯特·芬格莱特：《孔子——即凡而圣》，彭国翔、张华译，江苏人民出版社，2002年，第153页。
③ 蔡尚思：《十家论孔》，上海人民出版社，2006年，第335页。

主要参考文献

〔美〕本杰明·史华兹：《古代中国的思想世界》，程钢译，江苏人民出版社 2004 年版。
〔美〕本杰明·史华慈：《思想的跨度与张力——中国思想史论集》，王中江编，中州古籍出版社 2009 年版。
[宋]程颢、[宋]程颐：《二程集》（上下），中华书局 2004 年版。
程树德：《论语集释》（上下册），中华书局 2013 年版。
[清]崔述：《崔东壁遗书》（全两册），顾颉刚编订，上海古籍出版社 2013 年版。
高尚榘：《论语歧解辑录》（全两册），中华书局 2011 年版。
辜鸿铭：《辜鸿铭讲〈论语〉》，天津社会科学院出版社 2014 年版。
〔美〕顾立雅：《孔子与中国之道》，高专诚译，大象出版社 2014 年版。
郭齐勇：《儒家伦理争鸣集——以“亲亲互隐”为中心》，湖北教育出版社 2004 年版。
郭沂：《子曰全集》，中华书局 2017 年版。
〔美〕郝大维、〔美〕安乐哲：《先贤的民主——杜威、孔子与中国民主之希望》，何刚强译，江苏人民出版社 2004 年版。
〔美〕赫伯特·芬格莱特：《孔子——即凡而圣》，彭国翔、王华译，江苏人民出版社 2002 年版。
皇侃：《论语义疏》，中华书局 2013 年版。
黄怀信：《论语彙校集释》（全两册），上海古籍出版社 2008 年版。
李启谦、王式伦编：《孔子弟子资料汇编》，山东友谊书社 1991 年版。
李幼蒸：《仁学解释学——孔孟伦理学结构分析》，中国人民大学出版社 2004 年版。
李泽厚：《论语今读》，中华书局 2015 年版。
梁启超：《先秦政治思想史》，天津古籍出版社 2003 年版。
〔德〕马克斯·韦伯：《儒教与道教》，洪天富译，江苏人民出版社 2003 年版。
孟庆祥、孟繁红：《孔子集语译注》（上下），黑龙江人民出版社 2003 年版。
牟宗三：《政道与治道》，广西师范大学出版社 2006 年版。
钱穆：《孔子传》，生活·读书·新知三联书店 2002 年版。
[清]王夫之：《读四书大全说》（上下册），中华书局 1975 年版。
吴光：《刘宗周全集》（第一册），浙江古籍出版社 2007 年版。
杨朝明：《论语诠解》，山东友谊出版社 2013 年版。
杨义：《论语还原》（全两册），中华书局 2015 年版。
赵纪彬：《论语新探》（上、中、下册），人民出版社 1976 年版。
赵又春：《论语名家注读辩误》，岳麓书社 2012 年版。
[宋]朱熹：《四书章句集注》，齐鲁书社 1992 年版。

后　　记

本书写作花了很长时间，在写作过程中，既有困惑，也有希望。每当面对众多注疏和译注的时候，我也会感到无所适从，感觉到这是一个不可能有终点的工作。但是，我又总是重新焕发出坚定的信念，坚持把对《论语》的阐释工作做下去，在此期间有一种难以割舍的情结。

参加闻一多国学大讲堂及珞珈国学暑期夏令营是本书得以完成的重要机缘，在讲课的过程中，我感觉到要想通讲一本经典并不是一件容易的事情。学子们的肯定，带给了我畅游思想海洋的快乐。如果不是他们，我或许没有写作本书的热情。我曾经许诺给他们带来一个相对成型的作品，感谢这些学子们！在讲课的时候有部分内容讲稿没有写好，本书也吸收了其中的一些讲法。因为掺杂了讲课的内容，加上创作时心境的不同，本书难免存在语言风格不完全一致的问题。读者可以参考其他研究成果进行研读。

科学出版社的樊飞一如既往地给予大力支持，在此表达诚挚谢意！每一个字，每一句话，每一条引文，都是编辑团队默默付出的成果，自不待言！感谢杨婵娟、陈晶晶编辑最终让本书得以画上圆满的句号！